COST ACCOUNTING

원가회계

김명희 | 이강래 | 김준호

박영사

머 리 말

과거의 원가회계는 제품 및 서비스의 정확한 원가산출이 주요 관심 대상이었다. 왜냐하면 정확한 원가의 산출은 업적평가를 포함하는 각종의 기업경영전략에서 가장 중요한 부분이기 때문이다. 그러나 오늘날에 있어서 기업의 경쟁력 향상을 위한 요인으로 원가(Cost) 이외의 품질(Quality), 유연성(Flexibility), 신뢰성(Reliability)의 문제들이 더욱 큰 비중으로 부각되고 있어, 이들 경쟁력 요인들과 연계하여 통제의 중요성이 더욱 부각되고 있다. 이에 따라 단순히 정확한 원가를 산출하기보다는 다른 기업들과의 경쟁에서 살아남기 위하여 원가를 더 적극적으로 통제하고 관리하지 않으면 안 되는 상황으로 변화한 것이다. 다시 말하여, 원가회계는 정확한 원가의 산출을 포함하여 다른 경쟁력 요인들과 함께 적극적으로 관리되어야만 그 본래의 목적을 달성할 수 있다는 것이다.

본서에서는 원가정보의 측정 및 전달방법과 기술에 관한 이론 및 실무를 주요 대상으로 하여 원가정보를 이해하고, 그 이용능력을 극대화하여 경영관리자 및 회계전문가로서의 기능을 숙달할 수 있도록 목표를 세웠다. 더불어 21세기 이후에 급변하는 기업환경에 적응하고 극복하기 위하여, 원가회계의 새로운 접근방법, 즉 활동기준원가계산(ABC), 적시원가계산(JIT) 및 제품수명주기원가계산(PLCC) 등을 적극적으로 수용하였다.

또한 최근 들어 기업의 유형으로서 제조기업보다도 다양한 형태의 서비스 기업들이 존재하게 되므로, 서비스기업에 의하여 창출되는 서비스원가의 이해와 산출에도 별장을 배려하였다.

본서는 다음과 같은 점에 특별히 유의하여 집필하였다.

첫째, 본서에서는 원가의 산출 및 보고를 제도적으로 추구하는 원가회계의 전통적인 접근법을 피하고, 기업을 포함하여 모든 다양한 회계정보 이용자들이 의사결정을 경제적으로 수행할 수 있도록 원가에 관한 정보를 쉽게 이해하고, 이용하도록 함으로써 원가회계시스템을 파악하게 한다는 우회적인 접근법으로 그 내용을 구성하였다.

둘째, 모든 내용은 독자적으로도 공부하는 것이 가능하도록 알기 쉽게 이론을 정리·설명하고, 그 후에는 반드시 관련되는 모든 내용들에 대하여 우리가 일상생활에서 쉽게 접근할 수 있는 예제를 제시하여 해설함으로써 실무문제를 통하여 제시된 이론의 내용을 확인하여 이론의 이해와 더불어 실무 응용능력을 가질 수 있도록 하였다.

셋째, 각 장의 내용을 숙지하고 난 후, 관련되는 내용들은 실무 연습과제를 해결함으로써 기억에 정착시켜 공인회계사, 세무사 등의 자격시험과 기타 회계학 전공시험을 준비하는 학생들에게 도움을 주기 위하여 다수의 객관식 연습문제를 가급적 많이 수록하였다.

요즈음은 AICPA를 준비하는 학생들도 많이 늘어나고 있으므로, 국제언어로서 영어에 쉽게 접근할 수 있도록 영문표기의 연습문제와 국문표기의 연습문제를 함께 수록하였다.

넷째, 내용구성의 특징으로 변화하는 경영환경에서 기업의 경쟁력을 확보하기 위하여 새롭게 논의되고 있는 활동기준원가계산(ABC), 적시원가계산(JIT) 및 제품수명주기원가계산(PLCC) 등에 대하여 제시하였고, 최근에는 제조기업보다도 서비스기업이 크게 증가하고 있으므로 제품의 제조원가의 산출 및 보고와 더불어 서비스원가의 산출 및 이해를 위하여 별도의 장으로 취급하였다.

끝으로 본서가 출간되기까지 아낌없는 지원을 해 주신 박영사 안종만 회장님과 원고정리 및 교정을 해 주신 김양형 위원님께 감사를 드린다.

2011년 8월

저자 일동

차　　례

제 I 편　원가회계의 기초개념

제 1 장　원가회계의 개념과 발전과정

제 2 장 원가의 개념 및 분류

제 5 장 원가회계의 구조와 재무제표

제Ⅱ편 제품제조원가계산을 위한 회계

제6장 요소별 원가회계

제 8 장 개별원가계산시스템

제 9 장 종합원가계산시스템-기말재공품 평가

제10장 종합원가계산시스템-방법과 사례

제Ⅲ편 경영관리를 위한 원가회계

제11장 표준원가계산시스템

제12장 변동원가계산

제13장 활동기준원가계산

제14장 서비스 원가계산

제15장 기타의 원가계산

Part I 원가회계의 기초개념

제 1 장 원가회계의 개념과 발전과정

제 1 절 회계의 체계와 원가회계

1. 경제적 의사결정과 회계

오늘보다 더 향상된 내일을 기약하기 위해서는 끊임없이 변화하고 있는 새로운 환경에 적응하여 보다 향상된 삶을 영위하기 위하여 접하는 모든 문제들에 대하여 보다 합리적인 의사결정과 효과적인 추진이 필요하다. 이와 같은 노력들이 인간의 생활의 질(Quality of Life)을 향상시킬 것이며, 이것은 또한 사회과학의 과제이기도 하다.

의사결정이 합리적이어야 한다는 것의 기본은 그것의 경제성에서 찾지 않을 수 없다. 결국 경제적으로 합리적인 의사결정이 오늘의 과제인데, 과연 어떻게 하면 현재 이용가능한 자원(Available Resources)을 줄이고 더 많은 인간의 욕구를 충족시켜 줄 수 있는 경제적 합리주의를 구현할 수 있을 것인가? 이에 대한 해답도 현재로서는 상당히 추상적으로 내릴 수밖에 없을 것 같다. 왜냐하면 우리의 경제환경은 수시로 변화하고, 변화하는 미래를 정확히 예측한다는 것은 불가능하기 때문이다.

회계는 이러한 불확실한 미래에 대응하여 이용자들이 보다 합리적인 의사결정을 할 수 있도록 충분한 정보를 제공한다는 목적으로 출발한다. 1966년의 미국회계학회에서 정의한 회계의 정의는 이와 같은 의미를 잘 반영하고 있다.[1)]

---

1) AAA, *A Statement of Basic Accounting Theory*(American Accounting Association, 1966) p. 1.

회계란 정보이용자가 사정에 정통한 판단이나 의사결정을 할 수 있도록 경제적 정보를 식별하고, 측정하고, 전달하는 과정이다.
(The Committee Defines Accounting as the Process of Identifying, Measuring, and Communicating Economic Information to permit Informed Judgements and Decisions by User of the Information.)

결론적으로 인간의 경제활동은 그것이 생산적인 것이든 소비적인 것이든 경제활동을 합리적으로 운영하기 위해서는 계속적으로 의사결정을 하여야 되고, 이를 위하여 적절한 회계정보가 끊임없이 제공되어야 하므로 우리는 알게 모르게 회계와 함께 살고 있는 것이다.

2. 회계의 체계와 원가회계의 위치

회계의 체계는 그 관점에 따라 여러 가지로 나누어질 수 있으나 회계정보 이용자들에게 의사결정에 유용한 회계정보의 제공이라는 회계보고의 목적 및 대상에 따라 재무회계(Financial Accounting)와 관리회계(Managerial Accounting)의 영역으로 2대별하는 것이 일반적인 분류이다. 이것이 회계의 모든 분야를 포괄하는 분류라고 할 수는 없지만 회계의 분류로서 가장 널리 받아들여지고 있다.

(1) 재무회계와 관리회계

재무회계는 일반적으로 인정되어지는 회계원칙(Generally Accepted Accounting Principles)에 의한 재무제표작성을 위한 회계로서 기업의 외부이해관계자인 투자자 및 채권자(Investors and Creditors) 등 정보이용자들의 경제적 의사결정에 유용한 회계정보(Useful Accounting Information for Economic Decision Making)를 제공할 목적으로 이루어지는 회계로, 모든 회계의 기본이 된다 하여 일반회계(General Accounting)라 불리기도 한다. 왜냐하면 재무회계에 의해 작성되는 재무제표는 기타의 회계영역이라 할 수 있는 관리회계나 세무회계에 의한 회계정보를 관리적으로 이용하는 측면에서 수정하며, 세무회계에서는 재무회계에 의해 작성된 재무제표를 세법에 맞도록 조정하여 이용한다.

이러한 의미에서 재무회계에 의해 작성되는 재무제표를 일반목적 재무제표(General Purpose Financial Statements)라고 하는데, 이것은 재무제표가 광범위한 이용자들을 위해 작성되기 때문이다. 원래 재무제표에 의한 재무제표의 작성 및 공표는 그 기업에 투자한 투자자나 청구권을 갖고 있는 채권자의 자원관리와 경영책임을 위탁받은 경영자의 수탁책임기능(Stewardship Function)에 의거해서 이루어지는 것으로 경영자는 정기적으로 이들 이해관계자들에게 기업의 재무상태와 경영성과를 보고하기 위해 수행되어 왔다. 이러한 목적을 충실히 이행하기 위해서 재무제표의 작성지침이라고 할 수 있는 객관적이고 타당한 회계기준이 필요하며, 이를 기초로 하여 국가에서는 세금산출의 근거를 삼고, 그 기준들이 성실하게 지켜지고 있는지를 감사할 필요가 있으므로 교과과정상의 별도로 분류되어지는 회계이론(Accounting Theory), 세무회계(Tax Accounting), 회계감사(Auditing) 등은 재무회계의 영역으로 볼 수 있고, 그 취급하는 내용의 수준에 따라 회계원리(Principles of Accounting), 중급회계(Intermediate Accounting), 고급회계(Advanced Accounting)로 구분하여 강의되는 경우가 많다.

관리회계는 경영관리를 위한 회계로서 Management Accounting 또는 Managerial Accounting으로 쓰이고 있는데, 경영자가 경영목적을 효율적으로 달성하기 위하여 필요한 회계정보, 즉 경영자의 효율적 경영의사결정(Managerial Decision Making)을 위하여 필요한 회계정보를 제공하는 내부보고목적(Internal Reporting Purpose)의 회계이다.

경영자는 기업의 최고책임자로서 경영목적을 달성하기 위해 많은 회계정보를 필요로 한다. 특히 경영계획의 수립과 경영통제를 위하여 재무회계와는 다른 관점에서 회계정보를 수집・정리・해석하고 이들 정보를 관리적으로 이용하여야 한다.

미국회계학회(American Accounting Association: AAA)의 정의에 의하면 "관리회계란 기업경영을 위하여 필요한 역사적이고, 미래적이며, 경제적인 자료들을 처리하는 개념 및 기법을 말하는 것으로, 경영자가 합리적인 의사결정을 할 수 있도록 경영자를 돕는 것이 그 목적이다"[2]라고 함으로써 내부경

2) Committee on Management Accounting, "Report of Committee on Management Accounting"(AAA, 1959).

영자를 위한 회계이며, 경영의사결정 중심의 회계이고, 그 방법에 있어서도 일반적으로 인정되어지는 회계원칙에 의한 재무제표의 작성뿐만이 아니라 여러 가지의 자료처리기법들이 포함될 것이라고 밝히고 있다.

관리회계는 재무회계와는 색다른 영역으로서 특색을 지니고 있는데, 그 특색은 다음과 같다.3)

① 통일적인 개념・원칙 및 이론이 없다.
② 일반적으로 인정되는 회계원칙(GAAP)에 지배를 받지 않는다.
③ 재무제표도 관리상의 필요에 따라 작성되고, 의무적으로 작성할 필요는 없다.
④ 비화폐적 정보(Non-monetary Information)도 포함된다.
⑤ 미래적 정보(Future Information)를 강조한다.
⑥ 기업 전체뿐만이 아니라 부문(Segments)에 대해서도 중요시한다.
⑦ 정밀성(Precision)을 강조하지 않는다.
⑧ 목적이라기보다는 수단이 된다.

교육과정상 보통 관리회계의 범위로는 원가회계(Cost Accounting), 의사결정회계(Decision Making Accounting), 차액회계(Differential Accounting), 책임회계(Responsibility Accounting) 및 회계정보시스템(Accounting Information System) 등이 포함되며, 또는 그 내용수준의 정도에 따라 관리회계원리(Introduction of Managerial Accounting), 고급관리회계(Advanced Managerial Accounting), 원가관리(Cost Management) 혹은 원가기획(Cost Planning & Control)으로 구분하기도 한다.

결국 회계를 크게 재무회계와 관리회계로 나눌 때 어떤 부분을 재무회계로 하고, 어느 부분을 관리회계로 간주하여야 하는가의 문제는 누구를 위하여 이루어지는 회계행위인가(Who is the Beneficiary)로서 가름하여야 할 것이다. 동일한 회계정보를 같은 원리에 의하여 이루어지는 회계라 할지라도 자기 기업의 경영합리화 및 이익증대를 위한 것이라면 관리회계의 범위에 포함

---

3) Robert N. Anthony & Grenn A. Welsch, Fundamentals of Management Accounting (Homewood, Ill. : Richard D. Irwin, Inc., 1974), pp. 15~17.

될 것이고, 주주나 투자자 등의 외부이해관계자들을 위한 것이라면 재무회계의 영역이라 할 수 있을 것이다.

예를 들어, 세법이나 감사기준의 적용에 관련되는 일정한 연구가 국가로 하여금 적정한 세금산정을 위한 지침을 제공하고, 각 기업들의 합리적인 외부감사를 위한 기준을 제공하는 것이라면 재무회계의 연구에 포함될 것이나, 그것이 기업경영의 효율적 계획 및 통제를 위한 한 방안으로서의 세무관리 및 감사기준의 활용에 관한 것이라면 관리회계에 관한 연구로 포함시킬 수 있을 것이다. 또한 회계정보시스템의 설계에 관한 연구가 경영관리를 위한 측면이라면 관리회계로, 주주나 채권자들의 투자의사결정을 위한 정보시스템이라면 재무회계로 간주하여야 할 것이다. 재무회계와 관리회계의 차이를 표로 나타내 보면 다음 〈표 1-1〉과 같다.

〈표 1-1〉 재무회계와 관리회계의 차이

	재 무 회 계	관 리 회 계
목 적	정보이용자의 경제적 의사결정에 유용한 정보의 제공	경영자의 경제적 의사결정에 유용한 정보의 제공
이 용 자	외부이용자(주로 투자자와 채권자)	내부이용자(주로 경영자)
정보유형	과거정보	과거정보 및 미래정보
정보형태	화폐적 정보	화폐적 정보 및 비화폐적 정보
준거기준	일반적으로 인정된 회계원칙	경제학·행동과학 및 기타 원리
보 고 서	재무제표(일반목적 보고서)	특수목적 보고서(다양한 의사결정)
이 용 도	외부보고	내부보고

(2) 원가회계의 위치와 그 체계

원가회계는 재무회계에서 외부이해관계자들을 위한 재무제표를 작성할 때 필수적으로 요구되어지는 재고자산의 합리적 평가를 위한 기준을 제공하여 적정한 기간이익을 공시할 수 있도록 도와주는 재무회계적 측면의 영역이 있고, 경영자의 효율적 경영관리를 위한 원가정보를 제공하는 관리회계적 측면의 양대 영역을 가지고 있다.

이와 같은 내용으로 원가회계의 체계도를 그려보면 〈그림 1-1〉에서 보는 바와 같이 제품원가계산을 통한 재무제표의 작성(Presentation of Financial Statements)이라는 재무회계적 요소와, 경영의사결정을 위한 차액회계(Differential Accounting), 경영계획의 수량화, 즉 예산편성에 필요한 원가자료(Cost data for Budgeting)의 제공 및 성과평가의 기준(Basis of Performance Evaluation)을 제공하는 관리회계적 요소를 나누어진다. 그러므로 원가회계는 재무회계나 관리회계의 어느 한 영역에만 해당되는 회계의 영역이 아니고 양대 영역에 모두 해당되어 여러 가지의 원가회계기법에 의하여 만들어진 원가정보는 재무회계와 관리회계의 목적으로 유용하게 이용됨으로써 상호보완의 관계에 있다고 할 수 있다.

〈그림 1-1〉에서 보는 바와 같이 원가회계에서 취급되는 원가에 관한 회계정보는 재무회계보다 관리회계의 영역에서 다루는 영역이 많다. 따라서 원가회계는 관리회계와 더욱 밀접한 관련성을 가진다고 할 수 있다. 왜냐하면 관리적 의사결정을 위한 회계정보 중에서 원가에 관한 정보가 주류를 이루고 있기 때문이다.

〈그림 1-1〉 원가회계의 체계

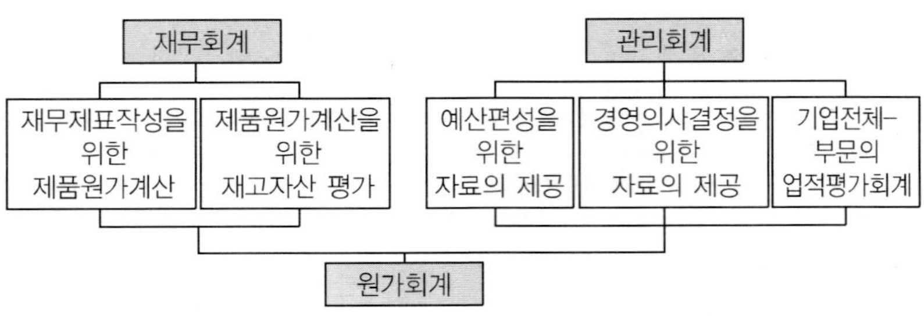

1) 원가회계와 재무회계의 관계

원가회계는 재무회계에게 외부이해관계자들을 위한 재무상태와 경영성과 측정을 공시하는 데 중심항목이라 할 수 있는 재고자산에 대한 원가자료를 제공함으로써 재무제표작성을 위한 중심자료를 공급하고, 재무회계는 또한 원가회계에게 자기 통제가 가능한 대차평균의 원리에 의한 회계계산제도를 제공함으로써 원가회계와 재무회계는 상호보완관계에 있다고 말할 수 있다.

〈그림 1-2〉 원가회계와 재무회계의 보완관계

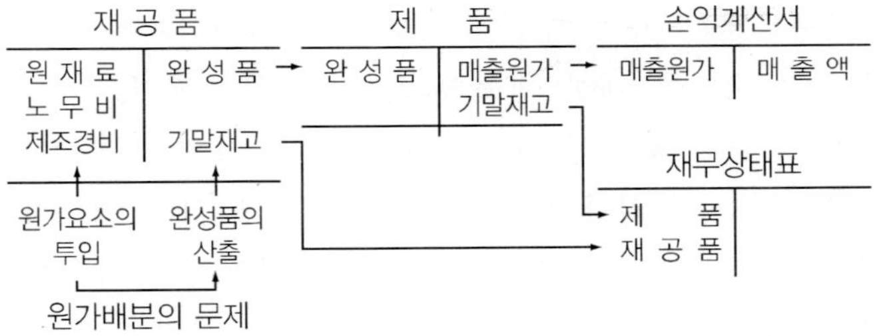

그러나 원가회계와 재무회계는 그 목적과 기능면에서 많은 차이(Differences)가 있다.[4)]

첫째, 원가회계와 재무회계는 그 목적이 다르다. 즉, 재무회계는 기업의 재무상태와 경영성과를 이해관계자(External Users)들에게 보고하는 반면에, 원가회계는 주로 기업 내부의 경영자(Internal Managers)에게 예산통제와 원가관리에 필요한 정보를 제공하기 위한 것이다.

둘째, 원가회계는 주로 기업 내부관리에 관여하므로 경영자의 필요에 의해 임의로 채택할 수 있는 임의적 계산제도(Discretionary System)이지만, 재무회계는 외부보고를 위한 회계제도이며, 그 실시 근거는 법률에 의한 것이므로 기업이 반드시 실시해야 되는 강제적 계산제도(Compelled System)이다.

셋째, 원가회계는 제품 및 서비스(Products or Services)의 단위당 원가를 계산대상으로 하는 대상(Objectives)계산인 반면에, 재무회계는 일정한 기간 중에 발생한 모든 거래를 총체적으로 다루는 기간(Periods)계산이다. 원가회계는 주로 생산과정과 관련하여 생산된 제품과 서비스의 개별적 단위 모두에 대하여 계산하게 된다. 따라서 원가회계는 기간에 관계없이 개개의 대상단위가 생산과정상의 어느 단계에 와 있는가에 관심을 가진다. 이에 대하여 재무회계는 생산과정의 완성 여부에 관계없이 일정기간에 실현된 총수익과 발생

4) 차재덕, 「원가회계」(무역경영사, 1988), p. 38.

된 총비용을 대응시켜 기업 전체의 기간손익을 산정한다. 재무회계는 구매·판매·제조의 전 과정을 그 대상으로 하고 원가회계에서 중시하는 개별계산은 참고자료를 이용한다.

넷째, 원가회계와 재무회계는 계산방법(Accounting Method)상의 차이점을 갖는다. 재무회계는 기업 외부의 정보이용자에게 재무적 정보를 제공하는 것이므로 외부보고에 대한 법률의 규제를 받게 되며, 그 회계처리방법은 일반적으로 인정된 회계원칙을 따라야 한다. 그러나 기타 다른 목적의 정보제공을 위해서는 그러한 방법을 따를 필요가 없이 목적에 따라 이용 가능하고 유용한 정보를 편리한 방법에 의해 산출하여 사용하게 된다. 예를 들면, 재무회계는 화폐가치에 의해 계산하여야 하지만 원가회계는 필요에 따라서 화폐가치가 아닌 물량단위(Volumes or Units)에 의한 계산도 가능하다.

다섯째, 중시하는 정보의 개념과 양식의 자율성에 차이가 있다. 재무회계는 총액 및 총량개념을 중시하지만, 원가회계는 부문별 혹은 단위당 개념을 더욱 중시한다. 또한 외부보고를 위한 재무제표는 그 형식이 엄격히 규제되어 있지만, 원가회계의 내부보고를 위한 서식은 자유로이 개발하여 쓰는 경우가 더 많다.

2) 원가회계와 관리회계의 관계

원가회계와 관리회계는 구별되기도 하지만, 같은 의미로 사용되기도 한다. 관리회계는 재무보고와 내부의 경영계획 및 통제를 위한 회계로 대부분 원가자료를 이용함으로써 원가회계가 그 핵심적 내용이라 할 수 있지만 원가회계는 관리회계의 전 과정과 재무회계를 위한 제품원가계산의 과정을 포함시키므로 관리회계보다 더 넓은 의미로 인식되고 있으며, 엄밀하게 구분하자면 중시하는 대상과 접근방법상에 차이가 있다. 구분해 보면,

첫째, 원가회계는 관리회계보다 넓은 영역(Broader Areas)을 가진다고 볼 수 있다. 최근의 원가회계시스템은 관리회계를 위한 유용한 원가정보를 제공하는 방향으로 발전되고 있는 것이 사실이지만, 원가회계에서는 제품원가계산에 의한 재무제표의 작성이라는 또 하나의 중요한 영역을 포함하고 있으므로 관리회계보다 더 넓은 영역으로 볼 수 있다.

둘째, 원가회계에서 중시하는 주요내용은 원가의 분류·기록·집계와 재고자산의 평가 및 제품원가계산으로서 원가발생의 극소화(Minimization of Costs)를 목적으로 하는 반면에, 관리회계는 보다 광범위한 자원의 효율적 배분(Efficial Allocation of Resources)이며, 원가의 관리(Cost Control)이다. 그러므로 원가회계는 다양한 목적으로 이용할 수 있는 원가의 측정을 주로 다루고, 관리회계는 원가의 합리적 관리 및 이용을 주로 다룬다.

셋째, 원가회계는 원가의 측정 및 관리를 위하여 화폐적 정보(Monetary Information)를 주요대상으로 삼는 대신에, 관리회계는 내부의사결정에 필요한 정보로서 보다 광범위하게 수학·통계학·행동과학 및 경영조직이론을 참고하여 수집함으로써 많은 비화폐적 정보(Non-monetary Information)를 중시한다.

넷째, 원가회계는 효율성원리(Efficiency Theory)를 중시하고, 관리회계는 효과성원리(Effectiveness Theory)를 중시하는 경향이 있다. 효율성(Efficiency)이라는 말은 사용된 투입량과 획득된 산출량과의 관계로써, 일정한 산출량을 획득하기 위하여 사용된 투입량(Inputs to be Used)이 적으면 적을수록 그 효율성은 커지는데, 효과성(Effectiveness)이란 사전에 계획된 목표의 달성도이다. 달성도가 높으면 높을수록 그 효과는 커진다.[5)]

다섯째, 경영의 계획과 통제(Planning and Control)의 측면에서 원가회계는 통제기능(Control Function)을 강조하는 대신에, 관리회계는 계획기능(Planning Function)을 강조한다.

오늘날에 있어서는 관리회계와 원가회계의 구별은 의미가 없어졌다고 볼 수 있다. 왜냐하면 관리회계에서도 원가자료의 측정·평가 등을 다루고, 반대로 원가회계에서도 원가자료의 관리적 이용을 강조하고 있기 때문이다. 교과목상으로 원가회계와 관리회계가 어떻게 구별되어야 하고, 어떤 내용이 되어야 하며, 어느 것을 먼저 배워야 할 것인지가 아직 미해결이다. 우리나라에서는 원가회계에서 기초적인 것을, 관리회계에서 원가자료의 이용을 배우는 경향이 있으나, 외국의 경우에는 반대로 관리회계에서 원가의 기초개념과 분석기법을 배우고 원가회계에서 더 상위의 정밀한 지식을 배우는 경

5) Horngren, *Cost Accounting*, Irwin, p. 380.

향이 있다.[6)]

위 내용을 요약하면 다음과 같다.

〈표 1-2〉 원가회계와 관리회계의 비교

구 분	원가회계	관리회계
목 표	원가 극소화	이익 극대화
관리측면	통제측면	계획측면
정보이용자	외부와 내부정보 이용자	내부정보 이용자
초 점	원가의 집계·배분·요약·보고	효율적인 자원배분문제
주된 기능	원가정보의 집합·산출	산출된 원가정보의 이용
측정원리	효율성 원리	효과성 원리
정보의 속성	화폐적 정보	화폐적, 비화폐적 정보

제 2 절 원가회계의 성격

1. 원가회계의 의의

원가회계(Cost Accounting)란 외부보고를 위한 재무제표의 작성과 경영자의 내부관리에 필요한 원가정보를 제공해 주는 회계시스템이다. 이와 같은 개념규정에 따라 원가회계는 크게 두 가지의 목적에 필요한 원가정보를 제공하기 위한 회계시스템이다. 여기서 말하는 회계시스템이란 말은 원가정보를 수집하여 보고하기까지의 과정이 일정한 원리원칙에 따라 체계적으로 이루어지는 조직체계를 가지고 있다는 뜻이다. 이것을 좀더 세부적으로 설명해 보면 다음과 같다.

6) 남상오, 「관리회계」(경문사, 1987), p. 8.

첫째로, 원가회계는 외부의 이해관계자들을 위한 재무제표를 작성하기 위하여 기본적으로 요구되어지는 제품 및 서비스의 생산에 관련하여 희생된 경제가치(Sacrificed Economic Value)를 측정·기록·분류·집계함으로써 기말재고자산의 산정과 기간손익을 측정한다. 과거에 있어서는 이 첫째의 목적을 수행하기 위한 제반절차를 원가회계라 일컬어 왔고 현재에 있어서도 좁은 의미로 원가회계의 개념을 규정할 때 이용되는 일반적 정의이기도 하다.

원가의 대표적 개념이 제품의 제조원가이기 때문에 제조기업에 있어서 제품제조를 위하여 소비된 경제가치가 산정되지 않는다면 매출원가와 기말재고자산도 평가할 수 없을 것이며, 적정한 가격조차 결정할 수 없어 재무상태를 나타내는 재무상태표의 작성이나 회계기간 중의 경영성과를 나타내는 포괄손익계산서의 작성은 불가능하다. 그러므로 이것은 원가회계의 가장 중심이 되는 내용이며, 재무제표 작성을 위한 회계가 재무회계이므로 재무회계적 입장에서의 개념규정이라 말하지 않을 수 없다. 그런데 여기서 말하는 생산(Production)이라는 개념은 제품의 제조뿐만 아니라 제반 급부의 창출을 총칭하는 개념이기 때문에 원가에 대하여 좀더 엄밀히 정의하면, "급부의 창출을 위하여 소비된 경제가치의 화폐적 환산"(Monetary Measurement of Consumed Economic Value for Goods Services Creation)이라는 정의가 타당할 것이다. 제조회사에서 생산되는 각종의 재화(Goods), 운송회사가 창출하는 운송서비스, 의료기관에서 창출해 내는 진료서비스, 교육기관이 실시하는 교육서비스 등 눈에 보이지 않는 각종의 서비스를 포함한다. 서비스(Service)란 기업의 제반활동, 즉 경영관리자가 수행하는 일반관리나 구매·판매 등의 활동을 뜻하기도 하고, 또 생산과정에서 각 제조부문이나 보조부문이 창출해 내는 작업서비스 등도 포함하는 아주 폭넓게 쓰이는 개념으로, 결국 "기업이 경제가치를 희생시켜 창출하는 재화 및 서비스"를 말한다.[7] 또한 여기서 측정·산정·계산 등으로 혼용되고 있는 개념에 대한 기준으로, 원가회계는 경제가치의 희생액을 화폐가치로 환산하는 것을 기본으로 한다. 다시 말하여 재화 및 서비스에 대한 경제가치의 희생액은 궁극적으로는 투입된 제자원들의 소비가액으로 파악한다. 물론 모든 원가정보가 화폐적 측정만을 그 대상

---

7) 이정호, 「원가회계론」(일신사, 1988), p. 3.

으로 하는 것은 아니지만 적어도 본란에서 말하는 재무제표 작성목적으로서의 원가회계는 화폐평가가 원칙이다. 그렇다고 수량계산조차도 하지 않는다는 의미는 아니다. 재화 및 서비스의 소비가액은 소비량과 이에 대한 평가로 파악되기 때문에 수량계산이 중요한 부분을 차지하고 있지만, "화폐금액으로 그 소비액을 평가하는 것"을 그 특징으로 하고 있기 때문에 물량계산은 화폐금액에 의한 계산이라는 목적을 달성하기 위한 수단으로서 파악하는 데 그친다고 볼 수 있다.

둘째로, 원가회계는 경영자의 계획과 통제활동에 관련하여 경영관리를 위해 필요한 원가정보를 제공해 주는 회계시스템이다. 이러한 경영관리적 목적을 수행하기 위하여 원가회계는 예산편성 및 통제·가격결정·성과평가 등과 같은 경영의사결정을 수행하는 데 필요한 제 모형과 기법들을 다룬다.

이와 같이 원가회계의 또 하나의 목적은 내부경영자의 관리적 의사결정(Managerial Decision Making)을 합리적으로 수행할 수 있도록 도와주는 기능으로서, 관리회계적인 입장에서의 원가회계 정의이다. 최근에 원가회계의 중심방향은 이익창출을 위한 관리회계적 기능을 수행하는 것이므로, 앞에서 지적한 바와 같이 원가회계는 관리회계와 거의 구분 없이 사용되는 개념이 되었다. 왜냐하면 대부분의 경영의사결정을 위한 자료와 기법들은 원가회계시스템에서 형성되고, 원가정보의 측정 및 보고의 목적이 경영의사결정을 위한 것이므로 원가회계가 관리회계와는 목적과 수단의 관계로 서로 별개로 구분할 수 없는 개념이기 때문이다. 여기서 말하는 원가회계시스템이란 원가를 수집·측정·배분 및 보고하는 시스템으로써 본 목적과 관련한 관리회계에서의 원가회계시스템은 특히 원가의 수집과 원가대상에 따라 원가를 배분하는 시스템을 의미한다.[8)]

재무회계적 목적을 위한 원가의 수집은 역사적 원가(Historical Costs)인 실제원가(Actual Costs)가 수집되지만 관리회계에서는 미래원가(Future Costs)인 예측원가(Predicted or Forecasted Costs)가 주로 수집된다. 그리고 원가대상(Cost Objectives)이란 말은 원가를 목표로 하는 대상에 따라 개별적으로 측정할 수 있는 활동(Any activity for which a separate measurement of costs is

---

8) 남상오, 「관리회계」(경문사, 1987), p. 29.

desired)을 말하는 것으로 제품·부문·기계시간·운전거리·환자(병원회계의 경우) 등 기업의 경영에서 생각될 수 있는 어떤 활동도 될 수 있다.

원가대상은 그 자체를 위해서보다는 경영자의 의사결정을 촉진하기 위하여 선택된다. 원가회계시스템의 절차가 경제적 관점에서 수행되기 위해서는 어떤 의사결정(예, 재고자산 통제)을 위하여 원가대상(예, 제품 또는 부문)에 따라 이 의사결정에 관련된 원가를 측정할 수 있다.

원가회계는 그 자체가 목적이라기보다는 어떤 목적을 달성하기 위한 수단으로 이용되는 경우가 더 많다. 오늘날의 원가회계는 가격결정문제에서 제품원가의 개념을 형성시켜 재무제표 작성목적이라는 협의의 의미보다는 경제가치의 소비를 그 장소별 혹은 그 책임관리자별로 분류·파악함으로써 원가관리목적에 기여할 수 있고, 대체안별 또는 프로젝트별 계산을 통해서 경영의사결정에 기여하는 것이 원가회계의 중심영역이 되고 있다.

회계의 기본적 속성이 목적에 적합하여야 한다는 것이 그 중요한 기준이 되므로 원가회계 역시 목적에 적합한 쪽으로 그 중심방향이 구성되어야 한다는 것은 당연한 일이다. 회계가 목적에 의존하여야 한다는 사실은 1966년 미국회계학회에서 발표한 "기초적 회계이론에 관한 보고서"(A Statement Of Basic Accounting Theory: ASOBAT)[9]에 잘 표현되고 있다. ASOBAT에서는 회계정보가 유용성을 지닐 수 있으려면 기본적으로 갖추어야 될 속성(Attributes)으로서 네 가지의 기준을 들고 있는데, 그것은 ① 목적적합성(Relevance), ② 수량화가능성(Quantifiability), ③ 불편성(Freedom from Bias), ④ 검증가능성(Verifiability)이라는 네 가지로서, 이것을 가리켜 회계정보기준이라 하는데, 그 첫 번째 기준인 목적적합성은 오늘날 원가회계에서 가장 중시되고 있다.

9) AAA, *A Statement of Basic Accounting Theory*, American Accounting Association, 1966.

2. 원가회계의 목적

(1) 원가회계의 기본목적

원가회계는 기본적으로 재무회계적인 목적과 관리회계적인 목적이라는 두 가지의 목적을 갖는다. 왜냐하면 원가회계가 본질적으로 두 가지의 성격을 갖고 있기 때문이다. 앞에서 지적한 바와 같이 일반적으로 회계는 서로 밀접하게 관련된 두 가지의 목적을 가지는 것으로 이해되어 왔다. 첫째로 경영자의 내부적 의사결정에 필요한 정보의 제공과, 둘째로 기업의 외부이해관계자들에게 대한 정보의 제공이다. 이와 같은 회계의 본질적인 성격 때문에 기업경영을 위한 관리회계와 외부이해관계자들을 위한 재무회계로 나누어진다. 원가회계는 이들 내부보고목적을 위한 관리회계와 외부보고목적을 위한 재무회계의 양쪽 영역에 동시에 관련되고 있다.

첫째로, 외부보고목적과 관련하여 원가회계는 기간이익의 산정과 공시를 위한 재무제표의 작성(Product Costing for Inventory Valuation and Income Determination)이라는 목적을 갖는다. 이와 같은 목적을 수행하기 위하여 원가회계는 외부보고용의 재무제표 작성을 위하여 역사적 원가에 의한 기말재고자산의 원가, 당기에 완성된 제품의 제조원가 및 매출제품의 원가를 계산함으로써 외부보고용의 재무제표, 즉 재무상태를 나타내는 재무상태표와 회계기간의 경영성과를 나타내는 포괄손익계산서를 작성할 수 있게 해 준다.

둘째로, 내부보고목적을 위한 관리회계와 관련하여 원가회계는 기업내부경영자의 경영적 의사결정에 필요한 원가자료, 즉 부문별 효율성의 평가와 기업전체 혹은 부문별 경영성과의 평가와 특수의사결정에 필요한 원가정보를 제공하는 목적(Cost Information for manager's Decision Making)을 갖는다. 특수의사결정이란 일반적인 경상적 의사결정에 대치되어지는 전략적 의사결정으로서 구체적으로 열거해 보면 다음과 같다.

① 어떤 제품을 제조할 것인가 또는 폐지할 것인가?
(Manufacture or give up?)

② 어떤 부품을 자가제조할 것인가 또는 외주구입할 것인가?
(Production or Purchase?)

③ 제품의 가격을 얼마로 결정할 것인가?(Product Pricing?)

④ 어떤 기계를 구입·임차 혹은 제작할 것인가?
(Produce, Buy or Lease?)

⑤ 현재의 생산방법을 바꿀 것인가 아니면 그대로 유지할 것인가?
(Change or Maintain?)

⑥ 어떤 부문을 축소 또는 확대할 것인가?(Contraction or Enlargement?)

(2) 미국회계학회의 원가회계목적

미국회계학회는 1947년부터 1955년에 이르기까지 3차에 걸쳐 원가회계의 목적에 관한 보고서를 발표한 바 있다. 그 변천과정과 내용을 요약하면 다음과 같다.

1) 1947년 초창기의 목적

1947년도 원가회계원칙 표명에 관한 위원회(Committee on Statement of Cost Accounting Principles)의 보고서에서는 다음과 같은 세 가지의 원가회계 목적을 제시하고 있다.[10)]

① 원가관리에 기여(Contribution to Cost Control)

② 손익산정 및 재무상태의 결정을 위한 기초자료의 제공(Basic Information for Income Determination and Financial Standing)

③ 제품의 가격결정과 기타 경영방침에 관한 특수문제를 해결하기 위한 기초자료의 제공(Basic Information for Product Pricing and Solving the Special Problems to Managerial Policy)

위의 목적 중 ① 및 ②의 목적은 원가회계의 재무회계적인 측면의 경상

---

10) AAA, *Committee on statement of Cost Accounting Principles*, The Accounting Review, Jan. 1948.

적 목적이고, ③은 관리회계적인 특수목적에 해당하는 것이다. 특히 이 때에는 사전원가계산의 개념은 제외되고 역사적 원가에 의한 사후원가계산의 개념만으로 이루어진다는 특징을 갖는다.

2) 1951년 1차 개정된 목적

1951년에는 미국원가회계사상 최초로 원가의 개념 및 기준에 관한 위원회가 발족되어 최초의 원가회계기준이 발표되었다. 이 원가회계기준이야말로 일본의 원가회계기준과 1973년의 한국공인회계사회의 원가회계기준 마련에 지대한 영향을 미친 것으로서 그 의의가 크다. 여기에 나타난 원가회계의 목적은 아래의 세 가지로 구분되어 있다.[11)]

① 재무제표를 작성하는 데 필요한 원가자료의 집계
② 각 계층의 경영관리자들의 원가관리에 필요한 원가정보의 제공
③ 경영자들의 관리적 의사결정 및 이와 관련된 경영방침의 설정에 필요한 원가정보의 제공

위에서 ①은 재무제표작성을 위한 재무회계적인 목적이고, ②와 ③은 관리회계적인 원가관리 및 경영계획수립을 위한 목적이라 할 수 있다.

1947년의 보고서와 1951년도 보고서에 나타난 원가회계목적을 서로 비교해 본다면 기본적으로 다음과 같은 두 가지의 변화를 살펴볼 수 있다.

첫째는, 목적을 배열하는 순위의 차이이다. 즉, 1947년도 보고서에서 첫 번째로 들었던 원가관리목적과 두 번째의 재무제표 작성목적의 순위배열이 바뀌었다. 이와 같은 순위 바꿈의 뜻은 그 중요성에 따른 것이라기보다는 원가회계와 세무회계와의 관련성을 중시하였다.

두 번째의 변화는 사전원가계산에 의한 추정재무제표 작성의 개념이 포함되어 원가회계의 목적으로 예산의 개념을 포함시켰다는 점이다.

셋째로 제시하는 어휘들의 변화를 들 수 있다. 즉 재무회계, 의사결정을 위한 회계 등의 명칭들이 공식적으로 많이 거론된 것들을 들 수 있다.

---

11) AAA, *Committee on Statement of Cost Accounting Principles*, The Accounting Review, Apr. 1972.

3) 1955년 2차 개편시의 목적

원가개념 및 기준에 관한 위원회는 1955년에 "경영관리 목적을 위한 보고서 작성 시 기초가 되는 원가의 제 개념에 관한 시안"(Tentative Statement of Cost Concepts underlying Reports for Management Purpose)을 발표하여 원가회계의 목적을 다음의 세 가지로 변경 제시하였다.

① 계획설정(Planning)을 위한 원가정보의 제공
② 통제(Control)를 위한 원가정보의 제공
③ 재무제표의 작성(Financial Statement)을 위한 원가정보의 제공

1955년도의 보고서에 나타난 특징은 원가회계의 중요성이 종래의 재무제표작성을 위한 재무회계적 측면으로부터 계획과 통제를 위한 원가정보의 제공이라는 관리회계적 측면으로 전환되었음을 살펴볼 수 있다.

여기서 계획설정(Planning)의 회계적 의미는 경영자가 경영목적달성을 위하여 이용할 수 있는 경제적 자원을 합리적으로 배분하여 이를 재무적인 수치로 표시하는 예산편성의 과정이 될 것이며, 통제(Control)는 경영자가 조직 구성원들의 제반활동을 계획대로 추진되는 지를 확인하고 조정해 나가는 과정이므로 경영계획의 양적표시인 예산(Budget)의 계획적 통제 및 조정을 가리킨다.

(3) 한국공인회계사회의 원가회계목적

한국공인회계사회는 1973년에 처음으로 기업의 건전한 경영과 산업경제의 발전을 도모하기 위하여 기업의 원가를 계산함에 있어서 준거하여야 할 다음의 다섯 가지 원가계산기준을 마련함으로써 한국기업에 있어서의 원가회계 기준을 제시하였다.

① 재무제표작성에 필요한 원가자료의 제공(재무제표작성의 목적)
② 가격계산에 필요한 원가자료의 제공(가격산정의 목적)
③ 원가관리에 필요한 원가자료의 제공(원가관리의 목적)

④ 예산편성 및 예산통제의 필요한 원가자료의 제공(예산관리의 목적)

⑤ 경영의 기본계획설정에 필요한 원가자료의 제공(기본계획 설정의 목적)

1) 재무제표작성의 목적(Objective of Making Financial Statement)

기업외부의 이해관계자, 즉 주주나 채권자들에게 유용한 회계정보를 제공하는 재무회계에서는 필수적으로 원가회계가 수행하는 원가정보를 얻어야 한다. 원가회계가 재무제표 작성목적으로 활용된다는 것은 재무상태를 나타내는 재무상태표의 작성을 위하여 기말에 보고하여야 할 제품・반제품・재공품 등 재고자산의 평가액을 결정하는 데 있어서 그 기초자료가 되는 원가정보를 제공하고, 경영성과를 나타내는 포괄손익계산서 작성을 위해서 제품완성원가의 계산을 통한 매출원가를 산정하여, 기간이익측정 및 보고의 기초자료를 제공하는 것이다. 또한 현금흐름표나 이익잉여금처리계산서(혹은 결손금처분계산서) 등의 재무제표 부속명세서 작성을 위해 원가회계와 밀접한 관련성을 갖게 되는 것이다.

2) 가격산정의 목적(Objective of Product Pricing)

상품의 가격이라는 것은 근본적으로 경쟁시장에서 수요공급의 원칙에 따라 결정되는 것이라 할 수 있으나 기업의 최소이익 보장을 위한 판매가격의 산정은 중요하며, 특수하게 군수산업 같은 주문생산형태의 기업, 건설업 같은 시장가격이 존재하지 않는 특수한 물자를 생산하는 기업, 정부에 의하여 이루어지는 통제가격형성 등의 경우에는 원가를 정확히 계산하여 합리적 이익을 가산하는 방법을 취하지 않을 수 없다.

이와 같은 이유로 기업에서 합리적 가격의 산정은 중요한 일이며, 이를 위해서는 제품제조를 위해 소비되는 경제가치를 합리적으로 측정하는 원가회계의 자료들이 필수적으로 요구되어지는 것이다.

3) 원가관리의 목적(Objective of Cost Control)

원가관리란 현재의 생산비와 생산방법 등의 조건하에서 일정수준의 품질을 유지하면서 생산원가를 최대한으로 절감할 수 있도록 수행하는 제반 경영기능을 의미한다. 이와 같이 현재의 생산조건을 전제로 하여 원가절감을 꾀하는 원가관리의 기능을 수행하기 위해서 원가회계는 각 원가발생의 책임부분 및 부분관리자별로 활동의 목표가 되는 동시에 실적의 기준이 되는 원가를 설정(Making Standard Costs)하고, 실적과 비교하는 차이분석(Differential Analysis)을 함으로써, 부문 및 부문관리자의 업적을 평가(Performance Evaluation)하고 그 원인을 규명하여 그 결과를 관리자들에게 전달(Communication)하여 필요한 조치를 취할 수 있도록 해 준다.

이러한 원가관리는 표준원가계산제도(Standard Cost Accounting System)를 취함으로써 효과적으로 달성할 수 있는데, 표준원가계산제도란 11장에서 자세히 설명하게 되지만 합리적인 원가표준의 설정, 실제원가와의 차이분석, 결과조치를 통한 가치계획의 수정 등 일련의 절차로 이루어지는 원가회계시스템이다.

효과적 원가관리의 수행을 위해서는 관리회계의 제반 절차가 수행되는데, 고도로 발달된 관리통제시스템(Management Control System)하에서는 원가에 관한 책임중심점(Responsibility Centers)의 설정, 책임중심점별 관리가능원가와 관리불능원가의 구분(Distinction of Controllable and Noncontrollable Costs), 책임중심점별 원가통제의 수행(Cost Control of Responsibility Centers)의 절차로 이루어진다.

4) 예산관리의 목적(Objectives of Budget Control)

예산이란 일정기간 중의 기업경영계획을 회계금액으로 표시한 것을 의미하며, 기업의 환경이 변화함에 따라 각 기업의 관리통제시스템은 역사적 자료를 기록함으로써 통제해 나가는 재무회계적인 단계를 벗어나 자연적으로 예산의 편성 및 통제의 단계로 넘어가게 되는데, 이 예산통제의 기법과 과정은 관리회계의 중심영역이 된다. 원가회계는 관리회계의 중심영역인 예산의 편성 및 통제를 위한 제 기법 등을 통하여 이 목적들을 달성한다. 또한 본 목적달성을 위하여 원가회계에서는 특히 매매원가를 예측하는 원가추정(Prediction of Costs), 직접원가예산(Direct Cost) 및 원가·조업도·이익분석(Cost, Volume, Profit Analysis) 등의 특수한 원가회계기법들을 동원하게 된다.

5) **기본경영계획 설정의 목적**(Objectives of Making Basic Planning)

기본계획이란 기업의 장기적인 관점에서 경제적 환경변화에 동태적으로 적응하기 위해서 행하는 제품의 종류, 입지선정, 생산설비의 규모 및 양식 등의 경영구조에 관한 사항을 계획하는 것이다.

이와 같은 경영구조에 관한 기본계획은 경상적 업무계획에 대응하는 개념으로써 1955년 미국회계학회의 "원가개념에 관한 위원회의 보고서"[12] (Tentative Statement of Cost Concepts underlying Reports for Management Purpose)에서는 개별계획(Project Planning)과 기간계획(Period Planning)으로 분류하여 설명하고 있다. 여기서 제시되는 개별계획이란 경영자가 경영상 해결하여야 할 개별문제에 당면했을 때 여러 가지의 대체적 해결방안 중에서 최선의 방안을 선택하는 과정으로, 구체적으로 보통 장기계획에 해당되는 설비투자의 결정(Capital Budgeting), 제품의 추가 또는 폐지의 결정(Product Line Decisions), 자가제조 혹은 구입의 결정(Make or Buy Decisions), 제품가격의 결정(Product Pricing) 등의 특수의사 결정(Special Decision Making)에 해당되는 내용들이다. 기간계획이란 일정기간에 있어서 기업 전체 내지는 각 조직단위의 장래활동 전반에 대해서 가장 유리한 계획을 체계적으로 구성하는 일련의 과정으로서 중심이 되는 것은 이익계획(Profit Planning)이다.

이와 같은 개념규정에 따른 기업의 개별계획 및 기간계획의 설정을 위해서는 보통 ① 문제의 인식(Recognition of Problems), ② 문제해결을 위한 여러 가지 대체적 방안의 강구(Various Alternatives for solving the Problems), ③ 여러 가지 대체적 방안의 평가(Evaluation of the Alternatives), ④ 최적안의 선택(Selection of the best one)의 과정을 거치게 되는데, 원가회계는 이를 위한 여러 원가회계기법들을 통하여 유용한 정보들을 제공하게 된다.

이 목적달성을 위하여, 주로 이용되는 원가회계기법(Cost Accounting Technique)들로서는 특수의사결정을 위한 차액회계(Differential Accounting for Special Decision Making), 공헌이익 접근법(Contribution Margin Approach), 특수원가조사(Special Costs Survey) 등이다.

---

12) AAA, *Committee on Cost Concepts and Standards,* The Accounting Review, Apr. 1972.

제 3 절 원가회계의 발전과정

1. 원가회계의 기원

원가회계의 기원에 관해서는 가아너(P. Garner), 리틀톤(A. C. Littleton), 그리고 솔로몬(D. Solomon) 등이 각각 상이한 견해를 보이고 있다. 가아너는 원가회계의 기원은 자본제적 생산과정이 가내공업 또는 수공업제도로 전환하게 된 중세시대까지 소급하여 조사할 필요가 있다[13]고 주장한다. 리틀톤은 복식기입에 의한 상업부기는 수 세기 전부터 이루어지고 있었으나 원가회계는 그보다 오래된 것은 아니다. 사실 그의 기원은 최근의 일이라 할 수 있고 본질적으로는 19세기의 산물로서 20세기에 들어와서 크게 확대 발전되어 온 것이다. 그러므로 원가회계는 산업혁명의 수많은 결과 중의 하나가 된다[14]고 하였다. 솔로몬은 산업혁명에 의한 공장제조업이 나타나기까지 재료비・임금 등 기본원가(Prime Cost)를 계산한 사실은 있으나 제조간접비 계산을 하기 시작한 때부터 원가회계를 인식하여야 한다[15]고 주장한다.

이와 같은 견해 이외에도 원가회계의 기원을 이보다 훨씬 이전의 고대로 거슬러 올라가 그 역사적 사실에서 찾으려고 하는 견해도 있다. 즉, 바빌로니아 고대도시의 폐허에서 발굴된 점토판에 의하면 당시 직물업이 크게 성행하여, 이곳으로부터 작업명, 방직공에 건네진 양모의 중량, 사용된 재료에 의해 만들어진 의복의 번호 등으로부터 원가계산에 관한 기록의 흔적을 찾기도 한다. 이와 같은 원가회계의 기원에 대한 주장이 학자에 따라 다른 것은 원가회계에 관한 기본적 사고의 차이에서 오는 것으로 보아야 한다.

원가회계는 제조기업에서 그 필요성이 인식되고 나아가서 복식부기의 일

13) P. Garner, *Evolution of Cost Accounting to* 1925, Development of Cost Accounting, p. 19.

14) A. C. Littleton, *Accounting Evolution to* 1900, History of Accounting, p. 320.

15) D. Solomon, *The Historical Development of Costing, Studies in Costing*, London, 1952, p. 3.

환으로 생성 발전되어 온 것이므로 복식부기의 체제와 제품의 생산 및 판매가 실질적으로 이루어졌던 중세에는 원가회계의 기본체계가 갖추어졌으며, 제조기업의 발달 및 기업규모의 확대와 더불어 더욱 발전해 왔다. 제조기업은 상기업에 비하여 원재료・재공품・제품 등으로 재고자산의 유형이 다르게 나타나고, 제조기업에서 보유하고 있는 재고자산 중 원재료의 원가는 구입가격에 의해 쉽게 인식할 수 있지만, 재공품 및 제품의 원가는 원재료처럼 간단하게 결정할 수가 없다. 일반적으로 재공품 및 제품의 원가는 제조과정에서 투입된 모든 원가를 집계한 후 이를 각 재공품 및 제품에 배부하여 결정하게 된다. 이처럼 투입요소의 원가를 재공품 및 제품에 가장 적절하게 배부하는 방법을 모색하는 과정에서 현대적 의미의 원가회계가 발전되었다.

2. 초기의 원가회계

초기의 원가회계를 실시한 흔적으로는 1492년 파치올리(Lucas Pacioli)의 부기서가 나오기 63년 전인 1431년경에 이미 플로렌스(Florence)에서 은행업무 및 수직물업에 종사한 메디치가(Medici Family)는 직물제조 및 판매(Cloth Manufactured and Sold Account) 등의 계정을 설정하여 그 차변에는 직물제조에 사용된 양모・염료・임금 및 간접재료비의 총액과 그 밖의 제경비가 기입되어 기말에 직포제조에 소요된 총원가를 계산하는 오늘날의 제조계정과 같은 원가회계의 계정체계를 가진 회계장부를 가지고 있었으며, 1520년 이후 제계정의 명세를 기록하기 위하여 직공별 장부의 별도기록이라는 보조장부의 체계까지 갖추고 있어, 이것은 오늘날 보조장부의 시초로 알려져 있다.

16세기에 들어와 네덜란드 안트와프(Antwarp) 인쇄출판업자인 프란틴(Chritoper Plantin)은 1563년에 인쇄출판업을 조합기업으로 설립 운영했는데, 이 때 사용된 회계장부들도 이태리식 복식부기에 의한 분개장과 원장을 사용하여 원가회계를 실시하였다. 프란틴은 인쇄된 책에 따라 별개의 작업계정을 설정하여 여러 다른 품질의 종이(원재료)에 대해서 각각의 계정을 두고 품질의 종류에 따른 종이 재고를 계산하였다. 이는 문헌상에 나타난 재고자산에 대한 재고조사법(Perpetual Inventory System)의 최초사용으로 알려져 있다. 또한 인쇄의 총원가도 출판도서의 종류에 따라 별도계정을 설정하여 종이의 원가를 분개기입의 방법으로 해당 종이계정으로부터 출판도서별 계정에 대체하는 원가회계시스템을 갖추고 있었다. 이때 출판된 도서별 총원가는 재고자산 관리를 위한 재고조사법을 이용할 수 있도록 도서재고계정(Books in Stock Account)에 대체하였는데, 이는 오늘날의 재공품 계정에서 제품계정에 대체하는 절차와 같은 것이다.

이와 같이 초기의 원가회계는 복식부기를 제조업의 계산제도에 적용하는 것에 지나지 않는 유치한 단계였으나 당시의 이 같은 회계기록의 목적이 제조계정에 대한 회계관리를 통해서 원재료나 노무비 등 원가의 절감을 위한 것이었던 점에서 근대적 관리회계적 사고가 나타나기 시작한 것으로 볼 수 있다.[16)]

3. 산업혁명과 원가회계의 발전

근대적인 원가회계가 생성된 것은 산업혁명의 결과 기계의 발명, 동력의 도입, 철도산업에 따른 소송수단의 발전 등에 의한 공장제 공업의 발전으로 산업계가 급속한 변화를 보이기 시작한 1870년 내지 1880년대로 보아야 할 것이다. 왜냐하면 산업혁명의 진전에 따라 기업의 규모가 증대하여 고정자산에 대한 투자의 증대에 따른 자본이자 및 재산평가의 문제 등이 대두되어 원가회계에서는 복식부기에 의한 원재료계정의 집계체제로부터 벗어나 제조간접비의 회계처리 등이 중요한 과제로 등장하게 되었다.

제조간접비의 배분에 관한 문제는 원가회계를 한 단계 높여 놓는 계기가 되었고, 이에 대한 저서들도 19세기 말엽에 이르러 나타나게 되었는데, 1978년의 배터스비(T. Battersby)의 "철 및 브라스 주조업자, 기계제작업자, 기사, 조선업자, 제조업자 등을 위한 완전한 복식부기 및 완전한 기초원가 및 이익

16) 이정호, 「원가회계론」(일신사, 1983), p. 46.

계산"(The perfect Bookkeeper, and the perfect Prime Cost and Profit Demonstrator 〈on the Departmental System〉 for Iron and Brass Foundries, Machinists, Engineers, Shipbuilders, Manufactures, etc)과 1887년 카크와 펠스(E. Carcke & J. M. Fells)의 "공업회계"(Factory Accounts, their Practice, A Handbook of Accountants and Manufacturers), 1889년의 노턴(G. P. Norton)에 의한 "섬유업자의 부기"(Textile Manufacturers' Book-keeping, London, Simpkin, 1889) 등을 들 수 있다.

19세기 말엽에 있어서 원가회계실무는 제품의 원가구성을 직접비만으로 인식하고 제조간접비는 손익계정에 기간비용으로 기입하였었는데, 카크와 펠스는 이에 대하여 제조간접비를 제품의 원가에 산입하여야 한다고 제창하고, 그 절차로 제조간접비를 원가발생 장소인 제조부문에 배부하고 각 부문에서 제조지시서 또는 제품별로 직접노무비 또는 직접노무비와 직접재료비의 총액에 비례하여 배부하여야 한다고 하였다. 이와 같이 하여 일정 기간별로 제품의 기초원가(Prime Cost)가 제조계정으로부터 제품계정에 대체되고, 판매된 제품은 거래처계정의 차변과 매매계정의 대변에 기입하는 동시에, 원가로서 매매계정의 차변과 제품계정의 대변에 기입하여 기간이익을 계산하는 일반회계에 결부시키는 원가회계의 가격결정기능과 원가관리기능을 수행할 수 있는 시스템을 제안하였다. 이는 원가기록을 일반회계와 결합시킨 최초의 노력이었으나 대부분의 기업에서 실용화된 것은 1930년대에 이르러서 이루어졌다.

20세기 초 공업회계에서 간접비의 중요성을 강조하고 이의 취급과 관련된 문제를 완성한 사람으로는 미국의 처치(A. H. Church)를 들 수 있다. 1901년 처치는 "제조원가와 회계"(Manufacturing Costs and Accounts, The Engineering Magazine), 1908년 "적절한 경비의 배분"(The Prosper Distribution of Expense Burden, The Engineering Magazine) 등의 논문에서 제조간접비의 배부문제에 관련하여 지금까지의 배부방법을 검토하고, 신기계율법(과학적 기계율법: Scientific Machine Hour Rate Method)과 더불어 보충률설(Supplementary Rate)을 주장하여 제조간접비회계를 발전시켰다.

4. 과학적 관리법과 원가회계의 발전

20세기에 들어와 원가회계 발전에 끼친 두 가지의 큰 영향 요소로는 제조간접비의 회계처리문제와 과학적 관리를 들 수 있다. 과학적 관리(Scientific Management)의 구상은 간트(H. L. Gant), 길버드(F. Gilberth), 쿠크(M. L. Cooke), 에머슨(H. Emerson) 등의 이론을 계승하여 테일러(F. W. Taylor)에 의하여 제창되었는데, 이는 경영관리와 원가회계의 발전에 큰 기여를 하게 되었다.

이것은 1900년과 1915년 사이에 나타났는데, 원가회계에 큰 영향을 미친 것은 테일러가 사망한 1915년 이후의 일이다. 과학적 관리의 영향을 받아 원가회계는 원가의 확정이라는 종래의 관점을 벗어나 원가관리에 중점을 두고 능률측정을 위한 관리도구로서 원가회계를 활용하게 되었다. 이 영향을 받아 즉시 발전된 원가회계시스템이 표준원가회계시스템이다.

표준원가회계는 화이트 모아(J. R. Whitemore)와 에머슨(H. Emerson)에 의하여 1908년과 1909년에 제창되어 1921년과 1930년 해리슨(G. C. Harrison)의 「생산을 위한 원가회계」(*Cost Accounting to aid Production*, Industrial Management, 1921), 「표준원가회계」(*Standard Costs,* New York, The Ronald Press, 1930)와 1932년 카만(E. Caman)의 「기준표준원가」(*Basic Standard Costs*) 등의 출판으로 완성되었다. 표준원가회계는 예산통제시스템과 결합하여 그 본래의 의미를 발휘하게 되었는데, 이에 관한 연구로는 1922년 맥킨시(J. Mackinsey)의 「예산통제」(*Budgeting Control*), 1926년 화이트(P. White)의 「기업경영에 있어서 예측, 계획수립 및 예산편성」(*Forecasting, Planning and Budgeting in Business Management*), 그리고 싱글레아(B. Sinclair)의 「예산론」(*Budgeting*) 등을 들 수 있다.

5. 제2차대전 이후의 원가회계

제2차대전 후 미국회계학회(AAA)는 1947년부터 1955년에 이르기까지 3

차에 걸친 "원가개념 및 기준에 관한 보고서"를 발표하였다. 1947년도 원가위원회의 보고서와 1951년도 원가개념 및 기준위원회의 보고서에서는 원가회계 목적의 하나로서 경영자의 경영정책수립에 필요한 원가자료의 제공을 강조하였고, 1955년에는 "경영자를 위한 보고의 기초가 되는 원가 제 개념에 대한 시안"(Tentative Statement of Cost Concepts Underlying Reports for Management Purposes)을 작성 공표하여 경영자의 기능을 계획과 통제로 구분하고, 계획을 다시 개별계획(Project Planning)과 기간계획(Period Planning)으로 나누어 상이한 목적을 위한 상이한 원가라고 하는 전제하에서 각각의 경우에 적절한 원가개념을 전개하고 있다. 이에 따라 원가회계의 목적은 종래까지의 재무제표 작성목적보다도 계획 및 통제를 위한 원가계획의 중요성을 우선적으로 강조하기에 이르렀다.

이상과 같은 원가회계의 발전과정을 더듬어 볼 때 초기단계의 원가회계는 원가의 확정이라는 문제를 중심으로 논의되었으나, 기업의 규모가 확대 발전됨에 따라 원가회계의 중심과제는 경영관리상의 문제를 해결하는 데 도움이 되는 정보를 제공하는 수단으로서 그 의의를 강조하는 방향으로 발전되어 왔음을 알 수 있다.

6. 1990년대 이후의 원가회계

1990년대는 경영환경의 변화에 따라 새로운 환경에 적응하기 위한 원가 및 관리회계시스템의 일대 변환기에 해당된다. 존슨과 카플란 등은 전통적인 회계보고서들이 원가절감 및 생산성의 향상을 위하여 노력하는 실무경영자들에게 거의 도움을 주지 못하고, 정확한 제품원가의 측정에도 문제가 많은 것으로 지적하고 있다. 특히 미국의 기업들이 전통적 회계시스템에 대해 비판한 배경으로 일본의 기업들에 비해 국제경쟁력이 낮아지게 되었는데, 이는 일본 고유의 독특한 회계시스템, 즉 ① 고객만족 중심이 경영정책, ② 품질개선, ③ 제품설계단계에서부터 적극적인 원가관리, ④ 목표원가계산, 예산관리 과정 등에 회계기능의 적극적인 역할 강화에 있다고 보았다.

변화하는 환경에 적합한 새로운 회계시스템의 주요 내용으로는 핵심적 요인은 바로 고객만족(Customer Satisfaction)으로 이에 관련하여 원가개념의 확장(PLC 등), 원가개념의 공간적 확대로 모든 기업의 활동을 분석하여 원가를 관리하고자 하는 ABC, 그 밖에 원가 이외에도 품질(Quality), 유연성(Flexibility) 등의 요인들이 중시되어야 한다는 새로운 사고가 학계와 산업계의 공통적인 인식으로 확산되어가고 있다.

1990년대 초부터 논의되기 시작한 전통적인 회계시스템에 대한 적합성에 회의와 변화하는 기업환경하에서 기업의 경쟁력 확보를 위해서 꾸준히 시도되고 있는 여러 가지 원가통제기법들은 그 적용가능성 및 검증의 단계가 필요하겠지만, 이와 때를 같이 하여 우리나라 대학에서의 학과통합 및 계열화 경향은 경상계열 교육제도와 교과과정의 변화에 영향을 크게 미쳐 원가회계 시스템의 궤도수정이 불가피하게 되었다.

원가회계에 있어서 제품 및 서비스의 정확한 원가의 산출은 언제나 가장 중요한 관심사이고, 원가관리를 위한 표준원가계산의 발달은 원가관리를 위한 방법으로 각광을 받았으나, 1990년대 이후의 변화하는 기업환경은 표준원가계산시스템 자체에도 한계에 봉착하게 되었기 때문이다. 다른 기업들과의 경쟁에서 살아남기 위해서 보다 더 적극적인 관리를 하지 않으면 안 될 상황으로 변화되었다. 즉, 원가는 기업경쟁력 확보의 한 부분으로, 다른 요인들과 함께 적극적으로 관리되어야 기업의 목적이 달성될 수 있다는 것이 2000년대의 원가회계의 경향이라 할 수 있다.

1900년대 이후 새롭게 논의되고 있는 제 경영기업들과 원가통제 기법들은 전통적인 원가회계시스템에 의해서 제공되는 회계정보가 경영의사결정에 도움을 주지 못함으로써, 등장한 것들로 이들은 컴퓨터기술, 생산기술 및 정보수집 기술의 엄청난 변화에 따른 CAD/CAM, CIM, FMS 기법들과, 회계기법으로의 ABC, JIT 및 제품수명주기원가계산(PLC) 등은 전통적인 원가회계 시스템에 혁신적인 과제들이다.

[연 습 문 제]

1. Under the changing Management environment in the 21th Century, which of the following is not the new advanced management theme?
   a. Quality Improvement
   b. Flexibility & Reliability
   c. Cost Reduction
   d. Mass Production System

2. The primary difference between a manufacturing organization and a merchandising organization is that
   a. manufacturing organization makes a product to sell, whereas a merchandising organization buys a product ready for resale.
   b. merchandising organization does not need a management accounting system, but a manufacturing organization relies heavily on such a system.
   c. merchandising organization makes a product to sell, whereas a manufacturing organization buys a product ready for resale.
   d. manufacturing organization does not need a management accounting system, but a merchandising organization relies heavily on such a system.

3. Which of th following statement is not the difference of Managerial & Financial Accounting?
   a. Users of Management Accounting are managers within the organization, but in Financial Accounting, Interested parties outside the organization.

b. Regulated Rule is Generally Accepted Accounting Principles in Managerial Accounting, but Financial Accounting is not required and unregulated.
c. The objective is different, Management Accounting is providing for management but stewardship for outside parties in Financial Accounting.
d. The nature of reports & procedure is different, Based almost exclusively on historical transaction data in Financial Accounting but focus on estimates and projections of future events.

4. Cost Accounting System which is developed by influence of Scientific Management Method by F. W. Taylor is?
   a. Variable Costing System
   b. Absorption Costing System
   c. Standard Costing System
   d. Activity Based Costing System

5. Which of th following management philosophies have evolved to assist firms competing in a global market?
   a. Just-In-Time operating philosophy
   b. Total Quality Management
   c. Activity-Based Management
   d. All of the above

6. 다음 중 원가회계에 대한 설명으로 틀리는 것은?
   ① 원가회계는 특정의 목적과 관련하여 원가를 산정한다.
   ② 원가회계에서 파악되는 경제가치의 희생액은 과거에 이루어진 것에 국한하여 파악한다.
   ③ 원가회계는 재무회계기구와 유기적인 연관성을 갖는 원가계산제도이다.
   ④ 원가회계는 경제가치의 희생액을 제품 및 서비스와 관련하여 계산한다.

7. 원가회계와 재무회계의 관계에 대한 설명으로 틀린 것은?
   ① 원가회계는 임의적 계산제도이지만, 재무회계는 강제적 계산제도이다.
   ② 원가회계는 대상계산인 반면에, 재무회계는 기간계산이다.
   ③ 원가회계는 주로 기업내부보고를 위한 회계제도, 재무회계는 외부보고를 위한 회계제도이다.
   ④ 원가회계는 총액 및 총량개념을 중시하나, 재무회계는 부문별 혹은 단위당 개념을 중시한다.

8. 한국원가계산기준에서 제시하는 원가회계의 목적이 아닌 것은?
   ① 재무제표 작성 ② 생산관리 ③ 가격산정
   ④ 원가관리 ⑤ 예산관리

9. 20세기 후반(1990년대)에 이르러 원가회계에 미친 중심사고라 할 수 없는 것은?
   ① 원가절감 ② 고객만족 중심 ③ 제품품질개선
   ④ 원가계산 범위의 확대 ⑤ Pushed System에서 Pulled System으로

10. 21세기에 들어 전통적 원가회계시스템의 비판으로 나타난 원가계산제도가 아닌 것은?
    ① 활동기준 원가계산 ② 목표원가계산 ③ 적시원가계산
    ④ 표준원가계산 ⑤ 제품수명주기 원가계산

〈주 관 식〉

※ 다음 사항에 대하여 약술하라.

1. 재무제표 작성을 위하여 원가회계는 왜 필요한가?

2. 원가회계와 관리회계의 차이는?

3. 원가회계가 필요한 이유(원가회계의 목적)를 설명하라.

4. 다음의 사건들이 원가회계의 발전에 미친 영향은 ?

1) 산업혁명(19세기 말엽) ………………………………… (　　　　　　　　　　　　　　　　　　　　)
2) 과학적 관리법의 등장(20세기 초기) ……… (　　　　　　　　　　　　　　　　　　　　)
3) 세계 제 2 차대전(20세기 중반) ………………… (　　　　　　　　　　　　　　　　　　　　)
4) 제조환경의 혁신(1990년대 이후) ……………… (　　　　　　　　　　　　　　　　　　　　)

제 2 장 원가의 개념 및 분류

제 1 절 원가의 개념

1. 원가의 의의

원가회계(Cost Accounting)란 경영자 및 이해관계자들의 의사결정에 요구되어지는 원가에 관한 정보를 제공해 주는 회계시스템이다. 우리가 생산경제활동이던 소비경제활동이 되었건 경제활동을 해나가는 데 있어서는 여러 가지 의사결정을 하여야 하며, 이때 가장 필수적으로 요구되어지는 정보가 원가에 관한 정보인 것이다. 회계시스템이란 말은 원가정보의 제공이 아무렇게나 이루어져도 좋은 것이 아니라 회계적인 방법과 절차에 따라 체계적으로 이루어져야 된다는 의미이다. 원가회계가 대상으로 하고 있는 것이 원가이므로 원가(Cost)에 대한 정확한 개념규정이 우선적 과제가 아닐 수 없다.

우리가 일상생활을 해 나가자면 일정한 재화와 용역을 필요로 하고, 이들을 획득하기 위해서는 어떤 대가를 치루어야 하는데, 이와 같이 어떤 특정목적을 달성하기 위하여 치른 희생을 화폐가치로 측정한 것을 원가(Costs)라고 일반적으로 그 개념을 규정한다. 원래 만들어진 제품의 원가란 글자 그대로 "만들어진 제품의 원래가치"를 말하는 것이다. 가치라는 말은 여러 가지 의미가 있겠지만 여기서는 화폐로 측정할 수 있는 "경제적 가치"를 의미한다.

예를 들면, 어떤 회사가 만든 의자의 원가가 얼마인지를 알고 싶어 할 것이다. 그렇다면 만든 의자의 원가는 얼마일까?

의자의 원가를 구하기 위해서는 의자를 만들기 위하여 사용된 것들의 가치를 구하여 모두 합하면 될 것이다. 의자를 만들기 위해서는 나무, 못,

니스 등과 같은 재료가 사용된다. 그리고 나무를 자르기 위해서는 기계가 필요하고 기계를 사용하면 기계의 가치가 감소하여 감가상각비가 발생할 것이다. 또한 기계를 사용하기 위해 전기를 사용하여야 하며, 의자 만드는 것을 감독하기 위하여 공장 감독자가 필요하므로 공장 감독자의 급여도 발생하게 된다.

따라서 의자를 만들기 위해서는 재료, 노동력, 기계 및 전기 등이 소비되었음을 알 수 있다. 여기서 소비되었다는 것은 일반적으로 "써서 없어졌다"는 뜻이다. 그러면 의자를 만들기 위해 소비된 재료, 노동력 등은 소비되기는 했지만 없어진 것이 아니라 의자를 만들기 위해 사용되면서 그 가치가 완성된 의자로 옮겨간 것이다. 이렇게 본다면 의자란 제품의 가치를 나타내는 원가로서 제품을 만들기 위해 소비된 것들의 경제적 가치를 합한 것이 된다. 따라서 제품 등을 생산하기 위해 소비된 경제적 가치를 화폐가치로 측정한 것을 원가(cost)라고 한다.

독일의 슈마렌바하(Schmalenbach)는 "원가란 특정 급부(給付)를 위해서 소비된 재화의 가치"라고 정의함으로써 가장 고전적 의미의 원가에 대한 정의를 내린바 있다. 여기서 말하는 급부란 제공받는 재화와 서비스를 포함하는 함축적 의미의 용어이며, 원가계산제도상의 평가된 가치란 원가계산이 복식부기기구와 유기적으로 결합된 체제하에서 이루어지는 것이어야 한다는 뜻이고, 이때 지출된 원가뿐만 아니라 기회원가까지도 포함되어지는 것으로 이해되고 있다.

미국회계학회(AAA)는 1951년 원가개념 및 기준위원회의 보고서에서 "원가란 특정의 목적을 달성하기 위해서 발생한 또는 발생할 가능성이 있는 희생을 화폐가치로 측정한 것이다"라고 정의하여, 슈마렌바하의 정의와는 복식부기기구와 별도로 필요에 따라 임시적으로 수행되어지는 특수원가조사 등도 원가의 개념에 포함시킨 점에서 구분할 수 있다.

미국공인회계사회(AICPA)는 회계용어공보 제 4 호(Accounting Terminology Bulletin NO. 4)에서 "원가는 수취한 또는 수취할 것으로 기대되는 재화나 용역에 대해서 지출한 현금이나 이전한 재산, 발생한 주식, 제공할 용역 또는 발생한 부채액의 화폐평가액이다"라고 정의하여 기회원가의 개념은 제외시키고 있다는 점에서 슈마렌바하(Schmalenbach)나 AAA의 개념과는 구분된다.

한국공인회계사회에서 설정한 원가계산기준 제3조(원가의 본질)에서는 "① 원가라 함은 경영에 있어서 일정한 급부(給付)에 관련하여 파악된 재화 또는 용역의 소비를 화폐액으로 표시한 것이다. ② 원가는 경영목적 이외의 경제가치의 소비나 이상상태하의 경제가치의 감소를 포함하지 아니한다"라고 정의하였는데, 그 의미를 세부적으로 분석하여 보면 다음과 같다.

첫째, 원가는 경제적으로 가치 있는 재화와 용역을 소비함으로써 발생한다는 점이다. 그러므로 경제적 가치가 없는 것, 즉 공기와 같은 것은 원가의 대상이 될 수 없으며, 경제적 가치 있는 재화나 용역일지라도 소비되지 않은 것은 자산이 되는 것이지 원가는 될 수 없다.

둘째, 원가는 일정한 급부와 관련하여 파악한 경제가치이다. 여기서 급부란 경제가치를 타인에게 공급하는 행위로서 완성급부인 제품뿐만 아니라 재공품·반제품·공손품 및 각종의 용역을 포함하는 모든 급부를 대상으로 파악하는 것으로서, 기간적으로 파악한 것이 아니라는 점이다.

셋째, 원가는 경영목적과 관련하여 정상적으로 발생한 것이어야 한다는 점이다. 그러므로 기업경영의 구체적인 목표인 구매·제조 및 판매 이외의 활동인 재무활동(자본의 조달, 운용 및 이익처분 등의 활동)에서 발생하는 경제가치의 소비는 원가를 구성하지 않는다. 예를 들면, 자본을 조달할 경우에 소요되는 주식발행비나 사채발행비, 타인자본제공자에 대한 반대급부(反對給付)인 지급이자 등은 관련된다기보다는 그 수단으로 보는 것이 옳다. 또한 원가는 정상적으로 발생한 것만을 포함하고 비정상적인, 즉 천재지변이나 파업 등으로 감소된 경제가치는 원가의 구성범위에서 제외된다는 점이다.

2. 원가와 비용

원가와 비용(Cost & Expense)이라는 개념은 종종 같은 의미로 사용되는 경우가 많다. 왜냐하면 대부분의 재무회계상의 비용으로 파악되는 경제가치의 소비액은 특정급부에 대한 경제가치의 소비를 구성함으로써 원가회계상 원가의 범위 속에 포함되게 되므로 원가와 비용은 동일한 내용이 되고, 재무회계에서는 비용을 원가로 흔히 혼용하여 사용하고, 또 원가회계에서도 많은 원가를 비용으로 혼용하여 사용하는 경우가 많기 때문이다. 그러나 본질적으로 원가와 비용은 그 대상과 계산체계를 달리 하므로 근본적으로 구분되는 개념이다.

원가와 비용은 다 같이 기업경영의 자본순환과정에서 나타나는 "경제가치의 소비액을 화폐액으로 측정한 것"이라는 점에서는 동일하다. 그러나 원가는 급부의 생산 및 제공과 관련을 갖고 있는 데 반해서, 비용은 일정기간 내에 기업의 수익과의 관련하에서 발생하는 경제가치의 희생액이라는 점에서 개념상의 차이를 가진다. 이를 제품의 제조 및 판매과정의 예를 들어 설명해 본다면 어떤 특정제품을 제조하기 위해서 소비된 생산요소들, 즉 원재료·임금 및 기타의 경비들은 우선 제품원가를 형성하게 되어, 이 중에 판매가 실현되어 수익에 대응되는 제품원가의 부분은 매출원가로서 비용이 되지만, 그러나 판매되지 않고 남아 있는 부분, 즉 기말제품의 원가는 재고자산의 가액을 구성하는 원가로 남아 있는 것이 된다. 이와 같은 점에서 본다면 원가는 비용보다 넓은 의미로 해석되는 듯 하지만 또 다른 부분에서는 비용이 원가보다도 그 범위가 넓은 것도 있다.

〈그림 2-1〉 원가와 비용과의 관계

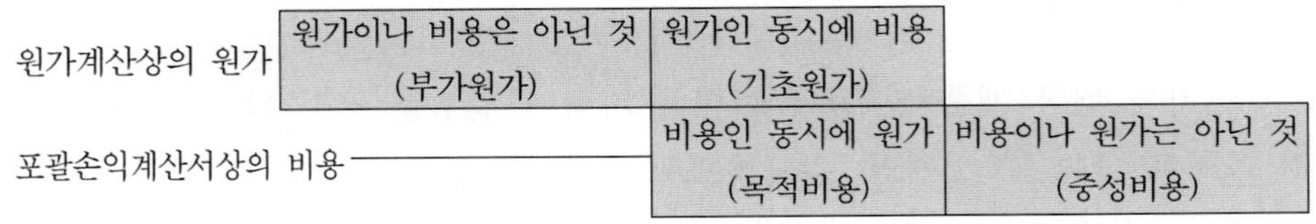

독일의 Schmalenbach의 견해를 가지고 원가와 비용의 상호관계를 설명해 보면 다음과 같다. 우선 ① 원가인 동시에 비용인 목적비용, ② 비용인 동시에 원가인 기초원가, ③ 원가이나 비용은 아닌 부가원가, ④ 비용이지만 원가는 아닌 중성비용의 네 가지로 구분하여 〈그림 2-1〉과 같이 원가와 비용의 상호관계를 설명했다. 이를 좀더 세밀하게 설명해 보면 다음과 같다.

① 목적비용과 기초원가: 목적비용(Purposive Expense)은 손익계산상의 비용인 동시에 원가계산상의 원가인 것을 말한다. 기초원가(Basic Cost)는 원가계산상의 원가이며 동시에 손익계산상의 비용이다. 따라서 목적비용과 기초원가는 동일한 것이며 경제가치의 소비를 원가계산의 입장에서 파악하느냐 아니면 손익계산의 입장에서 파악하느냐 하는 차이가 있을 뿐이다. 기초원가 및 목적비용으로 분류되는 것은 재료비, 노무비, 경비, 관리비 등이 있다.

② 중성비용: 중성비용(Neutral Expense)은 손익계산상 비용이지만 원가계산상 원가가 아닌 것을 말한다. 회계기간 중 발생한 영업외비용 및 특별손실에 속하는 것들이다.

③ 부가원가: 부가원가(Imputed Cost)는 원가계산상 원가로 취급되나 손익계산상 비용으로 계상되지 아니하는 것을 말한다. 부가원가는 대개 특수한 의사결정시에 고려되는 원가 또는 실제로 현금지출을 수반하지 않으며 일반회계장부에 기록되지 아니하는 원가이다. 부가원가로서 자기자본에 대한 이자, 개인기업 사업주 자신이 제공한 노동력에 대한 보수, 상각완료 자산의 사용가치 등을 들 수 있다.

3. 원가의 구성

원가는 결국 제품 및 용역에 대한 가격의 일부를 구성하는 것으로서 여러 가지로 나눌 수 있지만, 총체적으로 기본원가가 그 가격을 구성할 때까지 그 계산과정에 따라 보통 다음의 네 가지 단계로 나누어지는데, 그 각 단계별 구성내용은 〈그림 2-2〉에 표시하는 바와 같다.

(1) 직접원가

직접원가(Direct Cost)는 직접재료비(Direct Material Cost), 직접노무비(Direct Labour Cost), 직접제조경비(Direct Overhead Cost) 등의 직접비만으로 구성된 원가이다. 직접비란 특정제품의 제조를 위해서만 소비된 경제가치로서, 여러 가지 제품을 제조하기 위하여 공통적으로 소비된 원가인 제조간접비와 구분되는 개념이다. 이 원가는 제품제조의 기초적 비용으로서 기본원가(Prime Cost)라고도 한다.

(2) 제조원가

제조원가(Manufacturing Cost)는 직접원가에 일정한 배부기준에 따라 배부된 제조간접비(Indirect Cost)를 가산한 원가로서, 공장원가(Factory Cost) 또는 생산원가(Production Cost)라고도 한다. 일반적으로 원가라 할 때에는 이 제조원가를 말한다.

(3) 총 원 가

총원가(Total Cost)는 제조원가에 제품의 판매 및 일반관리활동을 위하여 소비된 판매관리비(Selling & Administrative Cost)를 합한 것으로 판매원가(Selling Cost)라고도 한다. 이 총원가는 제품이 제조되어 판매 가능한 상태에 이르기까지의 일체의 원가요소를 합한 것이다.

〈그림 2-2〉 원가의 구성

			이 익	
		판매관리비		
	제조간접비			
직 접 재 료 비 직 접 노 무 비 직 접 제 조 경 비	직접원가 (제 1 원가)	제조원가 (제 2 원가)	총원가 (판매원가) (제 3 원가)	판매가격

(4) 판매가격

일반적으로 판매가격(Selling Price)이란 제품이나 서비스의 공급자인 기업이 하는 것이다. 그러나 공급자인 기업의 입장에서는 원가를 초과하는 이윤이 보장되지 않는다면 제품이나 서비스의 공급이 중단될 것이므로 판매가격은 항상 총원가에 적정이익을 포함하는 것이어야 한다. 가격이란 본질적으로 시장에서 수요(Demand)와 공급(Supply)의 관계에 따라 결정되는 것이지만, 시장가격이 존재하지 않는다든지, 주문생산이나 신제품 생산 등의 경우에는 총원가에 적정이익을 가산하여 공급자인 기업이 직접 결정하지 않으면 안 되는 경우도 있다. 따라서 판매가격은 총원가에 일정한 이익(Profit)을 가산한 금액으로서, 기업에서 판매하고자 하는 가격을 말한다.

[예제 1] 다음 자료에 의하여 직접원가, 제조간접비, 제조원가, 총원가, 판매가격을 산출하라.

〈 자료 〉

직접재료비	₩8,000,	직접노무비	₩2,000,	직접제조경비	₩1,000
간접재료비	₩3,000,	간접노무비	₩1,000,	간접제조경비	₩2,000
판매비	₩1,400,	관리비	₩600,	이익은 총원가의 25%	

[해 답]

1) 직접원가 = ₩8,000 + ₩2,000 + ₩1,000
= ₩11,000

2) 간접원가(제조간접비) = ₩3,000 + ₩1,000 + ₩2,000
= ₩6,000

3) 제조원가 = ₩11,000 + ₩6,000
= ₩17,000

4) 총원가 = ₩17,000 + ₩1,400 + ₩600
= ₩19,000

5) 판매가격 = ₩19,000 × (1+0.25)
= ₩23,750

제 2 절 원가의 분류

원가계산(Costing)이란 원가정보이용자들의 수단으로 이루어지는 것이므로, 유일한 원가계산의 형태나 방법, 절차나 시점이 있는 것이 아니라 원가계산의 목적에 따라 서로 다른 형태 · 방법 · 절차 및 시점이 결정된다. 그러므로 원가를 어떻게 분류하느냐 하는 것은 원가계산의 목적에 따라 서로 다른 성격과 내용을 지니게 된다. 따라서 구체적으로 원가가 어떻게 분류되느냐는 것은 원가의 사용목적이나 관점에 따라 여러 가지로 다른 의견이 있을 수 있다. 그러므로 가장 보편적인 분류기준에 따라 몇 가지 유형으로 분류해 보면 다음과 같다.

① 발생형태에 따른 분류: 재료비, 노무비, 제조경비
② 제품과 관련한 분류: 직접비, 간접비
③ 기능상의 분류: 제조원가, 판매원가, 일반관리원가
④ 조업도에 따른 분류: 변동비, 고정비, 준변동비, 준고정비
⑤ 계산시점에 따른 분류: 실제원가, 예정원가
⑥ 수익과의 대응관계에 따른 분류: 제품원가, 기간원가
⑦ 관리가능성에 따른 분류: 관리가능원가, 관리불능원가
⑧ 의사결정에 관련한 분류: 관련원가, 회피가능원가, 기회원가, 매몰원가, 현금지출원가
⑨ 자산과 관련한 분류: 소멸원가, 미소멸원가

1. 발생형태에 따른 분류

소비되는 원자재의 형태가 어떤 형태를 가지느냐에 따라 원가를 분류해 보면, 재료비 · 노무비 · 제조경비로 나눌 수 있다. 그 형태가 물품인 경우에는

재료비라 하고, 노동력인 경우에는 노무비, 기타의 경우에는 제조경비로 분류하게 되는데, 이것을 원가의 가장 기본적 분류방법으로서 원가의 3요소라고 한다. 이를 상세하게 설명하면 다음과 같다.

(1) 재 료 비

재료비(Material Cost)란 제품제조에 소요되는 원재료의 소비액을 말한다. 구체적으로 각종 재료·원료·연료·부분품·소모품·소모공구·기구·비품 등이 생산요소로 소비될 때 이를 재료비라 한다. 재료비의 계산은 그 소비수량에 구입단가를 곱하여 계산하게 되므로 구입액 전부가 재료비로 계산되는 것이 아니고, 구입량 중 소비된 양만큼이 재료비가 되며 원가계산기간 내에 소비되지 않고 남는 부분은 자산으로서 차기로 이월된다.

(2) 노 무 비

노무비(Labor Cost)란 제품을 제조하는 데 소요되는 종업원의 노동력에 대해서 지급되는 임금·급료·잡급·상여금 및 각종의 수당·퇴직금 등을 말하는데, 보통 작업시간이나 제품의 생산량에 일정한 임률(단위당 임률)을 곱하여 계산된다.

(3) 제조경비

제조경비(Overhead Cost)란 제품제조를 위해서 소비되는 총원가요소 중에서 재료비와 노무비를 제외한 모든 원가요소를 말하는 것으로서, 전력료·가스료·수도료·운임·감가상각비·수선료·보험료 등이 이에 속한다.

제조경비는 그 발생형태에 따라 다시 월할제조경비·측정제조경비·지급제조경비·발생제조경비로 나누어지는데, 월별로 계산되는 급료·감가상각비·지급임차료·세금공과 등을 월할제조경비라 하고, 가스료·수도료·전력료 등과 같이 검침측정으로 계산되는 것들을 측정제조경비라 하며, 운임·복리후생비·여비교통비·수선비 등과 같이 지급되는 금액에 의하여 계산되는 것은 지급제조경비라 하고, 재고감모비 등과 같이 실제지급을 수반하지 않고도 내부거래로서 발생하는 경비를 발생제조경비라 한다.

이들 제조경비들은 외주가공비나 특허권사용료와 같은 특별한 경우를 제외하고는 대부분이 원가계산상 제조간접비로 처리된다.

2. 제품과 관련한 분류

원가요소가 특정의 대상(Objectives)에 대하여 직접적으로 추적할 수 있는가의 여부에 따라 원가를 분류하면 직접비와 간접비로 나뉜다.

(1) 직 접 비

직접비(Direct Cost)란 특정의 제품을 제조하기 위하여 소비되어, 직접적으로 그 제품의 원가로 집계할 수 있는 원가요소를 말한다.

가구제조업에서의 목재, 건축업에서의 시멘트나 직접공의 임금 등이 이에 속하는데, 이는 직접재료비 · 직접노무비 · 직접제조경비로 나눌 수 있고, 이 세 가지의 직접비를 집계하면 직접원가가 되는데, 대부분의 제조경비는 특정제품에서 추적이 불가능하므로 간접비가 된다.

(2) 간 접 비

간접비(Indirect Cost)란 각종의 제품을 제조하는 데 공통적으로 소비되어, 특정제품에서 직접적으로 추적할 수 없는 원가요소를 말한다.

동력용의 연료비라든지 감독관의 임금이라든지 대부분의 경비가 이에 속한다. 간접비는 간접재료비 · 간접노무비 · 간접제조경비로 나누어지고 이를 집계한 것이 제조간접비(Manufacturing Overheads)로서, 제품의 완성원가를 계산하기 위해서는 일정한 인위적인 배부기준에 따라 배부하는 절차를 가져야 한다. 이 제조간접비들은 인위적인 조작에 의해서 특정제품에 배부되어 완성원가가 집계되므로, 제조간접비가 합리적으로 배부되어야 정확한 제조원가가 계산이 된다.

[예제 2] W가구 제조회사에서는 책상·의자·흑판의 세 종류의 제품을 제조한다. 이번 회계기간 중에 다음과 같은 원가요소가 발생되었다. 직접원가와 간접원가로 구분하라.

목재구입비: ₩1,000,000(이 중 책상제조에 50%, 의자제조에 30%, 흑판제조에 20% 소비하였다)
페인트 20통: 단가 ₩20,000
염료 5통: 단가 ₩20,000
접착제 3갤론: 단가 ₩100,000
직접공 임금: 시간당 임률 ₩2,000(책상 제조시간: 50시간, 의자: 40시간, 흑판: 60시간)
감독관 급여: ₩300,000
특허권사용료: (책상: ₩10,000, 의자: ₩15,000, 흑판: ₩20,000)
수도광열비: ₩40,000
여비교통비: ₩30,000
감가상각비: ₩20,000

[해 답]

직접비 … 직접재료비: 목재구입비 ₩1,000,000
직접노무비: 직접공임금 ₩300,000 {2,000×(50+40+60)}
직접제조경비: 특허권사용료₩45,000(₩10,000+₩15,000+₩20,000)
직접원가총액: ₩1,000,000 + ₩300,000 + ₩45,000 = ₩1,345,000

간접비 … 간접재료비: ₩800,000(페인트 ₩400,000 염료 ₩100,000 접착제 ₩300,000)
간접노무비: 감독관 급여 ₩300,000
간접제조경비: ₩90,000(수도광열비 ₩40,000 여비교통비 ₩30,000 감가상각비 ₩20,000)
제조간접원가: ₩800,000 + ₩300,000 + ₩90,000 = ₩1,190,000

만약 책상에 대한 제조원가를 산출한다면 직접재료비 ₩500,000 + 직접노무비 ₩100,000 + 직접제조경비 ₩10,000, 총 직접원가 ₩610,000에 제조간접비 ₩1,190,000 중 어떤 합리적인 기준에 의해서 배분된 금액과의 합계이다.

3. 기능상의 분류

기업경영활동을 몇 가지의 기능으로 분류하여 볼 때 보통 제조·판매 및 일반관리기능으로 나누어진다. 그러므로 이와 같은 각각의 활동기능에 따라 원가를 분류하여 보면 제조원가·판매원가 및 일반관리원가로 구분할 수 있다. 이 구분은 원가의 구성에 해당되는 분류이므로 간략히 그 개념만을 설명한다.

(1) 제조원가

제조원가(Manufacturing Cost)는 제품을 제조하는 과정에서 발생하는 모든 원가요소를 말하는 것으로, 생산원가 또는 공장원가라고도 한다. 제조원가는 직접재료비·직접노무비 및 직접제조경비의 합계액인 직접원가에다 제조간접비배부액을 포함함으로써 계산된다. 우리가 일반적으로 원가라고 할 때 이 제조원가를 의미한다.

제조원가에 속하는 원가 요소 중에서 몇 개씩 짝을 지어 별도의 명칭을 붙이는 경우가 있는데, 이때 기본원가와 가공원가로 나누기도 한다. 직접재료비와 직접노무비를 합한 금액을 기초원가 또는 기본원가(Prime Cost)라고 한다. 이와 같은 명칭을 사용하는 이유는 직접재료비 및 직접노무비와 제품사이에는 직접적인 관련성이 존재하여 특정제품의 단위당 발생액의 추적이 용이하기 때문이다. 그리고 직접노무비나 제조간접비는 재료를 직접 가공하는데 소비된 원가라는 의미에서 가공원가(Conversion Cost)라고 하며, 재료를 제품으로 전환시키는 데 소비된 원가라는 의미에서 전환원가라고 한다.

<table>
<tr><td rowspan="2">기본원가
(기초원가)</td><td>직접재료비</td><td></td></tr>
<tr><td>직접노무비</td><td rowspan="2">가공원가
(전환원가)</td></tr>
<tr><td></td><td>제조간접비</td></tr>
</table>

위 그림에서 보는 바와 같이 제조원가를 기본원가와 가공원가로 나눌 때

에는 직접노무비가 중복계산된다는 점에 유의하여야 한다.

(2) 판매원가(비제조원가)

판매원가(Selling Cost)는 제조활동이 완료되고 나서 판매가 이루어지기까지 나타나는 모든 원가를 말하는 것으로, 마케팅원가 혹은 분배원가라고도 지칭되는데, 판매촉진비 · 포장비 · 광고선전비 · 판매원급료 등이 이에 해당된다.

(3) 일반관리원가

일반관리원가(General Administrative Cost)란 본래의 영업활동과 관련하여 조직 내에서의 전반적인 지시 · 통제 · 관리 등의 제반 과정에서 나타나는 원가로서, 영업부 및 본사 사무직원 급료 · 수당 · 대여금 · 통신비 · 용품비 등이 이에 속한다.

4. 조업도에 따른 분류

조업도(Volume)의 변화에 따라 나타나는 원가의 형태에 따라 원가를 분류해 보면 크게 변동비(Variable Cost)와 고정비(Fixed Cost)로 나눌 수 있다. 조업도란 생산활동의 정도를 나타내는 말로서 제품의 수량이라든지 작업시간 혹은 기계운전시간 등으로 나타나게 되는데, 이런 조업의 정도인 생산수량 등이 증가함에 따라 함께 증가하는 변동비와 조업도가 증가하더라도 일정하게 나타나는 고정비로 나눌 수 있고, 원가의 변화정도에 따라 준변동원가(Semi-variable Cost)와 준고정원가(Semi-fixed Cost)로 다시 분류할 수 있다. 이와 같이 원가를 변동원가와 고정원가로 분류하는 방법은 관리회계를 위하여 가장 합당한 분류방법으로 이해되고 있다.

(1) 변 동 비

변동비(Variable Cost)란 조업도의 증가 또는 감소에 따라 비례적으로 증가 또는 감소하는 성격을 가지는 원가요소이다. 그러므로 조업도가 0(Zero)인 경우에는 변동비는 발생하지 않으며 조업도가 커질수록 그와 비례하여 커지는 것으로 대부분의 직접재료비와 직접노무비가 이에 속한다.

변동비를 그림으로 표시하여 보면 〈그림 2-3〉과 같이 조업도가 제로(0)인 원점에서부터 조업도가 증가할수록 원가도 따라서 증가하는 우상향의 선을 그리게 된다. 이를 다시 세분하면 조업도의 증가와 원가의 증가가 비례적으로 이루어지는 비례비(A)와 총원가는 증가하나 단위당 원가는 줄어드는 체감비(B), 반대로 단위당 원가가 더욱 커지는 체증비(C)로 나눌 수 있다. 비례비의 경우 조업도가 증가함에 따라 총원가는 증가하나 단위당 원가는 일정하여 〈그림 2-3〉과 같이 수평으로 그려진다.

예를 들어, 잡지사의 직접재료인 종이나 직접노무원가인 인쇄공의 시간당 급료 혹은 잡지 발송요금 등의 원가항목들은 잡지의 발행부수(조업도)에 따라 비례적으로 증가하므로 비례비에 해당할 것이나, 수도·광열비나 통신비·잡비 등은 발행부수가 늘어남에 따라 증가하지만 증가부수에 정비례해서 늘어나지는 않을 것으로 체감비에 속한다. 그러나 발행부수가 급격히 증가하여 야간작업을 함에 따라 할증되어지는 시간외 특근수당을 지급해야 한다면 그것은 체증비가 될 것이다.

〈그림 2-3〉 변 동 비

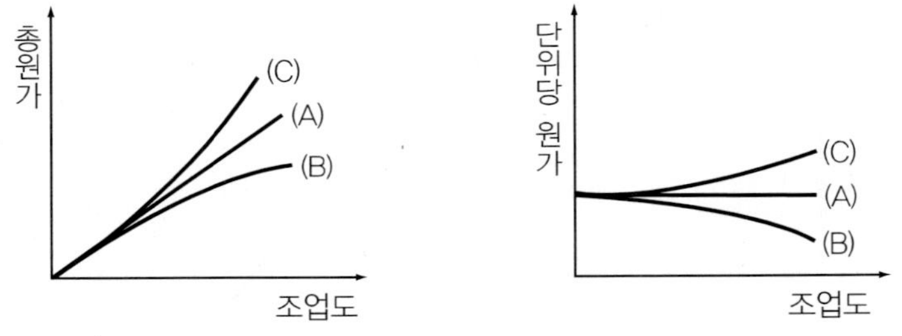

(2) 고 정 비

고정비(Fixed Cost)란 조업도 수준에 관계없이 항상 일정하게 발생하는 원가를 말한다. 즉, 가격변화와 같은 외부요인의 영향이 없는 한 조업도가 증가하거나 감소하더라도 이에 영향을 받지 않고 총액이 일정한 원가를 의미한다. 따라서 고정원가를 그래프로 나타내면 〈그림 2-4〉와 같이 조업도가 제로(0)인 점에서부터 수평선으로 나타난다. 공장점원의 임차료나 정액법에 의한 감가상각비 혹은 대부분의 설비원가 등은 이에 속하게 되는데, 이것은 조업도가 증가하더라도 그 총원가가 일정하므로 그 단위당 원가는 감소하게 되는 특징을 가지게 된다. 경영관리상의 대부분의 경우에 고정비를 통제불능의 원가로 취급하여 일정수준 이상의 조업도를 유지하는 발향의 정책이 이루어지게 되므로 손익분기점분석(Break-Even Point Analysis)의 중요한 요소가 된다.

고정비는 기업의 생산·판매·관리 등의 활동이 어떤 수준에서 이루어질 수 있도록 할 때의 능력을 제공하는 원가, 즉 계획한 조업도의 수준을 유지하고자 하는 능력(Capability)을 나타내므로 생산능력원가(Capability Cost)라고도 불린다. 일반적으로 변동비에 비하여 고정비에 많은 투자가 이루어지는 것은 경영자가 경제환경의 변화나 어떤 기회에 대해 단기적으로 대응하는 능력이 감소한다고 생각되고 있다. 그러나 반대로 고정비에 대한 과감한 투자를 소홀히 함으로써 위험을 회피할 수는 있지만, 이윤 있는 투자의 기회를 상실하는 경우가 많으므로 기업경영자들의 고정비에 대한 정책적 관리는 중요한 것이다. 고정비는 특히 1960년대 이후 관리목적상 제약고정비와 임의고정비로 나누어 연구되고 있다.

〈그림 2-4〉 고 정 비

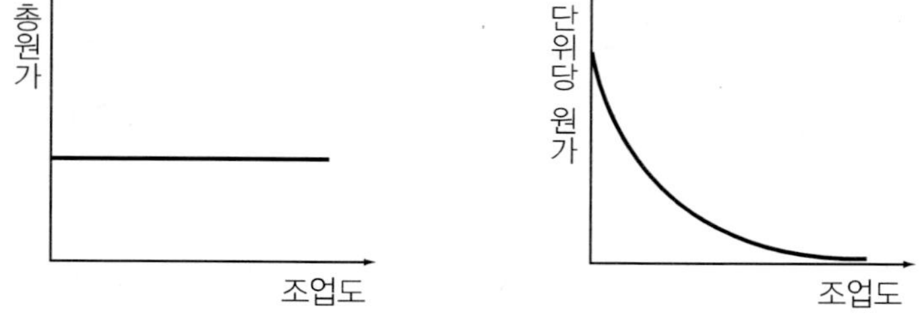

제약고정비(Committed Fixed Cost)는 주로 기업이 기본설비를 소유함으로써 발생하는 것으로 장기적 생산능력의 필요 또는 장기적 판매예측에 의해 영향받는 고정비이다. 그 예로는, 감가상각비 · 재산세 · 보험료 · 장기임차료 · 주요간부의 급료 등이 있다. 반면에 임의고정비(Discretionary Fixed Cost)는 관리가능고정비 또는 계획고정비라고도 하는 것으로, 첫째로 최고경영자의 정책에 따라 최대로 허용될 수 있는 금액으로서 정기적인 예산할당에 의해 결정되는 고정비이고, 둘째로 입력과 출력(Inputs & Outputs) 사이에 확실한 최적관계가 성립하지 않는 고정비이다. 제약고정비와는 달리 임의고정비는 공학적 입력 · 출력 분석의 대상이 되지 않는 고정비이다. 즉, 임의고정비는 조업도의 변동과는 상당히 탄력성을 가지는 원가로서 제조 · 판매 · 관리 및 연구개발 등 여러 비용항목으로 분류되지만 가장 큰 항목으로는 판매비와 일반관리비이다. 임의고정원가는 경영자의 정책에 의해 결정되고, 과학적 입력 · 출력의 관계로 발생하는 고정비가 아니므로 예산편성에 있어 특히 중요시되고 있다.

(3) 준변동비와 준고정비

많은 변동비들은 조업도가 제로(0)일 때에도 최소한의 생산능력을 유지하기 위해서 일정액의 원가가 발생되며, 고정비라 할지라도 조업도가 일정수준을 벗어날 때에는 생산설비를 확대하지 않으면 안 되는 경우가 생겨 급격히 증대하여 다시 일정하게 유지된다.

사실 전력료 및 수선유지비 등의 변동비들은 기업에서 제품을 전혀 생산하지 않는다 하더라도 최소한의 생산능력을 유지하기 위해서는 일정수준의 전력료 및 수선유지비가 반드시 발생하며, 조업도가 증가함에 따라 비례적으로 증가하게 되는데, 이를 가리켜 준변동비(Semi-Variable Cost)라 하며, 이를 그림으로 나타내면 〈그림 2-5〉 (a)와 같이 원점의 위에서 우상향하는 직선이 된다. 일정한 조업도 수준까지는 고정적으로 일정하다가 조업도 수준이 일정한 단계를 넘게 되면 갑자기 크게 증대하여 또 일정기간 동안 일정하게 나타나게 되는 설비투자비 혹은 규모확대에 따른 공장감독의 추가고용에 따른 급료 등을 가리켜 준고정비(Semi-Fixed Cost)라 한다. 그림으로 그려보면 〈그림

〈그림 2-5〉 준변동비와 준고정비

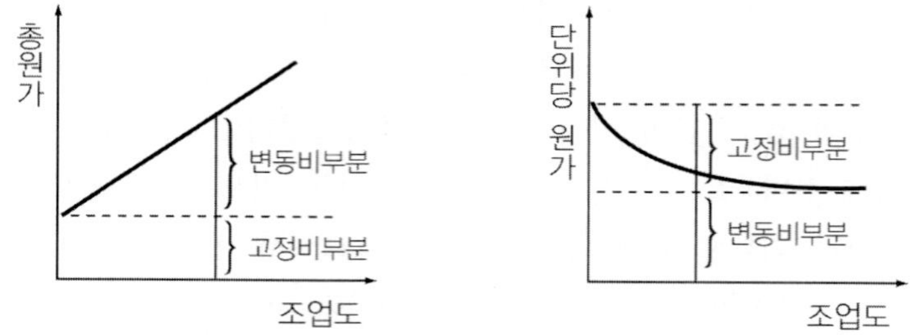

(a) 준변동비

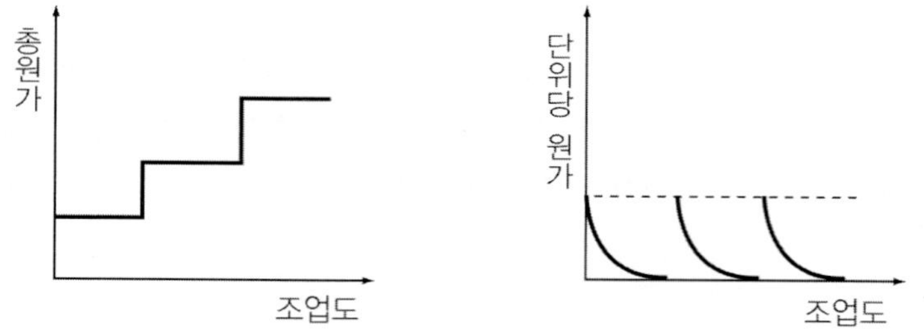

(b) 준고정비

2-5〉 (b)와 같이 계단형으로 나타나게 된다.

위의 그림에서 보는 바와 같이 변동원가와 고정원가를 구분할 때 단위원가와 총원가의 변화에 유의하여야 한다.

조업도의 변화에 따라서 변화하는 원가를 변동원가라 하고, 조업도가 변하여도 변하지 않고 고정적으로 발생하는 원가를 고정원가라 하였는데, 여기서 변동 및 고정의 기준은 총원가를 기준으로 생각한다는 점이다.

예를 들어, 어떤 제품 10단위를 생산하는 데 ₩10,000의 원가가 발생하였다면, 한 단위 생산하는 데 소비된 원가, 즉 단위원가는 ₩1,000이며, 10단위를 생산하는 데 소비된 총원가는 ₩10,000이 된다. 따라서 단위원가는 총원가를 생산수량으로 나누어 계산됨을 알 수 있다.

[예제 3] 다음은 서울상회의 지난 1월 중 생산, 판매관련 자료 중 일부이다. 고정비와 변동비를 구분하여 계산하라.

항　　목	단위당 원가	총 원 가
직접재료비	₩80	
직접노무비	80	
변동제조간접비	30	
판매수수료(판매가격의 5%)	20	
운반비	10	₩50,000
감독자 급여		250,000
설비감가상각비		150,000
고정판매관리비		150,000
생산단위: 10,000단위		

[해　답] 1) 총변동비: 10,000 × (80 + 80 + 30 + 20 + 10) = 2,200,000

2) 총고정비: 50,000 + 250,000 + 150,000 + 150,000 = 600,000

변동원가와 고정원가의 개념을 명확히 하기 위하여 다음의 변동원가표와 고정원가표를 살펴보자.

변동원가표

생산량		단위원가		총원가
1단위	---------	₩100	---------	₩100
4단위	---------	100	---------	400
18단위	---------	100	---------	1,800
30단위	---------	100	---------	3,000

고정원가표

생산량		단위원가		총원가
1단위	---------	₩1,500,000	---------	₩1,500,000
4단위	---------	375,000	---------	1,500,000
5단위	---------	300,000	---------	1,500,000
10단위	---------	150,000	---------	1,500,000

5. 계산시점에 따른 분류

원가는 어느 시점에서 파악하느냐에 따라 실제원가와 예정원가로 구분할 수 있다.

(1) 실제원가

실제원가(Actual Cost)는 재화나 용역을 취득한 당시의 교환가격을 말하는 것으로서 역사적 원가(Historical Cost), 취득원가(Acquisition Cost), 투하원가(Invested Cost)라고도 한다. 실제원가는 과거에 발생한 원가이기 때문에 원가를 확실하게 파악할 수 있으나 이미 발생한 원가이기 때문에 원가관리에 유용한 정보로 활용할 수 없는 경우도 많다.

이것은 사후원가이기 때문에 회계정보의 적시성이라든지 원가관리를 위한 목적 등에 문제점을 가지기도 하지만 검증가능한 객관적 원가산출에 유일한 근거가 되는 것이다. 따라서 다소의 유용성에 있어 문제점을 가지고 있다 할지라도 가장 중요한 원가정보일 뿐만 아니라 사전에 과학적으로 설정된 표준원가와의 차이분석에 의해서 원가관리를 할 때 중요한 비교수단이 되며, 기업 전체 및 부문의 성과측정을 위해서도 필수적으로 요구되어지는 원가이다.

(2) 예정원가

예정원가(Predetermined Cost)는 계산의 신속을 기한다든지 또는 원가능률을 예정하기 위하여 생산 및 판매활동이 실시되기 이전에 산정되는 사전원가이다. 이 예정원가는 합리적 경영계획 수립을 위하여, 혹은 원가관리와 성과측정을 위하여 크게 유용성이 인정되는 원가로서 표준원가(Standard Cost)와 추산원가(Estimated Cost)로 분류되어진다. 표준원가와 추산원가는 다 같이 원가요소의 예정소비량과 예정가격으로서 계산한다는 점에 있어서는 차이가 없으나, 예정소비량을 파악하는 방법상에 차이가 있을 뿐이다.

6. 수익과의 대응관계에 따른 분류

원가는 재무제표상 수익과의 대응관계에 따라 제품원가와 기간원가로 구분된다.

(1) 제품원가

제품원가(Product Cost)는 판매목적으로 제조하거나 취득한 제품에 대해 부과할 수 있는 원가로서 "부착된(Attached)" 혹은 "흡수된(Absorbed)" 원가를 말한다. 따라서 제품원가는 그것이 발생한 기간에 비용으로 처리되는 것이 아니라 제품이 판매 또는 처분되는 기간의 비용, 즉 매출원가로 처리된다. 예를 들어, 직접재료비나 직접노무비는 제조과정의 진행에 따라 재공품에 부과되었다가 제조의 완성과 함께 제품의 원가로 대체되고, 그 완성품이 판매될 때까지는 자산, 즉 재고자산의 원가로 남는다. 그리고 그 후의 판매시점에서 매출원가라고 하는 비용으로 처리되어 수익에 대응된다.

(2) 기간원가

기간원가(Period Cost)는 제품원가 이외의 대부분의 원가로서 그것이 발생한 기간에 비용으로 처리되는 것을 말한다. 일반적으로 판매비와 일반관리비가 여기에 속한다. 이러한 원가는 각 개별제품의 생산 및 판매와 어떠한 관련을 맺고 있는지를 결정한다는 것이 매우 어렵거나 현실적으로 불가능하기 때문에 특정제품에 부과하기보다는 발생기간에 즉시 비용화하여 처리한다. 회계의 기본적인 원칙은 가능한 모든 수익과 비용은 서로 대응처리하는 것이다. 그러므로 특정제품에 관련하여 발생한 모든 희생은 그 제품에 대응시켜 제품원가를 구성할 것이나 특정부분에 대한 희생이 아니고 전체에 대한 희생이라든지 특정부분과의 직접대응이 곤란한 요소들은 간접대응, 즉 기간대응의 방법으로 기간원가로 처리되는 것이다.

이하 상기업과 제조업의 제품원가 및 기간원가와 재무제표상에 원가가 어떻게 공시되는가를 비교하면 다음과 같다.

〈그림 2-6〉 제품원가와 기간원가의 비교

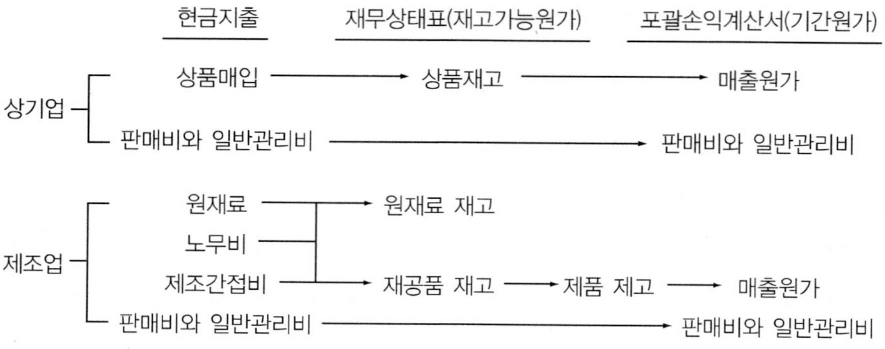

[예제 4] 다음은 (주)군산상회의 지난 4월중의 생산·판매관련 자료 중 일부이다. 제품원가와 기간원가로 구분하여 계산하라.

〈 자료 〉

직접재료비	₩900,000,	직접노무비	₩600,000,	제조간접비	₩300,000
광 고 비	₩600,000,	판매원급여	₩250,000,	사무실경비	₩300,000

[해 답] 1) 제품원가: ₩900,000 + ₩600,000 + ₩300,000 = ₩1,800,000

2) 기간원가: ₩600,000 + ₩250,000 + ₩300,000 = ₩1,150,000

7. 관리가능성에 따른 분류

원가는 특정경영자(최고경영자 혹은 부문관리자)의 관리가능성 여부에 따라 관리가능비와 관리불능비로 분류된다. 관리가능성(Controllability)이라는 말은 지극히 상대적인 개념이어서 최고경영자에게는 관리가능한 원가가 특정부문 경영자에게는 그 관리가 불가능한 경우가 많다. 그러므로 어떤 원가가 관리가능비인지 관리불능비인지는 그 원가의 관리주체가 누구냐에 따라 달라지게 되며, 특히 부문경영자의 성과를 평가하려면 그가 관리할 수 있는 원가와 관리불능한 원가를 명확히 구분할 필요가 있다.

(1) 관리가능원가

관리가능원가(Controllable Cost)는 특정의 경영자가 직접적으로 영향을 미칠 수 있는 원가, 즉 원가의 발생과 통제에 대한 권한이 관리자층에 의해서 관리가 가능한 것을 말하는 것으로서, 일반적으로 변동비가 관리가능비가 되지만 상당부분의 고정비도 관리가능비인 경우도 많다. 그리고 특히 부문관리자의 측면에서 본다면, 분권화조직하에서는 관리가능비의 범위는 넓어지게 될 것이며, 집권화조직의 형태를 취하고 있는 경영조직에서는 관리가능비의 범위는 상대적으로 좁아지게 될 것이다.

(2) 관리불능원가

관리불능원가(Uncontrollable Cost)는 특정경영자 수준에서는 그 발생과 통제를 할 수 없는 원가로서 보통 고정비는 관리불능비로 생각되고 있으나 최근의 관리통제시스템하에서는 많은 고정비를 관리가능비의 범위로 포함시키는 경우가 더욱 많아지고 있는 경향이다. 원가를 관리가능성이라는 측면에서 분류할 때에는 시간적인 차원도 함께 고려되어야 한다. 왜냐하면 단기간에 있어서는 관리불능한 원가라고 할지라도 장기적으로는 관리가능할 수도 있기 때문이다. 예를 들어, 광고비의 경우 광고프로그램이 입안되어 계약이 체결되었다면 경영자는 광고비지출을 변경시킬 수 없다. 그러나 계약이 만료되면 광고비 지출금액을 다시 협상할 수 있으므로 이런 면에서 경영자는 장기에 걸쳐서 광고비를 통제할 수 있는 것이다.

8. 의사결정과의 관련성에 따른 분류

1951년도에 미국회계학회에서 보고한 원가개념 및 기준위원회보고서[1)]에

1) AAA, Report of the Commit on Cost and Standards, *The Accounting Review*, April.

서는 22종에 달하는 원가개념을 명백히 하는 한편 특수원가를 원가회계의 영역에 도입하는 계기를 마련하였다. 특수원가는 설비의 대체・확장・임차 등의 계획, 생산계획, 구제품의 폐지계획, 제품의 종합계획, 가격설정계획, 부분품의 자가제조 또는 구입에 관한 선택에 관한 계획 등에 이용되는 여러 원가개념을 총칭하여 쓰이는 말이다.

(1) 관련원가

관련원가(Relevant Cost)란 여러 대체안 사이에 차이가 발생하는 차액원가로서 의사결정을 하는 데 직접적으로 관련되는 원가를 의미하며, 비관련원가(Irrelevant Cost)란 여러 가지 대체안 사이에 차이가 발생하지 않는 원가로서 의사결정을 하는 데 영향을 미치지 않는 원가를 말한다.

	갑	을	
연간 예상 판매량	2,000개	2,000개	⇒ 비관련원가
단위당 판매가격	₩50	₩50	
단위당 변동제조간접비	₩20	₩20	
단위당 변동판매관리비	₩10	₩7	⇒ 관련원가
연간 고정비	₩3,000	₩4,000	

예컨대 위와 같이 변동판매관리비와 고정비는 두 대안 간에 차이가 나기 때문에 관련원가이며 변동제조간접비는 대안 간에 차이가 없으므로 비관련원가인 것이다.

(2) 기회원가

기회원가(Opportunity Cost)란 재료・노동 또는 설비의 어느 것이든 자원의 양자택일적인 여러 용도 중 하나를 택하고 여타의 것을 포기한 결과 버려진 효익이다. 기회원가는 특정재화에 대한 여러 효용 중 그 하나를 채택함으로써 희생되는 다른 효용을 측정한 원가이다.

예를 들면, (주)기린은 원재료를 통하여 Y제품을 생산, 판매하고 있다.

이때 Y제품을 그대로 시중에 판매할 수도 있고(1안), Y제품을 가공하여 X제품으로 만들어 판매할 수도 있다(2안). 이 회사의 경영자는 1안과 2안 중 한 가지만을 선택해야 하는 의사결정을 해야 한다.

(주)기린의 Y, X제품 생산과정은 다음과 같다.

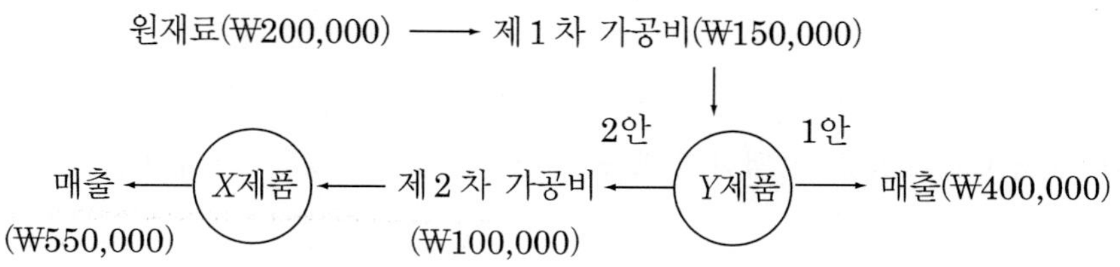

위 생산과정의 1안과 2안의 결과는 다음과 같다.

1안 분석

매출액		₩400,000
재료비	₩200,000	
가공비	150,000	350,000
이 익		₩50,000

2안 분석

매출액		₩550,000
원 재 료 비	₩200,000	
제 1 차가공비	150,000	
제 2 차가공비	50,000	400,000
이 익		₩150,000

만약 1안을 선택했다고 가정할 경우 ₩50,000의 이익이 생긴다. 그러나 이것은 1안이 2안보다 낫다는 것을 의미하지는 않는다. 만약 2안을 선택하였을 때 1안에 비해서 어느 정도 유리한지를 판단하고자 할 때 기회원가의 개념이 사용된다. 즉, 2안을 채택하면 1안을 채택한 것보다 ₩100,000이 더 유리하다. 기회원가란 위의 의사결정에서 2안을 채택함으로써 상실하게 되는 1안의 이익 ₩50,000을 말한다.

(3) 회피가능원가

회피가능원가(Avoidable Cost)란 경영자가 의사결정에 의해서 그 원가의 발생을 회피할 수 있을 때 이를 회피가능원가라고 한다. 기회원가에서 예시한 예에서 2안을 채택한다면 회피가능원가는 다음과 같다.

2안 채택시		
예상매출액		₩550,000
원 재 료	₩200,000	
제1차 가공비(회피불능원가)	150,000	
제2차 가공비(회피가능원가)	50,000	400,000
이 익		₩150,000

제1가공비 ₩350,000은 회피불능원가이다. 그러나 제2가공비 ₩50,000은 만약 경영자가 2안을 선택하지 않는다면 발생하지 않는 회피가능원가이다.

(4) 매몰원가

매몰원가(Sunk Cost)란 과거의 의사결정으로 인하여 발생되는 원가로서 미래의 의사결정에 전혀 영향력을 행사할 수 없는 원가이며, 기발생원가라고도 한다. 매몰원가는 투자 후 회수가 불가능한 원가로서 경영관리에 지대한 악영향을 미친다. 매몰원가의 개념이 경영의사결정에 사용되는 예를 보면 다음과 같다.

W사는 자동차를 생산하기 위해서 A사에서 특수부품 2,000개를 ₩400,000에 구입하였다. 이때 자동차 생산의 예상 포괄손익계산서는 다음과 같다.

자동차 생산의 예상		
예상매출액(2,000개×₩600)		₩1,200,000
추정원가		
재 료 비	₩400,000	
가 공 비	100,000	500,000
예상이익		₩700,000

그러나 이 회사는 부품을 구입한 후에 동종업계와의 경쟁이 치열해짐으로 인하여 판매가격이 하락하여 자동차의 예상매출액이 ₩200,000 수준으로 떨어져서 오히려 적자가 예상되므로 W사는 이 사업을 포기하려고 한다. 만

약, 이 사업을 포기할 경우 구입한 부품 ₩400,000을 다른 회사에 처분하면 ₩100,000을 회수할 수 있다. 그러나 나머지 ₩300,000은 회수불능이다. 이때 이미 구입한 ₩400,000은 매몰원가에 해당한다.

(5) 현금지출원가

현금지출원가(Out of Pocket Costs)란 경영자가 행한 의사결정에 따라 현금지출이 수반하는 원가이다.

9. 자산과의 관련성에 따른 분류

자산은 과거의 거래나 사건의 결과에 따라 기업이 취득하여 그 지배하에 둠으로써 미래에 효익을 얻게 될 경제적 자원이다. 즉, 자산은 미래의 경제적 효익(Future Economic Benefits) 또는 미래의 용역 잠재력(Future Service Potentials)이다. 여기서 용역 잠재력이란 현금창출능력을 의미한다. 이와 같은 용역 잠재력이 소멸되었느냐 아니면 용역 잠재력이 소멸되지 않고 남아 있느냐에 따라 소멸원가와 미소멸원가로 분류한다.

(1) 소멸원가

소멸원가(Expired Cost)는 자산의 용역 잠재력이 소멸된 원가이다. 이는 미래에 더 이상 용역 잠재력을 제공할 수 없으며 이미 경제적 소비가 완료된 원가이다.

예를 들어, 컴퓨터를 제조하는 데 소비된 제조원가는 일단 컴퓨터라는 자산의 원가를 구성하였다가 판매되는 시점에서 매출원가로 비용화된다. 이처럼 컴퓨터가 판매되는 시점에서 컴퓨터(자산)의 원가는 매출원가라는 비용으로 전환되는데, 이때 컴퓨터의 원가가 소멸되었다고 표현한다.

이와 같이 매출이라는 수익창출에 기여하면서 소멸된 원가를 비용(Expenses)이라고 한다. 이에 비해서 화재로 인하여 자산이 소실된 경우와 같이 수익창출에 아무런 관련이 없는 소멸된 원가를 손실(Losses)이라고 한다.

그러나 비용과 손실은 모두 포괄손익계산서상에서 수익에 대응되어 나타나게 된다.

(2) 미소멸원가

소멸원가가 자산의 사용부분이라면 미소멸원가(Unexpired Cost)는 자산의 미사용 부분을 말한다. 미소멸원가란 미래에 경제적 효익을 제공할 수 있는 부분으로 용역 잠재력이 소멸되지 않고 남아 있어 용역 잠재력의 소비가 미래로 이연되는 원가이다. 예를 들어, 컴퓨터를 제조하는 데 소비된 원가는 책상이라는 자산의 원가를 구성한다. 그리고 컴퓨터가 판매 또는 처분되기까지는 컴퓨터의 원가로 남아 있게 되는데, 이처럼 원가가 소멸되지 않고 남아 있는 것을 원가가 미소멸되었다고 한다. 또한 설비의 취득원가에서 감가상각누계액을 차감한 장부가액도 미소멸원가이다. 이러한 미소멸원가는 재무상태표에 자산으로 계상된다.

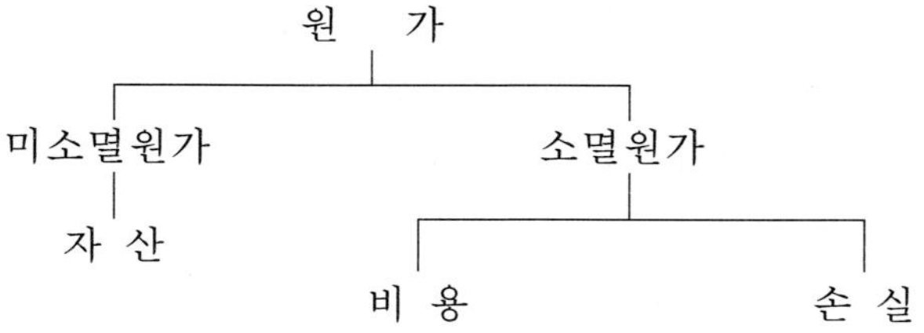

[예제 5] 다음은 (주)전주상회의 지난 6월중의 생산, 판매관련 자료 중 일부이다. 소멸원가와 미소멸원가를 계산하라.

〈 자료 〉

직접재료비	₩950,000,	직접노무비	₩650,000,	제조간접비	₩200,000
광 고 비	₩500,000,	판매원급여	₩250,000,	사무실경비	₩400,000
생 산 량	1,000개	판 매 량	800개		

[해 답]

소멸원가 : $[(₩950,000 + ₩650,000 + ₩200,000) \times \frac{800개}{1,000개}]$

$+ ₩500,000 + ₩250,000 + ₩400,000 = ₩2,590,000$

미소멸원가 : $(₩950,000 + ₩650,000 + ₩200,000) \times \frac{200개}{1,000개} = ₩360,000$

[연 습 문 제]

1. Manufacturing Costs include all of the following except
   a. direct material costs.
   b. direct labor costs.
   c. manufacturing overhead costs.
   d. Selling & Administrative Costs.

2. Manufacturing Overhead Costs include all of the following except
   a. direct labor costs.
   b. indirect labor costs.
   c. indirect materials costs.
   d. other indirect manufacturing costs.

3. Variable Costs are those cost that:
   a. vary inversely with changes in activity level.
   b. vary directly with changes in activity level.
   c. remain constant as activity level.
   d. increase on a per unit basis as activity increase.

4. As activity level increase, unit Variable Cost:
   a. increase proportionately with activity.
   b. decrease proportionately with activity.
   c. remain constant.
   d. change inversely with activity.

5. If production increases, Variable Cost will

a. remain unchanged.
b. increase by a fixed amount.
c. remain constant on a per unit basis.
d. vary on a per unit basis.
e. increase at a decreasing rate.

6. As activity level decreases, unit Variable Cost:
   a. increases proportionately with activity.
   b. decreases proportionately with activity.
   c. remains constant.
   d. increases by a fixed amount.
   e. decreases by a fixed amount.

7. Fixed Costs are those costs that:
   a. vary directly in total with changes in activity level.
   b. vary inversely in total with changes in activity level.
   c. remain constant on a per unit basis.
   d. increase on a per unit basis as activity increases.
   e. remain constant in total as activity varies.

8. Which of the following is not an example of a variable cost?
   a. straight-line depreciation on a machine expected to last
   b. piece-rate wages paid to manufacturing workers
   c. tires used to assemble factors
   d. 1umber used to make patio furniture
   e. commissions paid to sales personnel

9. Costs that can be traced to a particular department are called:
   a. Direct Costs.
   b. Indirect Costs.

c. Product Costs.

d. Manufacturing Costs.

e. Period Costs.

10. Indirect Costs:

a. can be traced to a Cost Object.

b. cannot be traced to a particular Cost Object.

c. are not important.

d. are always Variable Costs.

e. are always Fixed Costs.

11. Costs that are expended during the period in which the costs are called:

a. Product Costs.

b. Direct Costs.

c. Inventoriable Costs.

d. Period Costs.

e. Indirect Costs.

12. Which of the following costs is a period cost?

a. Direct Material

b. Direct Labor

c. Manufacturing Overhead

d. Indirect Material

e. Sales Commissions

13. Prime costs are comprised of:

a. Direct Materials and Manufacturing Overhead.

b. Direct Labor and Manufacturing Overhead.

c. Direct Materials, Direct Labor, and Manufacturing Overhead.

d. Direct Materials and Direct Labor.

e. Direct Materials and Indirect Materials.

14. Depreciation of factory equipment would be classified as:

a. Indirect Material.

b. Indirect Labor.

c. Manufacturing Overhead.

d. Depreciation Expense.

e. Administrative Costs.

15. Conversion Costs include:

a. Direct Material, Direct Labor, and Manufacturing Overhead.

b. Direct Material and Direct Labor.

c. Direct Labor and Manufacturing Overhead.

d. Prime Costs.

e. Period Costs.

16. The costs incurred by retailers and wholesalers to acquire merchandise for are classified as:

a. Marketing Costs.

b. Administrative Costs.

c. Distribution Costs.

d. Period Costs.

e. Inventoriable Costs.

17. Which of the following statements is true?

a. Product Costs affect only the Balance Sheet.

b. Product Costs affect only the Income Statement.

c. Period Costs affect only the Balance Sheet.

d. Period Costs affect both the Balance Sheet and the Income Statement.

e. Product Costs affect both the Balance Sheet and the Income Statement.

18. The salary that is sacrificed by a college student pursuing a degree is a(n):
    a. Sunk Cost.
    b. Out-of-Pocket Cost.
    c. Opportunity Cost.
    d. Differential Cost.
    e. Marginal Cost.

19. The tuition that is paid by a college student pursuing a degree is a(n):
    a. Sunk Cost.
    b. Out-of-Pocket Cost.
    c. Opportunity Cost.
    d. Differential Cost.
    e. Marginal Cost.

20. The amount by which the cost of an item differs under two alternative actions is
    a. Opportunity Cost.
    b. Marginal Cost.
    c. Sunk Cost.
    d. Out-of-Pocket Cost.
    e. Differential Cost.

21. The Fixed Costs per unit are $10.00 when a company produces 10,000 units of Product. What are the Fixed Costs per unit when 12,500 units are produced?

a. $12.00 b. $10.00 c. $8.00 d. $6.00 e. $4.00

22. The Variable Costs per unit are $4 when a company produces 10,000 units of product. What are the Variable Costs per unit when 8,000 units are produced?
a. 6.00 b. 4.00 c. 4.50 d. 5.50 e. 5.00

23. Total costs are $140,000 when a company produces 10,000 units. Of this amount, Variable Costs are $4 per unit. What are the total costs when 8,000 units are produced?
a. $140,000 b. $136,000 c. $132,000 d. $124.000 e. $112,000

24. Total costs are $80,000 when 8,000 units are produced; of this amount, Variable Costs are $48,000. What are the total costs when 10,000 units are produced?
a. $80,000 b. $92,000 c. $98,000 d. $100,000 e. $108,000

25. When all Costs were incurred following; ₩100,000 for Direct Materials, ₩80,000 for Direct Labor, and ₩200,000 for Manufacturing Overheads, Calculate the Prime & Conversion Cost,
a. Prime Cost = ₩100,000, Conversions Cost = ₩280,000
b. Prime Cost = ₩180,000, Conversions Cost = ₩200,000
c. Prime Cost = ₩180,000, Conversions Cost = ₩280,000
d. Prime Cost = ₩-0-, Conversions Cost = ₩380,000

※ Refer to the following data when solving multiple choice problems 26 through 30.

Direct Material used $150,000, Promotion Costs $5,000, Indirect Labor $7,000,
Administrative Costs $10,000, Depreciation of Factory Equipment $70,000,

Direct labor $40,000, Overtime premiums paid $20,000, Indirect Material $45,000

26. The Prime Costs total:
    a. $40,000 b. $150,000 c. $142,000 d. $182,000 e. $190,000

27. The Conversion Costs total:
    a. $40,000 b. $150,000 c. $142,000 d. $182,000 e. $190,000

28. The Product Costs total:
    a. $15,000 b. $20,000 c. $182,000 d. $190,000 e. $332,000

29. The Period Costs total:
    a. $15,000 b. $20,000 c. $182,000 d. $190,000 e. $372,000

30. The Non Manufacturing Costs total:
    a. $15,000 b. $70,000 c. $182,000 d. $190,000 e. $372,000

※. A Company manufactured three kinds of products: Desk, Chair & Blackboard. In this accounting period, company is incurred the following costs.

Wood purchasing = $1,000,000(used 20% for Desk, 30% for Chair, 50% for Blackboard)
Paint & other Materials = $200,000
Direct Labor = $2,000,000(used 30% for Desk, 30% for Chair, 40% for Blackboard)
Indirect Labor Costs = $800,000
Other Manufacturing Overheads = $500,000
Manufacturing Overheads are applied 40% for Desk, 40% for Chair, 20% for Blackboard.

31. What is calculated the total Direct Costs?
    a. $1,000,000 b. $1,200,000 c. $3,000,000 d. $3,200,000

32. What is calculated the Manufacturing Overheads?
    a. $800,000 b. $1,000,000 c. $1,200,000 d. $1,500,000

33. What is the Manufacturing Costs for Desk?
    a. $1,40,000 b. $1,500,000 c. $1,600,000 d. $1,700,000

34. What is the Manufacturing Costs for Chair?
    a. $1600,000 b. $1,700,000 c. $1,500,000 d. $1,400,000

35. What is the Manufacturing Costs for Blackboard?
    a. $1,500,000 b. $1,600,000 c. $1,700,000 d. $1,800,000

〈주 관 식〉

1. 원가와 비용과의 관계를 설명하라.

2. 다음의 자료로 직접원가, 제조간접원가, 제조원가, 판매비와 일반관리비, 총원가를 계산하라.

직접재료비 = 20,000, 직접노무비 = 10,000, 판매가격 = 직접원가의 300% 판매비와 일반관리비 = 제조원가의 50%, 기업이윤 = 총원가의 20%

1) 직접원가 = ( )
2) 제조간접원가 = ( )
3) 제조원가 = ( )
4) 판매비와 일반관리비 = ( )
5) 총원가 = ( )

3. 제조원가의 3요소는?

4. 다음에 대하여 약술하라.

(1) 직접원가와 간접원가
(2) 기본원가와 전환원가
(3) 관련원가, 기회원가, 매몰원가

5. 총원가가 다음과 같이 발생하는 A, B, C, D유형의 원가를 무엇이라 하나?

	A 유형	B 유형	C 유형	D 유형
0단위 생산시	₩0	₩100,000	₩2,000,000	₩400,000
100단위 생산시	1,000	100,000	2,000,000	500,000
200단위 생산시	2,000	100,000	4,000,000	600,000
300단위 생산시	3,000	100,000	4,000,000	700,000
400단위 생산시	4,000	100,000	6,000,000	800,000
원가의 이름	( )	( )	( )	( )

제 3 장 원가추정과 원가행동유형

원가추정(Cost Estimation)은 회계자료를 이용하여 어떻게 미래원가를 추정할 것인가에 궁극적 목적이 있고 미래원가예측과 미래경영활동을 통제하기 위한 기준으로서 관리적 의사결정을 위한 원가회계를 위해서는 원가추정은 기본적 사항이다.

기업의 관리자는 미래의 경제환경에 대처해야 하는데, 여기에는 과거의 정보를 가지고 미래의 정보를 예측하여야 한다. 그럼으로써 이상적인 의사결정을 할 수 있을 것이다.

그러나 현실적으로 미래를 정확히 예견하기란 불가능하다. 즉, 과거원가자료를 통해서 미래원가를 어느 정도 예측하는 데 가까울 뿐이다. 여기서 과거와 똑같은 경영을 한다면 기업의 영업활동에 진전이 없게 되므로 과거의 원가자료를 분석해서 미래의 영업활동에 대한 계획과 통제 및 의사결정에 유용한 정보를 얻음으로써 보다 나은 경영상태를 유지할 수 있다. 특히 미래에도 과거와 동일한 정도의 영업활동을 수행하고자 하는 경우에는 과거의 원가행태(Cost Behavior)를 분석함으로써 다음 영업기간의 특정 조업도 수준에서 발생할 원가를 용이하게 예측할 수 있다.

원가행태의 파악은 원가문제를 주로 다루는 관리측면뿐만 아니라 모든 분야에 영향을 미친다. 즉, 원가의 측정·배분·추정, 원가의 계획·통제 등 전 분야에 영향을 미친다. 이와 같이 역사적 원가에 근거하여 추정한 미래의 추정원가(원가추정치, Cost Estimate)는 표준이나 예산을 설정하는 데 유용하게 이용될 수 있으며, 경영자는 바람직한 원가행태가 무엇인가를 알아냄으로써 영업기간 말에 실제 영업활동이 효율적으로 수행되었는지를 파악할 수 있다.

제1절 경제적 모형과 회계적 모형

원가행태의 유형이란 원가의 발생이 장기적 혹은 단기적으로 분화하는 행태에 따라 분류해 보는 것이다. 보통 경영의사결정을 위하여 가장 유용하게 이용되는 원가의 분류는 조업도의 변동에 따라 변화하는 원가의 행태에 따라 변동원가와 고정원가로 분류하는 것인데, 이것은 관리회계에서 수행하는 제 기법, 즉 CVP분석·공헌접근법·특별의사결정·변동원가계산 등이 변동비 및 고정비 분류법에 의할 때 가능하기 때문이다. 원가행태의 모형은 회계학과 경제학에서 다르게 가정되고 있다.

원가행태의 회계적 모형(Accounting Model)은 〈그림 3-1〉에서 보는 바와 같이 고정원가와 변동원가로 나누어서 그 합계액인 총원가는 변동원가 (A)의 선을 고정원가 (B)의 점으로 수평으로 이동시킨 (C)선으로 우상향하는 직선의 형태로 그린다. 다시 말하여, 고정원가의 점에서 시작하여 단위당 변동원가를 기울기로 하는 선형(Linear)으로 나타난다. 왜냐하면 회계적 모형에서는 일정한 기간에 있어서 추가적 단위를 생산하는 원가, 즉 한계원가 혹은 증분원가는 일정하다고 가정되기 때문이다. 이 일정한 증분의 단위원가는 변동원가로 설명되고 있다.

경제적 모형(Economic Model)은 〈그림 3-1〉에서 보는 바와 같이 처음에는 완만한 우상향의 곡선을 취하다가 일정한 조업도 이후부터는 급상향하는 곡선(Curvelinear)의 형태를 그린다. 왜냐하면 추가단위를 생산하는 데 발생되는 한계원가 혹은 증분원가는 조업도의 증가에 따라 한계생산비체감의 법칙에 따라서 체감됨에 따라 우하향의 곡선을 취하다가 나중에는 생산능력의 한계 또는 입력원가의 증가로 점차 체증되기 때문에 한계원가선(A)은 처음에는 우하향하다가 나중에는 우상향의 곡선을 취하게 된다. 이에 따라 총원가선(B)은 조업도의 증가에 따라 증가의 정도가 완만하다가 일정조업도가 지나면서 급상승하는 곡선의 형태를 그리게 된다. 〈그림 3-1〉의 두 모형 간의 차이는 다음과 같이 설명할 수 있다.

〈그림 3-1〉 회계적 모형과 경제적 모형

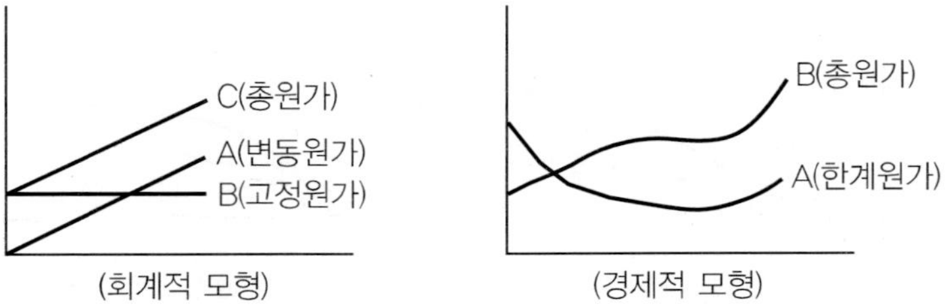

첫째, 장기적 모형과 단기적 모형의 차이이다. 경제적 모형은 장기적 원가의 추세를 설명하고 회계적 모형은 적합범위 내의 경영의사결정을 위한 원가의 행동모형이다. 다시 말하면, 장기적인 경제적 모형을 단기적으로 정밀한 의사결정을 위하여 단순화시킨 것이 회계적 모형이라고 할 수 있다.

둘째, 추구하는 이윤개념상의 차이이다. 경제학에서는 극대이윤점의 추구가 그 과제인 반면에, 경영학에서는 기업이 목표로 하는 목표이윤점·적정이윤점을 추구하기 때문에, 경제적 모형에서는 이론적 경향을 설명하는 추상적 모형이고, 회계적 모형은 단기적 경영의사결정을 위한 구체적 모형이다. 따라서 경제적 모형에서는 이윤극대화 조업도, 즉 균형조업도(Equilibrium Volume)를 가정하고 있으나, 회계적 모형에서는 적합범위 이내에서의 모형이므로 생산능력의 제약(Capacity Constraints)을 고려할 필요가 없어 기업에게 최대한의 이익을 가져다 줄 것으로 예상되어지는 균형조업도는 존재하지 않는다.

셋째, 손익분기점(Break-Even Point)에 대한 견해의 차이이다. 회계적 모형에 의할 때 총수익(R)과 총비용(T)이 같은 점, 즉 순이익이 영이 되는 점(P)은 단 하나의 점으로 표시되고 있으나, 경제적 모형에 의할 때 둘 이상의 손익분기점이 나타나게 된다는 것을 알 수 있다.

〈그림 3-2〉 회계적 모형과 경제적 모형의 손익분기점

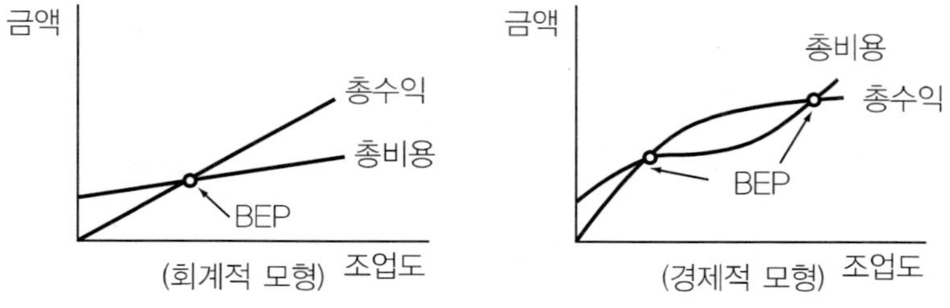

제 2 절 원가함수와 조업도

원가행태(Cost Behavior)란 원가가 발생하는 행태를 말하고 이것을 앎으로써 과거성과를 평가하고 미래원가를 예측하는 데 도움이 된다. 원가는 발생형태에 따라 변동원가와 고정원가로 나누어진다. 즉, 원가행태는 하나 이상의 특정변수와 원가와의 관계를 의미하는 원가함수(Cost Function)로 표시되며, 이것의 선택은 정보의 비용과 가치(Cost and Value of Information)에 관한 의사결정의 문제가 되므로 중요하다.

관리회계에서는 기본적으로 두 가지 가정에 입각하여 원가행태를 결정하고 있다. 첫째, 원가함수에 대한 선형의 가정(Linear Approximation)은 충분한 것으로 생각되는 것이다. 일반적으로 총원가와 그것에 관련된 독립변수 사이에 선형성이 존재하기 위한 충분조건은,

① 투입(Input)과 산출(Output) 사이의 기술적 관계(Technological Relationship)가 선행되어야 한다. 예를 들면, 각 제품단위에는 동일한 원재료의 입력과 출력의 관계가 있다.

② 구입한 투입물과 사용한 투입물의 양이 같아야 한다. 예를 들면, 채용한 각 근로자는 충분히 작업에 활용되어야 한다.

③ 각 투입물의 구입원가가 구입량과 선형관계를 가져야 한다. 예를 들면, 원재료의 단가는 구입량과 관계없이 똑같아야 한다.

〈그림 3-3〉 조업도와 총원가의 관계

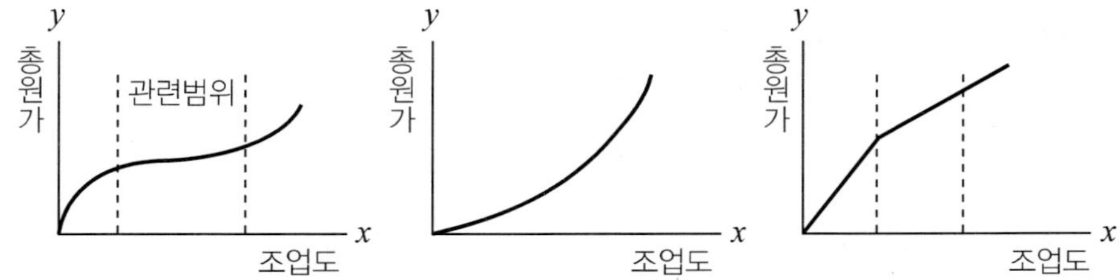

(a) 비선형의 원가행태 (b) 상향경사의 공급곡선의 영향 (c) 비선형의 원재료비

비록 실제로 원가행태는 비선형(Nonlinear)으로 움직이는 수가 많지만, 선형에 의한 가정은 관리적 의사결정을 하기에 적절하고, 문제를 단순화시켜 오히려 의사결정을 쉽게 한다. 그림 (a)는 원가행태의 비선형성을 나타내고 있는 것이다. 관련범위에서는 비교적 선형으로 원가행태가 나타나고 있으나, 관련범위 밖에서는 가정된 선형률(Rate of Linear)보다 훨씬 빠르게 또는 느리게 나타나고 있다. 그림 (b)에 대한 예로서 재료의 공급곡선이 위로 상승하는 경우에 기대되는 수량증가에 따라 재료의 구입가격은 크게 상승할 수 있는 것이다. 또 그림 (c)에서 원재료구입에 있어서 수량할인(Quantity Discount)이 있는 경우에 단위당 원가는 각 가격의 분기점(Price Break)에 도달함에 따라 하락하는 것이다.

원가함수(Cost Function)란 둘 이상의 변수(Variables) 또는 수량 간의 관계를 의미하는 이는 원가행태 유형에 관한 것이다. 원가함수를 구하려면 다음 세 가지 사항을 결정하여야 한다.

① 종속변수(Dependent Variable): 추정할 원가
② 독립변수(Independent Variable): 추정할 원가에 가장 많은 영향을 미치는 요소이며, 의사결정변수(Decision Variable) 또는 설명변수(Explanatory Variable)라고도 한다. 독립변수의 예로는 직접노동시간 · 기계시간 · 원재료의 규격 등으로 총원가는 여러 개의 독립변수에 의하여 영향을 받는다.
③ 조업도의 관련범위(Relevant Range of Activity): 이 관련범위는 원가함

수가 타당할 수 있는 범위가 된다.

일반적으로 관련범위 내의 원가행태(원가함수)는 다음과 같은 함수식으로 표시할 수 있다.

$y = a + bx$

여기서 y: 총원가(종속변수) b: 단위당 변동원가

a: 특정기간의 고정원가 x: 조업도(독립변수)

〈그림 3-4〉 원가함수의 예

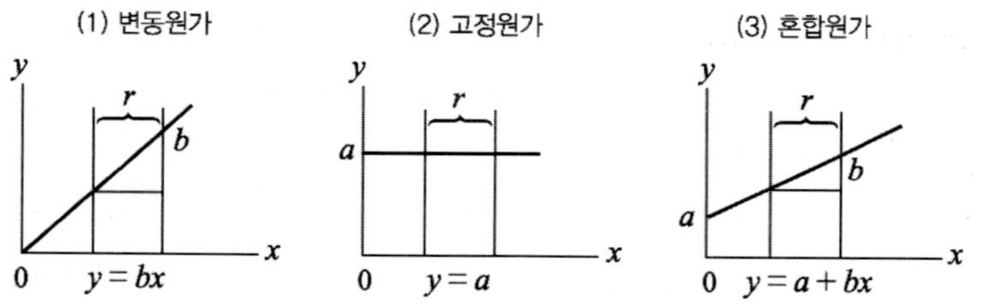

y = 총원가

x = 독립변수(예: 직접노동시간)의 양

r = 계획과 통제를 위한 관련범위

다음의 기준은 원가함수의 선택기준(Criteria for Choosing Cost Function)으로 원가분석가가 유의해야 할 사항이다.

(1) 경제적 타당성(Economic Plausibility)

독립변수와 종속변수 사이의 관계는 신뢰할 수 있어야 한다. 즉, 이 관계는 논리적이고 상식적이어야만 한다. 공학적 연구와 같이 물리적인 관찰이 가능할 때, 경제적 타당성이 명확해진다.

(2) 적합도(Goodness of Fit)

선택된 원가함수는 실행할 수 있을 만큼 비교적 정확한 결과를 제시해야 한다.

위의 두 기준은 함께 사용되어 원가함수를 결정하는 데 도움이 되는데, 상호간 체크(Check)하는 기준이 되기도 한다.

예로서, 공장사무관리비는 회계처리된 금액과 높은 상관관계를 갖고 있다고 생각될 수도 있다. 첫 번째에 대해서는 작업활동에 대한 관찰로 어느 정도 그 관계를 확인할 수 있으나, 두 번째에 대해서는 이론적으로 확신할 수 없는 것이다.

(3) 조업도 기준(Volume Basis)의 선택

원가함수의 형태는 다양하고, 같은 자료를 이용하더라도 원가의 발생을 설명하는 독립변수인 조업도 기준을 무엇으로 선택하느냐에 따라 원가함수도 달라진다. 따라서 조업도 기준을 선택하는 것은 원가추정에 있어서 매우 중요하다. 일반적으로 조업도 기준은 원가의 발생과 논리적인 인과관계를 갖고 있어야 하며 측정하기가 쉬워야 한다. 이러한 점에서, 총제조원가를 추정하고자 하는 경우에는 제조원가 발생의 직접적 원인이 되는 생산량이 적절한 조업도 기준이 될 것이고, 판매비를 추정하고자 하는 경우에 생산량보다는 판매량이 더 적절한 조업도 기준이 될 것이다.

한편 제조간접비를 추정하는 경우에는 생산이 노동집약적인가 아니면 자본집약적인가에 따라 조업도 기준이 달라질 것이다. 즉, 노동집약적인 경우에는 노동자의 수, 직접노동시간, 직접노무비 등이 적절한 조업도 기준이 될 것이며, 자본집약적인 경우에는 기계시간이 적절한 조업도 기준이 될 것이다. 그러나 기계시간에 대한 기록이 없는 경우에는 특정기간 동안의 작업일수와 같은 대체적인 기준을 이용할 수도 있다. 이와 같이 조업도 기준을 설정하는 데 있어서 특정조업도 기준과 추정대상 원가 간에 논리적인 인과관계가 존재하는지의 여부를 파악하는 것이 중요한데, 이러한 결정에는 전문적 판단이나 상관관계와 같은 통계적인 방법을 사용하기도 한다.

제 3 절 원가방정식의 추정

어떤 원가요소에 대한 원가함수를 추정하는 것은 기본적인 원가방정식인 $y=a+bx$에서 고정원가에 해당하는 a와 기울기, 즉 단위당 변동원가로 나타나는 b를 추정하는 것이라 할 수 있는데, 이를 위해서는 다음과 같은 기본적 의사결정이 필요하다.

(1) 추정할 원가요소(종속변수)의 선택

원가추정에 있어서 종속변수는 추정할 원가인데, 그 요소로는 고정원가와 변동원가이다. 따라서 고정원가와 조업도의 변화에 따라 변하는 단위당 변동원가의 추정이다.

(2) 조업도(독립변수)의 선택

원가추정은 고정원가와 조업도의 변동에 따른 변동원가로서 발생총원가를 추정하는 원가방정식인데, 조업도기준을 무엇으로 선택하느냐에 따라 추정되는 원가상에는 큰 차이가 생길 수 있으므로 적절한 조업도기준을 선택한다는 것은 대단히 중요하다. 일반적으로 조업도로서 수량과 시간이 이용되어지는데, 수량기준으로서는 생산량 혹은 판매량이 되고, 시간기준으로서는 직접노무시간 혹은 기계시간이 된다. 어느 기준을 선택하기 위한 일반적 원리는 다음의 두 가지 조건을 갖추고 있어야 하는 것으로 알려지고 있다.

첫째, 선택되는 조업도기준과 발생하는 원가와 논리적 인과관계가 분명해야 한다. 즉, 추정할 원가가 제조원가라면 생산량, 혹은 적절한 조업도 기준이라 한다면 판매원가를 추정하기 위한 조업도 기준으로서는 판매량이어야 할 것이다. 논리적 인과관계가 가장 타당한 것이 어느 것인가를 위해서는 통계적인 상관계수분석이 이용된다.

둘째, 용이한 측정수단을 가지고 있어야 한다. 아무리 분명한 인과관계가 있다 하더라도 쉽게 측정할 수 없으면 안 된다.

(3) 원가함수가 타당성을 지닐 수 있는 관련범위의 선택

관련범위(Relevant Range)란 의사결정에 적합한 조업도의 범위로서 고정원가가 일정한 범위이다. 고정원가라 할지라도 항상 일정한 것은 아니고 일정수준의 조업도를 초과하면 시설의 변경 등에 의하여 다른 차원의 고정비가 증폭되어 또 일정 조업도까지 유지되는 것이므로 고정원가가 변하지 않는 수준까지의 범위가 원가추정에 맞는, 다시 말하여 원가방정식이 성립되는 관련범위가 된다.

(4) 원가행동유형의 고려

조업도의 변화에 따른 원가의 행동유형은 고정원가와 변동원가로 구분되는데, 고정원가나 변동원가 역시 전략적 차원에서 그 행동유형을 세심히 고려하여야 한다. 고정원가는 일반적으로 의사결정시 대체안 간에 차이가 없는 부적합원가로 처리되는 경우가 많은데, 사실상 장기적 경영의사결정을 위하여 고정원가 정책은 중요하다. 보통 고정원가에 많은 투자를 하는 것은 경제환경의 변화에 탄력적으로 대응하기가 곤란한 것으로 생각되지만, 고정원가에 대한 투자를 과감히 하지 않음으로써 기회이익을 상실하는 경우는 많다.

특히 근래에 이르러 제품수명주기(Product Life Cycle)가 단축되고, 고객지향의 경영정책수립(Market Directed Decision)을 위해서는 탄력적인 고정원가에 대한 정책이 중요하다. 최근에 이르러 고정원가는 ① 제약고정원가와, ② 임의고정원가로 구분하여 고려되고 있으며, 변동원가는 ① 공학적 변동원가와, ② 임의변동원가로 분류·고려되고 있으며, 임의원가에 대한 전략은 경영의사결정을 위하여 중요영역으로 연구 조사되고 있다.

제약고정원가(Committed Fixed Costs)란 기업이 기본설비를 보유함으로써 발생되는 것으로 제로(0)의 조업도에서도 불가피하게 감수해야 되는 원가이지만, 임의고정원가(Discretionary Fixed Costs)는 경영자의 정책에 따라 최대로 허용될 수 있는 금액으로서 장기적인 예산할당에 의해 결정되고 입력과 출력사이에 확실한 최적관계가 성립하지 않는, 다시 말해서 조업도의 변동에 따라 정확히 변하지 않는 원가로서 관리가능고정원가(Managed Fixed Costs), 혹은 계획고정원가(Programed Fixed Costs)라고도 불리는 대부분의 광고비·교육훈련비·기부금·연구개발비 등이 이에 해당된다.

공학적 변동원가(Engineered Variable Costs)는 조업도의 변동에 따른 입력·출력의 관계가 분명한 직접재료비·직접노무비 등의 전형적 변동원가를 말하지만 임의변동원가(Discretionary Variable Costs)는 광고비라든가 연구개발비 등의 예산을 매출액의 일정률로 설정함으로써 경영자의 방침에 따라 인위적으로 결정되는 변동원가이다. 이러한 원가들은 그 본래의 성질에 따라 변동원가로 분류되는 것이 아니기 때문에 경영자의 방침이 변경되면 고정원가로 되는 것도 있다.

(5) 원가추정방법(Cost Estimation Method)의 선택

원가방정식을 추정하는 방법은 추정시 이용가능한 자료의 종류와 추정시 요구되는 정확성에 따라 달라지는데, 여기에는 아래와 같은 방법들이 있다.

① 공학기술법(Engineering Method)
② 계정분석법(Account Analysis Approach)
③ 산포도법(Scatter Diagram Method)
④ 고저점법(High-Low Method)
⑤ 학습곡선(Learning Curves)

위 다섯 가지 방법들은 상호보완적이다. 많은 조직에서 이들 방법들은 원가추정을 보다 정확히 하기 위해 함께 사용되는 경우가 많다.

1) 공학기술법

공학기술법(Engineering Method)은 공학적 방법·분석적 방법 혹은 작업측정방법이라고도 불리며 표준원가시스템을 사용하고 있는 기업에서 더욱 광범위하게 이용된다. 이 방법은 생산방법·재료·노동력·설비·생산효율·동력 등에 대한 산업공학자의 평가를 근거로 원가행태를 계량적으로 분석하여 원가방정식을 추정하는 방법으로서, 이는 일반적으로 정밀한 작업측정을 기초로 해서 원가를 추정하는 데 이용된다.

이 방법을 적용할 때에는 일반적으로 직접재료와 직접노동에 관련된 원가를 추정하는 데에만 이 방법을 사용하고 다른 원가항목에 대해서는 단지 주관적 평가를 통하여 추정한다. 공학기술법은 과거자료를 이용할 수 없는 경우에 많이 사용되며, 원가분석의 정확성을 높이기 위해 다른 분석방법과 병행하여 사용하기도 한다.

여기서 투입과 산출과의 관계는 물리적인 값으로 분석되고 계량화되는데, 예를 들면 직접노동시간, 원재료 무게, 연료량, 공정완료기록의 수 등이 있다. 이 방법의 장점으로는 과거 자료를 필요로 하지 않으므로 완전히 새로운 작업의 원가도 추정할 수 있고, 어느 정도의 원가가 발생하여야 하는가 하는 당위성을 바탕으로 원가를 추정한다. 또한 이 방법은 원가를 측정하기 위해 각 생산단계를 면밀히 조사·분석하므로 비슷한 작업이 행해지는 공정 간의 비교를 통해 각 공정의 생산성과 강·약점을 파악할 수 있다. 하지만 이 방법을 실제로 이용하는 데는 비용이 많이 들고 항상 최적의 상황을 가정하여 원가를 추정하여야 한다. 그러므로 성과를 평가하거나 계약을 체결하거나 미래원가에 대한 계획을 수립하거나, 그 밖에 다른 목적으로 원가를 추정할 때에는 실제작업상황이 최적상황이 아니라는 사실을 염두해 두어야 한다. 그리고 공학기술법은 여러 형태의 간접비를 계획하고 통제하는 데에는 적당하지 못하다. 많은 개개의 간접비 항목들에 대한 투입·산출의 물리적인 관계를 일일이 상술하는 것은 어렵거나 불가능할지도 모르기 때문이다.

원가추정방법으로서의 공학기술법은 원가발생의 당위성을 근거로, 과거원가에 근거하지 않고 정확하게 공학적으로 원가를 추정하므로 새로운 작업의 원가추정도 가능하다는 장점이 있는 반면, 원가추정을 위한 비용이 과다하여 원가효익사고에 부합되지 않은 경우가 많다는 단점이 있어 쉽게 이용될 수 없는 방법이다.

2) 계정분석법

계정분석법(Account Analysis Approach)이란 원가추정을 위한 가장 전통적인 회계적 방법으로 원장계정을 통하여 이루어지며 계정분류법이라고도 한다. 원가회계담당자가 전문적인 판단에 의하여 원가를 계정과목의 성격별로 변동원가·준변동원가와 고정원가로 분류한 다음, 준변동원가를 다시 변동원가와 고정원가로 분류하는 방법이다. 계정분석법은 전통적인 원가추정방법으로 원가회계담당자의 전문적인 판단에 의존한다는 점이 특징이다. 예를 들면, 감가상각비나 재산세계정은 고정원가로, 직접재료비나 직접노무비는 변동원가로, 간접노무비나 수도광열비는 준변동원가로 분류한 다음, 준변동원가를 다시 고정원가요소와 변동원가요소로 분류하여 궁극적으로 모든 원가를 고정원가와 변동원가로 분류한다.

계정분석법은 다음과 같은 장점을 가지고 있다.

① 적은 비용으로 신속하게 원가를 추정할 수 있다.
② 한 기간의 영업결과만 가지고 원가를 추정할 수 있기 때문에 신제품의 원가추정이나 가격 또는 기술이 변동하는 상황에서 유리한 원가추정법이 될 수 있다.
③ 다른 방법들보다 설비원가(Capacity Cost)를 잘 측정할 수 있다.

한편 다음과 같은 단점도 갖고 있다.

① 과거자료에 포함되어 있는 비능률이나 비정상적인 생산활동이 원가추정에 영향을 준다.
② 계정과목을 고정원가·변동원가·준변동원가로 분류할 때 관찰의 범위가 전혀 없이 회계담당자의 주관적인 판단에 의존하게 되므로 객관성이 결여되어 있다. 이러한 이유 때문에 동일한 자료를 가지고도 분석자가 달라지면 추정된 원가도 달라지게 된다.
③ 준변동원가를 고정원가요소와 변동원가요소로 분류할 때 주관적인 판단에 의존하게 된다.

계정분류법은 위와 같은 단점을 가지고 있기 때문에 업적평가나 능률측정을 위한 정확한 표준원가 설정에는 적합하지 않으며, 원가를 개략적으로 추정하는 데 이용되는 방법이다.

[예제 1] W상사의 경리책임자는 계정분류법에 의한 원가추정방정식을 도출하기 위해서 다음과 같이 제조간접비를 고정원가와 변동원가로 분류하였다.

계정과목	합 계	변동원가	고정원가
간 접 노 무 비	₩2,300	₩800	₩1,500
간 접 재 료 비	770	370	400
재산세와 보험료	400	150	250
전 기 료	1,180	680	500
수 선 유 지 비	590	230	360
품 질 조 사 비	1,210	430	780
합 계	₩6,450	₩2,660	₩3,790

위의 자료는 20×1년 4월의 영업활동과 관련된 것으로 이 달의 직접노동시간은 1,330시간이었다.

〈물음 1〉 직접노동시간당 변동제조간접비와 고정제조간접비 총액을 계산하고, 제조간접비 추정방정식을 도출하라.

〈물음 2〉 20×2년도에는 1,500시간의 직접노동시간이 예상될 때, 총제조간접비를 추정하여라.

[해 답]

(1) 직접노동시간당 변동제조간접비 $= \dfrac{₩2,660}{1,330\text{시간}} = ₩2$

고정제조간접비 총액 = ₩3,790

제조간접비 추정방정식: Y = ₩3,790 + ₩ 2X

(2) 20×2년도 제조간접비 추정액 = ₩3,790 + (₩2 × 1,500시간) = ₩6,790

3) 산포도법

산포도법(Scatter Diagram Method)은 목측법(Visual Fit Method)이라고도 한다. 원가와 조업도를 X축과 Y축으로 하여 좌표평면상에 각 조업도에서 발생한 원가(관찰값)를 그린 후에, 분석자의 판단하에 여러 개의 점들에 대해 최적

선을 그리는 것으로, 최적선은 조업도와 원가와의 관계(상관관계〈correlation〉라고 부름)를 나타내는데, 어떤 조업도에서의 원가를 표시하는 것이다. 이렇게 선정된 직선은 과거원가 자료에 대한 평균적인 선으로서의 의미를 가진다. 따라서 두 점을 연결하는 고저점법과는 다르다.

〈그림 3-5〉 산포도법의 예

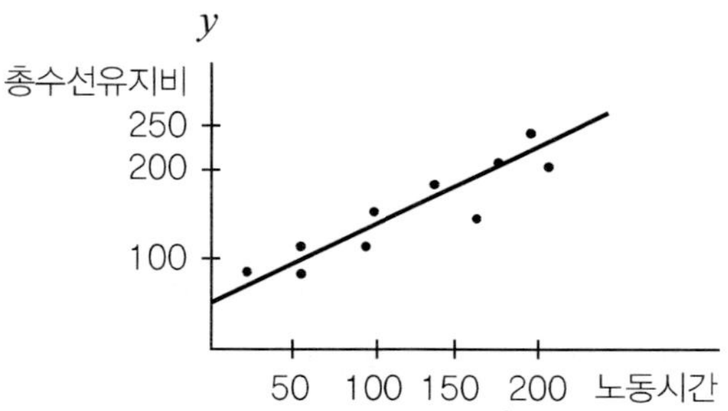

산포도법의 장점으로는 첫째, 원가함수를 결정하는 데 모든 표본점(Sample Points)을 고려한다. 따라서 계정분석법이나 고저점법보다 나은 방법이다. 둘째, 개략적으로 간편하게 그리는 것이 편리할 때 사용될 수 있다. 예를 들면, 예비분석(Preliminary Analysis)에 이용된다.

단점으로는 직선이 각 원가자료를 모두 종합하는 대표치의 선을 나타내는 것으로 되어 있는데, 정확히 그리기가 어렵기 때문에 객관적 테스트가 이루어지기 어렵다.

4) 고저점법

고저점법(High-Low Method)은 여러 원가로 구성된 모집단 중 두 개의 점, 즉 가장 높은 조업도일 때의 원가와 가장 낮은 조업도일 때의 원가를 뽑아(임의의 최고점과 최저점을 선택하는 것이 아님) 단위당 변동원가와 고정원가를 계산함으로써 원가를 변동원가와 고정원가로 나누어 추정하는 방법이다. 이 방법은 특히 준변동원가를 추정하는 데 사용된다. 이 방법에서는 모집단 내의 모든 원가를 대상으로 원가추정을 하는 것이 아니라, 두 개의 대표점인, 높은 대표점(High Representative Point)과 낮은 대표점(Low Representative Point)인

두 개의 조업도에 대한 원가로 원가추정을 하는 것이다. 고저점법에 의한 계산은 다음의 식을 이용하여 이루어진다. 단위당 변동비율(Variable Rate)이 된다.

$$\text{단위당 변동원가} = \frac{\text{총원가의 차이}}{\text{총조업도의 차이}} = \frac{y\text{의 증가량}}{x\text{의 증가량}}$$

고정원가 = 총원가 − 변동원가

원가방정식: $Y = a + bx$

Y = 총원가
x = 조업도 수준
a = 고정원가
b = 단위당 변동원가

[예제 2] 최고조업도(직접노동시간)수준과 최저조업도수준에 있어서의 총원가 발생액은 다음 표와 같다.

고저점법에 의한 원가추정방정식을 도출하고, 예상 노동시간이 40시간일 경우 총원가를 추정하라.

직접노동시간(x)		총원가(y)
고(H)	30시간	₩320
저(L)	9시간	110
차 이	21시간	₩210

$$\text{단위당 변동원가} = \frac{x\text{H} - x\text{L}}{y\text{H} - y\text{L}} = \frac{₩210}{21\text{시간}} = ₩10(\text{시간당})$$

단위당 변동원가가 ₩10이므로, 원가방정식은 다음과 같이 된다.

$Y = a + 10x$

총원가가 ₩320일 때, 직접노동시간은 30시간이므로,

₩320 = a + 10(30), ∴ a = ₩20

또는 총원가 ₩110일 때, 직접노동시간은 9시간이므로,

₩110 = a + 10(9), ∴ a = ₩20

따라서, 고저점법에 의한 원가추정 방정식은 다음과 같다.

y = ₩20 + ₩10x

40시간일 때의 총원가 추정액 = ₩20 + (₩10 × 40시간) = ₩420

고저점법의 장점으로는 간편한 방법이고 계정분석법보다 나은 방법이다. 계정분석법에서는 1기간 이상의 자료에 대해 분석한다. 또 계정분석법보다 객관적이다.

단점으로는 고저의 대표점이 비정상적 상황에서의 조업도의 점이라면, 정상적 상태에서의 원가추정을 위한 기준이 되지 못한다. 비정상적으로 높거나 낮을 경우, 〈그림 3-6〉의 (a)와 같이 고저점법에 의하면 대표치에 의한 계산이 되기 어렵다. 이러한 단점 때문에 〈그림 3-6〉 (b)와 같이 조업도가 두 번째로 높은 점과 조업도가 두 번째로 낮은 점을 선택하여 원가방정식을 계산하는 방법을 대표고저점법이라 한다.

〈그림 3-6〉

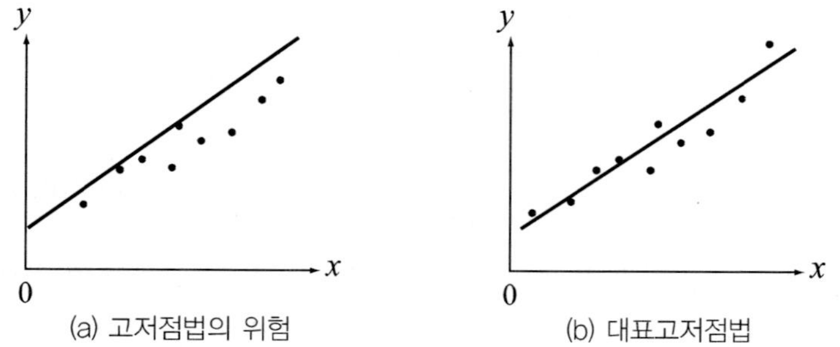

(a) 고저점법의 위험 (b) 대표고저점법

제 4 절 원가추정과 학습곡선

1. 학습효과와 학습곡선

경험 또는 학습에 의해 생산요소를 운용하고 생산기술이 발달하거나 종업원들의 숙련도가 향상됨으로써 평균단위원가가 감소하는 현상을 학습효과(Learning Effect)라 하고, 이와 같은 학습효과를 근거로 누적생산량과 총원가 사이에 선형이 아닌 우상향의 곡선도표가 그려질 수 있는데, 이를 학습곡선(Learning Curve)이라 한다.

학습곡선현상을 설명하는 데는 〈그림 3-7〉·〈그림 3-8〉과 같이 두 가지 방법이 있다. 하나는 생산량이 누적됨에 따라 증분원가가 감소하는 현상으로 학습곡선을 설명하는 것이고, 다른 하나는 생산량이 누적됨에 따라 단위당 평균원가가 감소하는 현상으로 학습곡선을 설명하는 것이다. 본 교재에서는 후자인 평균원가모델을 주로 사용하였다. 다시 말하면, 학습곡선이란 누적생산량(Cumulative Production)이 증가함에 따라 단위당 평균생산원가가 체계적(Systematically)으로 하락하는 곡선을 말하며, 학습곡선은 작업방법에 대한 학습(Learning)의 영향으로 경험이 높아감에 따라 능률적이 되면서 이로 인해 생산원가가 감소하는 것을 뜻하는 것이다.

〈그림 3-7〉 총 원 가

〈그림 3-8〉 단위당 원가

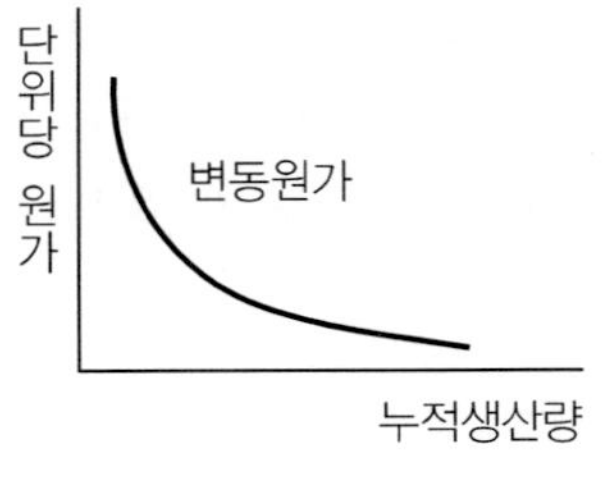

학습곡선의 현상은 숙련노동이 요구되는 선박회사, 비행기제조회사, 특수병기를 제작하는 국방산업 등에 많이 이용되고 있다. 학습곡선은 과거의 원가행태에 대한 분석뿐만 아니라 미래원가에 대한 예측에 사용되고 여러 의사결정에도 이용되고 있다. 예를 들면, 기업은 높은 수요를 창조하거나 시장점유율을 높이기 위하여 고의적으로 낮은 가격을 고려하여 일정하게 정해지는 경향이 있는데, 학습곡선의 현상으로 표준의 설정도 그 영향을 고려하여 설정될 수 있는 것이다. 생산개시의 초기단계는 많은 비용이 발생하지만 차츰 학습의 영향으로 비용은 감소할 수 있다.

학습효과의 원인으로는 일반적으로 다음과 같은 것들을 들고 있다.

① 반복실행으로 인한 노동의 효율성 증대
② 제조기술의 증진에 의한 제조방법의 개선
③ 제품라인 변화에 따른 순효익의 증대
④ 제품표준화에 따른 실제노동시간의 증가
⑤ 규모의 경제효과

학습곡선은 사례연구를 통해서도 확인되고 있다. 제품단위당 시간은 경험을 얻을수록 일정한 비율로 체감하고 있다는 것이 밝혀지고 있다.

〈그림 3-9〉는 80%의 학습곡선인데, 경험을 얻게 됨에 따라 80%로 체감하는 학습곡선을 나타내고 있다. 이 그림은 〈표 3-1〉의 자료를 이용하여 그린 것이다. 일반적으로 학습곡선은 60~80%이며, 보통 80%라고 생각되고 있다. 〈그림 3-9〉와 〈표 3-1〉에서 첫 번째 로트(lot)에서 300분의 생산시간이 소요되고, 10단위가 생산되었으며, 80%의 학습곡선이 가정되었다. 이 두 표에서 보면 생산량이 증가함에 따라 단위당 평균시간이 체감하고 있는 것을 보여주고 있다. 만일 총생산량이 매우 커질 경우에는 단위당 시간은 비교적 일정하게 된다는 것도 알 수 있다.

〈표 3-1〉 학습곡선에 의한 단위당 시간의 체감

누 적 생 산 량		시 간(단위: 분)	
로트의 수	단위의 수[1)]	누적단위당 평균시간	누적 총시간
1	10(10×1)	30.0[2)]	300
2	20(10×2)	24.0(30.0×80%)	480(24.0×20)
4	40(10×4)	19.2(24.0×80%)	768(19.2×40)
8	80(10×8)	15.36(19.2×80%)	1,228.80(15.36×80)
16	160(10×16)	12.288(15.36×80%)	1,966.08(12.288×160)

1) 1로트의 크기는 10이다.
2) 300/10단위(첫 번째 로트)

〈그림 3-9〉 80% 학습곡선

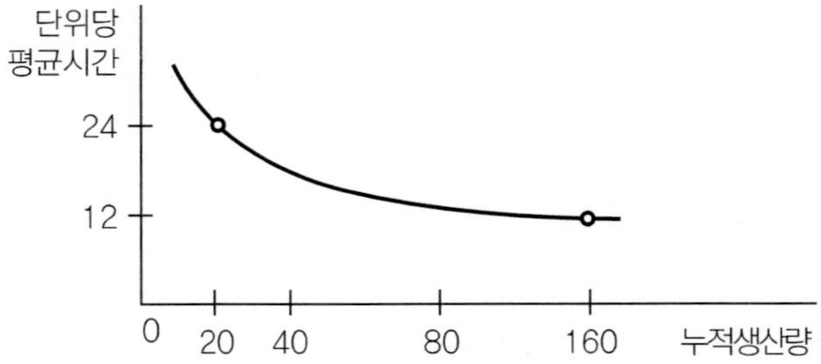

〈표 3-2〉는 학습의 영향이 원가의 체감으로 나타나는 것을 표시하고 있다. 여기서 학습의 영향을 받는 변동원가는 직접노무비와 이에 관련된 제조간접비로 시간당 ₩120, 즉 분당 ₩2의 변동원가라고 가정하자. 이 표에서 보면 누적단위당 평균원가는 20%씩 감소함을 알 수 있다. 즉, 80%의 학습곡선이 가정되어 있다.

〈표 3-2〉 학습곡선에 의한 단위당 원가의 체감

누 적 생 산 량		누적단위당 평균원가	누적 총원가	누적원가의 증분액
로트의 수	단위의 수			
1	10(10×1)	30분×₩2 = ₩60.00	₩600	₩600
2	20(10×2)	24분×₩2 = 48.0	960	360
4	40(10×4)	19.2분×₩2 = 38.40	1,536	576
8	80(10×8)	15.36분×₩2 = 30.72	2,457.60	921.60
16	160(10×16)	12.288분×₩2 = 24.58	3,932.80	1,475.20

체감시간 10단위 생산시 = 30분
20단위 생산시 = 30분 × 80% = 24분
40단위 생산시 = 24분 × 80% = 19.2분
80단위 생산시 = 19.2분 × 80% = 15.36분
160단위 생산시 = 15.36분 × 80% = 12.288분

학습곡선은 보통 직접 노무비와 직접 노무에 관련된 제조간접비에 적용하고 있다. 영향을 받지 않은 것으로는 대부분의 원재료비 · 소모품비 · 판매비, 그리고 대부분의 고정비이다. 또 자동화된 기계의 조작에 관한 노동과의 관련이 없는 것으로 생각되고 있다. 그러나 연속적인 수작업이 필요하거나, 근로자가 적응하여 숙련도가 높아지는 노동에 적용되고 있다.

2. 학습률과 학습곡선모형

학습곡선모형(Learning Curve Model)이란 총생산수량이 증가함에 따라 단위당 누적평균원가가 감소하는 체계적 형태를 말하는데, 누적평균원가의 생산량 증가에 따른 감소현상은 일정한 비율로 나타난다고 하여, 이때의 원가감소비율을 학습률(Learning Rate)이라 한다.

예를 들어, 한 단위 생산시에 누적평균원가(Accumulated Average Costs)가

₩100이고, 두 단위를 생산(2배의 생산량)할 때, 단위당 평균원가가 ₩90(총원가 ₩180)이라면, 90%의 학습곡선을 따른다고 말한다.

학습률(Learning Rate)이란 누적생산량이 두 배로 될 때마다 단위당 누적 평균시간 혹은 원가의 감소율을 말한다. 다르게 말하면 x%의 학습률일 때는 누적생산량이 두 배로 될 때마다 평균시간은 (100-x)%만큼 감소하게 되는 것이다. 따라서 학습률이 90%라면 생산량 배가시마다 10%만큼 평균시간이 감소하게 되며, 학습률 80%에서는 20%의 평균시간의 감소를 나타낸다. 예를 들어, 처음 1단위를 생산하는 데 1,000시간이 걸리고, 90%의 학습효과가 있다면, 2단위를 생산하는 데 소요되는 시간은 1,800시간으로 단위당 평균시간도 900(1,000 × 90%)시간이 되며, 4단위를 생산하는 데 소요되는 시간은 3,240시간으로 단위당 평균시간은 810(900 × 90%)시간이 될 것이다.

이를 표로 요약해 보면 다음과 같다.

90%의 학습곡선 예

총생산 수량	평 균 생 산 시간	총 생 산 시 간
1단위	1,000시간	1,000시간
2단위	1,000 × 90% = 900시간	900 × 2단위 = 1,800시간
4단위	900 × 90% = 810시간	810 × 4단위 = 3,240시간
8단위	810 × 90% = 729시간	729 × 8단위 = 5,832시간

* 평균생산시간은 (100-90)%만큼씩 감소하였다.

[예제 3] 1단위 제조하는 데 생산시간이 100시간이고, 80%의 학습률이 있다고 할 때, 다음 ( )을 채워라.

총생산 수량	평 균 생 산 시간	총 생 산 시 간
2단위	(①)	(②)
4단위	(③)	(④)
8단위	(⑤)	(⑥)

[해 답]

① 100 × 80% = 80시간	④ 64 × 4단위 = 256시간
② 80 × 2단위 = 160시간	⑤ 64 × 80% = 51.2시간
③ 80 × 80% = 64시간	⑥ 51.2 × 8단위 = 409.6시간

3. 학습곡선의 회계학에의 적용

학습현상은 경험의 축적에 따른 시간의 절약 및 그로 인한 원가절감현상이기 때문에 시간의 함수로 표시되는 모든 원가에 영향을 미친다. 생산단위를 기준으로 지급되는 원가는 학습현상의 영향을 받지 않으나, 작업시간을 기준으로 지급되는 직접노무비 등의 영향을 받는다.

예를 들어, 매 60시간의 작업시간에 대하여 8시간의 감독활동이 필요하다고 할 때, 감독비가 변동원가라면 학습현상으로 인해 작업시간이 단축되고, 따라서 우리가 원가를 추정할 때에는 이와 같은 학습현상의 잠재적 영향을 항상 고려하여야 한다. 학습현상은 재고자산의 평가, 의사결정, 그리고 성과평가 등에 영향을 미친다.

(1) 재고자산평가

학습현상이 존재하면 누적생산량이 증가할수록 한 단위를 생산하는 데 필요한 노동시간이 점차 감소한다. 따라서 학습현상을 고려하지 않은 직접노동시간이나 직접노무비에 근거하여 제조간접비를 예정배부하게 되면 단위당 제조간접비 배부액이 과소 계상되어 재고자산을 적절히 평가할 수 없게 된다.

(2) 의사결정

어떤 회사에서 신제품의 생산 여부에 대한 의사결정을 할 때, 실제로는 수익성이 높은 제품인 데도 불구하고 수익성이 낮은 것으로 평가하여 적극성을 보이지 않을 때가 있다. 그 이유는 초기생산단계에서 판매가격보다 변동원가가 더 크게 나타나는 경우가 있기 때문이다. 그러나 학습효과로 인하여 생산이 진행될수록 변동원가가 점차 감소하게 되면 제품의 수익성은 그에 따라 증가할 수도 있다.

그러므로 학습현상이 변동원가에 미치는 잠재적 영향을 무시하고 초기의 제품원가를 이용하여 의사결정을 내리면 그러한 의사결정은 최적의사결정이 되지 못할 가능성이 있다.

(3) 성과평가

학습현상은 성과평가와도 관련을 갖고 있다. 예를 들어, 각 활동에 대한 표준작업시간과 표준노무원가를 설정할 때 학습현상을 전혀 고려하지 않고, 특정활동에 오래 종사한 숙련노동자를 기준으로 설정하였다고 하자. 이러한 경우에는 숙련되지 않은 일반노동자들의 실제작업시간이 표준작업시간을 초과할 가능성이 높으며, 그 결과 적정한 성과평가가 이루어지지 못하는 수가 많다.

그러므로 성과평가를 위한 표준을 설정할 때에는 학습현상을 고려하여 생산초기의 표준은 다소 여유 있게 설정하고 생산후기의 표준은 다소 엄격하게 설정하는 것이 바람직하다.

[연 습 문 제]

※ Test your knowledge of the chapter by choosing the best answer for each of the following items.

1. "The way that costs respond to changes in volume or activity" is the definition of

   a. Cost Flow. b. Cost Behavior.
   c. Period Costs. d. Product Costs.

2. The differences between Economic Model and Accounting Model in Cost Estimation is

   a. By Accounting Model, cost is estimated over the long term but short term by Economic Model
   b. Economic Model persue maximum profit but Accounting Model doesn't
   c. Economic Model has one break-even point, but Accounting Model has two over
   d. Accounting Model is curve, but Economic Model is linear line.

3. As Volume decrease,

   a. Variable Cost per unit decreases.
   b. Fixed Cost in total decreases.
   c. Variable Cost in total remains the same.
   d. Fixed Cost per unit increases.

4. Which of the following statements is true regarding fixed costs?

a. Fixed Costs will vary within the relevant range.
b. Fixed Costs vary directly with activity levels.
c. Per unit Fixed Costs vary inversely with activity.
d. Per unit Fixed Costs are constant in the relevant range.

5. The records of Technology Company reveal the following data about electrical costs:

Month	Activity Level	Cost
April	960 machine hours	$8,978
May	940 machine hours	8,842
June	1,120 machine hours	10,066

Using the High-Low Method, the Variable Cost per machine hour for the quarter was

a. \$6.80 b. \$8.60 c. \$7.40 d. \$4.70

6. Assuming the same facts as in 5, the monthly Fixed Costs were

a. \$2,230 b. \$2,450 c. \$2,540 d. \$1,890

7. Assuming the same facts as in 5, the appropriate cost estimation model is

a. $Y = 2{,}230 + 4.7X$ b. $Y = 2{,}450 + 6.8X$
c. $Y = 2{,}540 + 7.4X$ d. $Y = 1{,}890 + 8.6X$

8. Assuming 1,500 hours for the machine hour in July in the same facts as in 5, How much electrical costs will be incurred in July?

a. \$9,280 b. \$12,650 c. \$16,650 d. \$18,420

9. Taxi fare with a certain base price plus mileage charge would be an example of a

a. Fixed Cost. b. Variable Cost.

c. Mixed Cost. d. Standard Cost.

10. Project ABC has a suggested selling price of $27 per unit and a projected Variable Cost per unit of $15. It is expected to increase fixed costs by $197,040 per month. The break-even point in units per month is

a. $16,240 b. $11,590 c. $11,950 d. $16,420

11. Assuming the facts as 10, the Break-Even Point in sales dollars per month is

a. $443,340 b. $322,650 c. $312,930 d. $438,480

12. The Cost Estimation Method which involves a careful examination of the ledger accounts is termed the:

a. Least-Squares Regression Method.
b. High-Low Method.
c. Visual-Fit Method.
d. Account Analysis Method.
e. Multiple Regression Method.

13. The method of Cost Estimation in which a cost line is drawn through a scatter diagram to help the analyst visualize the relationship between cost and activity is known as the:

a. Least-Squares Regression Method.
b. High-Low Method.
c. Visual-Fit Method.
d. Account Analysis Method.
e. Multiple Regression Method.

14. The Visual-Fit Method of Cost Estimation is used to model cost

behavior when:

a. a cost has been classified as a Fixed Cost.

b. the analyst knows the behavior of the cost item.

c. a cost has been classified as a Variable Cost.

d. only two data points are used to estimate the cost behavior pattern.

e. the analyst wants to observe a curvilinear cost within the relevant range.

15. Which of the following Methods of Cost Estimation fits a cost line between two data points?

a. Least-Squares Regression.

b. High-Low Method.

c. Visual-Fit Method.

d. Account Analysis Method.

e. Multiple Regression Method.

16. A Method of Cost Estimation that minimizes the sum of the squared deviations between the cost line and the data points is termed:

a. Least-Squares Regression.

b. High-Low Method.

c. Visual-Fit Method.

d. Account Analysis Method.

e. the Scattergraph Method.

17. The regression model in which more than one independent variable is used to predict the dependent variable is termed the:

a. Simple Regression Model.

b. Multiple Regression Model.

c. Dependent Regression Model.

d. Complex Regression Model.

e. Simplex Regression Model.

18. The Method of Cost Estimation that studies the process that results in cost incurrence is termed the:
    a. Least-Squares Regression Method.
    b. High-Low Method.
    c. Visual-Fit Method.
    d. Account Analysis Method.
    e. Engineering Method.

19. Excluding the Multiple-Regression technique, which of the following simplifying assumptions is made in applying cost estimation techniques?
    a. Cost Behavior depends on more than one activity variable.
    b. Cost Behavior paches are curvilinear within the relevant range.
    c. A method may produce a result that is not economically plausible.
    d. Variable Costs change on a per unit basis within the relevant range.
    e. Fixed Costs remain constant on a per unit basis within the relevant range.

20. All cost estimation method(except multiple regression) assume that:
    I - Cost Behavior is based on one activity variable.
    II - Cost Behavior is linear.
    III - the Variable Cost coefficient is greater than zero.
    of the above statements is (are) true?
    a. I is true.
    b. II is true.
    c. I and II are true.

d. I and III are true.

e. II and III are true.

※ Use the following information to solve multiple choice problems 21 through 23.

Technical Engineering presently leases a copy machine on a monitory basis. The lease agreement requires a fixed fee each month in addition to a charge per copy. Technical made 2,400 copies and paid a total of $162 in rent in September, and in October they paid $195 for 3,500 copies.

21. Technical Engineering's Variable Cost per copy is calculated to be:
    a. $0.07 b. $0.06 c. $0.04 d. $0.03 e. $0.05

22. Technical Engineering's monthly fixed fee is calculated to be:
    a. $138 b. $90 c. $66 d. $55 e. $18

23. The total amount that would be paid for 1,800 copies is calculated to be:
    a. $120 b. $138 c. $144 d. $160 e. $163

※ Use the following information to solve multiple choice problems 24 through 26.

Yang Manufacturing makes a product called Yin. The company incurs three cost types(Type A, B, and C)in the production of Yin. The relevant range of operations is between 2,500 units and 10,000 units of Yin per month. Per unit costs at two activity levels for each cost type are presented below.

	Type A	Type B	Type C	Total
5,000 units	$4.00	$9.00	$4.00	$17.00
7,500 units	$4.00	$6.00	$3.00	$13.00

24. Each of the cost types shown above is identified by behavior as:

	Type A	Type B	Type C
a.	Fixed	Variable	Semivariable
b.	Fixed	Semivariable	Variable
c.	Variable	Semivariable	Fixed
d.	Variable	Fixed	Semivariable
e.	Semivariable	Variable	Fixed

25. If Yang produces 10,000 units, the total cost is calculated to be:
   a. $130,000 b. $125,000 c. $110,000
   d. $100,000 e. $90,000

26. The cost formula that expresses the behavior of Yang's total costs is:
   a. Y = $-0- +$17X b. Y = $60,000 + 5X$
   c. Y = $20,000 + 13X$ d. Y = $45,000 + 6X$
   e. Y = $40,000 + 9X$

※ Use the following information to solve multiple choice problems 27 through 30.

Atlanta Co. has determined machine hours to be the cost driver for the company's utility costs. During the first six months of the year the company incurred the following utility costs:

Month	Cost	Machine Hours
January	$8,700	800
February	8,360	720
March	8,950	810
April	9,360	920
May	9,625	950
June	9,150	900

27. Using the High-Low Method, the estimated Variable Cost per machine hour is calculated to be:
a. $0.18 b. $4.50 c. $5.00 d. $5.50 e. $6.17

28. Using the High-Low Method, the estimated Fixed Cost per month is calculated to be:
a. $3,764 b. $4,400 c. $4,760 d. $5,100 e. $8,230

29. Using the High-Low Method, the cost formula that expresses the cost behavior of the company's utility costs is:
a. Y = $3,764 + 0.18X$ b. Y = $4,400 + 5.5X$
c. Y = $4,760 + 5.0X$ d. Y = $5,100 + 5.50X$
e. Y = $8,230 + 6.17X$

30. Using the High-Low Method, the utility costs associated with 980 machine hours are calculated to be:
a. $9,510 b. $9,660 c. $9,790 d. $9,700 e. $9,811

1. 학습효과가 존재할 때, 누적생산량이 증가하면 어떤 현상이 발생하는가?
① 누적생산원가가 체계적으로 감소한다.
② 단위당 고정원가가 체계적으로 증가한다.
③ 단위당 평균원가가 체계적으로 증가한다.
④ 단위당 평균원가가 체계적으로 감소한다.

※ A회사는 지난 6개월 동안의 직접노동시간과 난방비의 관계를 조사하여 다음과 같은 자료를 얻었다. 고저점법을 사용하여 물음에 답하라(2-5).

월	직접노동시간	난방비
1월	365시간	₩1,980
2월	290시간	₩1,637
3월	300시간	₩1,585
4월	267시간	₩1,760
5월	265시간	₩1,850
6월	205시간	₩1,340

2. 직접노동시간당 변동난방원가를 추정하면?

① @₩4 ② @₩5.42 ③ @₩5.82 ④ @₩6

3. 고정원가를 추정하면 얼마인가?

① ₩460 ② ₩490 ③ ₩580 ④ ₩520

4. A회사의 난방원가 추정방정식을 구하라.

( )

5. A회사의 다음 후반기의 직접노동시간이 400시간으로 예측될 때, 발생될 난방비는?

① ₩1,980 ② ₩2,120 ③ ₩2,360 ④ ₩2,840

6. W사는 80%의 학습효과가 있는 제품을 생산하고 있다. 첫 단위의 제품을 생산하는데, ₩10,000의 원가가 발생하였다면, 4단위의 제품 생산시의 단위당 평균원가와 총원가는 얼마인가?

① @₩8,000과 ₩16,000 ② @₩6,400과 ₩25,600

③ @₩3,200과 ₩12,800 ④ @₩5,120과 ₩20,480

7. 원가추정방정식이 $Y=210,000+5X$로 추정되었다면, 총원가가 ₩390,000으로 추정될 때, 조업도수준은 어느 정도인가?

① 36,000단위 ② 42,000단위 ③ 6,480단위 ④ 62,500단위

8. 원회사는 부품 900단위에 대한 입찰에 참여하고자 한다. 전에 300단위에 대한 생산의 원가자료로 다음과 같다.

직접재료원가	₩8,000
직접노무원가(6,000시간×₩15)	90,000
특수공구원가	3,000
	₩101,000

특수공구는 처음 생산량 300단위에 그 원가를 전부 배부하였지만 다시 사용될 수 있다. 70%의 학습효과를 적용할 때 추가로 생산되는 900단위의 예상원가총액은?

제 4 장　원가회계시스템의 종류와 절차

제 1 절　원가회계시스템의 관련용어 체계

1. 원가계산단위

원가회계시스템(Costing Accounting System)이란 일정한 대상에 대하여 원가를 수집하고 측정하고 보고하는 시스템이다. 따라서 일정한 원가회계시스템을 갖추기 위해서는 원가를 수집하고 측정해야 할 대상이 정해져야 한다. 일반적으로 원가대상은 일정제품·일정부문 혹은 일정서비스가 된다.

일정한 대상에 대하여 원가를 산출하는 데에는 그 대상 전체에 대하여 총괄적으로 계산하기도 하지만, 결국은 그 대상이 몇 개의 소단위로 나누어 그 단위당 원가를 계산하게 된다. 이때 계산대상의 원가를 수집하기 위하여 선택한 표시단위를 원가단위(Cost Unit) 또는 원가계산단위(Costing Unit)라 한다. 예를 들면, 자동차는 대수로, 석탄은 톤수로, 석유는 드럼이나 갤런으로, 맥주는 병이나 상자로, 쌀은 가마로 계산하게 되며, 때로는 벽돌공장에 있어서 벽돌의 단위는 1개가 아니라 1,000개가 단위가 되기도 하며, 주문생산의 경우에는 "1회의 주문량," 즉 인쇄물 100부가 원가계산단위가 되기도 한다. 또 원가계산단위는 최종적인 제품 및 서비스의 단위에만 국한되는 것이 아니라 부분품 및 조립작업, 공정 및 부문이 그 계산단위가 될 수도 있다.

예를 들어, 차량·선박·항공기 등과 같이 많은 부분품을 생산하고 이것을 조립해서 완제품을 만들어 내는 조립산업의 경우에는 완성품 외에 각각의 부분품과 각 조립작업도 원가계산단위가 되기도 하고, 시멘트·제분·제지업 등과 같이 일련의 연속적인 공정의 과정을 통해서 일정한 제품이 생산되는 경우에는 각 공정 혹은 제품제조를 위하여 기여하는 각 부문이 원가계산단위가 되기도 한다.

이와 같은 원가계산단위는 그 자체를 위해서보다는 경영자의 의사결정, 특히 원가산정이나 원가관리 등에 도움이 되도록 선택된다. 예를 들면, 부분품을 원가계산단위로 하면 그것을 자가 생산하느냐 아니면 외부에서 구입하느냐의 의사결정에 도움이 될 것이며, 동력부 · 용수부 · 수선부 등의 각 부문별로 원가계산단위를 정한다면 각 부문별, 원가능력을 측정하기에 편리할 것이다.

이상과 같이 원가계산단위는 그 내용이 다양하며 비단 최종제품뿐만 아니라 부분품 · 공정 · 부문 · 직접노동시간 또는 기계운전시간 등이 선택될 수 있는데, 이것을 선택함에 있어서는 각 기업의 생산조건이라든가 판매활동의 편의 등을 고려하여 적합한 것으로 선택되어야 할 것이다.

2. 원가계산기간

회계는 기본적으로 어느 시기부터 어느 시기까지 일정한 기간(Period) 동안의 계산을 원칙으로 한다. 일반적으로 원가회계는 급부단위를 대상으로 한 대상계산 또는 급부계산을 그 특징으로 하므로 기간과는 관계없는 것으로 생각되기 쉬우나, 재무회계에 있어서와 마찬가지로 원가회계에 있어서도 기간계산은 필수적으로 중요하다. 왜냐하면 각 급부에 대하여 원가의 파악이 불가능하고 기간적으로만이 가능한 것이 있는가 하면, 연속적으로 대량생산을 하는 대규모기업에서는 기간별로 끊어서 계산된 것을 급부단위별로 파악해야 할 성질의 것들이 많기 때문이다. 이와 같이 원가회계를 실시하는 기간적 단위를 원가회계기간이라 한다.

일반적으로 재무회계의 회계기간은 1년, 반년, 혹은 3개월이 되는 것이 일반적이지만 원가회계는 원칙적으로 제조작업 착수시로부터 제조작업 완료시까지 원가회계기간이 되겠지만, 급료 · 전력료 · 지급임차료 등과 같이 기간적으로만 파악이 가능한 것이 있는가 하면, 제조의 착수와 완료가 연속적으로 이루어지는 기업의 경우에는 일정한 기간을 정하여 기록계산하되 가능하면 제조착수 및 완료의 시기와 비슷하게 맞추어 주는 것이 여러 가지로 편리할 것이다. 따라서 원가회계의 기간은 제조공정의 길이에 따라서 그 제조공정이 1월 미만의 단기인 것은 1월을 원가계산기간으로 하며, 토목 · 건축 등이나 조선업 등과 같이 그 공정기간이 장기이고 발생빈도가 비교적 적은 업종은 공정착수시점으로부터 공정완료시점까지를 1원가계산기간으로 하는 것이 합리적이다. 따라서 이 경우에는 원가요소의 최초의 투입으로부터 제품완성시까지가 1원가계산기간이 되므로 원가계산기간에 관한 한 원칙적으로 전원가계산기간 말에서 미완성품으로 이월된 기초재공품이나 당해 원가계산기말에 미완성품으로서의 기말재공품이 나타날 수가 없다. 그러나 원가계산기간이 회계기말이나 회계기초에 걸쳐 있을 때에는 기말재공품이나 기초재공품이 나타날 수밖에 없으며, 개별원가계산의 경우에도 공정기간이 단기적인 경우에는 설정된 원가계산기간과의 차이로 인하여 기말재공품이나 기초재공품이 나타날 수밖에 없음은 종합원가계산의 경우에도 마찬가지이다.

따라서 이와 같은 종합원가계산의 경우에는 개별원가계산과는 달리 제품완성에 소요된 공정기간이 극히 짧을 뿐만 아니라, 기간적으로만 파악이 가능한 원가요소들 때문에 급부단위별로 원가계산을 하는 것은 불가능하며 설혹 가능하다 할지라도 극히 비경제적이기 때문에 일정기간을 계산단위로 하여 동기간 동안의 총생산량에 대한 원가를 일괄 집계하여 원가계산단위수량으로 나누어 단위당 원가를 산출하는 것이 일반적이다. 따라서 이 경우에는 공정기간이 장기적인 개별원가계산에서 보는 것과는 달리 원가계산기간이 원가단위제품의 제조공정기간과 일치하지 않기 때문에 원가계산 기초나 기말에 일시적으로 조업을 중단시켰다고 가정할 때 미완성품인 기초재공품이나 기말재공품이 나타나는 것이 보통이다.

실제로 대부분의 기업들이 원가계산기간을 1개월로 하는 것이 일반적인데, 그 이유는 급료 · 지급임차료 · 수도료 · 전화료 등의 월할제조경비에 해당하는 원가요소들이 지급기간단위를 1개월로 하는 것이 일반적이므로 원가측정에서도 1개월을 계산기간으로 하는 것이 편리하기 때문이다.

3. 제조지시서

제조업에서 제품이 제조되거나, 특정한 서비스가 시작되려면 일단 업무의 개시를 위한 지시 및 명령이 있어야 하는데, 이와 같은 업무개시의 지시 및 명령이 문서화된 것을 제조지시서(Production Order), 구입지시서(Purchase Order), 선적지시서 또는 제조지령서라고 한다. 이 중 대표적인 제조지시서란 제품 및 부분품의 제조를 위하여 기획관계부서에서 작업장에 어떠한 제품을 언제까지 어떤 절차에 의해서 제조하라는 명령문서이므로 이 제조지시서가 발행되어야만 일련의 제조활동이 착수되는 것이다. 따라서 제조지시서의 발행은 원가회계의 기본전제가 되는데, 그 형태는 업종의 종류에 따라 약간씩의 차이가 있지만 그 기본적 성격은 대동소이하므로 제조업에 있어서의 일반적인 약식을 소개하면 아래와 같다

제조지시서 NO. ______

(20 년 월 일 발행)

수 주 일	______	제조착수일	______
발 주 처	______	완성예정일	______
인도장소	______	완 성 일	______
인도조건	______	검사예정일	______
인 도 일	______	공장출하예정일	______

품 명	수 량	시 방 서	비 고

특기사항	

사장 인	전무 인	상무 인	부장 인	과장 인	발행자 인

이 제조지시서는 원가계산표를 겸하는 양식도 있을 수 있는데, 특히 개별 원가계산의 경우에는 이 제조지시서별로 원가계산표가 작성되어야 하고

후술하는 제조직접비·제조간접비의 구분도 결국 이 지시서에 의하여 원가요소 중 제조지시서번호가 있는 것은 직접원가로, 이 제조지시서번호가 없고 원가월보 등에 나타난 것들은 제조간접비로 처리되는 등의 중요성을 가지게 되나 종합원가계산의 경우에는 연속대량생산의 경우가 대부분이므로 이 제조지시서는 한번 발행되면 계속 유효한 경우도 있다.

4. 원가회계기준

원가회계는 앞 장에서 검토한 바와 같이 재무회계적인 성격과 관리회계적인 성격의 양면성을 가지게 되므로 재무회계적인 입장에서의 제도적 원가회계는 말할 필요도 없지만 관리회계적인 원가회계라 할지라도 지나치게 일반성이 결여된 모든 기업 나름대로의 원리원칙이 없는 자의적인 계산이란 문제가 있다고 보아야 한다. 왜냐하면 관리회계라 할지라도 각 기업 나름대로의 지나친 유용성 지향의 무원칙은 기업의 이윤추구 자체의 윤리성에도 일정한 한계를 가져야 할 것이고, 산업사회의 건전한 정착을 위해서는 관리회계도 하나씩 하나씩 제도화되어 나가야 할 것이기 때문에, 원가계산상의 일반적으로 인정되는 회계기준은 가능한 범위에서 차츰 확대되어져야 할 것이다.

이와 같이 원가계산이 그 자체의 목적을 수행하면서 사회규범적인 측면에서 일반적으로 공정타당하다고 인정되어지는 기준과 절차에 따르지 않으면 안 되게 되는데, 이러한 원가회계를 실시하는 데 있어서 타당성이 있다고 일반적으로 수용될 수 있는 원칙을 원가회계기준(Cost Accounting Standards)이라 한다. 따라서 원가회계기준은 재무회계기준과 같이 구체적 실천기준이라기보다는 오히려 개별기업별로 그 업종·규모 및 특수성을 고려하여 실정에 적합한 구체적인 원가회계 실시규정을 수립하는 데 일반적 지침이라는 성격으로 이해하여야 할 것이다.

참고로 1984년에 미국원가회계기준심의위원회(CASB)에서 발표한 원가회계기준과, 1973년 한국공인회계사회에서 발표한 원가회계기준을 살펴보면 다음과 같다. 미국원가회계기준심의위원회는 원가회계기준으로서 다음과 같은

19가지의 원가회계원칙(Standard 401-420)을 제시하고 있다.[1)]

① 원가추정, 수집 및 정보상의 계속성원칙(Standard 401)(Consistency in Estimating, Accumulating, and Reporting Costs)
② 동일목적 원가배분의 계속성원칙(Standard 402)(Consistency in Allocating Costs incurred for the same Purpose)
③ 본사경비의 부문배부원칙(Standard 403)(Allocation of Home Office Expenses to Segments)
④ 유형자산의 자본화원칙(Standard 404)(Capitalization of Tangible Assets)
⑤ 비허용원가에 대한 회계처리원칙(Standard 405)(Accounting for Unallowable Costs)
⑥ 원가회계기간의 원칙(Standard 406)(Cost Accounting Period)
⑦ 직접재료 및 직접노무비에 대한 표준원가이용의 원칙(Standard 407)(Use of Standard Costs for Direct Material & Direct Labor)
⑧ 배상된 결원에 대한 회계처리의 원칙(Standard 408)(accounting for Costs of Compensated Personal absence)
⑨ 유형의 자본적 자산에 대한 감가상각의 원칙(Standard 409)(Depreciation of Tangible Capital Assets)
⑩ 기업단위 일반관리비의 최종원가대상에 배부의 원칙(Standard 410)(Allocation of Business Unit G & A Expenses to Final Cost Objectives)
⑪ 재료취득원가에 대한 회계처리원칙(Standard 411)(Accounting for Acquisition Costs of Material)
⑫ 연금원가의 구성 및 측정원칙(Standard 412)(Composition and Measurement of Pension Cost)
⑬ 연금원가의 조정 및 배부원칙(Standard 413)(Adjustment and Allocation of Pension Cost)
⑭ 시설자본원가에 대한 부가원가의 원칙(Standard 414)(Cost of Money as an Element of the Cost of Facilities Capital)

---

1) CASB, Cost Accounting Standards, N.Y. : Price Water House, 1984, pp. 14~37.

⑮ 이연보상원가의 회계처리원칙(Standard 415)(Accounting for the Cost of Deferred Compensation)
⑯ 보험원가의 회계처리원칙(Standard 416)(Accounting for the Insurance Costs)
⑰ 건축 중인 자본적 자산원가요소의 부가원가원칙(Standard 417)(Cost of Money as an Element of the Cost of C/A Under Construction)
⑱ 직접 및 간접원가의 배분원칙(Standard 418)(Allocation of Direct and Indirect Costs)
⑲ 독립적 연구개발비 및 Bid & Proposal Costs의 회계처리원칙(Standard 419)(Accounting for Independent R & D Costs and B & P Costs)

우리나라는 회계기준위원회에서 2002년 개정을 통해 총 3장 33조와 보칙으로 구성된 원가계산준칙을 규정하고 있는데, 그 기본체제는 다음과 같다.

제 1 장 총 칙

제 1 조(목적)	제 2 조(적용범위)
제 3 조(원가계산제도의 확립 등)	제 4 조(제조원가의 범위)
제 5 조(원가계산기간)	제 6 조(원가계산의 일반원칙)
제 7 조(제조원가요소의 분류)	

제 2 장 실제원가계산제도

제 8 조(실제원가계산의 절차)	제 9 조(재료비의 계산)
제10조(노무비의 계산)	제11조(경비의 계산)
제12조(외주가공비의 계산)	제13조(예정가격 등의 적용 특례)
제14조(원가부문별 계산)	제15조(부문비 계산의 절차)
제16조(부문개별비와 부문공통비)	제17조(원가의 제품별 계산방법)
제18조(개별원가계산)	제19조(종합원가계산)
제20조(공정별원가계산)	제21조(조별원가계산)
제22조(등급별원가계산)	제23조(연산품원가계산)
제24조(부산물과 작업폐물의 평가)	제25조(공손비의 계산)

제 3 장 표준원가계산제도

제26조(표준원가계산의 적용) 제27조(표준원가의 산정)
제28조(표준직접재료비) 제29조(표준직접노무비)
제30조(제조간접비의 표준) 제31조(표준원가의 수정)
제32조(원가차이의 산정) 제33조(원가차이의 회계처리)

제 4 장 보칙

제34조(준용규정)

5. 원가계산표

원가계산표(Costing Schedule)란 제품을 제조하거나 서비스를 제공하기 위하여 소비된 원가를 산출하여 내부경영자 및 외부정보이용자에게 제공하기 위하여 일목요연하게 정리한 계산서로서 보통 원가계산서 혹은 원가명세서라고 일컬어지는 것을 말한다.

원가정보를 이용하는 사람들은 일정한 원리원칙에 입각하여 산출 보고되는 원가계산표를 참고하여 여러 가지 필요한 의사결정을 하게 된다. 경영자들은 원가계산표를 근거로 경영관리에 필요한 제품라인결정, 제품가격결정 혹은 손익분기점분석 등의 주요 경영의사결정을 하게 되며, 종업원들이나 노동조합 등에게도 노동조건 등의 주요 상황을 점검할 때 중요한 자료로 이용될 것이며, 주주나 투자자 등의 외부이용자들도 대차대조표나 손익계산서 등의 재무제표와 함께 부속명세서로 활용된다.

원가계산표는 기업의 종류에 따라 혹은 원가계산 방법에 따라 그 명칭과 양식이 다르다. 제조기업에서는 제조원가명세서로 사용되고, 서비스기업에서는 의료비명세서, 교육비명세서 등의 명칭으로 사용될 것이다. 또한 채택하고 있는 원가계산 방법에 따라 개별원가계산명세서, 종합원가계산보고서 혹은 표준원가보고서 등으로 쓰인다.

원가계산표의 가장 전형적인 모형은 제조기업에서 작성되는 제조원가명세서라 할 수 있다. 아래에 제시되는 것과 같이 제품 제조를 위하여 소비된 원가요소를 계산하여 당기제조원가를 산출해 놓은 것이다.

제조원가명세서

재 료 비 소비액	×××
노 무 비 소비액	×××
제조경비 소비액	×××
당기제조원가	×××

제 2 절 원가회계시스템의 종류

원가회계시스템은 관점에 따라서 여러 가지로 분류할 수 있다.

첫째, 원가회계가 일련의 복식부기시스템하에서 이루어지느냐 원가의 산출 그 자체만을 목적으로 하느냐에 따라 제도적 원가계산과 제도 외 원가계산으로 나눌 수 있다.

둘째, 원가계산의 시점이 원가의 발생 이후에 이루어지느냐 그렇지 않으면 원가의 발생 이전에 이루어지느냐에 따라 사후원가계산과 사전원가계산으로 나누어진다.

셋째, 회계실체에 발생된 원가 전부를 그 대상으로 하느냐 그 일부만을 대상으로 하느냐에 따라 전부원가계산과 부분원가계산으로 나눌 수 있다.

넷째, 원가계산의 방법을 급부별로 실시하느냐 그렇지 않으면 기간별로 실시하느냐에 따라 개별원가계산과 종합원가계산으로 나누어진다.

1. 제도적 원가계산과 제도 외 원가계산

제도적 원가계산은 경영활동을 수행함에 따라 발생하는 원가를 일련의 회계시스템의 구조하에서 일반적으로 인정되어지는 회계기준에 따라 일상적으로 이루어지는 제도화된 원가계산을 말한다. 제도적 원가계산이야말로 일반적으로 인정되어지는 복식부기를 통해서 기업의 공식적인 체제하에서 이루어지는 재무회계와 유기적인 관련을 맺고 수행된다 해서 원가회계와 동의어로 이용되는 경우가 많지만, 원가회계라는 용어가 광범위하게 쓰여지는 최근에 이르러서는 부분적으로 이루어지는 특수원가조사 등도 원가회계의 범위에 포함시키므로 제도적 원가계산만이 바로 원가회계다라고 정의한다는 것은 곤란하다.

제도 외 원가계산이란 기업의 임시적 목적, 즉 부품의 자가제조 혹은 외부구입에 관한 의사결정이라든지, 구기계의 신기계로의 대체를 위한 의사결정 등을 위하여 필요한 원가자료를 제공하기 위하여 일시적으로 특별히 실시하는 원가계산을 말하는 것으로 현대회계에서 기업의 이윤창출에 직접적으로 기여하는 것이 그 큰 흐름이라고 할 때, 이와 같은 관리적 의사결정을 위한 제도 외 원가계산의 중요성은 한층 더 커지는 것이다.

2. 사후원가계산과 사전원가계산

원가계산의 방법과 절차가 어찌되었건 원가계산의 시점이 원가가 실제로 발생된 이후에 이루어지느냐 그렇지 않으면 실제원가의 발생 이전에 예정액 혹은 표준액에 의하여 이루어지느냐에 따라 구분한 것이다.

사후원가계산이란 실제원가계산(Actual Costing)이라고도 하는 것으로 제품제조를 위하여 실제로 발생된 원가의 실제소비액을 기초로 하여 원가계산하는 것을 말하는 것으로 가장 일반적 의미의 원가계산의 방법이다. 앞에서 말한 원가계산의 목적 중, 특히 재무제표의 작성 및 가격결정의 목적에 부합되는 원가계산의 방법이다. 제도회계로서 일정기간 중에 발생된 모든 원가를 일정한 기준에 따라 분류·집계하여 기장함으로써 그 목적이라 할 수 있는 기간이익을 산정하고 재무제표도 작성되어지는 것이며, 이것은 또한 기업의 가격결정에 기초자료를 제공하게 되는 것이다. 따라서 이 사후의 실제원가계산은 재무회계와 유기적인 관련하에 이루어지는 제도회계로서 일상적으로 이루어지는 가장 기본적 원가계산의 방법이다.

이 사후원가계산은 실제로 소비된 원가요소, 즉 재료비·노무비·제조경비를 계산하는 것으로 보통 제품의 제조활동이 진행됨에 따라서 실제소비량×실제가격=실제원가가 계산되며, 제조활동이 종료됨과 더불어 제조원가가 산출되게 된다. 그러나 실제원가계산이라 하더라도 기간 중 발생된 모든 원가요소들을 계산하게 되면 정상적인 상황하에서 나타난 원자재의 소비량과 가격뿐만 아니라 천재지변·전쟁 등의 이상상태하에서 나타난 원가요소들도 포함되게 되는데, 이와 같은 이상상태하에서 발생한 원가요소 등을 제품의 제조원가에 포함시키게 되면 본래의 원가계산의 목적인 재무제표의 작성이나 가격결정 등의 목적에 기여할 수가 없기 때문에 결국 실제원가계산에서도 이상적인 항목들은 비원가항목으로 제외시키고 경상적인 경영활동을 전제로 하여 발생한 원가만을 제조원가로 계산하게 된다.

사전원가계산은 원가의 발생 이전에 미리 그 발생될 원가를 사전에 집계하는 것으로서, 특히 원가관리·예산편성 및 경영기본계획 수립을 위한 원가회계 목적에 기여하기 위하여 사전에 발생할 원가의 기준 및 표준으로서 계산하는 원가계산의 방법으로 예정원가계산(Predetermined Costing)이라고도 한다.

사전원가계산은 그 예정액의 산정방법에 따라 추산원가계산(Estimated Costing)과 표준원가계산(Standard Costing)의 두 가지로 나누어진다. 추산원가계산(혹은 견적원가계산)은 그 원가 예정액을 정할 때 그 기준으로서 물가상승률이나 GNP, 디플레이션 등을 고려하여 미래의 원가를 추산한다. 이에 반하여 표준원가계산은 이상적인 경영상태를 가상하여 미래에 발생하여야 할 원가의 표준지수로서 과학적인 시간 및 여러 동작연구와 통계조사에 의하여 정상적인 상태하에서 달성하여야 할 목표로서의 표준액을 설정하고, 사후에 발생되는 실제원가와 비교를 통하여 그 차이분석을 함으로써 그 원인을 규명하고,

차기의 경영계획수립에 기초자료로 삼기 위한 관리목적의 원가계산방법이다. 이 표준원가계산방법은 효율적 원가관리의 목적을 달성하기 위해서 유용하게 이용되어진다. 따라서 표준원가계산의 일반적인 절차는 원가표준의 설정 - 표준원가의 집계 - 실제원가계산 - 원가차이분석이라는 일련의 과정으로 이루어지며 관리통제시스템의 발전에 따라 변동예산의 편성이나 책임회계시스템에서는 필수적인 원가회계기법으로 이용된다.

3. 전부원가계산과 부분원가계산

원가계산은 제품원가를 계산할 때 전통적인 방법에 따라 모든 원가요소를 포함시켜 계산할 것인가, 아니면 그 일부만을 포함시켜 계산할 것인가에 따라 전부원가계산과 부분원가계산으로 구분할 수 있다.

전부원가계산이란 흡수원가계산(Absorption Costing)이라고도 말하여지는 전통적인 계산방법으로, 제품을 제조하는 데 소요되는 모든 원가를 제조원가로 집계하고 경우에 따라서는 기간 중에 발생한 판매비와 일반관리비까지도(예, 조선업) 제품제조원가로 포함시키는 가장 일반적인 원가계산의 방법이다. 이 전부원가계산방법은 전통적 · 제도적 원가계산으로 원가의 분류 및 집계절차가 재무회계와 유기적인 관련하에서 이루어지고, 특히 재무제표작성을 위한 재고자산의 평가나 기간손익 산정에 필수적이며 가격결정의 목적에도 잘 부합되는 원가계산의 방법으로 알려져 있다.

부분원가계산이란 어떤 특정의 목적에 따라 일부분의 원가요소만을 계산하는 것으로서, 계획의 입안이나 경영의사결정을 위한 특정부분의 원가만을 분류 · 집계하는 것이다. 여러 가지 특수 의사결정을 위하여 유용한 것으로 알려지고 있는 변동원가계산(Variable Costing)은 제품제조를 위해서 소비된 원가 요소들 중 변동비만을 집계하여 제품의 제조원가로 계산되므로 부분원가계산의 대표적인 것으로 알려지고 있다. 변동원가계산은 제품제조를 위해서 소비된 변동비만으로 제조원가를 계산하고, 제조비라 할지라도 고정비는 제조원가에서 제외하여 기타 판매비나 일반관리비와 함께 기간원가로 취급하며 대부분이 직접원가에 해당하므로 직접원가계산(Direct Costing)이라고도 일컬어진다. 이 변동원가계산의 방법은 관리적 의사결정을 위한 하나의 특수한 원가계산의 방법이므로 원가요소의 분류방법과 절차에 있어서도 전통적인 전부원가계산의 방법과는 큰 차이가 있다.

따라서 재무제표작성을 위한 재고자산의 평가나 기간이익산정이라든지 제품가격결정 혹은 세무계산보고서 작성 등의 재무회계적 목적을 위해서는 전부원가계산의 방법이 대부분 이용되고 있지만, 경영관리상의 특수의사결정 등의 목적을 위해서는 부분원가계산의 방법인 변동원가계산 등이 필수적이다.

4. 개별원가계산과 종합원가계산

원가계산을 제품 및 서비스, 즉 급부단위별로 실시하느냐 그렇지 않으면 기간별로 실시하느냐에 따라 개별원가계산과 종합원가계산으로 분류된다.

개별원가계산(Job Order Costing)은 제조지시서별 원가계산이라고도 하는 것으로 원가를 개별작업별(Jobs)로 확인하여 계산하는 방법이다. 다시 말하여 주문생산의 경우처럼 종류와 규격을 달리하는 각 제품 및 서비스에 대해 개별작업별로 제조지시서(Job Order)가 발부되어 그 개별작업, 즉 제조지시서별로 원가를 집계하고 두 개 이상의 작업에 공통적으로 소비된 제조간접원가는 인위적인 배부기준에 의하여 제조지시서별로 배부하여 총제조원가를 계산하고 이를 제조수량으로 나누어 단위제품의 원가를 계산하는 방법이다. 따라서 개별 원가계산의 여러 과정 중에서 제조간접비를 각 제품별로 배부하는 문제는 가장 중요한 과정으로 이해된다.

개별원가계산은 주문형의 제품생산이나 개별작업별로 원가계산이 가능한 기업 등에서 이용된다. 건설업, 인쇄업, 가구제조업, 맞춤양복점, 주문기기제조업, 정부제조의 기계 및 무기 제작업 등에서 자주 이용될 수 있으며, 법률상담업이나 회계 및 세무상담업 등의 서비스업의 경우에도 이용되고, 병원이나 사회복지기관 혹은 연구소의 연구프로젝트 등의 비영리조직

(Non Profit Organization)의 회계에서도 유용하게 이용되어지는 원가계산방법이다.

종합원가계산(Process Costing)은 개별제품 및 서비스단위별로 원가계산이 이루어지는 것이 아니라 일정기간의 모든 원가요소들을 집계하여 제조원가를 구하고, 이것을 같은 기간의 완성품수량으로 나누어 제품 1단위당의 원가를 계산하는 평균화(Averaging)의 과정에 의한 원가계산의 방법이다. 이것은 동일한 규격의 제품을 연속해서 대량생산하는 기업, 예를 들면 화학공업, 방적업, 제조업, 시멘트제조업, 제철업, 광업, 제당업, 제분업 및 석유정제업 등 대부분의 현대 대규모의 기업에서 채용되는 원가계산의 방법이다.

종합원가계산방법을 적용할 수 있는 기업의 특성으로서는 표준규격제품을 대량생산(Mass Production)한다든가 또는 정유 및 제당업 등에서 볼 수 있는 바와 같이 흐름의 생산(Flow Production)을 하고 있는 기업에서 적용된다. 이와 같은 생산형태의 특징은 i) 제품이 동일규격의 제품이기 때문에 여러 개의 제조공정의 가공을 통해서 이루어지며, ii) 같은 규격의 제품이 반복적으로 생산되고 있다고 하는 점이다. 이와 같은 생산형태를 취하는 기업은 고객의 주문에 따라 제품을 제조하는 것이 아니라 시장생산을 하는 점이다. 따라서 종합원가계산의 과정 중 가장 중시되는 영역은 기간 중의 종합원가를 완성제품의 부분과 미완성부분인 기말재공품으로 나누는 과정, 즉 기말재공품 원가의 평가과정이다.

제 3 절 원가회계시스템의 과정과 절차

원가회계시스템은 경영활동의 영역에 따라 제품제조원가계산의 과정과 판매비와 일반관리비의 계산이라는 두 개의 큰 과정이라고 할 수 있는데, 이 과정에서는 제품별로 제조원가를 집계하여, 예를 들면 자동차 1대의 제조원가, 설탕 1포의 제조원가, 혹은 연필 1다스의 제조원가 등의 1단위당의 원가를 집계하는 것을 그 궁극적인 목표로 하고 있다.

제품 1단위당의 원가가 집계되는 절차는 〈그림 4-1〉과 같이 발생되는 원가를 재료비, 노무비, 제조경비 등과 같은 원가요소별로 파악 집계하고, 다시 특정제품별로 발생된 원가를 집계하여 제품의 단위당 원가가 계산되는 하나의 일반적인 체제가 있다.

〈그림 4-1〉

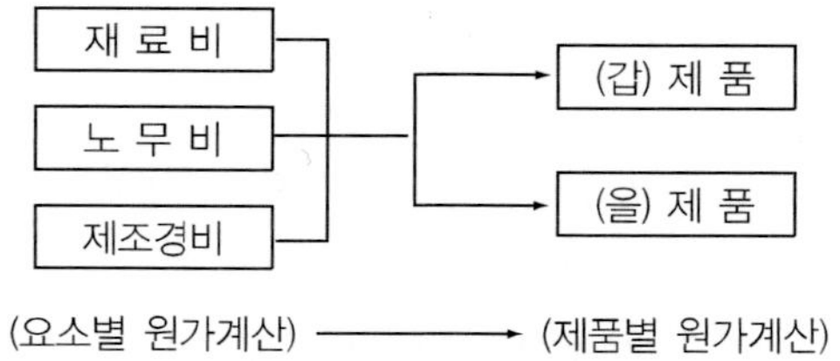

또 하나의 원가회계시스템으로는 특정제품의 제조를 위하여 소비된 직접비들을 각 특정제품별·비목별로 파악하고, 여러 개의 제품을 제조하는 데 공통적으로 소비된 원가요소인 제조간접비에 대해서는 간접비가 발생한 장소인 원가부문에 배부하여 부문별 계산을 통하여 최종적으로 일정한 배부기준에 따라 제품별로 배부하는 과정을 거쳐 제품들의 단위당 원가가 계산되는, 즉 요소별 원가계산, 부문별 원가계산, 제품별 원가계산이라는 3단계의 과정을 통해서 최종제품의 원가가 계산되는 시스템이다.

〈그림 4-2〉

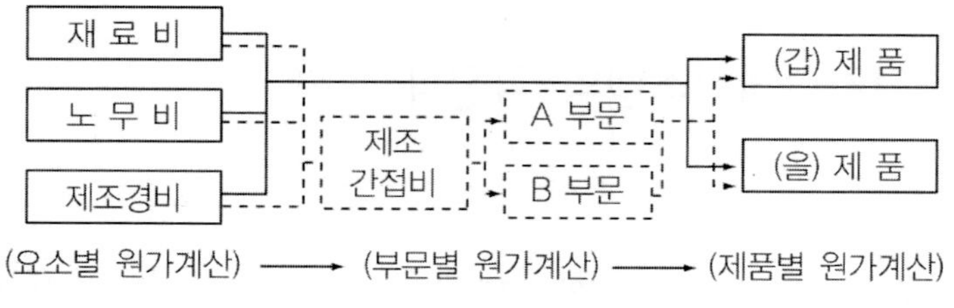

3단계의 과정을 통한 제품제조원가의 집계과정은 가장 일반적인 원가흐름의 집계과정으로 정착되어가고 있는데, 그것은 제조간접비의 배부가 제품

제조원가에 미치는 영향이 지대하여, 합리적인 제조간접비의 배부문제는 원가회계의 중요한 과제(특히 개별원가계산에서)가 되었고, 제조간접비는 원가가 발생한 장소에서 가장 합리적으로 배부할 수 있다는 일반적인 명제에 따라 부문별 원가계산의 과정이 포함되어, 위 3단계의 원가계산시스템이 일반적 유형으로 인식되는 것이다. 따라서 일반적인 원가계산시스템은 다음의 3단계를 통해서 이루어진다.

① 제 1 단계: 요소별 원가계산(혹은 비목별 원가계산)
② 제 2 단계: 부문별 원가계산
③ 제 3 단계: 제품별 원가계산

1. 요소별 원가계산

원가계산의 최초의 단계는, 당기 중 발생된 원가를 원가요소(Cost Elements)별로 파악하는 일이다. 다시 말하여 발생원가를 원가의 3요소인 재료비·노무비·제조경비로 분류하여 각 요소별(비목별 혹은 계정과목별)로 얼마의 원가가 발생되었는지를 파악하는 것이 첫째로 중요한 일이다. 원가를 이와 같이 분류하여 계산하는 가장 큰 이유는 원가계산의 목적이 발생원가의 집계에만 있는 것이 아니고 오히려 적극적으로 관리통제하고자 하는 것인데, 가장 효율적인 원가통제의 첫 단계는 원가요소별, 즉 비목별로 이루어지기 때문이다.

원가계산의 일반적 절차는 먼저 재료비·노무비·제조경비 등의 각 원가요소별로 집계하고, 이들을 다시 직접비와 간접비로 분류하여, 직접비는 각 제품의 제조원가로 직접 부과하고 간접비는 총제조간접비를 집계하여 이들을 일정한 기준에 따라 각 제품에 배부하는 것으로 이루어진다.

재료비는 직접재료비와 간접재료비로 분류되는데, 직접재료비는 특정제품의 제조를 위해 소비되어 그 제품의 주된 실체를 구성하는 재료비를 말하고, 간접재료비는 제품의 실체를 구성하지만 금액적으로 중요하지 않거나 여러 가지 제품의 제조에 공통적으로 소비되어 제품별로 그 소비액을 추적하기 곤란하다든지 또는 제품제조와 관련하여 소비되기는 했지만 제품의 실체를 구성하지는 않는 경우의 재료원가를 가리킨다.

노무비 또한 직접노무비와 간접노무비로 분류되는데, 직접노무비는 특정 제품의 제조에 그 노동력이 직접소비되어 그 제품에 직접부과할 수 있는 직접공의 임금 등이 여기에 포함되며, 간접노무비는 수선부문이나 운반부문, 동력부문과 같이 그 노동력이 여러 제품의 제조에 공통적으로 소비되어 특정제품별로 배부해야만 하는 노무비다.

제조경비는 전력비 · 소모품비 · 감가상각비 등과 같이 대부분 특정제품의 제조와 직접적인 관계없이 발생되기 때문에 제조간접비로 분류된다. 그러나 제조경비라 하더라도 특정제품의 제조를 위해 직접소비되어 직접비로 처리하여야 할 특허권사용료, 외주가공비, 특수기계에 대한 임차료 및 감가상각비 같은 특수한 제조경비도 있다.

요소별 원가계산을 위한 각 원가요소의 소비액은 다음과 같이 계산된다.

재료비는 당기 중에 제품제조를 위하여 구입한 재료구입원가에 전기에 남아서 이월된 재료비를 가산하여 당기 중에 사용가능한 총재료비를 계산하고, 이 중에서 기말에 사용하고 남은 기말재료재고액을 차감하여 당기 중의 제품제조를 위하여 소비된 재료비를 계산한다.

재료비 소비액 = 재료 전기이월액 + 당기 재료구입액 - 기말 재료재고액

노무비는 당기 중에 지급한 노무비에 당기 중 미지급액을 가산하고, 전기에는 미지급하여 당기 중에 지급한 노무비를 차감하여 계산한다.

노무비 소비액 = 당기 지급 노무비 + 당기 미지급 노무비 - 전기 미지급 노무비

제조경비는 발생의 형태가 여러 가지로 구분되어지므로 그 성격에 따라 계산이 달라진다. 즉, 전기・가스료 등과 같이 검침하여 매월 측정되어 지급되는 제조경비는 측정액을 당기 소비액으로 계산하고, 연말 결산시 재고조사 결과 나타나는 재고감모비 등과 같은 발생제조경비는 총발생액을 원가계산기간으로 나누어 계산하며, 그때그때 금액으로 지급되는 제조경비는 당기 중 지급액에서 미경과액을 차감하고 미지급액을 가산하여 그 소비액을 계산한다.

측정제조경비 소비액 = 당기 측정액 발생제조경비 소비액 = 총발생액의 기간 배분액 지급제조경비 소비액 = 당기 지급액 - 미경과액(선급액) + 당기 미지급액

모든 경비는 제품제조를 위하여 소비한 부분과 판매 및 일반관리를 위하여 소비한 부분으로 나누어지기 때문에 당기 소비액이 계산되면, 제조원가계산을 위한 제조부문의 소비액과 영업부문의 소비액으로 나누어 제조부문의 소비액만을 제조원가에 가산하여 계산한다.

[예제 1] 다음 자료에 의하여 제품제조를 위한 원가요소별 소비액을 계산하라.

당기 재료매입액	₩100,000	재료 전기 이월액	₩40,000
재료기말재고액	₩60,000	당기 노무비 지급액	₩500,000
전기 노무비 미지급액	₩10,000	전기 노무비 미지급액	₩15,000
당기 제조경비 총발생액	₩70,000	제조경비 미경과액	₩20,000

[해 답]

당기 재료 소비액 = ₩100,000 + ₩40,000 - ₩60,000 = ₩80,000

당기 노무비 소비액 = ₩500,000 + ₩15,000 - ₩10,000 = ₩505,000

당기 제조경비 소비액 = ₩70,000 - ₩20,000 = 50,000

요소별 원가계산을 위해서 일반적으로 분류되어지는 원가요소, 즉 비목들은 〈그림 4-3〉과 같다.

요소별 원가계산은 재무회계와 가장 밀접하게 연결되어 있으며, 다음 단계인 부문별 원가계산을 위한 기초적 준비단계가 된다.

〈그림 4-3〉

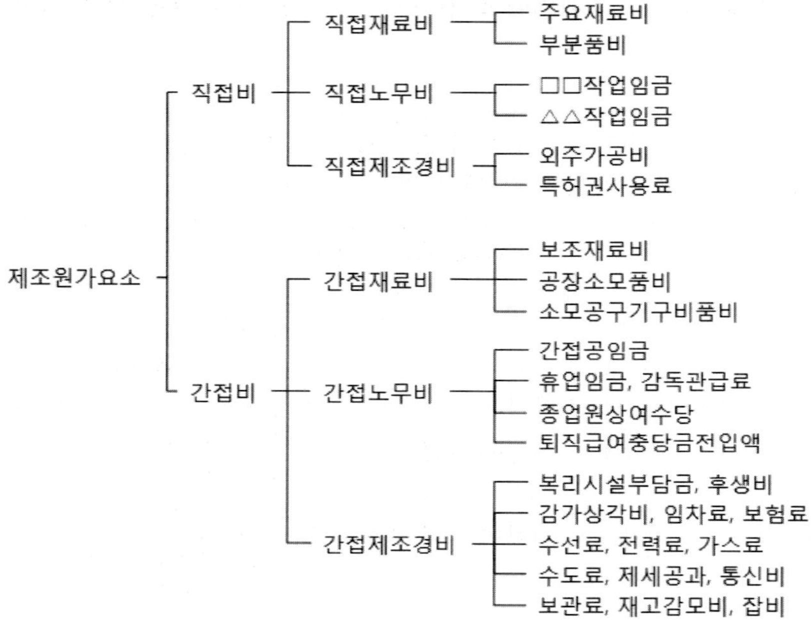

2. 부문별 원가계산

요소별 원가계산의 단계에서 파악된 원가요소를 원가가 발생한 장소인 부문(Divisions)별로 분류・계산하는 계산절차이다. 다시 말하여, 요소별 원가계산을 비목별・계정과목별로 계산하는 과정이라면, 부문별 원가계산은 원가를 발생장소별로 계산하는 과정이라 말할 수 있다.

제조공장에는 직접제조활동을 수행하는 주조부・선반부・기계가공부・도장부 등의 제조부문이 있는가 하면, 동력부・수선부・운반부・기획부・공장사무부 등의 제조부문의 활동을 도와주는 많은 보조부문이 존재한다. 일반적으로 제조부문의 원가부문은 〈그림 4-4〉와 같이 나누어진다.

요소별 원가계산에서 집계된 원가 중 직접비는 제품에 직접 부과할 수 있으나 간접비는 일단 그것이 발생한 부문별로 집계하여 각 부문에서 적정한 기준에 따라 배부하는 것이 보다 합리적인 것으로 알려져 있다. 따라서 부문별 원가계산은 원가요소 중 제조간접비에 한하는 것이 일반적이며, 그 기본적 절차는 다음과 같다.

〈그림 4-4〉

- 원가부문
  - 제조부문
    - 주 조 비
    - 선 반 부
    - 기계가공부
    - 도 장 부
  - 보조부문
    - 보조경영부문
      - 동 력 부
      - 수 선 부
      - 운 반 부
      - 공구제작부
      - 검 사 부
    - 공장관리부문
      - 재 료 부
      - 노 무 부
      - 기 획 부
      - 시험연구부
      - 공장사무부

제조부문이나 보조부문에서 발생한 원가들은 간접재료비 · 간접노무비 · 간접제조경비로 분류되어 일단 제조간접비계정에 집계된다. 제조간접비계정에 집계된 비용은 다시 그 발생부문을 식별할 수 있는 부문개별비와 여러 부문에 공통적으로 발생하여 각 부문에 직접적으로 배부하기 곤란한 부문공통비로 나누어진다. 여기에서 부문개별비는 발생된 부문에 직접 배부되지만 부문공통비는 일정한 기준에 따라 각 부문에 간접적으로 배부되어 부문별 원가계산은 보통 아래와 같은 3단계의 배부과정을 거치게 된다.

① 제 1 단계: 총제조간접비를 그것이 발생한 장소인 제조부문과 보조부문에 분류 · 집계한다.

② 제 2 단계: 보조부문비를 적당한 배부기준에 따라 각 제조부문에 배부한다.

③ 제 3 단계: 제조부문비를 제품별로 배부한다.

[예제 2] 책상과 의자 두 가지의 제품을 제조하는 원광가구사에서 당기 중 ₩100,000의 제조간접비가 다음과 같이 발생하였다. 아래 자료에 의하여 부문별 소비액을 계산하고, 두 가지 제품의 제조간접비 배부액을 산정하라.

자료 1: 성형부문 ₩15,000, 조립부문 ₩25,000
완성부문 ₩10,000, 수선부문 ₩20,000
동력부문 ₩25,000, 부문공통비 ₩5,000

자료 2: 각 부문의 사용면적
성형부문 = 30평, 조립부문 = 20평, 완성부문 = 10평
수서부문 = 25평, 동력부문 = 15평

자료 3: 수선시간(성형 = 40시간, 조립 = 40시간, 완성 = 20시간)
전력사용량(성형 = 500kW, 조립 = 300kW, 완성 = 200kW)

자료 4: 책상과 의자의 제조간접비 배부율
(성형= 6 : 4, 조립 = 8 : 2, 완성 = 5 : 5)

(1) 부문공통비 ₩5,000을 각 부문에 배부하여 부문비를 산출하라(단, 부문공통비의 배부기준은 각 부문의 사용면적이다).

(2) 보조부문(수선, 동력)비의 제조부문(성형, 조립, 완성) 배부액을 계산하고, 제품별 원가계산을 위한 3개의 제조부문비를 확정하라.

(3) 제품별 제조간접비 배부액을 계산하라.

[해 답]

(1) 부문공통비의 배부

성형부문비 = ₩15,000 + (₩5,000 × 30%) = ₩16,500
조립부문비 = ₩25,000 + (₩5,000 × 20%) = ₩26,000
완성부문비 = ₩10,000 + (₩5,000 × 10%) = ₩10,500
수선부문비 = ₩20,000 + (₩5,000 × 25%) = ₩21,250
동력부문비 = ₩25,000 + (₩5,000 × 15%) = ₩25,750

(2) 조립부문의 제조간접비

조립부문비 제조부문 배부액: 성형부문 = ₩21,250 × 40% = ₩8,500
조립부문 = ₩21,250 × 40% = ₩8,500
완성부문 = ₩21,250 × 20% = ₩4,250

동력부문비 제조부문 배부액: 성형부문 = ₩25,750 × 50% = ₩12,875
조립부문 = ₩25,750 × 30% = ₩7,725
완성부문 = ₩25,750 × 20% = ₩5,150

제품별 배부를 위한 제조부문비 확정액:

성형부문비 = ₩16,500 + ₩8,500 + ₩12,875 = ₩37,875
조립부문비 = ₩26,000 + ₩8,500 + ₩7,725 = ₩42,225
완성부문비 = ₩10,500 + ₩4,250 + ₩5,150 = ₩19,900

(3) 제품별 제조간접비 배부액

책상 = ₩37,875 × 60% + ₩42,225 × 80% + ₩19,900 × 50% = ₩66,455
의자 = ₩37,875 × 40% + ₩42,225 × 20% + ₩19,900 × 50% = ₩33,545

3. 제품별 원가계산

원가계산은 원칙적으로 제품단위당의 원가를 산정하는 것이므로 요소별 원가계산이나 부문별 원가계산은 최종적인 제품별 원가계산을 하기 위한 준비절차인 셈이다. 바꾸어 말하면, 원가계산은 그 계산절차로서 요소별 원가계산 및 부문별 원가계산의 과정을 거쳐 마지막으로 제품별 원가계산에 도달하게 되는 것이다.

재무회계에서는 원가회계의 제품별 원가계산의 과정을 통하여 산출된 제품원가에 의하여 재고자산의 원가와 매출원가의 계산에 의한 기말시점의 재무상태와 기간 중의 경영성과를 나타내는 재무제표를 작성·공시를 가능하게 하며, 제품계획·가격계산 및 기타의 경영계획에 필요한 정보를 제공하게 되므로, 재무회계와 유기적인 관련하에서 이루어지는 제도적 원가회계에서의 제품별 원가계산은 그 최종목표가 되는 것이다.

제품별 원가계산에 있어서 제조원가를 집계하는 특정한 제품이란 경영에 있어서 제품 및 서비스 전반에 관한 급부 전 대상을 의미하는 것이므로, 이것은 경영활동의 결과 생성되어 고객들에게 판매를 목적으로 수행하는 재화 및 용역을 가리키는 것이며, 이것은 단지 최종제품뿐만 아니라 반제품·부분품 등을 모두 포함하는 개념으로 이해하여야 한다.

제품별 원가계산에 관련하여 원가계산은 크게 개별원가계산과 종합원가계산으로 분류한다. 전자는 특정의 제품에 대하여 개별적으로 그 원가를 집계하는 방법으로서, 제품의 종류 또는 규격 등을 달리하는 제품을 개별적으로 생산하는 공장에서는 이 방법에 의하여 제조원가를 산출하며, 후자는 기간에 있어서 제품전부의 원가를 산정한 다음 이것을 다시 제품수량으로 나누어서 그 원가를 계산하는 방법으로 동종제품을 반복 계속하여 다량으로 생산하는 기업에서는 이 방법으로 원가가 계산된다.

종합원가계산은 단일제품을 단일공정에 의하여 연속적으로 반복하여 생산하는 경영에서 적용되는 단순종합원가계산의 경우도 있지만, 대부분의 기업에서는 동종의 제품을 여러 개의 연속공정에 의하여 생산하게 되므로 공정별로 종합원가계산이 이루어져, 종합원가계산이라 할 때에는 공정별 원가계산(Process Cost System)을 말하게 된다.

원가회계시스템의 과정을 원가회계목적과 관련지어 설명한다면, 요소별 원가계산이나 제품별 원가계산이 원가산정의 목적이라면 부문별 원가계산은 원가통제의 목적에 해당되는 것으로 알려지고 있다.

지금까지 설명된 바와 같이 원가회계시스템이 요소별 원가계산-부문별 원가계산-제품별 원가계산이라는 세 가지의 단계로 이루어질 때 원가의 흐름을 도시하면 〈그림 4-5〉와 같이 나타낼 수 있다.

〈그림 4-5〉

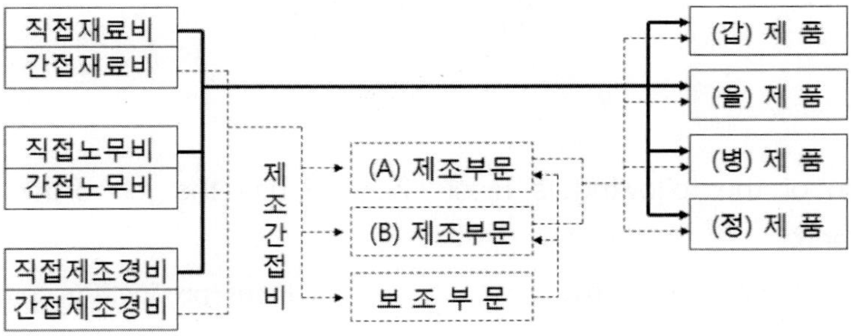

[예제 3] 다음 자료로 A, B제품의 제조원가를 계산하라.

당기 재료비소비액: ₩600,000
(A제품 = ₩200,000, B제품 = ₩300,000, 잔액은 간접비)
당기 노무비소비액: ₩900,000
(A제품 = ₩300,000, B제품 = ₩400,000, 잔액은 간접비)
당기 제조경비발생: ₩200,000(전액 제조간접비)
제조간접비의 제품별 배부는 공장 전체 배부율(3 : 2)에 따른다.

제조간접비 발생액 = 간접재료비 + 간접노무비 + 간접제조경비
= ₩100,000 + ₩200,000 + ₩200,000
= ₩500,000

제품 제조원가 = 제품별 직접원가 + 제조간접비 배부액
A제품 = (₩200,000 + ₩300,000) + (₩500,000 × 3/5) = ₩800,000
B제품 = (₩300,000 + ₩400,000) + (₩500,000 × 2/5) = ₩900,000

[연 습 문 제]

1. Which of the following is most likely to use the job order costing system?
   a. Jet aircraft company　　b. Paint-productng company
   c. Soft drink producing company　　d. Oil-refining company

2. An approach to Product Costing that assigns all Manufacturing Costs to specific job orders or batches of products is
   a. job order costing.　　b. process costing.
   c. total costing.　　d. activity-based costing.

3. Job Order Costing System is?
   a. There is no Manufacturing Overhead applied.
   b. The Accounting used by a manufacturer of a large number of similar products.
   c. All Manufacturing Costs are divided by Direct Material Costs and Conversions.
   d. Manufacturing Overheads Application is very important.

4. Which of the following would not be included in the cost of manufactured product?
   a. Advertising costs　　b. Materials
   c. Direct Labor fore　　d. Factory foreperson's salary

5. Which of the following industries is most likely to use a Process Costing System?

a. Bridge-building company b. Oil-refining company
c. Highway construction company d. Made-to-order boat company

6. which is not the characteristics in Activity Based Costing?
   a. Assigning all costs is beginning by identifying all of majoring activities
   b. Apply the Activity Costs to products by Cost Driver related to the cause of the cost
   c. The objectives of ABC is to eliminate the Non-Value Added Activities
   d. Cost drivers selected in ABC are mostly similar in all of activities

7. Which of the following is not a procedure of ABC
   a. identify & classify all activities
   b. identify the Cost Drivers for each activities
   c. assigned costs according to Volume Basis
   d. calculate the Activities Cost Rate

8. Which of the following is not an Activity Level in ABC?
   a. Batch Level b. Cost Level c. Unit Level d. Product Level

9. Which of the following is not an element of a standard unit cost?
   a. Direct Materials Price Standard
   b. Actual Direct Labor Costs
   c. Direct Labor Rate Standard
   d. All of the above are included in a standard unit cost

10. Select the best answer by the following data

Sales Price = $15 Manufacturing Costs: Direct Material = $5, Direct Labor = $2 Variable Overheads = $3, Fixed Overheads = $2,000 Selling & Administration Expenses: Variable = $1, Fixed = $1,500 1,000 units manufactured and all of the units are sold in this period.

10–1. Compute the Manufacturing Costs by Absorption and Variable Costing

a. $12,000 & $10,000　　b. $10,000 & $12,000

c. $13,000 & $12,000　　d. $12,000 & $13,000

10–2. Compute the Periodic Expenses by Absorption and Variable Costing

a. $3,500 & $2,500　　b. $2,500 & $3,500

c. $2,500 & $4,500　　d. $4,500 & $2,500

10–3. Compute the Net Income by Absorption and Variable Costing

a. $500 & $500　　b. $1,000 & $1,500

c. $500 & $1,000　　d. $500 & $1,500

11. 원가계산 단위에 대한 설명으로 옳지 않은 것은?

① 원가계산 대상에 대하여 선택한 표시단위이다.

② 원가단위라고도 하며, 자동차는 대수, 석탄은 톤수, 석유는 드럼이나 갤런으로 쓰인다.

③ 제품 및 서비스의 원가를 산출하는 최소단위로 수량으로 표시된다.

④ 원가계산을 실시하는 기간적 단위, 즉 연, 분기 및 월을 말한다.

12. 원가계산 기간의 설명으로 옳지 않은 것은?
① 원칙적으로 제조작업 착수시부터 제조작업 종료시까지가 된다.
② 원가계산 기간은 언제나 재무회계의 기간과 일치해야 한다.
③ 일반적으로 원가계산 기간은 재무회계기간보다 짧다.
④ 재무회계기간과의 차이 때문에 기초 및 기말의 재공품이 발생한다.

13. 원가회계를 실시하는 데 타당성이 있다고 일반적으로 수용될 수 있는 원리원칙은?
① 원가보고서 ② 원가회계기준
③ 원가계산기간 ④ 원가계산단위

14. 다음 중 원가계산의 단계를 올바르게 표시한 것은?
① 제품별 원가계산 → 부문별 원가계산 → 요소별 원가계산
② 제품별 원가계산 → 요소별 원가계산 → 부문별 원가계산
③ 부문별 원가계산 → 요소별 원가계산 → 제품별 원가계산
④ 요소별 원가계산 → 부문별 원가계산 → 제품별 원가계산

15. 부문별 원가계산에 대한 설명으로 적당하지 않은 것은?
① 원가요소들을 원가가 발생한 장소별로 분류·집계한다.
② 공통비 및 제조간접비를 합리적으로 배분하기 위한 방법이다.
③ 원가소비액을 활동부문과 서비스부문으로 분류·집계한다.
④ 제품별 배부를 위하여 1차적으로 활동부문의 원가는 서비스부문으로 배부한다.

16. 한 종류의 제품을 연속적으로 대량생산을 하는 기업에서 적합한 원가계산 방법은?
① 종합원가계산 ② 개별원가계산
③ 표준원가계산 ④ 활동기준원가계산

17. 원가요소를 직접비와 간접비로 분류하고, 직접비는 제품별로 계산하고 간접비는 일정한 배부기준에 따라 배부하여 대상원가를 집계하는 원가계산 방법은?

① 종합원가계산　　② 변동원가계산
③ 개별원가계산　　④ 표준원가계산

18. 변동원가계산에 대한 설명으로 옳지 않은 것은?

① 전부원가계산에 대칭되는 개념으로 부분원가계산이라 할 수 있다.
② 전통적·제도적인 원가계산 방법으로 원가의 분류는 기능적 분류에 따른다.
③ 경영의사결정을 위하여 제품제조를 위하여 소비한 변동비만으로 제조원가를 산출한다.
④ 제품제조를 위하여 소비된 원가요소라 할지라도 고정비는 제조원가에서 제외하여 기간비용으로 계산한다.

※ 책상과 의자를 제작하는 원광공업사에서 지난달 발생한 원가자료는 다음과 같다(19-23).

목재구입비 = ₩300,000(책상 = ₩200,000, 의자 = ₩100,000)
접착제 도료구입비 = ₩80,000
목수인건비 = ₩500,000(책상제조 = ₩300,000, 의자제조 = ₩200,000)
공장감독자 급여 = ₩50,000
기타 제조경비 발생액 = ₩20,000
공장건물 임차료 = ₩250,000

19. 원광상사에서 지난달 발생한 직접원가와 제조간접원가는 얼마인가?

① ₩380,000과 ₩820,000　　② ₩880,000과 ₩320,000
③ ₩930,000과 ₩270,000　　④ ₩800,000과 ₩400,000

20. 19번의 자료에 따라 계산한다면 원광공업사에서 제작한 책상의 총제조원가는?
    제조간접비의 제품별 배부는 직접작업시간(책상 = 400시간, 의자 = 600시간)
    ① ₩460,000 ② ₩540,000 ③ ₩660,000 ④ ₩740,000

21. 19번-20번의 자료에 따라 계산한다면 이 회사에서 제작한 의자의 총제조원가는?
    ① ₩460,000 ② ₩540,000 ③ ₩660,000 ④ ₩740,000

22. 19번-20번 자료에 나오는 공장건물의 임차료는 고정원가이며, 기타는 변동원가이다. 변동원가 계산방법에 따라 계산한다면, 책상의 총제조원가는 얼마인가?
    ① ₩360,000 ② ₩390,000 ③ ₩560,000 ④ ₩590,000

23. 22번 자료에 의하여 변동원가 계산방법에 따라 계산한다면, 의자의 총제조원가는?
    ① ₩360,000 ② ₩390,000 ③ ₩560,000 ④ ₩590,000

제 5 장 원가회계의 구조와 재무제표

제 1 절 원가회계의 계정체계

1. 제조기업의 경영과정과 회계체계

제도적 원가회계는 재무회계와의 유기적인 관련하에 제조기업 내부에서 일어나는 가치의 변화과정을 기록의 단위인 원가회계 나름의 독특한 계정을 설정하여 측정·분류·계산 및 보고함으로써 이루어지는 회계시스템을 갖추게 된다. 물론 원가회계의 전 과정이 복식부기의 체계하에 측정·보고되어야만 한다는 것은 아니고 회계정보이용자들에게 유용한 원가정보의 제공체계는 모두가 원가회계의 중요한 과정이기는 하지만 적어도 재무제표작성을 위한 제도적인 원가회계의 목적을 달성하기 위해서는 일반적으로 인정되는 회계기록 과정으로 정착되어 가고 있는 복식부기의 기록계산체계하에 이루어지는 것이 일반적이다.

복식부기는 근본적으로 기록계산의 단위인 여러 개의 계정(Accounts)을 장부에 설정하고, 매일의 거래내용을 어느 계정에 어떻게 기록할 것인가를 결정(이를 분개〈Journal〉라고 함)하여, 이들을 해당 계정들에 일정한 원리(차변과 대변으로 복식으로 기입)하에 총계정원장(이를 원장이라 약칭함)에 기록계산하고, 회계연도 말에 원장의 각 계정을 집계하여 검산(이를 시산표를 작성한다 함)하고, 재무상태와 경영성과를 나타내는 계정들을 재분류하여 재무제표작성양식에 맞추어 외부에 보고하는 일련의 체계이다. 재무제표작성목적의 원가회계에서는 외부에서 구입한 원자재를 가공·제품화하여 다시 외부에 판매의 형태로 유출함으로써 기업이윤을 추구해 나가는 것이므로, 상기업의 회계체제보다 〈그림 5-1〉에서 보는 바와 같은 생산이라는 또 하나의 과정이 포함되게 된다.

회계에서 손익계정은 본질적으로 G와 G′를 비교하여 이루어지기 때문에 각종 재화와 용역을 결합하는 생산활동이 개념상으로는 원가를 증식시키지만 현실적으로 화폐금액의 증감을 가져오지는 않는다. 회계에서의 생산활동은 다만 가치의 이전현상만 일어나는 것으로 간주하고 원가계산과 기타의 회계 계산을 한다.

〈그림 5-1〉

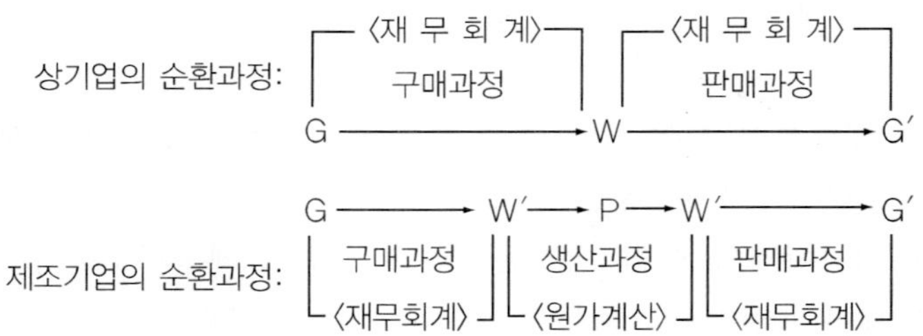

G: 투입된 화폐, W: 구매한 재화나 용역, P: 생산활동
W′: 생산된 재화나 용역, G′: 화수된 화폐

2. 원가의 흐름과 집계의 과정

위에서 살펴본 바와 같이 제조기업의 화폐 흐름은 상기업의 경우와는 달리 생산의 과정이 포함되므로 생산과정의 회계를 위한 계정처리과정이 포함된다. 구체적으로 말하면, 기존의 재무회계의 기본과정에 추가적으로 생산과정의 회계를 위한 몇 개의 계정이 추가되고 그 처리를 위한 몇 가지의 절차가 포함된다고 할 수 있다.

앞장에서 살펴본 바와 같이 제조기업의 원가계산은 일정제품의 원가를 계산하기 위하여 소비된 경제가치들을 몇 개의 원가요소별로 분류하여 집계하는 요소별 원가계산의 과정을 거쳐 이를 다시 특정제품별로 원가들을 집계하여 완성원가를 집계하는 절차를 취한다. 따라서 그 계정체계 역시 제 원가요소계정들을 설정하여야 하며, 이 원가요소들을 집계하는 제 원가계산계정들이 필요하다.

첫째로, 제품제조를 위하여 소비된 원가들은 제 원가요소별로 분류하여 재료비 · 노무비 및 제조경비계정에 분류 · 집계되는데, 이 과정을 요소별 원가계산이라고 한다.

둘째로, 원가요소는 직접비와 간접비로 분류하여, 각 요소별로 직접비는 해당제품의 재공품계정에 대체하고, 간접비는 제조간접비계정에 대체하고, 판매 및 일반관리에 해당하는 것은 판매관리비계정에 대체한다.

셋째로, 제조간접비는 일정한 배부기준에 의하여 해당제품의 재공품계정에 대체하고, 판매관리비는 손익계정에 대체하여 기간비용으로 계산할 수 있게 한다.

넷째로, 재공품계정에서 당기총제조원가를 집계하여 미완성제품의 원가를 차감한 금액을 당기제품완성원가로 제품계정에 대체한다.

이로써 원가회계의 여러 과정은 끝나게 되고, 제품계정에서 재무회계적 매출원가의 계산과정인 기초제품을 가산하고 기말제품을 차감하여 매출원가계정에 대체되면 결산의 결과 매출액에서 차감한 매출총이익은 이미 대체된 판매관리비를 차감하여 당기의 영업이익이 계산되는 것이다.

3. 원가계산 관계계정의 일반적 유형

원가회계 관련의 계정이라면 제조기업에서 사용하고 있는 모든 기준, 다시 말하여 기업회계기준에서 제시하고 있는 제 계정, 즉 재무상태표에 해당하는 제 계정들과 포괄손익계산서에 해당하는 제 계정들이 포함될 것이다. 따라서 여기서는 상기업과 비교되는, 제조기업에서 추가로 설치하고 있다고 생각되는 내부거래인 원가계산관계 제 계정들의 체계만을 살펴보자.

(1) 원가요소계정

① 재 료 비: 주요재료비, 보조재료비, 부분품비, 연료비, 공장소모품비,

소모공구기구비품비

② 노 무 비: 임금, 급여, 잡급, 종업원상여수당, 퇴직급여, 복리후생비

③ 제조경비: 특허권사용료, 설계비, 외주가공비, 전력료, 가스수도료, 운임, 감가상각비, 수선비, 조세공과, 임차료, 공장보험료, 여비교통비, 통신비, 잡비

(2) 원가계산계정

① 제조간접비
② 제조(재공품)
③ 부문비
④ 공정제조

(3) 재고자산계정

① 제 품
② 재공품
③ 원재료
④ 반제품
⑤ 저장품
⑥ 부산품

제 2 절 제품완성원가의 산출과 영업손익의 기장

원가계산을 제품제조를 위해서 소비되는 제 원가를 산출하는 것이라고 할 때, 보다 조직적이고 체계적인 원가를 산정하고 기말에 재무상태와 경영성과를 파악하기 위해서는 복식부기의 원리에 따라서 제조기업에서 나타나는 여러 내부거래의 과정을 파악 기록함과 동시에 원가산정을 위해서 필요한 금액들을 각 계정들에 기장하는 일련의 회계절차를 밟아야 할 것이다. 원가요소의 발생·소비로부터 원가를 분류·집계하여 제품완성원가를 산출하고 영업손익을 산출하기 위한 관계계정의 기장관계를 표시하면 다음과 같다.

1. 원가요소계정의 기장

원가요소에 해당하는 계정의 설정은 제조원가의 3요소인 재료비계정 · 노무비계정 및 제조경비계정을 원장에 설정하여 분류 · 기록 · 계산한다.

재료는 원료 · 매입부품 · 공장소모품 · 소모공구기구비품 등 여러 가지로 나누어지는데, 이들 재료를 매입했을 때에는 총계정원장 재료계정의 차변에 기재하고, 이들을 출고하여 제품제조를 위하여 소비된 부분을 재료비계정 차변에 대체한다. 이들 중 직접재료비는 재공품계정 차변에, 간접재료비는 제조간접비계정의 차변에 대체한다. 그리고 재료계정의 차변금액 중 미소비잔액은 차기이월하여, 재료의 현재액을 나타내는 자산으로서 재무상태표에 계상된다. 재료와 재료비계정의 기장내용은 아래와 같이 표시할 수 있다.

재 료

기초재료재고액	재료 소비액
매 입 액	기말재료재고액

재 료 비

재료 소비액	직접재료비
	간접재료비

[예제 1] 1월 1일, 재료 ₩500,000을 구입하고 수표를 발행하여 지급하다.

(차)	재 료	500,000	(대)	당좌예금	500,000

[예제 2] 1월 10일, 제품제조를 위하여 재료 ₩400,000을 소비하다(직접재료비 ₩300,000, 간접재료비 ₩100,000).

(차)	재 료 비	400,000	(대)	재 료	400,000
(차)	재 공 품	300,000	(대)	재 료 비	400,000
	제조간접비	100,000			

재 료

1/1 당좌예금 500,000	1/10 재 료 비 400,000

재 료 비

1/10	재 료	400,000	1/10	재 공 품	300,000
				제조간접비	100,000

노무비는 임금·급여·종업원상여수당·잡급 등이 있는데, 임금 또는 급여 등의 계정 차변에는 지급액을 기입하고, 대변에는 그 소비액을 기입한다. 아래 계정기입에서 보는 바와 같이 임금 또는 급여 등의 계정 차변에는 당기의 지급액과 당기에 발생되었으나 지급일과 원가계산일과의 차이로 인하여 미지급된 임금 또는 급여 등이 모두 나타나고, 대변에는 그 소비액이 기재된다. 소비액은 노무비계정 차변에 대체되며, 이때 소비액 중 직접노무비는 재공품계정의 차변에, 간접노무비는 제조간접비계정의 차변에 대체한다.

임 금(급여 등)

차변	대변
지 급 액	전기 미지급액
당기 미지급액	소 비 액

노 무 비

차변	대변
소 비 액	직접노무비
	간접노무비

[예제 3] 1월 25일, 직접공 임금 ₩300,000, 공장감독관 급여 ₩200,000, 판매사원에 대한 급여 ₩100,000을 수표로 발행하여 지급하다.

(차)	임 금	300,000	(대)	당좌예금	700,000
	급 여	400,000			

[예제 4] 1월 31일, 당월 임금미지급액 ₩100,000이 있으며, 노무비 소비액을 계상하다.

(차)	임 금	100,000	(대)	미지급임금	100,000
(차)	노 무 비	600,000	(대)	임 금	400,000
	판매관리비	200,000		급 여	400,000
(차)	재 공 품	400,000	(대)	노 무 비	600,000
	제조간접비	200,000			

임 금

1/25	당 좌 예 금	300,000	1/31	노 무 비	400,000
1/31	미 지 급 임 금	100,000			

급 여

1/25	당 좌 예 금	400,000	1/31	노 무 비	200,000
				판 매 관 리 비	200,000

판매관리비

1/31	급 여	200,000			

노 무 비

1/31	임 금	400,000	1/31	재 공 품	400,000
1/31	급 여	200,000	1/31	제 조 간 접 비	200,000

전력료 · 가스료 · 수도료 · 운임 · 감가상각비 · 보험료 · 수선비 등의 비용은 제조활동과 판매 및 관리활동으로 구분하여야 한다. 제조활동에 관련된 비용은 제조경비계정의 차변에 지급액 또는 발생액을 기입하고, 대변에는 그 소비액을 기입한다. 판매 및 관리활동에 관련된 비용은 판매관리비계정의 차변에 기록한다. 아래 계정기록에서 보는 바와 같이 각 비용의 잔액은 차변에 나타나기도 하고, 대변에 나타나기도 한다. 잔액이 차변에 생기는 것은 선급액을 나타내고, 대변에 생기는 것은 그 미지급액을 나타낸다. 비용의 미지급액과 선급액의 처리는 수정분개를 통한 선급비용 및 미지급비용계정에 대체하여 자산 및 부채로서 차기로 이월한다.

각 비용계정

전기 선급액	제조경비
지급 혹은 발생액	판매관리비
	당기 선급액

제조경비

각 비용 중 제조경비	직접제조경비
	간접제조경비

[예제 5] 1월 31일, 감가상각비 ₩300,000을 계상하고, 보험료 ₩500,000, 외주가공비 ₩100,000을 수표 발행하여 지급하다.

(차)	감가상각비	300,000	(대)	감가상각누계액	300,000
(차)	보 험 료	500,000	(대)	당 좌 예 금	600,000
	외주가공비	100,000			

[예제 6] 1월 31일, 보험료 중 ₩200,000은 공장건물에 대한 2월분 보험료이고 ₩200,000은 당월 본사건물에 대한 보험료이다. 감가상각비 중 ₩100,000은 판매관리비에 해당되고 외주가공비는 전액 제조경비이다.

(차)	선급보험료	200,000	(대)	보 험 료	500,000
	제 조 경 비	400,000		감가상각비	300,000
	판매관리비	300,000		외주가공비	100,000

(차)	재 공 품	100,000	(대)	제 조 경 비	400,000
	제조간접비	300,000			

보 험 료

1/31	당 좌 예 금	500,000	1/31	제 조 경 비	100,000
				판 매 관 리 비	200,000
				선 급 보 험 료	200,000

감가상각비

1/31	감가상각누계액	300,000	1/31	제 조 경 비	200,000
				판 매 관 리 비	100,000

외주가공비

1/31	당 좌 예 금	100,000	1/31	제 조 경 비	100,000

판매관리비

1/31	보 험 료	200,000			
	감 가 상 각 비	100,000			

제 조 경 비

1/31	보 험 료	100,000	1/31	재 공 품	100,000
	감 가 상 각 비	200,000		제 조 간 접 비	300,000
	외 주 가 공 비	100,000			

2. 원가계산계정의 기장

제조간접비계정은 여러 종류의 제품을 제조하기 위하여 공통적으로 소비된 원가요소, 즉 간접재료비·간접노무비 및 대부분의 제조경비를 집계하는 계정으로서 각 원가요소계정으로부터 대체하여 집계한 후, 각 제품별 배부액을 재공품계정에 대체한다. 이 계정은 개별원가계산의 경우에 주로 설정되며, 차변에는 그 발생액이, 대변에는 제품별 배부액이 기재된다. 따라서 제조간접비계정의 잔액은 아래에서 보는 바와 같이 대부분의 경우 나타나지 않고 결산이 끝남과 동시에 마감되어지나, 후술하는 원가관리를 위한 표준원가계산 등의 경우에는 그 발생액과 배부액이 차이가 차변 혹은 대변에 나타나면 그 배부차이에 대해 조정하여 처리한다.

제조간접비

차변	대변
간 접 재 료 비	재공품계정에 예정배부
간 접 노 무 비	
간 접 제 조 경 비	

[예제 7] 1월 중의 제조간접비계정의 기입면을 표시하라.

제 조 간 접 비

날짜	적요	금액	날짜	적요	금액
1/10	재 료 비	100,000	1/31	재 공 품	600,000
1/31	노 무 비	200,000			
1/31	제조경비	300,000			
		600,000			600,000

제품제조원가계산을 위하여 원가요소들을 집계하는 계정을 말하는 것으로서, 재공품계정·제조간접비계정 및 판매비와 일반관리비계정 등을 들 수 있다.

재공품계정(Work in Process)은 원가요소들이 모두 집계되는 계정으로, 차변에는 직접재료비·직접노무비·직접제조경비가 원가요소계정으로부터 대체되고, 간접비들이 집계된 제조간접비계정으로부터 일정한 배부기준에 따라 배부·대체됨으로써 제품제조를 위한 당기총제조비가 집계된다. 그리고 대변에 당기제품완성원가와 차기이월될 기말재공품이 기입된다. 따라서 그 잔액은 항상 차변에 생기며, 재공품의 현재액을 나타내는 것이기 때문에 대차대조표에 자산으로 계상된다. 재공품계정의 기입면을 표시하면 다음과 같다.

재 공 품

차변	대변
전 기 이 월 액	제품제조원가
직 접 재 료 비	
직 접 노 무 비	
직접제조경비	
제 조 간 접 비	차 기 이 월

[예제 8] 1월 31일, 제조간접비 ₩600,000을 제품에 배부하다.

(차) 재 공 품 600,000 (대) 제조간접비 600,000

[예제 9] 1월 31일, 당월제품 완성원가 ₩1,000,000을 제품계정에 대체하다.

(차) 제 품 1,000,000 (대) 재 공 품 1,000,000

재 공 품

일자	차변 과목	금액	일자	대변 과목	금액
1/10	재 료 비	300,000	1/31	제 품	1,000,000
1/31	노 무 비	400,000	1/31	차 기 이 월	400,000
1/31	제 조 경 비	100,000			
1/31	제 조 간 접 비	600,000			
		1,400,000			1,4000,000

3. 재고자산 및 손익계정의 기장

원가회계에서 재고자산에 해당되는 계정으로는 재공품·반제품·저장품·제품 등이 있고, 손익해당계정으로 판매비 및 일반관리비·매출·매출원가·월차손익 등의 계정 등이 있으나, 재공품계정은 원가계산계정에서 다루었으므로 재고자산계정으로서 매출손익계정의 기초가 되는 제품계정과 관계 손익해당계정들을 살펴보기로 한다.

제품계정(Finished Goods Accounts)은 재고자산으로서 제품의 증가와 감소를 기록계산하는 재무상태표에 해당하는 계정이다. 이 계정의 차변에는 아래 그림에서 보여주는 바와 같이 당기제품완성원가를 재공품계정으로부터 대체 기입하고, 대변에는 매출한 제품의 제조원가를 기입한다. 따라서 제품계정의 잔액은 항상 그 차변에 나타나고 그 차변잔액은 매출되지 않은 제품의 기말 재고액을 나타낸다.

제 품

차변	대변
기초제품재고액	매출원가
당기제품완성원가	기말제품재고액

[예제 10] 제품의 기초재고액은 ₩300,000, 기말재고액은 ₩500,000이다.

(차) 매출원가 800,000 (대) 제 품 800,000

제 품

1/ 1	전월이월	300,000	1/31	매출원가	800,000
1/31	재 공 품	1,000,000	1/31	차기이월	500,000
		1,300,000			1,3000,000

매출원가계정(Cost of Goods Sold Account)은 매출제품의 원가를 기록계산하는 비용에 해당되는 계정으로서, 그 차변에는 매출제품의 원가를 제품계정으로부터 대체기록하고, 대변에는 기말결산시 손익계정에 대체되는 금액이 기입된다.

매 출 원 가

차변	대변
매출제품원가	손익계정대체액

[예제 11] 당기매출제품의 원가 ₩800,000을 손익계정에 대체하다.

매 출 원 가

일자	적요	금액	일자	적요	금액
1/31	제 품	800,000	1/31	손 익	800,000

판매비와 일반관리비(Selling & General Administrative Expense)계정은 판매원의 급료·수당·여비교통비·광고선전비·대손상각·지급임차료 및 감가상각비 등의 판매활동 및 일반관리활동과 관련하여 발생한 비용을 처리하는 계정으로서, 그 차변에는 원가요소계정으로부터 대체되는 금액이 기입되고, 대변에는 회계기말에 손익계정에 대체되는 금액이 기록되어 마감된다.

판매비와 일반관리비

차변	대변
원가요소계정으로부터의 대체	손익계정으로 대체

[예제 12] 판매비와 일반관리비 ₩500,000을 계상하다.

판매비와 일반관리비

일자	적요	금액	일자	적요	금액
1/31	노 무 비	200,000	1/31	손 익	500,000
1/31	경 비	300,000			

이에 따라 손익계정의 기입면을 표시하면 다음과 같다.

손 익

차변	대변
매 출 원 가	매 출
판매비와 관리비	
기 타 비 용	기타수익계정
이 익	

[예제 13] 매출원가 ₩800,000, 판매비와 일반관리비 ₩500,000을 손익계정에 대체하다.

(차)	손 익	1,300,000	(대)	매 출 원 가	800,000
				판매관리비	500,000

손 익

매 출 원 가	800,000	
판매관리비	500,000	

지금까지 살펴본 원가계산의 흐름과 회계처리방법을 보면 다음과 같다.

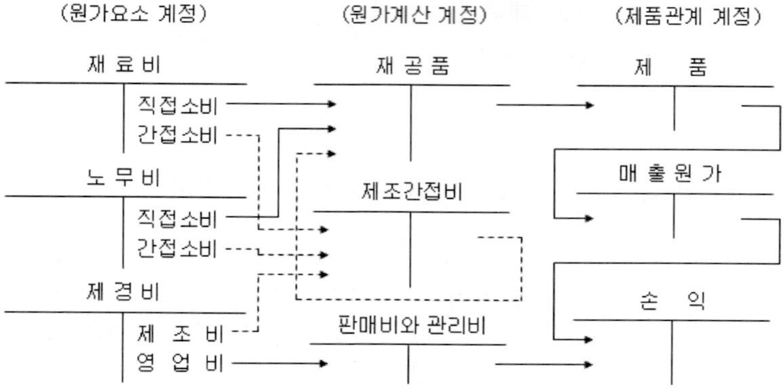

[예제 14] 다음 자료에 의하여 분개를 표시하고 관계계정에 기입하여 마감하라.

1) 재료비
   월초재고액 ₩30,000 당월매입액(외상) ₩420,000
   매입재료 환출액 ₩30,000 월말재고액 ₩60,000
   (출고액 중 ₩290,000은 직접소비액이고 잔액은 간접소비액임)

2) 노무비
   월초미지급액 ₩50,000 당월지급액(현금) ₩180,000
   월말미지급액 ₩30,000
   (당월소비액 중 ₩120,000은 직접비이고 잔액은 간접비임)

3) 제조경비
   월초선급액 ₩40,000 당월지급액(현금) ₩80,000
   월말선급액 ₩20,000
   (당월소비액 중 ₩60,000은 간접비이고 잔액은 판매관리비임)

4) 재공품: 월초재공품재고액 ₩90,000, 월말재공품재고액 ₩100,000
5) 제 품: 월초제품재고액 ₩75,000, 월말제품재고액 ₩80,000
6) 당월외상매출액 ₩1,070,000

[해 답]

① 재 료 비 360,000 / 재 료 360,000

② 재 공 품 290,000 / 재 료 비 360,000
   제조간접비 70,000

③ 재 공 품 120,000 / 노 무 비 160,000
   제조간접비 40,000

④ 제조간접비 60,000 / 경 비 100,000
   판매관리비 40,000

⑤ 재 공 품 170,000 / 제조간접비 170,000

⑥ 제 품 570,000 / 재 공 품 570,000

⑦ 매출채권 1,070,000 / 매 출 1,070,000
매출원가 565,000 / 제 품 565,000

⑧ 월차손익 605,000 / 매출원가 565,000
판매관리비 40,000

재 료

차변	금액	대변	금액
전월이월	30,000	매입채무	30,000
매입채무	420,000	재료비	360,000
		차월이월	60,000
	450,000		450,000

재료비

차변	금액	대변	금액
재 료	360,000	재공품	290,000
		제조간접비	70,000
	360,000		360,000

노무비

차변	금액	대변	금액
현 금	180,000	전월이월	50,000
차월이월	30,000	재공품	120,000
		제조간접비	40,000
	210,000		210,000

경 비

차변	금액	대변	금액
전월이월	40,000	제조간접비	60,000
현 금	80,000	판매관리비	40,000
		차월이월	20,000
	120,000		120,000

제조간접비

차변	금액	대변	금액
재료비	70,000	재공품	170,000
노무비	40,000		
경 비	60,000		
	170,000		170,000

재공품

차변	금액	대변	금액
전월이월	90,000	제 품	570,000
재료비	290,000	차월이월	100,000
노무비	120,000		
제조간접비	170,000		
	670,000		670,000

제 품

차변	금액	대변	금액
전월이월	75,000	매출원가	565,000
재공품	570,000	차월이월	80,000
	645,000		645,000

매출원가

차변	금액	대변	금액
제 품	565,000	월차손익	565,000
	565,000		565,000

판매관리비

차변	금액	대변	금액
경 비	40,000	월차손익	40,000
	40,000		40,000

월차손익

차변	금액	대변	금액
매출원가	565,000	매 출	1,070,000
판매관리비	40,000		
영업이익	465,000		
	1,070,000		1,070,000

제 3 절 제조기업의 재무제표

K-IFRS에서는 기본 재무제표로서 재무상태표, 포괄손익계산서, 현금흐름표, 자본변동표 및 기타 부속명세서를 규정하고 있으며, 특히 제조기업의 경우에는 제조활동의 결과를 보고하기 위하여 부속명세서로서 제조원가명세서를 작성하도록 명시하고 있다.

본장에서는 제조기업에서 원가회계담당자들이 특별히 수시로 작성보고하고 이용되는 제조원가명세서・포괄손익계산서・재무상태표를 예시와 함께 살펴보고자 한다.

1. 제조원가명세서

제조원가명세서(Manufacturing Statement)는 제조원가보고서라고 흔히 불리어지고 있는 제조기업에 있어서 기본재무제표와 더불어 작성하도록 하고 있으며, 제품제조를 위하여 소비된 원가요소들이 상세히 표시됨으로써 제조기업에 있어 가장 중심이라 할 수 있는 세밀한 원가정보를 제공하기 때문에, 어떤 재무제표보다도 그 중요성은 크다.

제조원가명세서의 내용은 당기 제품제조원가에 관한 명세를 나타내는 재무제표부속명세서의 일종으로서, 당기중의 제품제조를 위해서 소비된 원가요소들을 집계하여 당기 제조비를 계산하고, 여기에 기초재공품원가를 합하여 당기 총제조원가를 계산하고, 기말재공품의 원가를 차감하여 당기 중 완성제품의 제조원가를 산출표시함으로써 기업경영자들의 경영의사결정을 위하여 중시되는 보고서이다. 제조원가명세서의 양식은 〈표 5-1〉과 같이 표시된다.

〈표 5-1〉 제조원가명세서

Ⅰ. 재 료 비		×××
1. 기초재료재고액	×××	
2. 당기재료매입액	×××	
계(출고가능액)	×××	
3. 기말재료재고액	×××	
Ⅱ. 노 무 비		×××
1. 기 본 급	×××	
2. 제 수 당	×××	
3. 퇴 직 급 여	×××	
⋮		
Ⅲ. 제조경비		×××
1. 전 력 료	×××	
2. 가스수도료	×××	
3 운 임	×××	
4. 감가상각비	×××	
5. 수 선 비	×××	
6. 소 모 품 비	×××	
7. 세 금 공 과	×××	
8. 지급임차료	×××	
9. 보 험 료	×××	
10. 복지후생비	×××	
11. 여비교통비	×××	
12. 통 신 비	×××	
13. 잡 비	×××	
⋮		
Ⅳ. 당 기 제 조 비		×××
Ⅴ. 기초재공품재고액		×××
Ⅵ. 당 기 총 제 조 원 가		×××
Ⅶ. 기말재공품재고액		×××
Ⅷ. 당기제품제조원가		×××

2. 포괄손익계산서

포괄손익계산서(Statement of Comprehensive Income)는 기업에서의 일정기간 중 경영성과를 나타내는 보고서이다.

제조기업에서 작성하는 포괄손익계산서는 상기업과는 달리 매출원가의 산출과정을 나타냄으로써 당기제품의 완성원가와 재고액을 표시해 주는 데 그 차이가 있다. 즉, 상기업의 당기제품완성원가를 가산하고 기말제품재고액을 차감하는 것으로 매출원가의 산출과정을 표시한다. K-IFRS에서는 특정한 양식을 규정하고 있지 않지만 제조기업의 포괄손익계산서는 〈표 5-2〉와 같이 나타낼 수 있다.

3. 재무상태표

재무상태표(Statement of Financial Position)는 결산일 당시, 기업의 재무상태를 나타내는 보고서로서, 제조기업의 재무제표가 가지는 특색은 재고자산에 있어서 몇 가지의 항목이 추가되고, 기타 약간의 보유자산이 다를 수 있다. 예를 들면, 재고자산에 있어서 상기업에서는 단순히 상품만이 나타나는데 반해서, 제조기업에서는 제품・반제품・재공품・원재료 및 저장품 등의 계정과목들이 포함되고, 비유동자산에 있어서도 기계・공구・기구 및 특허권 등 거액의 자산들이 다른 업종들과 특이하게 나타난다는 점이다. 제조기업에서 공시하는 재무상태표는 〈표 5-3〉과 같이 나타낼 수 있다.

〈표 5-2〉 포괄손익계산서(기능별)

Ⅰ. 순 매 출 액		×××
Ⅱ. 매 출 원 가		×××
1. 기초제품재고액	×××	
2. 당기제품제조원가	×××	
합계(판매가능액)	×××	
3. 기말제품재고액	×××	
Ⅲ. 매출총이익		×××
Ⅳ. 기 타 수 익		×××
1. 이 자 수 익	×××	
⋮		
Ⅴ. 물 류 원 가		×××
1. 종업원 급여	×××	
⋮		
Ⅵ. 관 리 비		×××
1. 종업원급여	×××	
⋮		
Ⅶ. 기 타 비 용		×××
Ⅷ. 당기순이익		×××
Ⅸ. 기타포괄이익		×××
Ⅹ. 총포괄이익		×××

〈표 5-3〉 재무상태표

자 산		
Ⅰ. 유동자산		×××
1. 현금및현금성자산		
2. 매 출 채 권	×××	
3. 재 료	×××	
4. 재 공 품	×××	
5. 제 품	×××	
6. 기 타 채 권	×××	
7. 기타 유동자산	×××	
⋮		
Ⅱ. 비유동자산		×××
1. 건 물	×××	
2. 투 자 부 동 산	×××	
3. 기 계 장 치	×××	
4. 개 발 비	×××	
5. 특 허 권	×××	
6. 기타비유동자산	×××	
⋮		
자산총계		×××
부 채		
Ⅰ. 유 동 부 채	×××	
⋮		
Ⅱ. 비 유 동 부 채	×××	
⋮		
(부채총계)		×××
자 본		
Ⅰ. 자 본 금	×××	
⋮		
Ⅱ. 이 익 잉 여 금	×××	
⋮		
Ⅲ. 기타자본구성요소	×××	
⋮		
(자본총계)		×××
부채와 자본총계		×××

[예제 15] 다음 (주)가람의 7월 한 달 동안의 원가와 관련된 자료이다. (주)가람은 매출원가에 30%의 이익을 가산하여 판매가격을 결정하고 있다.

〈자료 1〉

재고자산	7/1	7/31
재 료	₩6,000	₩7,000
재 공 품	₩30,000	₩33,000
제 품	₩48,000	₩30,000

〈자료 2〉 7월의 발생자료

① 기계 감가상각비	₩2,000	② 보험료(60%제조부)	₩3,000
② 감독자급여	₩22,000	④ 판매원 급여	₩16,000
⑤ 임금소비액(직접비)	₩62,000	⑥ 전기선급임금	₩5,000
⑦ 광고선전비	₩4,000	⑧ 재료매입액	₩56,000
⑨ 기계수선유지비	₩9,000	⑩ 건물의 재산세(50%제조부)	₩8,000
⑪ 판매수수료	₩4,000	⑫ 매출액?	
⑬ 영업부장의 급여	₩12,000		

〈물 음〉

(1) 7월의 제조원가명세서를 작성하라.

(2) 7월의 손익계산서를 작성하라.

(3) 7월 31일 현재의 재무상태표에 재고자산을 표시하라.

[해 답]

1. 제조원가명세서 작성

적 요	금	액
Ⅰ. 재 료 비		
1. 기초재료재고액	6,000	
2. 당기재료매입액	56,000	
출 고 가 능 액	62,000	
3. 기말재료재고액	7,000	55,000
Ⅱ. 노 무 비		
1. 임 금	62,000	
2. 감 독 자 급 여	22,000	
3. 선 급 임 금	5,000	89,000
Ⅲ. 제 조 경 비		
1. 기계감가상각비	2,000	
2. 보 험 료	1,800	
3. 기계수선유지비	9,000	
4. 건 물 의 재 산 세	4,000	16,800
Ⅳ. 당 기 총 제 조 비 용		160,800
Ⅴ. 기 초 재 공 품 재 고 액		30,000
Ⅵ. 합 계		190,800
Ⅶ. 기 말 재 공 품 재 고 액		33,000
Ⅷ. 당 기 제 품 제 조 원 가		157,800

2. 손익계산서 작성

적 요	금	액
Ⅰ. 매 출 액		228,540
Ⅱ. 매 출 원 가		
1. 기 초 제 품 재 고 액	48,000	
2. 당기제품제조원가	157,800	
판 매 가 능 액	205,800	
3. 기 말 제 품 재 고 액	30,000	175,800
Ⅲ. 매 출 총 이 익		52,740
Ⅳ. 판 매 관 리 비		
1. 보 험 료	1,200	
2. 판 매 원 급 여	16,000	
3. 광 고 선 전 비	4,000	
4. 건 물 의 재 산 세	4,000	
5. 판 매 수 수 료	4,000	
6. 영 업 부 장 의 급 여	12,000	41,200
Ⅴ. 당 기 순 이 익		11,540

3. 재무상태표작성

·	
·	
·	
재고자산	
제　　품	30,000
재 공 품	33,000
재　　료	7,000

제 4 절 기장예제

20×1년 8월 31일 W주식회사의 재무상태와 9월 중의 경영실적은 다음과 같다. 아래의 자료를 참고하여 1개월간의 내부 및 외부거래를 분개하여 원장 각 계정에 전개하고, 결산을 행하여 9월 중의 제조원가명세서와 손익계산서를 작성하고, 9월 30일 현재의 재무상태표를 작성하라.

1. 기초(8월 31일) 재무상태

현　금	₩41,000	매출채권	₩254,000	재　료	₩40,000
재공품	₩50,000	제　　품	₩170,000	비　품	₩10,000

비품감가상각누계액	₩2,000	기　　계	₩300,000
기계감가상각누계액	₩60,000	대손충당금	₩5,000
미지급임금	₩5,000	장기차입금	₩100,000
매 입 채 무	₩193,000	자　본　금	₩500,000

2. 9월 중의 거래

① 재료매입액 ₩260,000(현금 ₩40,000 외상매입 ₩220,000)
② 금월 임금 ₩230,000을 현금으로 지급하다.
③ 다음과 같은 내용의 경비를 현금으로 지급하다.
운 임 ₩8,000 수선비 ₩11,000 판매수수료 ₩20,000
급 여 ₩130,000 전력료 ₩15,000 여비교통비 ₩12,000
보험료 ₩5,000 잡 비 ₩13,000 광고선전비 ₩10,000
④ 당기제품 매출총액 ₩830,000 중 ₩430,000은 현금으로, 잔액은 외상으로 하다.
⑤ 당기 외상매입금 지급총액 ₩200,000을 현금으로 지급하다.
⑥ 외상매출금 현금회수액 ₩425,000, 회수불능액은 ₩4,000으로 판명되다.
⑦ 예금이자 ₩2,000 현금으로 수입하다.

3. 월말을 맞아 결산을 하다.

① 재료기말재고액 ₩50,000 재공품기말재고액 ₩35,0000
제품기말재고액 ₩180,000
② 임금 미지급액 ₩4,000 계상하다.
③ 외상매출금의 회수가능액은 잔액의 98%이다.
④ 차입금에 대한 미지급이자 ₩4,500을 계상하다.
⑤ 기계에 대하여 ₩30,000 비품에 대하여 ₩1,000의 감가상각비를 계상하다.
⑥ 제조부 및 영업부에 대한 경비의 배부는 다음과 같이 결정하다.

비 목	제 조 부	영 업 부
보 험 료	₩3,500	₩1,500
급 여	₩25,000	₩105,000
여비교통비	₩2,500	₩9,500
잡 비	₩3,000	₩10,000
운임, 전력료, 수선비, 기계감가상각비	전 액 전 액	
판매수수료, 광고선전비 비품감가상각비		전 액 전 액

분 개

①	(차)	재 료	260,000	(대)	현 금	40,000
					매입채무	220,000
②	(차)	임 금	230,000	(대)	현 금	230,000
③	(차)	전 력 료	15,000	(대)	현 금	224,000
		운 임	8,000			
		수 선 비	11,000			
		보 험 료	5,000			
		여비교통비	12,000			
		급 여	130,000			
		광고선전비	10,000			
		판매수수료	20,000			
		잡 비	13,000			
④	(차)	현 금	430,000	(대)	매 출	830,000
		매 출 채 권	400,000			
⑤	(차)	매 입 채 무	200,000	(대)	현 금	200,000
⑥	(차)	현 금	425,000	(대)	매출채권	429,000
		대손충당금	4,000			
⑦	(차)	현 금	2,000	(대)	이자수익	2,000

총 계 정 원 장

현 금 (1)

9/1 전월이월	41,000	① 재 료	40,000
④ 매 출	430,000	② 임 금	230,000
⑥ 매출채권	425,000	③ 제 좌	224,000
⑦ 이자수익	2,000	⑤ 매입채무	200,000

매출채권 (2)

9/1 전월이월	254,000	⑥ 현 금	425,000
④ 매 출	400,000	⑥ 대손충당금	4,000

제 품 (3)

9/1 전월이월	170,000		

재 공 품 (4)

9/1 전월이월	50,000		

재 료 (5)

9/1 전월이월	40,000		
① 제 좌	260,000		

기 계 (6)

9/1 전월이월	300,000		

비 품 (7)	
9/1 전월이월 10,000	

매입채무 (8)	
⑤ 현 금 200,000	9/1 전월이월 193,000
	① 재 료 220,000

미지급임금 (9)	
	9/1 전월이월 5,000

기계감가누계액 (10)	
	9/1 전월이월 60,000

비품감가누계액 (11)	
	9/1 전월이월 2,000

대손충당금 (12)	
⑥ 매출채권 4,000	9/1전월이월 5,000

장기차입금 (13)	
	9/1 전월이월 100,000

자 본 금 (14)	
	9/1 전월이월 500,000

매 출 (15)	
	④ 제 좌 830,000

이자수익 (16)	
	⑦ 현 금 2,000

임 금 (17)	
② 현 금 230,000	

급 여 (18)	
③ 현 금 130,000	

전 력 비 (19)	
③ 현 금 15,000	

운 임 (20)	
③ 현 금 8,000	

수 선 비 (21)	
③ 현 금 11,000	

보 험 료 (22)	
③ 현 금 5,000	

여비교통비 (23)	
③ 현 금 12,000	

판매수수료 (24)	
③ 현 금 20,000	

광고선전비	(25)
③ 현 금 10,000	

잡 비	(26)
③ 현 금 13,000	

합계잔액시산표

잔 액	합 계		계 정 과 목	합 계	잔 액
204,000	898,000	1	현 금	694,000	
225,000	654,000	2	매 출 채 권	429,000	
170,000	170,000	3	제 품		
50,000	50,000	4	재 공 품		
300,000	300,000	5	재 료		
300,000	300,000	6	기 계		
10,000	10,000	7	비 품		
	200,000	8	매 입 채 무	413,000	213,000
		9	미 지 급 임 금	5,000	5,000
		10	기계감가누계액	60,000	60,000
		11	비품감가누계액	2,000	2,000
	4,000	12	대 손 충 당 금	5,000	1,000
		13	장 기 차 입 금	100,000	100,000
		14	자 본 금	500,000	500,000
		15	매 출	830,000	830,000
		16	이 자 수 익	2,000	2,000
230,000	230,000	17	임 금		
130,000	130,000	18	급 여		
15,000	15,000	19	전 력 비		
8,000	8,000	20	운 임		
11,000	11,000	21	수 선 비		
5,000	5,000	22	보 험 료		
12,000	12,000	23	여 비 교 통 비		
20,000	20,000	24	판 매 수 수 료		
10,000	10,000	25	광 고 선 전 비		
13,000	13,000	26	잡 비		
1,713,000	3,040,000			3,040,000	1,713,000

정 산 표

계정과목	시산표		정리기입		재공품(제조원가명세서)		손익계산서		재무상태표	
	차	대	차	대	차	대	차	대	차	대
현 금	204,000								204,000	
매 출 채 권	225,000								225,000	
제 품	170,000		592,000	582,000		592,000			180,000	
재 공 품	50,000		577,000	592,000	50,000	35,000			35,000	
재 료	300,000			250,000	250,000				50,000	
기 계	300,000								300,000	
비 품	10,000								10,000	
매 입 채 무		213,000								213,000
미 지 급 임 금		5,000	5,000	4,000						4,000
기계감가상각누계액		60,000		30,000						90,000
비품감가상각누계액		2,000		1,000						3,000
대 손 충 당 금		1,000		3,500						4,500
장 기 차 입 금		100,000								100,000
자 본 금		500,000								500,000
매 출		830,000						830,000		
이 자 수 익		2,000						2,000		
임 금	230,000		4,000	234,000	229,000					
급 여	130,000		105,000	130,000	25,000		105,000			
전 력 비	15,000			15,000	15,000					
운 임	8,000			8,000	8,000					
수 선 비	11,000			11,000	11,000					
보 험 료	5,000		1,500	5,000	3,500		1,500			
여 비 교 통 비	12,000		9,500	12,000	2,500		9,500			
판 매 수 수 료	20,000						20,000			
광 고 선 전 비	10,000						10,000			
잡 비	13,000		10,000	13,000	3,000		10,000			
	1,713,000	1,713,000								
기계감가상각비			30,000	30,000	30,000					
비품감가상각비			1,000				1,000			
대 손 상 각			3,500				3,500			
이 자 비 용			4,500				4,500			
미 지 급 이 자				4,500						4,500
매 출 원 가			582,000				582,000			
당 기 순 이 익							85,000			85,000
			1,925,000	1,925,000	627,000	627,000	832,000	832,000	1,004,000	1,004,000

주) 정리기입 차변의 재공품은 ₩250,000 + ₩229,000 + ₩98,000 = ₩577,000

정리기입 대변의 임금은 ₩229,000 + ₩5,000 = ₩234,000

제 비용 중 제조간접비에 해당하는 금액(₩98,000)은 전부 재공품에 대체하였으나, 판매관리비에 해당하는 비용은 대체처리하지 않았음.

원가계산 및 결산정리분개

3-①	(차) 재 공 품	250,000	(대) 재 료	250,000
3-②	(차) 미 지 급 임 금	5,000	(대) 임 금	5,000
	임 금	4,000	(대) 미 지 급 임 금	4,000
	(차) 재 공 품	229,000	(대) 임 금	229,000
3-③	(차) 대 손 상 각	3,500	(대) 대 손 충 당 금*	3,500
3-④	(차) 이 자 비 용	4,500	(대) 미 지 급 이 자	4,500
3-⑤	(차) 기계감가상각비	30,000	(대) 기계감가상각누계액	30,000
	비품감가상각비	1,000	비품감가상각누계액	1,000
3-⑥	(차) 제 조 간 접 비	3,500	(대) 보 험 료	5,000
	판 매 관 리 비	1,500		
	(차) 제 조 간 접 비	25,000	(대) 급 여	130,000
	판 매 관 리 비	105,000		
	(차) 제 조 간 접 비	2,500	(대) 여 비 교 통 비	12,000
	판 매 관 리 비	9,500		
	(차) 제 조 간 접 비	3,000	(대) 잡 비	13,000
	판 매 관 리 비	10,000		
	(차) 제 조 간 접 비	64,000	(대) 운 임	8,000
			전 력 료	15,000
			수 선 비	11,000
			기계감가상각비	30,000
	(차) 판 매 관 리 비	34,500	(대) 판 매 수 수 료	20,000
			광 고 선 전 비	10,000
			비품감가상각비	1,000
			대 손 상 각	3,500
3-①	(차) 재 공 품	98,000	(대) 제 조 간 접 비	98,000
3-①	(차) 제 품	592,000	(대) 재 공 품	592,000
3-①	(차) 매 출 원 가	582,000	(대) 제 품	582,000

* 매출채권 잔액 ₩225,000에 2%는 ₩4,500이지만, 대손충당금이 현재 ₩1,000이 있으므로 나머지 ₩3,500만 계상한다.

장부마감을 위한 분개

(차)	손 익	582,000	(대)	매 출 원 가	582,000
(차)	손 익	160,500	(대)	판 매 관 리 비	160,500
(차)	손 익	4,500	(대)	이 자 비 용	4,500
(차)	매 출	830,000	(대)	손 익	830,000
(차)	이 자 수 익	2,000	(대)	손 익	2,000
(차)	손 익	85,000	(대)	미처분이익잉여금	85,000

총 계 정 원 장

현 금 (1)

9/1 전월이월	41,000	① 재 료	40,000
④ 매 출	430,000	② 임 금	230,000
⑥ 매출채권	425,000	③ 제 좌	224,000
⑦ 이자수익	2,000	⑤ 매입채무	200,000
		9/30 차월이월	204,000
	898,000		898,000

매출채권 (2)

9/1 전월이월	254,000	⑥ 현 금	425,000
④ 매 출	400,000	⑥ 대손충당금	4,000
		9/30 차월이월	225,000
	654,000		654,000

제 품 (3)

9/1 전월이월	170,000	3-① 매출원가	582,000
3-① 재 공 품	592,000	9/30 차월이월	180,000
	762,000		762,000

재 공 품 (4)

9/1 전월이월	50,000	3-① 제 품	592,000
3-① 재 료	250,000	9/30 차월이월	35,000
3-② 임 금	229,000		
3-① 제조간접비	98,000		
	627,000		627,000

재 료 (5)

9/1 전월이월	40,000	3-① 재공품	250,000
⑤ 제 좌	260,000	9/30 전월이월	50,000
	300,000		300,000

기 계 (6)

9/1 전월이월	300,000	9/30 차월이월	300,000
	300,000		300,000

비 품 (7)

차변	금액	대변	금액
9/1 전월이월	10,000	9/30 차월이월	10,000
	10,000		10,000

매입채무 (3)

차변	금액	대변	금액
⑤ 현 금	200,000	9/1 전월이월	193,000
9/30 차월이월	213,000	① 재 료	220,000
	413,000		413,000

미지급임금 (9)

차변	금액	대변	금액
9/1 임 금	5,000	9/1 전월이월	5,000
9/30 차기이월	4,000	9/30 임 금	4,000
	9,000		9,000

기계감가누계액 (10)

차변	금액	대변	금액
9/30 차기이월	90,000	9/1 전월이월	60,000
		3-⑤ 감가상각비	30.000
	90,000		90,000

비품감가누계액 (11)

차변	금액	대변	금액
9/30 차월이월	3,000	9/1 전월이월	2,000
		3-⑤ 감가상각비	1,000
	3,000		3,000

대손충당금 (12)

차변	금액	대변	금액
⑥ 매출채권	4,000	9/1 전월이월	5,000
9/30 차월이월	4,500	3-③ 대손상각	3,500
	8,500		8,500

장기차입금 (13)

차변	금액	대변	금액
9/30 차월이월	100,000	9/1 전월이월	100,000

자 본 금 (14)

차변	금액	대변	금액
9/30 차월이월	500,000	9/1 전월이월	500,000

매 출 (15)

차변	금액	대변	금액
손 익	830,000	④ 제 좌	830,000

이자수익 (16)

차변	금액	대변	금액
손 익	2,000	⑦ 현 금	2,000

임 금 (17)

차변	금액	대변	금액
② 현 금	230,000	9/1 미지급임금	5,000
9/30 미지급임금	4,000	3-② 재 공 품	229,000
	234,000		234,000

급 여 (18)

차변	금액	대변	금액
③ 현 금	130,000	3-⑥ 제 좌	130,000

전 력 비 (19)

차변	금액	대변	금액
③ 현 금	15,000	3-⑥ 제조간접비	15,000

운 임 (20)

차변	금액	대변	금액
③ 현 금	8,000	3-⑥ 제조간접비	8,000

수 선 비 (21)

차변	금액	대변	금액
③ 현 금	11,000	3-⑥ 제조간접비	11,000

보 험 료 (22)

차변	금액	대변	금액
③ 현 금	5,000	3-⑥ 제 좌	5,000

여비교통비 (23)

③ 현 금	12,000	3-⑥ 제 좌	12,000

판매수수료 (24)

② 현 금	20,000	3-⑥ 판매관리비	20,000

광고선전비 (25)

③ 현 금	10,000	3-⑥ 판매관리비	10,000

잡 비 (26)

③ 현 금	13,000	3-⑥ 제 좌	13,000

제조간접비

3-⑥ 보 험 료	3,500	3-① 재공품	98,000
3-⑥ 급 여	25,000		
3-⑥ 여비교통비	2,500		
3-⑥ 잡 비	3,000		
3-⑥ 운 임	8,000		
3-⑥ 전 력 료	15,000		
3-⑥ 수 선 비	11,000		
3-⑥ 감가상각비	30,000		
	98,000		98,000

이자비용

3-④ 미지급이자	4,500	손 익	4,500

미지급이자

9/30 차월이월	4,500	3-④ 이자비용	4,500

대손상각

3-③ 대손충당금	3,500	3-⑥ 판매관리비	3,500

판매관리비

3-⑥ 보 험 료	1,500	손 익	160,500
3-⑥ 급 여	105,000		
3-⑥ 여비교통비	9,500		
3-⑥ 잡 비	10,000		
3-⑥ 판매수수료	20,000		
3-⑥ 광고선전비	10,000		
3-⑥ 감가상각비	1,000		
3-⑥ 대 손 상 각	3,500		
	160,500		160,500

손 익

매 출 원 가	582,000	매 출	830,000
판 매 관 리 비	160,500	이자수익	2,000
이 자 비 용	4,500		
미처분이익잉여금	85,000		
	832,000		832,000

제조원가명세서

과목	금액	금액
Ⅰ. 재 료 비		250,000
1. 기초재료재고액	40,000	
2. 당기재료매입액	260,000	
계	300,000	
3. 기말재료재고액	50,000	
Ⅱ. 노 무 비		254,000
1. 기본급 및 제수당	254,000	
Ⅲ. 제 조 경 비		73,000
1. 전 력 비	15,000	
2. 운 임	8,000	
3. 감 가 상 각 비	30,000	
4. 수 선 비	11,000	
5. 보 험 료	3,500	
6. 여 비 교 통 비	2,500	
7. 잡 비	3,000	
Ⅳ. 당기총제조비용		577,000
Ⅴ. 기초재공품재고액		50,000
(합 계)		627,000
Ⅵ. 기말재공품재고액		35,000
Ⅶ. 당기제품제조원가		592,000

손익계산서

Ⅰ. 순 매 출 액		830,000
Ⅱ. 매 출 원 가		582,000
1. 기초제품재고액	170,000	
2. 당기제품제조원가	592,000	
(합 계)	762,000	
3. 기말제품재고액	180,000	
Ⅲ. 매출총이익		248,000
Ⅳ. 판매관리비		160,500
1. 보 험 료	1,500	
2. 급 여	105,000	
3. 여 비 교 통 비	9,500	
4. 잡 비	10,000	
5. 판 매 수 수 료	20,000	
6. 광 고 선 전 비	10,000	
7. 감 가 상 각 비	1,000	
8. 대 손 상 각	3,500	
Ⅴ. 영 업 이 익		87,500
Ⅵ. 영업외 수익		2,000
1. 이 자 수 익	2,000	
Ⅶ. 영업외 비용		4,500
1. 이 자 비 용	4,500	
Ⅷ. 당 기 순 이 익		85,000

재무상태표

현 금	204,000	매 입 채 무	213,000
매 출 채 권	225,000	미 지 급 임 금	4,000
제 품	180,000	미 지 급 이 자	4,500
재 료	50,000	기계감가상각누계액	90,000
재 공 품	35,000	비품감가상각누계액	3,000
기 계	300,000	대 손 충 당 금	4,500
비 품	10,000	장 기 차 입 금	100,000
		자 본 금	500,000
		당 기 순 이 익	85,000
	1,004,000		1,004,000

[연 습 문 제]

1. The Cost of Goods Available for Sale for a merchandising organization is?
   a. Cost of Goods Manufactured and cost of purchases
   b. Ending merchandise balance plus cost of purchases
   c. Beginning merchandise balance plus net cost of purchases
   d. None of the above

2. If the beginning materials account balance was $4,200, the ending balance was $3,940, and $21,560 of materials were used during the month. What was the cost of materials purchased during this time period?
   a. $21,600　　b. $21,820　　c. $21,790　　d. $21,300

3. At Price Company, the month-end Cost of Goods Sold was $393,910, the beginning Finished Goods was $40,410, and ending Finished Goods was $42,900. What was the total cost of completed goods transferred to Finished Goods during the month?
   a. $396,400　　b. $391,120　　c. $391,420　　d. $393,400

4. Given estimated total Manufacturing Overhead Costs of $100,000, estimated total direct labor hours of 10,000, and units produced of 6,000, the Pre-determined Overhead Rate under the traditional approach to allocating overhead is?
   a. 10 percent　　b. 6 percent　　c. $6　　d. $10

5. During February, gross pay was $36,400 for Direct Labor. How much labor cost should have been entered directly into the Work in Process account during the month?
   a. $36,400 b. $45,600 c. $-0- d. $82,000

6. As production takes place, all Manufacturing Costs are added to the:
   a. Work-in-Process Inventory account.
   b. Manufacturing Overhead account.
   c. Cost of Goods Sold account.
   d. Finished Goods Inventory account.
   e. Direct Labor account.

7. When products are completed, their product costs are transferred from Work-in-Process Inventory to the:
   a. Manufacturing Overhead account.
   b. Cost of Goods Sold account.
   c. Finished Goods Inventory account.
   d. Direct Labor account.
   e. Indirect Labor account.

8. To transfer costs from Work-in-Process Inventory to Finished Goods Inventory:
   a. debit Finished Goods Inventory and credit Work-in-Process Inventory.
   b. debit Work-in-Process Inventory and credit Finished Goods Inventory.
   c. add Direct Labor to Work-in-Process Inventory.
   d. add Direct Labor and Direct Material to Finished Goods Inventory.
   e. add Direct Material to Finished Goods Inventory.

9. Cost of Goods Sold is closed into the Income Summary account:
   a. at the end of the production cycle.
   b. when the product is sold.
   c. at the end of the accounting period, along with other expenses and revenues of the period.
   d. at no time.
   e. when costs are transferred from Finished Goods Inventory to Cost of Goods Sold.

10. Which of the following statements is not correct regarding Work-in-Process:
   a. Work-in-Process is partially completed inventory.
   b. Work-in-Process consists of Direct Labor, Direct Material, and Manufacturing Overhead.
   c. Work-in-Process Inventory is debited as product costs are incurred.
   d. Work-in-Process will increase the cost-based valuation of the asset represented by the unfinished products when debited.
   e. Work-in-Process Inventory is credited when goods are sold.

※ Answer the Questions by the Following Ledger Accounts

Material Cost

Beginning Inventory	12,000	(ⓐ)	
Cash and Deposit	86,000	Ending Inventory	38,000

Work in Process

Beginning Inventory	26,000	(ⓒ)	
(ⓑ)		Ending Inventory	(ⓓ)
Labor Cost	55,000		
Overheads	44,000		

Finished Goods

Beginning Inventory	29,000	(ⓕ)	
(ⓔ)	143,000	Ending Inventory	(ⓖ)

Cost of Goods Sold

(ⓗ)	140,000	(ⓘ)

11. Select the appropriate items in ⓐ
    a. Material Cost 60,000 b. Work in Process 60,000
    c. Cost of Goods Sold 143,000 d. Finished Goods 143,000

12. Select the appropriate items in ⓑ
    a. Material Cost 60,000 b. Work in Process 60,000
    c. Cost of Goods Sold 143,000 d. Finished Goods 143,000

13. Select the appropriate items in ⓒ
    a. Work in Process 60,000 b. Finished Goods 143,000
    c. Cost of Goods Sold 60,000 d. Income Summary 143,000

14. Select the appropriate items in ⓓ and ⓖ
    a. 42,000 and 32,000 b. 32,000 and 42,000
    c. 140,000 and 143,000 d. 143,000 and 140,000

15. Select the appropriate items in ⓔ and ⓗ
    a. Work in Process & Finished Goods
    b. Finished Goods & Cost of Goods Sold
    c. Cost of Goods Sold & Income Summary
    d. Income Summary & Cost of Goods Sold

16. Select the appropriate items in ⓕ and ⓘ
    a. Cost of Goods Sold 143,000 & Finished Goods 143,000
    b. Finished Goods 143,000 & Cost of Goods Sold 143,000
    c. Income Summary 140,000 & Cost of Goods Sold 140,000
    d. Cost of Goods Sold 140,000 & Income Summary 140,000

17. Costs incurred for this period are the following.

Direct Material used = $34,000	Indirect Material incurred = $8,000
Direct Labor incurred = $21,000	Indirect Labor incurred = $14,000
Factory Overhead = $14,700	
Beginning & Ending Work in Process = $40,000 & $38,000	

What are the Manufacturing Overheads?
a. $36,700   b. $90.700   c. $88,700   d. $93,700

18. What are the Cost of Goods Manufactured by the data in problem 17
    a. $36,700   b. $90.700   c. $88,700   d. $93,700

19. Two thousand square feet of rolls of aluminum sheet metal were purchased on account for $5.00 each. The purchase is recorded with which of the following Journal Entries?
    a. Raw Material Inventory $10,000
       Accounts Payable $10,000

b. Raw Material Inventory $10,000
Cash $10,000
c. Raw Material Inventory $11,000
Accounts Payable $11,000
d. Raw Material Inventory $11,000
Cash $11,000
e. Work-in-Process Inventory $11,000
Accounts Payable $11,000

20. On October l, the following material requisition was filled:
Requisition No. 802 for job #C12: 4,000 board feet of lumber at $2 per board foot.
The Journal Entry to record the release of raw materials to production is:
a. Raw Material Inventory $8,000
Work-in-Process Inventory $8,000
b. Work-in-Process Inventory $8,000
Raw Material Inventory $8,000
c. Raw Material Inventory $10,000
Manufacturing Overhead $10,000
d. Raw Material Inventory $10,000
Work-in-Process Inventory $10,000
e. Work-in-Process Inventory $10,000
Raw Material Inventory $10,000

21. At the end of October, the labor time cards filed during the month indicated that direct labor hours worked during the month totaled 500, and that the average direct labor rate was $12 per direct labor hour.
The Journal Entry to record this cost is:

a. Direct Labor $5,000
Wages Payable $5,000
b. Work-in-Process Inventory $5,000
Wages Payable $5,000
c. Work-in-Process Inventory $6,000
Wages Payable $6,000
d. Direct Labor $6,000
Wages Payable $6,000
e. Manufacturing Overhead $6,000
Wages Payable $6,000

22. The pertinent information for October concerning the production supervisor's salary and the wages of various employees who spent some of their time on maintenance and general clean-up duties during the month was presented as follows,
Supervisor's salary $2,500
Maintenance and general clean-up wages 250 hours at $8 per hour
The journal entry to record the above information is:
a. Manufacturing Overhead $4,500
Wages Payable $4,500
b. Manufacturing Overhead $4,000
Wages Payable $4,000
c. Work-in-Process Inventory $4,500
Wages Payable $4,500
d. Work-in-Process Inventory $4,000
Wages Payable $4,000
e. Work-in-Process Inventory $2,500
Manufacturing Overhead $2,000
Wages Payable $4,500

23. Products were completed in November and had pertinent information presented as follows:

Direct Material 400 pounds at $8.75 per pound

Direct Labor 600 direct labor hours at $l0 per hour

Applied overhead 600 direct labor hours at $15 per hour

The journal entry to record the above transaction is:

a. Finished Goods Inventory		$18,000	
	Work-in-Process Inventory		$18,000
b. Finished Goods Inventory		$18,500	
	Work-in-Process Inventory		$18,500
c. Work-in-Process Inventory		$18,500	
	Raw Material Inventory		$3,500
	Wages Payable		$6,000
	Manufacturing Overhead		$9,000
d. Cost of Goods Sold		$18,000	
	Finished Goods Inventory		$18,000
e. Cost of Goods Sold		$18,500	
	Finished Goods Inventory		$18,500

1. 다음 자료에 의하여 아래의 물음에 답하라.

1) 재료기초재고액 ₩500,000, 당기 재료매입액 ₩1,500,000, 기말재료재고액 ₩600,000

2) 당기 노무비 지급액 ₩2,500,000, 전월 미지급액 ₩400,000, 당월 미지급액 ₩600,000

3) 제 경비 지급액 ₩800,000, 미경과액 ₩300,000 (제조부문: 영업부문 = 7 : 3)

4) 당월 재공품 재고액: 기초 = ₩500,000, 기말 = ₩300,000

5) 당월 제품 재고액: 기초 = ₩800,000, 기말 = ₩500,000

※제조간접원가는 재료 및 노무비소비액의 40%와 제품제조를 위하여 소비한 제 경비의 100%를 배부한다.

1) 당월 제품제조를 위한 원가요소의 소비액을 계산하라.
   당월 재료소비액 =
   당월 노무비소비액 =
   당월 제조경비소비액 =
2) 당월 제조간접비 배부액은 얼마인가?
3) 당월 중 완성된 제품의 제조원가는?
4) 당월의 매출제품의 원가는?

2. 아래의 자료에 의하여 다음을 계산하라.

원재료: 기초재고액 ₩50,000,	기말재고액	₩ 40,000
재공품: 기초재고액 ₩150,000,	기말재고액	₩120,000
제 품: 기초재고액 ₩240,000,	기말재고액	₩200,000
당월 중 원재료 소비액 : ₩150,000		
당월 중 노무비 소비액 : ?		
당월 중 제조경비 소비액: ₩220,000		
당월 총제조비 : ₩550,000		

1) 당월 중의 재료 매입액은 얼마인가?
2) 당월 중의 노무비 소비액은 얼마인가?
3) 당월의 완성된 제품의 원가는 얼마인가?
4) 당월 중의 매출된 제품의 원가는 얼마인가?

3. 다음 거래를 분개하고, 원장 각 계정의 ( ) 속에 적당한 금액이나 계정과목을 써 넣어라.

1) 당월 재료소비액 ₩90,000(직접비 ₩70,000, 간접비 ₩20,000)
2) 당월 노무비소비액 ₩80,000(직접비 ₩65,000, 간접비 ₩15,000)
3) 제조경비 ₩35,000을 전액 제조간접비로 처리하다.
4) 제조간접비 발생액을 전액 재공품에 배부하다.
5) 당월 제품완성원가를 제품계정에 대체하다(기초재공품 ₩30,000, 기말

재공품 ₩40,000).

6) 매출제품의 원가를 산출하고, 매출원가계정에 대체하다(기초제품 ₩50,000, 기말제품 ₩70,000).

차 변	대 변
1)	
2)	
3)	
4)	
5)	
6)	

재 공 품

차변		대변	
전월 이월	30,000	(⑤)	(⑥)
(①)	(②)	차월 이월	(⑦)
노 무 비	(③)		
제조간접비	(④)		

제조간접비

차변		대변	
재 료 비	(⑧)	(⑫)	(⑬)
(⑨)	(⑩)		
제 경 비	(⑪)		

제 품

차변		대변	
전월 이월	(⑭)	(⑰)	(⑱)
(⑮)	(⑯)	차월 이월	(⑲)

매출원가

차변		대변	
(⑳)	(㉑)		

Part II 제품제조원가계산을 위한 회계

제 6 장 요소별 원가회계

제품제조원가는 일반적으로 원가요소별 계산, 부문별 계산, 제품별 계산의 3단계로 나누어 계산된다. 이 중에서 원가요소별 계산은 일정기간의 원가발생액을 요소별로 분류·측정하는 절차로서 원가계산의 출발점이며, 제품원가계산의 중요한 기초자료가 된다. 따라서 원가계산의 시발점은 원가의 3요소인 재료비회계·노무비회계 및 제조경비회계로 분류하여 설명하는 것이 그 순서일 것이다.

제 1 절 재료비회계

1. 재료비의 분류

재료(Material)란 기업이 제품의 제조에 사용할 목적으로 외부로부터 구입·조달한 물품을 말하는 것으로서, 제품제조에 소비할 목적으로 보관하는 재고자산의 일종이다.

비슷한 의미를 가지는 용어로 원료(Raw Material)라는 개념이 있어, 재료와 동의어로 사용되기도 하고, 재료와 원료를 모두 뜻하는 원재료라는 복합적인 용어를 사용하기도 하지만, 엄밀한 의미에서 재료는 물리적 가공에 의해서 제품화되는 것임에 반하여, 원료는 화학적 가공에 의하여 제품화되는 것으로 구별되는 개념이라고 할 수 있다.

재료비(Material Cost)란 이에 반하여 원가계산상의 용어로써, 제품의 제조과정에서 소비되는 재료의 가치를 화폐(Money)라는 측정척도에 의해서 파악한 금액을 말한다. 다시 말하여, 재고자산의 일종인 재료는 제품의 구성부문으로 소비되게 되는데, 이때 재료의 경제적 가치가 제품의 제조원가로 이전되는 과정에서 나타나는 원가요소이다. 따라서 재료와 재료비는 자산과 원가요소라는 엄격히 구분되는 개념이다. 또한 재료비는 전장에서 살펴본 바와 같이 원가요소라는 의미에서 손익계산상의 비용과도 구분되는 개념이다.

재료비회계는 〈그림 6-1〉에서 보는 바와 같이 ① 재료의 구입시 재료라는 자산계정에 기입하고, 재고액을 원가요소계정인 재료비계정에 대체하여 원가계산을 하고, 기말잔액을 자산으로 이월하는 방법과 ② 구입시 바로 재료비계정에 기입하고, 기말에 미소비잔액을 자산계정인 재료계정에 대체처리하는 두 가지의 방법으로 처리할 수 있다.

〈그림 6-1〉

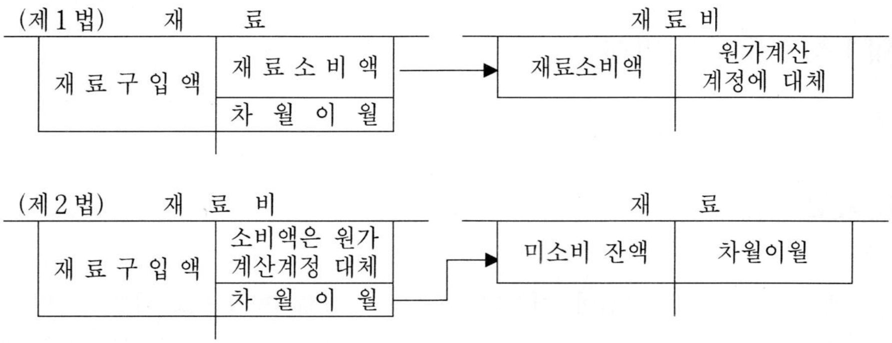

[예제 1] 재료 ₩100,000을 외상으로 구입하다.

(제1법) (차) 재 료 100,000 (대) 매 입 채 무 100,000

(제2법) (차) 재료비 100,000 (대) 매 입 채 무 100,000

[예제 2] 당기제품제조를 위하여 재료 ₩70,000을 소비하다.

(제1법) (차) 재료비 70,000 (대) 재 료 70,000

(제 2 법) (차) 재 료 30,000 (대) 재료비 30,000

※ 위의 두 가지 중 어느 방법에 의하거나 제조원가보고서의 당기재료소비액은 ₩70,000으로 나타나고, 재무상태표에 재고자산으로 나타나는 재료액은 ₩30,000이다.

재료비는 관점에 따라 여러 가지로 분류할 수 있지만, ① 형태별 분류와 ② 원가계산상 분류로 나누어 볼 수 있다.

첫째, 재료비를 형태별로 분류한다는 것은 재료의 외형적 형태 또는 재료가 생산에 제공되는 상태를 기준으로 하여 분류한 것으로, 재료비를 주요재료비 · 부분품비 · 소모공구기구부품비 등으로 분류하는 관점이다.

㈎ 주요재료비: 제품의 제조과정에서 직접적으로 소비되어 제품의 기본을 이루는 재료의 소비금액을 말하는 것으로서, 가구제조업에서의 목재, 정유업에서의 원유, 기계제작업에서의 철재 등이 이에 속하므로 일반적으로 재료라고 할 때는 주요 재료를 의미하며, 그 대부분이 직접재료를 구성한다.

㈏ 보조재료비: 제품의 생산을 간접적으로 보조하기 위하여 소비될 뿐 제품의 본체를 구성하지 않는 소모성 재료의 가액을 말하는 재료로서 동력용의 연료 · 기계윤활유 및 포장재료 등이 이에 속한다.

㈐ 부분품비: 제품에 그대로 부착되어 그 제품의 구성부분이 되는 재료를 말하는 것으로 전자산업에서의 반도체 등이 이에 속하며, 이들 부분품에는 기업 외부로부터 구입 · 조달하여 사용되는 구입부분품과 자체생산하여 사용하는 부분품으로 대별되는데, 원가계산에서 부분품비라 하면 보통 구입부분품의 소비가액을 의미하며 자가생산부분품은 일반적으로 반제품으로 취급하는 경우가 많다.

㈑ 소모공구기구비품비: 내용연수가 1년 미만이거나 또는 내용연수가 1년 이상이라 하더라도 가액이 상당액 미만인 소모성의 공구 · 기구 · 비품 등을 말하는 것으로서 소책상 · 드라이버 · 제단기 등이 이에 속하고, 그 상당액

의 정도 문제는 업종 · 규모 및 기업의 회계정책에 따라 다르다.

둘째, 재료비를 원가계산목적상 분류한다는 것은 제조과정에 투입된 재료가 특정제품(또는 특정제품에 대한 제조지시서)에 직접적으로 관련하여 소비되느냐, 간접적으로 소비되느냐를 기준으로 한 것으로서, 직접재료비(Direct Material)와 간접재료비(Indirect Material)로 분류된다.

㈎ 직접재료비: 특정제품제조를 위해서 직접적으로 소비되어, 그 소비액을 그 제품에서 직접적으로 파악할 수 있는 재료비를 말하는 것으로, 재료비의 형태별 분류에 따른 주요 재료비와 부분품의 대부분은 이에 속한다.

㈏ 간접재료비: 직접재료비를 제외한 모든 재료비를 포함하며, 제품을 제조하는 과정에서 여러 부분에 공통적으로 발생하기 때문에 특정제품별로 그 소비액을 직접적으로 파악할 수 없는 재료를 말하는 것으로, 수종의 제품에 대해 전체적으로 파악하였다가 일정한 배부기준에 따라 배부가 불가피한 재료이다. 직접재료비와 간접재료비의 구분은 주로 개별원가계산에서 필요하다.

2. 재료의 구입 · 입고 · 출고절차와 그 기장

기업이 제조활동을 원활히 수행하기 위해서는 필요한 재료를 적정수준으로 구입 · 보관하였다가 적시에 출고할 수 있어야만 한다. 그러므로 재료의 효율적 관리문제는 제조기업에 있어서 특히 중요하며, 재료의 구입 · 검수 · 보관 및 출고의 절차가 합리적으로 수립되어 있어야 한다. 재료가 구입되어 창고에 입고되기까지의 과정 및 기장은 보통 다음의 절차로 이루어진다.

(1) 재료의 구입청구

재료의 구입청구는 작업현장이나 창고계의 요구에 의하여 구입계가 담당한다. 재료는 항상 일정량의 재고가 요구되는 상비재료와 현장의 필요에 따라 특수재료로 나누어지며, 상비재료는 창고계에서 청구하고 특수재료는 현장에서 청구하는 것이 보통이다.

현장이나 창고계에서 필요한 재료의 구입을 요청할 때에는 재료구입청구서(Purchase Requisition)가 이용되는데, 그 양식은 다음과 같다.

구매부장은 재료구입청구서에 의하여 통상 4부의 주문서를 작성하여 원본은 거래처에 보내고, 부본 중의 1부는 구매청구서를 보내온 부처에, 1부는 검수계에, 또 1부는 구매계에서 보관하였다가 송장과 대조하여 본다.

(2) 재료의 검수

수입계는 현품이 도착하면 송품장(Sales Invoice) 및 주문서 부본과 현품을 대조검토하여 창고계에 인도하고, 재료수입보고서를 3부 작성하여 원본을 송품장에 첨부하여 구매계에 보내고 1부는 창고계에서, 1부는 수입계에 각각 보관한다.

재료구입청구서 NO.______

년 월 일

구매부장 귀하

주 문 서 ______

납 기 ______

인도장소 ______

하기 재료를 구입하여 주십시오.

품 명	적 요	수 량	비 고

발행부문 인

재료수입보고서 NO.______

재료구입청구서 NO.__________ 송 품 장 NO.__________
주 문 서 NO.__________ 매 입 처 __________
수 입 월 일 __________ 보관장소 __________

품 명	적 요	수 량	금 액	비 고

검수부문책임자 인

(3) 구입재료의 기장

내부통제부문에 의해 검토된 송품장을 받은 회계부문은 재료원장과 재료매입장에 기장한다. 재료매입장은 특수분개장으로서 매입한 재료를 종류별로 차변과목과 해당란에 기입하고 대변에는 대금지급방법에 따라 해당란에 기입한다.

재료매입장은 일정기간마다 총계정원장에 합계 전기한다. 이때 보통 분개장에서 행하는 분개는 다음과 같다.

(차)		(대)	
주 요 재 료	×××	매 입 채 무	×××
보 조 재 료	×××	제 좌	×××
부 분 품	×××		
소모공구기구비품	×××		

구입하는 재료의 종류가 단순한 기업에서는 재료계정을 주요재료·보조재료·부분품·소모공구기구비품 등으로 구분하지 않고 다음과 같이 재료계정에 통합 처리할 수도 있다.

(차)		(대)	
재 료	×××	매 입 채 무	×××
		제 좌	×××

(4) 재료의 출고와 그 기장

재료는 창고로부터 출고되어 제조과정에 투입됨으로써 소비된다. 기업이 구입한 재료는 출고되기 이전까지는 자산으로 취급되지만 일단 창고에서 출고되면 재료비라는 원가요소로 처리된다.

재료의 출고절차는 현장의 출고요구에 따라서 창고계에서 출고하고 회계계에 의하여 장부에 정리하게 되는데, 재료출고청구서는 해당부문에 의해 2부가 발행되어, 1부는 발행부문이 보관하고 1부는 현장에서 창고계에 재료를 청구하는 데 이용한다. 창고계는 재료를 출고하고 그 청구서상에 출고수량란만을 기입하고 이를 회계계에 송부한다.

회계계에서는 재료출고청구서에 단위와 금액을 기입하고 이를 근거로 하여 재료분개장에 기입하여 원장 각 계정에 전기한다. 출고·재료에 대한 장부권리를 위한 분개는 출고된 재료의 소비액 중에서 직접재료비에 해당하는 것은 재료비계정의 차변, 그리고 간접재료비에 해당되는 것은 제조간접비계정의 차변과 해당 재료계정의 대변에 기록한다.

(차)	재 공 품	×××	(대) 재 료	×××
	제조간접비	×××		

3. 재료소비원가의 계산

구입된 재료가 제품제조를 위하여 소비되는 재료비계산의 기본적인 산식은 다음과 같다.

재료비 = 재료소비량 × 단위당 소비단가

따라서 재료비계산을 이해하기 위하여 재료소비량을 파악하고 단위당 소비가격의 결정방법을 검토해야 한다.

(1) 재료소비량의 계산

재료소비량의 계산방법에는 계속기록법 · 실제재고조사법 · 역산법의 세 가지가 있다.

1) **계속기록법**(Perpetual Inventory Method)

계속기록법은 재료를 같은 종류별로 분류하고 출입이 있을 때마다 수입 · 출고량을 기록계산함으로써 재료의 잔량을 장부상으로 파악할 수 있도록 하는 방법이다. 따라서 이 방법에 의하면 재료소비량은 장부에 계속기록된 내용으로 파악되고 다음의 산식에 따라 재무상태표에 표시할 재료의 기말재고량을 계산한다.

기말재고량 = 전기 이월재고량 + 당기 구입량 - 당기 소비량

계속기록법은 재료의 소비량을 제품별 또는 부문별로 계산할 필요가 있을 때 채택하면 유용하다. 이 방법이 갖는 장점으로 다음과 같은 점을 들 수 있다.

첫째, 출고량이 명확하게 파악되며, 출고된 재료가 어느 부문의 누구에 의하여 청구되고, 어떤 작업에 사용되었는지를 알 수 있으므로 제조과정에서 재료의 낭비와 부정을 방지할 수 있다.

둘째, 재료의 실제소비량과 보관 중에 생긴 재료의 감모량을 구별할 수 있다. 즉, 계속기록의 결과 산출된 재료의 장부잔액을 실제재고조사에 의하여 확인된 실제재고량과 비교하면 양자의 차액에 의하여 보관 중에 생긴 재료의 감모량이 판명된다.

재료감손량 = (전기 이월량 + 당기 매입량 - 당기 소비량) - 기말재고량

셋째, 원가계산상 각 제조지시서에 대하여 소비량이 명확히 파악되므로 정확한 계산을 할 수 있다.

2) **실제재고조사법**(Physical Inventory Method)

실제재고조사법은 원가계산 기말에 재료품목별 재고수량을 실제조사한 후에 다음과 같은 산식에 의해 재료소비량을 추정하여 산정한다.

당기재료소비량 = (기초재고량 + 당기 매입량) - 기말재고량

실제재고조사법은 계산하는 데 간편하기는 하지만, 다음과 같은 결점을 가지고 있다.

첫째, 재료의 운반이나 보관과정에서 발생하는 감손양이 전부 제품제조를 위하여 소비된 것으로 계산되기 때문에 정확한 재료비계산을 하기가 어렵다.

둘째, 재료의 소비처(부문이나 제품 등)가 밝혀지지 않아 재료관리나 통제에 그다지 도움을 주지 못한다.

셋째, 재고조사는 통상 6개월 또는 1년에 1회씩 하기 때문에 기중에는 재료비계산이 어렵게 된다.

3) 역 산 법

역산법(Retrograde Method)은 제품생산량과 재료소비량의 사이에 비례적 관계가 있을 경우에만 적용할 수 있는 것으로 다음의 산식에 의해 재료소비량을 추정 계산한다.

재료소비량 = 제품완성량 × 제품단위당 표준소비량

이 방법의 장점은 재료관리에 도움을 준다는 점이다.

단점은 ① 추정재고와 실제재고와의 차이를 수정해야 하며, ② 그 차이가 발생한 원인을 알 수 없다는 점이다. 이 방법도 중요하지 않은 재료에 적용하거나 재료소비의 능률을 파악하기 위한 특수한 경우에 이용한다. 정확한 원가계산을 위해서는 위에서 설명한 세 가지 방법 중 어느 한 가지만 선택하여 사용하면 안 된다. 왜냐하면 개개의 방법이 모두 단점을 내포하고 있기 때문이다.

(2) 재료소비단가의 계산

재료소비량이 결정되면 소비재료의 단위당 원가가 결정됨으로써 소비재료의 원가를 산정한다. 소비재료원가의 산정방법은 아래에서와 같이 대체적인 여러 가지의 방법이 있을 수 있고, 단순히 구입원가에 의한다고 하더라도

재료의 구입원가가 언제나 일정하다면 별다른 문제가 없지만, 동일종류의 재료라 하더라도 상이한 가격으로 구입하였을 경우에는 재료의 소비가격을 어느 가격으로 적용하느냐에 따라 재료비가 다르게 나타나게 된다.

재료의 소비단가를 결정하는 데는 원가법·시가법·예정가격법 및 표준가격법의 세 가지 방법이 있고 또한 원가법에는 아래와 같은 일곱 가지의 다른 방법이 있다.

① 원가법
- ㉮ 개별법 ㉯ 선입선출법 ㉰ 후입선출법
- ㉱ 단순평균법 ㉲ 이동평균법 ㉳ 총평균법
- ㉴ 최종매입원가법

② 시 가 법

③ 예정가격법 및 표준가격법

그러나 우리나라의 회계처리규정이 원가법에 근거하므로 원가법에 대하여 살펴본다.

원가법(Cost Method)이란 외부로부터 구입한 재료에 대해서 구입한 원가를 기준으로 출고단가를 결정하는 방법을 말한다. 그러나 동일 재료의 경우라도 구입시점에 따라 구입단가가 달라지는 것이 일반적이다. 이때에 어느 구입시점의 단가를 소비단가로 적용해야 하느냐의 문제가 발생한다. 따라서 어떤 계산적인 가정 아래 소비단가를 결정하느냐에 따라 원가법은 개별법·선입선출법·후입선출법·단순평균법·이동평균법·총평균법·최종매입원가법 등으로 분류된다.

개별법(Specific Identificated Method)은 동일한 품질·규격 등을 가진 재료일지라도 구입원가가 다르면 구분하여 보관하고, 출고할 때마다 어디에 속한 것이 출고되었나를 확인하여 그 구입단가를 소비단가로 하는 방법이다. 이 방법은 재료의 종류가 많고 구입원가가 다양한 경우에는 실무상 사용하기가 곤란하다. 그러므로 고가의 재료나 재료의 종류가 극히 적을 경우에 이용할 수 있다.

또한 단순평균법(Simple Average Method)은 구입단가를 구입횟수로 나눈 것을 소비재료의 출고단가로 함으로써 출고수량을 무시하는 방법이며, 최종매입원가법(Last Purchased Cost Method)은 회계연도 중 맨 마지막에 취득한 가격으로 처리하는 방법이다. 여기서는 주로 이용될 수 있는 선입선출법, 후입선출법, 이동평균법 및 총평균법에 대하여 설명하기로 한다.

1) 선입선출법(First-in First-out Method, 매입순법)

같은 재료라도 구입단가가 다르면 재료원장상 구분하여 기록해 두고 실제로 어떠한 재료가 출고되었든 간에 먼저 매입한 것부터 출고·소비되어진다는 가정 아래 먼저 매입한 것의 구입단가를 적용하는 방법이다. 이 방법은 가치흐름과 물량흐름이 대체로 일치하는 장점이 있다. 한편 계산이 번잡하고 상이한 재료소비단가로 인하여 같은 제품일지라도 제조원가가 달라지는 단점이 있다.

[예제 3] 다음의 자료를 근거로 재료원장에 선입선출법을 이용하여 표시하라.

9/ 1	A재료 매입 100개	@₩200	9/ 3	출 고 50개
9/ 5	A재료 매입 200개	@₩250	9/10	출 고 120개
9/18	A재료 매입 100개	@₩280	9/25	출 고 100개

재 료 원 장

품명: A (선입선출법)

월일	적요	입고 수량	입고 단가	입고 금액	출고 수량	출고 단가	출고 금액	잔고 수량	잔고 단가	잔고 금액
9/ 1	매입	100	200	20,000				100	200	20,000
3	출고				50	200	10,000	50	200	10,000
5	매입	200	250	50,000				50	200	10,000
								200	250	50,000
10	출고				50	200	10,000	130	250	32,500
					70	250	17,500	130	250	32,500
18	매입	100	280	28,000				100	280	28,000
25	출고				100	250	25,000	30	250	7,500
								100	280	28,000
	합 계	400		98,000	270		62,500	30	250	7,500
								100	280	28,000

실제재고조사법에 의한다면, 선입선출법은 가장 나중에 구입한 가격이 기말재고자산으로 계산되는 것이므로 소비재료의 원가와 기말재고재료의 원가는 다음과 같이 산출된다.

기말재료(130개)원가 = (100개 × ₩280) + (30개 × ₩250) = ₩35,500

소비재료(270개)원가 = ₩98,000 − ₩35,500 = ₩62,500

즉, 선입선출법에 의한 방법은 계속기록법에 의한 것과 실제재고조사법에 의한 것이 같다.

2) 후입선출법(Last-in First-out Method, 매입역법)

같은 종류의 재료라도 구입단가가 다르면 재료원장상 구분하여 기록해 두고 실제로 어떠한 재료가 출고되었든 간에 나중에 매입한 것부터 출고·소비되어진다는 가정 아래 나중에 매입한 것의 구입단가를 적용하는 방법이다. 따라서 선입선출법과 정반대의 계산가정이다. 이 방법의 장점은 물가상승시에 원가법의 범주 내에서 시가에 가까운 원가로서 제품원가를 계산하는 효과가 있는 점이다. 한편 계산이 번잡하고 상이한 소비단가로 인하여 상이한 제품원가가 계산되는 단점이 있다. 물가가 지속적으로 상승하는 인플레이션상태하에서는 후입선출법에 의하여 재고자산과 재료소비원가를 계산할 경우가 선입선출법에 의할 경우보다 재고자산이 낮게 산정된다. 또한 제품의 판매가격이 일정할 경우에는 매출이익도 낮게 산정된다.

재 료 원 장

품명: A (후입선출법)

월	적	입 고			출 고			잔 고		
일	요	수량	단가	금 액	수량	단가	금 액	수량	단가	금 액
9/ 1	매입	100	200	20,000				100	200	20,000
3	출고				50	200	10,000	50	200	10,000
5	매입	200	250	50,000				50	200	10,000
								200	250	50,000
10	출고				120	250	30,000	50	200	10,000
								80	250	20,000
18	매입	100	280	28,000				50	200	10,000
								80	250	20,000
								100	280	28,000
25	출고				100	280	28,000	50	200	10,000
								80	250	20,000
	합계	400		98,000	270		68,000	50	200	10,000
								80	250	20,000

실제재고조사법에 의한다면, 후입선출법은 최초에 구입한 재료의 가격이 기말재료를 구성하게 되므로 다음과 같이 산출된다.

기말재료(130개)원가 = (100개 × ₩200) + (30개 × ₩250) = ₩27,500

소비재료(270개)원가 = ₩98,000 − ₩27,500 = ₩70,500

여기서 보는 바와 같이 재료소비량을 계속 기록하는 경우와는 차이가 있음을 볼 수 있다.

3) **이동평균법**(Moving Average Method)

가중평균법의 일종으로서 단가가 구입된 재료와의 가중평균치를 산출하고 이를 소비재료의 출고단가로 하는 방법이다. 따라서 이 방법을 채택하는 경우에는 입고가 이루어질 때마다 다음의 산식에 따라 가중평균하여 새로운 단가로 변경하여야 한다.

재 료 원 장

품명: A (이동평균법)

월일	적요	입고 수량	입고 단가	입고 금액	출고 수량	출고 단가	출고 금액	잔고 수량	잔고 단가	잔고 금액
9/ 1	매입	100	200	20,000				100	200	20,000
3	출고				50	200	10,000	50	200	10,000
5	매입	200	250	50,000				250	*240	60,000
10	출고				120	240	28,800	130	240	31,200
18	매입	100	280	28,000				230	**257.4	59,200
25	출고				100	257	25,740	130	257.4	33,460
	합계	400		98,000	270		64,540	130	257.4	33,460

*(10,000+50,000)/(50+200)=240

**(31,200+28,000)/(130+100)=257.4

$$이동평균단가 = \frac{전기\ 재고액 + 당기\ 구입액}{전기\ 재고수량 + 당기\ 구입수량}$$

이 방법에 의하면 재료의 입고시에 수량계산과 단가계산을 동시에 행하게 되지만, 계산방법이 복잡하여 많은 절차를 요할 뿐만 아니라, 평균단가가 소액의 단수로 나타나는 단점이 있다. 그러나 이 방법은 화폐가치의 변동이 단가에 민감하게 반영되므로 출고가격의 변동을 어느 정도까지 완화시킬 수 있다는 장점이 있다. 이동평균법은 재료소비량을 계속기록법에 의할 경우만 적용되며, 실제재고조사법으로는 이용할 수 없다.

4) **총평균법**(Periodic Average Method)

기초재료재고액에 기중수입액을 가산하고 이것을 기초재고수량과 기중의 수입수량의 합계로 나누어 평균단가를 산출하는 것이다. 그리고 이것이 한 기간 동안의 출고단가가 된다.

이 방법은 출고한 재료에 대하여 일일이 그 소비단가를 계산하지 않고 원가계산 기말에 평균단가를 산출하여 그것을 동기간에 있어서 재료의 전체 출고량과 재고량에 적용하는 방법이므로 계속기록법의 경우 기간 중의 출고 및 잔액의 기록은 수량만 기입하여 두었다가 기말에 총평균단가를 계산하여 일괄적으로 기록·계산한다. 그러므로 이 방법은 재고조사법으로 쉽게 이용될 수 있으며, [예제 3]에 의한 총평균단가 및 재료소비액 및 기말재료원가는 다음과 같다.

재 료 원 장

품명: A (총평균법)

월일	적요	입고 수량	입고 단가	입고 금액	출고 수량	출고 단가	출고 금액	잔고 수량	잔고 단가	잔고 금액
9/ 1	매입	100	200	20,000				100	(245)	(24,500)
3	출고				50	(245)	(12,250)	50	(245)	(12,250)
5	매입	200	250	50,000				250	(245)	(61,250)
10	출고				120	(245)	(29,400)	130	(245)	(31,850)
18	매입	100	280	28,000				230	(245)	(56,350)
25	출고				100	(245)	(24,500)	130	(245)	(31,850)
	합계	400	245	98,000	270	(245)	(66,150)	130	(245)	(31,850)

재료소비단가(245원) = 총취득원가(98,000원) ÷ 총수량(400개)

소비재료원가 = 245원 × 270개 = 66,150원

기말재고액 = 245원 × 130개 = 31,850원

4. 소비재료의 기장

(1) 소비재료원가의 기장관계

회계부문의 재료원장계는 재료원장에 출고수량을 기입하고, 선입선출법·이동평균법 등의 방법에 의해 소비단가와 출고금액을 계산하여 재료출고청구서에 추가로 기입한다. 그 다음에 원가회계담당자는 청구서상의 제조지시서 번호의 유무에 따라 직접재료비와 간접재료비를 구별하거나 또는 원가부문의 번호에 따라 부문비계산을 행할 기초자료를 얻게 된다. 즉, 청구서를 기초로 재료원장과 특수분개장인 재료분개장에 기입하는 동시에 해당 원가계산표(원가원장)의 직접재료비 또는 간접재료비의 란에 기입하게 된다. 재료분

개장은 일정 기간마다 총계정원장에 다음과 같이 합계 전기를 행한다.

(차) 재 공 품	×××	(대) 재 료	×××
제 조 간 접 비	×××		

이때 보통 분개장에서 행하는 분개에 이르기까지의 절차는 다음과 같다.

첫째, 현장에서 출고청구서가 창고보관계에 발송되면 창고보관계는 사용재료를 현장에 발송하고 출고청구서를 창고기장계에 보낸다.

둘째, 창고기장계는 재료원장의 당해 재료계정의 대변에 출고의 사실을 기재하고 출고단가를 출고청구서의 단가란에 기입하여 이것을 원가계산계에 발송한다.

셋째, 원가계산계는 발송받은 출고청구서를 보고, 여기에 제조지시서 번호가 기입되어 있으면 직접재료비이므로 재료분개장의 직접재료비란에 기입함과 동시에 원가원장의 당해 지시서계정의 재료비란에 기입한다(원가원장은 재공품계정의 보조원장으로 이것을 지시서별로 계좌를 설정한다).

넷째, 출고청구서에 제조지시서 번호의 기입이 없이 제조에 사용되었을 경우는 간접재료비이므로 원가계산계는 이것을 재료분개장의 간접재료비란에 기입함과 동시에 제조간접비내역장에 기입한다.

다섯째, 월말에 재료분개장을 마감하고 직접재료비와 간접재료비의 합계액을 회계계에 통지한다.

여섯째, 회계계는 이것을 분개해서, 총계정원장의 각 계정에 전기한다.

〈그림 6-2〉 재료비의 기장관계 도해

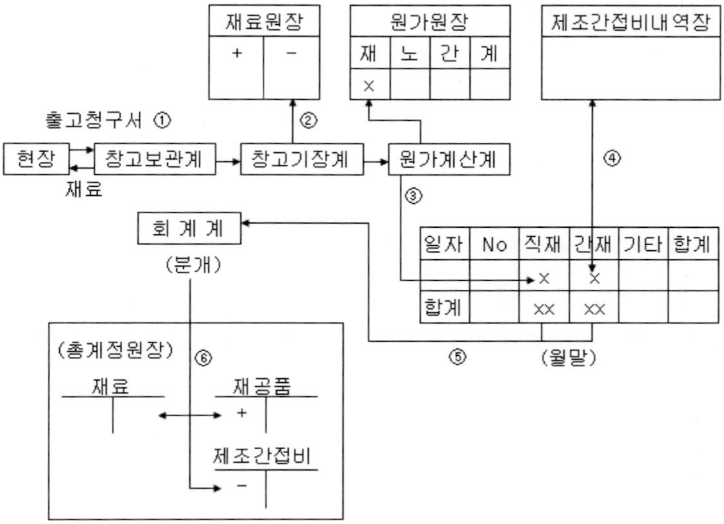

[예제 4] 제품제조(제조지시서 #101, #102)를 위하여 500,000원의 재료를 출고 소비하고, 이외의 원가월보에 의한 간접소비액 200,000원을 계상하다.

(차)	재 공 품	500,000	(대)	재 료	700,000
	제조간접비	200,000			

(2) 예정소비액에 의한 재료소비차이의 처리

출고된 재료의 소비액은 재료분개장에서 재료계정의 대변에 기입되는 동시에 직접비는 재공품계정의 차변에, 간접비는 제조간접비계정의 대변에 각각 기입되는데, 그 소비액의 계산이 원가법에 의한다면 별문제 없지만, 시가 혹은 예정가격 등에 의할 경우에는 원가계산되는 금액과 실제소비액과의 차이가 나게 되어 그 재료비차액의 처리문제를 다루어야 한다.

따라서 이때의 재료비차이를 처리하기 위한 조정계정으로 재료비 혹은 재료비통제계정을 설정하여 실제소비액과 예정소비액과의 차이를 조정처리하게 된다. 즉, 아래와 같이 재료의 예정소비액을 재공품계정과 제조간접비계정의 차변에 기록함과 동시에 재료비 혹은 재료비통제계정의 대변에 기입하여 절차에 따른 원가계산을 한다.

(차)	재 공 품	×××	(대)	재료비(재료비통제)	×××
	제조간접비	×××			

다음 실제소비액이 결정되면 재료계정의 대변에 기입함과 동시에 재료비(재료비통제)계정의 차변에 기록한다. 결국 아래 분개내용과 같이 재료계정은 차변의 매입액과 대변의 실제소비액이 기입되고 미소비잔액은 기말잔액으로서 이월된다.

(차)	재료비(재료비통제)	×××	(대)	재 료	×××

결국 재공품계정과 제조간접비계정은 예정액으로서 기입되며, 제품제조원가는 예정가액으로 계산되어 그 매출원가가 손익계정에 대체처리된다. 그러나 재료비(재료비통제)계정은 차변에는 실제소비액이 기록되고, 그 대변에는 예정소비액이 기록되어 예정소비액과 실제소비액과의 차이 때문에 재료비(재료비통제)계정의 차변 혹은 대변잔액으로 나타나게 된다.

재료비(재료비통제)계정의 차변잔액은 실제소비액이 예정소비액보다 많은 결과로 실제소비액보다 원가계산이 적은 금액으로 되었기 때문에 재료비차이계정의 차변에 대체하였다가 결산시 손익계정의 차변에 영업외비용으로 처리하든지 그렇지 않으면 매출원가계정의 대변에 대체하여 가산해 준다면 실제액으로 처리한 것과 같은 결과를 가져오게 될 것이며, 재료비계정 대변잔액은 예정액에 의한 원가계산이 실제소비액보다 큰 경우이므로 재료비차이계정의 대변에 대체하였다가, 결산시 손익계정의 대변에 대체하여 영업외수익으로 처리하든지, 그렇지 않으면 매출원가계정의 대변에 대체하여 매출원가의 차감사항으로 처리하면 된다.

그 계정처리 관계는 다음 도해에서 보는 바와 같다.

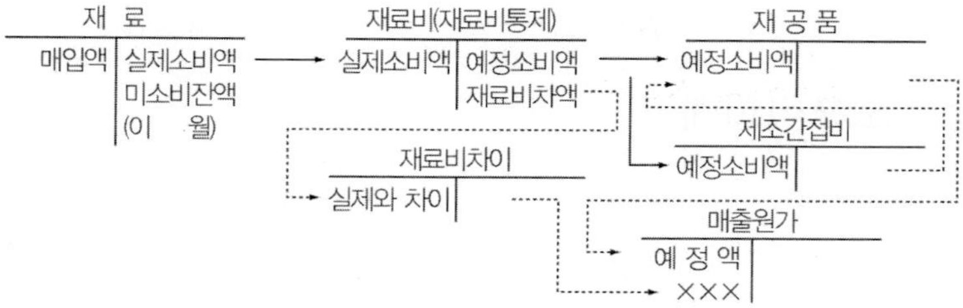

[예제 5] WK상사의 1원가계산 기간 동안의 재료소비액에 대한 자료는 다음과 같다.

재료 예정소비액 ₩700,000(이 중 ₩400,000은 직접비, ₩300,000은 간접비), 실제소비액 ₩900,000이었다. 이에 따른 분개를 실시하고 재료비계정과 재료비차이계정의 기입면을 표시하라(단, 재료비 차이에 대해서는 매출원가계정으로 대체하라).

(1)	(차)	재 공 품	400,000	(대)	재 료 비	700,000
		제조간접비	300,000			
(2)	(차)	재 료 비	900,000	(대)	재 료	900,000
(3)	(차)	재료비차이	200,000	(대)	재 료 비	200,000
(4)	(차)	매 출 원 가	200,000	(대)	재료비차이	200,000

재 료 비

(2)재 료	900,000	(1)제 좌	700,000
		(3)재료비차이	200,000
	900,000		900,000

재료비차이

(3)재료비	200,000	(4)매출원가	200,000

제 2 절 노무비회계

1. 노무비의 분류

노무비(Labor Cost)란 제품제조를 위해서 소비된 노동의 경제가치를 화폐액으로 계산한 측정치이다. 그러므로 노무비는 제품제조를 위해서 제공된 노동의 대가로서 노무자에게 지급되는 임금·급여·상여금 등과는 구분되는 포괄적인 개념이다. 즉, 노무비는 기업이 구입한 노동력의 소비에 초점을 두고 있는 데 반하여, 임금·급여·상여금 등은 노무제공의 대가에 대한 지급형태에 초점을 둔 개념이기 때문이다. 다시 말하면, 원가계산상의 노무비는 노동력의 소비에 의하여 발생한 원가요소이므로 재무회계상의 비용인 임금·급여·상여금 등과는 다르다는 점이다.

그러므로 기업이 임금이나 급여를 지급하고 노동력을 구입하였다 하더라도 그 노동력이 제조과정에서 소비 또는 사용되지 않은 경우에는 노무비가 발생하지 않는 것이며, 또한 비록 노무제공의 대가로서 현금이 지급되지 않은 경우라도 노동력이 소비 또는 사용된 것이라면 노무비가 발생한 것이 된다.

노무비는 재료비·경비와 더불어 원가의 3요소를 이루는 것으로 원가회계에 있어 중요성을 지니고 있으며, 특히 노무비는 기타의 다른 원가요소와는 달리 그 대상이 재화가 아닌 인간이라는 점에서 특수성을 가지기 때문에 그 취급에 있어서 특별한 주의가 필요한 것이다. 오늘날 제조원가에서 노무비가 차지하는 비율이 다른 어떤 원가요소보다도 크기 때문에 그 산정과 지급방법 등에 있어서 세심한 배려가 있어야 한다.

노무비회계의 중심내용은 첫째가 당기에 지급되어지는 노무비의 산출에 관한 문제이고, 둘째로는 당기 중에 발생된 노무비를 원가계산을 위하여 할당하는 문제이다. 그리고 셋째로는 당기에 발생 및 지급·소비되는 노무비에 대한 합리적인 기장처리문제의 세 가지로 나누어 볼 수 있다.

좁은 의미로 말하여 첫째의 문제는 지급임금의 계산이고, 둘째의 문제는 원가계산을 위한 소비임금의 계산이며, 셋째의 문제는 임금의 지급 및 소비에 따른 기장 및 회계처리에 관한 것이다.

노무비는 일반적으로 다음과 같이 세 가지로 분류되고 있다.

① 지급형태에 따른 분류: 임금, 급료, 잡급, 종업원제수당, 종업원퇴직금, 복리후생비
② 발생형태에 따른 분류: 노무주비, 노무부비
③ 배부절차에 따른 분류: 직접노무비, 간접노무비

(1) 지급형태에 따른 분류

㈎ 임 금: 임금(Wages)은 생산활동에 직접 참여해서 주로 육체적 노무를 제공하는 종업원에게 지급되는 노동력에 대한 보수이다. 일반적으로 작업량이라든가 시간에 따라 지급되는 노동의 대가이므로 노동소비량과 임금과는 직접적인 비례관계가 있다. 임금은 기업의 임금체계에 따라서 상이한 내용을 가질 수 있지만, 일반적으로 임금의 기초적 부분을 형성하는 기본급(Basic Wages)과 시간 외 수당(Over Time Premium) 또는 작업의 위험 정도에 따라 가산 지급되는 가급금, 즉 특수작업수당 등이 있다.

시간가급금에는 시간 외・야간 및 휴일근무와 같은 시간 외의 것과 생산상여(도급에 의한 가급)와 같은 시간 내의 것이 있다. 작업가급금에는 위험・유해・비위생・불유쾌한 특수작업가급과 현장수당이라든가 직무수당 등과 같은 작업성질에 따르는 가급 등이 있다. 임금은 그 지급형태에 따라 시간급・일급・주급・월급 등으로 구분되어진다.

㈏ 급 료: 급료 또는 봉급(Salaries)은 주로 육체적인 노동의 대가로 지급하는 임금과는 달리 주로 정신노동에 대하여 지급되어지는 것으로, 일반적으로 관리・사무직노동의 제공자인 직원에게 지급되는 것이다.

원가계산상 노무비를 임금과 급료로 구분하는 이유는 일반노무자에 지급

되는 임금은 노동소비량과 직접적인 비례관계를 가지고 있을 뿐더러, 그것의 소비량의 측정이 비교적 용이하고, 따라서 소비액을 정확히 파악할 수 있음에 반하여, 일반직원(관리직 및 사무직)에 지급되는 급료는 그러하지 않고, 특정제품의 제조에 직접적으로 관련지우기는 곤란한 경우가 많으므로 공장의 직원들, 즉 공장장이나 공장사무원의 급료를 제외하고는 본사의 직원들이나 판매원들에게 지급되는 급료는 제품제조활동과는 별개이므로 제품제조원가의 계산에서는 제외하고, 판매비와 일반관리비 등의 계정으로 처리하는 것이 일반적이며, 공장직원의 급료도 특정제품의 제조와 직접적인 관련을 가질 수 없으므로 보통 제조간접비로 처리된다.

급료도 또한 기본급과 가급금으로 나눌 수 있으나 가급금의 종류 및 금액이 임금의 경우와 같이 많지는 않고 그 지급방법에 있어서 거의 월급제이며 계산도 단순하다.

㈐ 잡 급: 잡급과 임금 및 급료를 구분할 절대적인 기준은 없다. 회계실무에서는 대체로 다음 세 가지와 같은 경우에 지급되는 임금을 잡급으로 분류하는 경우가 많다.

㉠ 종업원의 고용관계에서 고용원 명부에 등재되어 있지 않은 임시고용자에게 지급되는 임금
㉡ 지속적인 작업이 아니고 일시적인 작업에 종사하는 자에게 지급되는 임금
㉢ 작업내용이 비교적 중요하지 않고 높은 수준의 기술을 요하지 않는 단순작업에 종사하는 자에게 지급하는 임금

㈑ 종업원 상여 및 제수당: 이것은 공장종업원에 대하여 경상적으로 지급되는 상여 및 제수당이다. 따라서 여기에는 상여금(bonus)과 각종 수당, 즉 가족수당・근무지수당・휴일 및 휴가수당 등이 포함된다.

상여 및 수당은 작업조건 및 시간과 직접적인 관련을 가지고 지급되는 임금 또는 급료 이외에 지급되는 것으로, 기본급이나 가급금 등과 구분되는 것은 작업과 직접적인 관계없이 지급된다는 점이다. 상여 및 수당도 노동력

의 확보와 유지 · 관리에 관련이 있는 경우에만 노무비로 인정되고, 그렇지 않은 경우에는 노무비로 계상되지 않는 것이 보통이며, 제수당은 매월 월급 지급시에 포함되고 상여수당의 경우에는 분기별 · 반기별로 일정하게 지급되는 것이 일반적이므로, 종업원 개인별로 분할하여 임금 또는 급료에 포함시켜 계산한다.

(마) 종업원 퇴직금: 노동기준법 또는 노사협약에 의해 근로자가 퇴직할 때 근속연수에 따라 지급하는 급여가 퇴직금이다. 퇴직금은 임금의 추가지급, 노후의 생활보장급 등의 성격을 지니고 있지만 노동력에 대한 기업의 부담금이므로 노무비로 계산한다. 회계실무에서는 매 회계기간이 부담할 퇴직금을 매 회계기간 결산시에 일괄 추정계산한다.

(바) 복리후생비: 종업원의 복리증진을 위한 의료 · 보건행위 · 문화오락 · 급식개선 · 과정활동 등에 소요되는 비용을 복리후생비라고 한다. 복리후생비는 노동력을 유지 · 관리하는 데 소요되는 비용이므로 노무비로 분류하는 것이 일반적이나, 실무에서는 제조경비로 처리하여, 제조원가보고서의 제조경비항목으로 분류되지만, 한국공인회계사회의 원가계산기준에서는 노무비로 분류되어 있다.

(2) 발생형태에 따른 분류

(가) 노무주비: 노무주비(Main Labor Costs)는 제품의 제조를 위하여 직접적 또는 간접적으로 소비된 노동력에 대한 대가로서, 종업원 개인별로 그 지급액을 계산할 수 있으며, 일정기간 단위로 산정하고자 할 때 비교적 명료하게 나타나는 원가인 임금 · 급료 · 잡급 · 종업원 제수당 등을 말한다. 다시 말하여, 노동자의 노동 그 자체와 직접적인 관련하에 발생되어지는 원가를 말하는 것으로 부수적으로 발생되는 노무부비와 구분되는 개념이다.

(나) 노무부비: 노무부비(Sub Labor Costs)는 종업원의 관리 · 유지에 관한 일체의 비용 중에서 주노무비를 제외하고 부수적으로 발생되어지는 경비, 즉

모집비용·교육훈련비용 등을 말한다. 이외에도 노무부비에는 복리후생적 부담비용, 노무기준법에 의한 재해보상비, 의료보험법에 의한 의료비 중의 사업주 부담분 등이 포함된다. 노무부비는 노무주비와는 달리 종업원 각자에게 개별적으로 나타나기보다는 종업원 전체에 대하여 일괄적으로 나타나는 경우가 많기 때문에 노무부비를 노무주비에 정확히 배부하기 어렵다. 따라서 실무에서는 이를 제조간접비의 일종으로 처리하게 되는데, 사회가 고도로 산업화됨에 따라 노무부비의 중요성은 더욱 커져 전 노무비 중에서 차지하는 비율이 점차 높아져가는 추세이다.

(3) 배부절차에 따른 분류

㈎ 직접노무비(Direct Labor Cost): 특정제품 또는 특정부문에 대하여 개별적으로 발생하여 그 제품 또는 부문의 원가를 구성하는 노무비로서, 특정제품의 제조작업에 직접적으로 종사한 직접공과 그 밖의 현장원에게 지급되는 임금 및 급료이다. 여기서 직접공이란 해당제품의 생산을 위해서 직접가공작업을 하는 공원으로서, 자동차제조업에서 조립공·판금공·도장공이나 건축업에서의 목공·토공 등을 말한다.

따라서 여러 가지의 제품을 제조하는 데 공통적으로 참여하는 공장장이나 공사관계 사무직원과 같은 간접공과는 구분되는 개념이며, 특정제품의 제조에 직접 관련되었다 할지라도 총괄적인 업무인 감독·설계·검사 등에 종사하는 자들은 직접공의 범위에서 제외되고, 이들에 지급하는 임금 및 급료 등은 원가계산에서 직접노무비로 처리되지 않는다.

㈏ 간접노무비(Indirect Labor Cost): 간접노무비란 특정제품 또는 특정부문에 개별적으로 발생하지 않고 여러 제품 및 부문에 공통적으로 발생하게 됨에 따라 그 제품이나 부문에서 직접 확인할 수 없고, 일정한 인위적인 기준에 의하여 제품에 배부시켜야만 하는 노무비이다. 공장장·현장감독자 등과 같이 사무관리 분야에 종사하는 종업원에 대한 임금 및 급료는 여기에 해당된다.

요소별 원가계산에서 직접노무비와 간접노무비의 구분은 매우 중요하다.

왜냐하면 제조원가 중에서 노무비가 차지하는 비율이 점차 높아져가고 있기 때문이다.

2. 노무비의 원가계산

(1) 지급임금과 소비임금의 기본개념

노무비의 계산은 계산목적에 따라 보통 지급임금계산(Payroll Accounting)과 소비임금계산(Labor Distribution Accounting)이라는 두 개의 부분으로 구분하여 설명되어지고 있다. 왜냐하면 노무비의 주된 부분은 역시 직접임금이므로, 전통적으로 이 용어로 통칭되어 왔다.

지급임금이란 기업이 노동력이라는 요소용역을 구입한 대가로서 그 제공자에게 실제로 지급된 금액을 의미하며, 소비임금이란 기업이 구입한 노동력이라는 요소영역 중에서 제품의 제조과정에서 사용 또는 소비되는 가치를 말하게 되므로 지급임금과 소비입금은 반드시 일치한다고는 말할 수 없다. 왜냐하면 매 원가계산기간에 발생·소비되어 원가에 포함되는 임금은 당기에 지급한 임금뿐만 아니라 미지급한 임금도 계상되기 때문이다. 다시 말하여, 기업이 구입한 노동력은 일정의 제조과정에서 모두 소비되지 않고 차기에 소비될 수도 있고 반대로 당기에 소비된 노동력이라 할지라도 아직 미지급의 것들은 항상 존재할 수 있기 때문이다. 이것은 급여기일과 원가계산의 기일간에는 보통 얼마간의 차이가 있기 마련이어서 나타나는 현상이다. 즉, 월급은 보통 15일이나 25일에 지급된다 할지라도 원가계산은 월말을 기준으로 하는 것이 일반적이기 때문에 지급된 임금과 소비된 임금 사이에 약간의 차이(Gap)는 불가피하다.

또한 지급임금은 일정한 기간단위(월별, 반월별, 주별, 일별)를 중심으로 하여 각 종업원에 대한 지급액을 산정함으로써 얻어지는 데 반하여, 소비임금은 각 제조지시서 또는 원가계산단위로서의 부문별로 소비액을 산정하여 구한다. 그러므로 기업이 개별원가계산제도를 채택하고 있는 경우에는 제조과정에서 노동력의 소비가 나타났다 하더라도 제조지시서별로 파악할 수 없는 소비액, 즉 간접노무비는 소비임금의 범주에서 제외되게 된다. 따라서 이 경우 소비임금이란 직접노무비만을 의미하므로 간접노무비는 소비임금의 범주에서 제외되며, 소비임금의 계산이란 직접노무비를 각 제조지시서별로 부담시키는 것을 의미하게 된다.

지급임금의 계산은 원래 원가계산의 영역에 속한다기보다는 재무회계의 영역에 속하는 문제이다. 그러나 오늘날 대부분의 제조기업이 계정체계를 매개로 하여 재무회계와 유기적으로 결합되어 "제도로서의 원가계산"을 실시하고 있는 만큼, 재무회계 측면에서의 지급임금계산과 원가계산 측면에서의 소비임금(원가요소로서의 노무비)의 계산은 서로 밀접한 관계를 갖고 있다.

(2) 지급임금의 계산

원가계산이 일정한 급부를 계산단위로 하는 대상계산이라고 한다면, 재무회계에서의 비용계산은 일정한 기간을 단위로 하는 기간계산이라고 할 수 있다. 따라서 재무회계의 영역에 속하는 지급임금은 반드시 일정한 기간(월, 반월, 주, 일)을 단위로 계산하게 마련이다. 종업원 각자에 대한 지급임금은 그 지급방식에 따라 계산방법에 차이가 있지만 일정기간 동안에 있어서의 종업원 각자의 노동량에, 일정기간 동안에 있어서의 종업원 개인별 임률을 곱하여 계산한다. 이를 식으로 표시하면 다음과 같다.

지급임금액 = 노동량 × 임률

여기서 노동량은 직접임금의 경우에는 작업시간을, 임률은 시간당 임금을 나타낸다.

작업일수 · 작업시간수 · 완성품수량 등을 파악하기 위해서는 기업별로 적절한 양식의 출근부, 작업시간보고서, 작업량보고서를 각각 고안하여 사용하여야 한다. 일반적으로 이용되는 작업시간보고서 및 작업량보고서의 양식은 다음과 같다.

작업시간 보고서

번　　호 ________　　　　　　제 ______ 호
성　　명 ________
소속부문 ________　　　　　　20×1년 ××월 ××일

작 업 종 류	착 수 시 간	종 료 시 간	작 업 시 간
제조지시서 #1	9 : 00	18 : 00	9시간
제조지시서 #2	9 : 00	15 : 00	6시간
합　계			15시간

현장책임자__________인

작업량 보고서

번　호________　　　　　　제 ______ 호
성　명________　　　　　　20×1년 ××월 ××일
부　문________

제조지시서 번　　호	생산량			임　률	금　액	시간수
	총수량	불합격	합　격			

검사자__________인　　　　감독자________인

여기서 유의해야 할 점은 시간급제인 경우의 작업시간수는 실제 작업시간뿐만 아니라 준비 혹은 기계준비시간(Set Up Time)이나 휴식시간까지도 포함한 취업시간을 말한다.

(3) 소비임금의 계산

소비임금(직접노무비)의 계산은 제조지시서별 또는 제품종류별로 제조과정에서 소비된 노무원가를 산정하는 것이다. 그러므로 소비임금의 계산은 원

가계산단위에 대한 대상계산이라는 특징을 갖는다.

원가요소로서의 소비임금은 작업시간과 소비임률의 계산으로 이루어진다.

1) 작업시간의 계산

작업시간의 계산은 총근무시간을 세분하여 직접작업시간 및 간접작업시간별로 기록된 작업시간을 기준으로 하여 계산된다.

직접작업시간이란 종업원이 특정제품의 생산을 위하여 직접적으로 참여한 시간을 말하며, 이는 실제작업한 시간은 물론이고 작업개시 전에 필수적으로 소요되는 작업준비시간까지도 포함한다.

간접작업시간에는 여러 종류의 제품을 생산하기 위하여 공통적으로 소비한 시간, 다시 말하면 일반적인 노동에 종사한 공통작업의 지원시간은 물론이고 관리불비 또는 사고로 인하여 대기에 의하여 생기는 부동시간 등이 포함된다. 직접작업시간과 간접작업시간은 모두 근로시간을 구성하며 이 양자를 구분하는 것은 노무비를 직접노무비와 간접노무비로 구분하여 계산하고자 할 때 중요한 판단기준이 되기 때문이다.

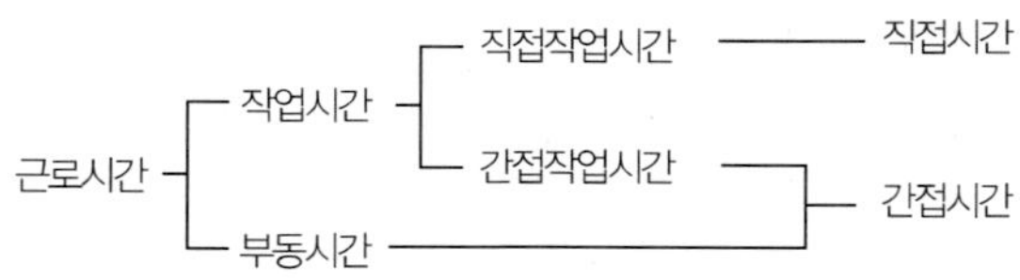

2) 소비임률의 계산

원가계산할 노무비를 계산하기 위해서 작업시간수가 정해지면, 시간당 소비임률을 결정하여야 한다.

소비임률계산은 임률을 개인별로 계산하는가 아니면 작업조별로 하는가에 따라 개별임률법과 평균임률법으로 나누어지고, 실제임금에 의하는가 아니면 예정임금에 의하는가에 따라 실제임률법과 예정임률법으로 나눌 수 있다.

개별임률이란 제품의 제조과정에 참여한 종업원 각자에 대하여 개별적으로 산출한 임률을 말한다. 그러므로 개별임률법(Individual Wage Rate Method)

이란 개인별로 소비임률을 산정하고, 또 개인별로 작업시간을 계산하여 개인별 소비임률과 개인별 작업시간을 곱하여 소비임금을 계산하는 방법을 말한다. 개별임률법을 적용하는 것은 개별원가계산인 경우에 한한다.

평균임률(Average Wage Rate)이란 생산에 참여한 각 종업원의 개별임률을 평균한 것이다. 따라서 작업자의 집단별로 임금총액을 그 집단의 노동시간 총합계로 나누어 평균임률을 구하게 된다. 평균임률은 직장별 또는 작업구분별로 구하여 소비임률로 하는 것이 원칙이다.

소비임금을 계산할 때 평균임률을 일괄적으로 적용하게 되면 계산이 간편할 뿐 아니라, 제품별 원가부담이 생산에 참여한 종업원의 개별임률의 차이에 영향을 받지 않고 공평하게 나타난다는 장점이 있다. 그러나 지급임금의 총액이나 노동시간수가 기말이 되어야만 확정되므로 소비임금의 계산이 기말까지 연기되어야 한다는 단점이 있다.

실제임률법(Actual Wage Rate Method)이란 실제임금을 실제노동시간으로 나누어 소비임률을 계산하는 방법을 말한다.

실제임률법을 적용할 때 원가계산기간과 지급임금계산기간이 일치하지 않는다. 왜냐하면 임금지급일과 원가계산일이 보통 다르기 때문이다. 따라서 지급임금을 그대로 소비임금으로 계산할 수는 없다.

따라서 당월 소비임금을 아래 식과 같이 당월지급임금에 당월 미지급임금을 가산하고, 전월 미지급임금을 차감하여 당월에 지급한 임금을 차감하여 계산한다.

당월 소비임금 = 당월 지급임금 + 당월 미지급임금 - 전월 미지급임금

실제임률법은 소비임률계산을 월말이 되어야 할 수 있으므로 기초나 기말에는 원가계산을 할 수 없는 것이 결점이다.

예정임률(Predetermined Wage Rate)이란 실제임률이 확정되기 이전에 예상되는 실제임률을 추정한 것이다. 따라서 소비임률은 1회계연도의 예정임금총액을 그 연도의 예정작업량의 합계로 나누어 예정임률을 구하고, 예정임률에 실제근무시간을 곱하여 소비임금을 계산한다.

$$예정임률 = \frac{예정임률총액}{예정작업시간}$$

$$예정소비임금 = 예정임금 \times 실제작업시간$$

예정임률에 의하여 계산된 예정노무비는 기말실제노무비와 차액이 생기게 된다. 이 차액은 수정분개하여 노무비차이계정에 대체한다. 노무비차이계정이 차변잔액일 때에는 예정배부액을 실제보다 과소하게 계산한 것이고 대변잔액인 경우 과도하게 예정배부한 것이다.

3. 노무비의 기장과 회계처리

(1) 지급임금의 기장

임금은 월 1회 또는 2회 간격으로 일정일에 지급된다. 그러므로 임금계산부서는 임금지급일이 도래하기 직전에 일급제인 경우엔 출근부, 시간급제인 경우엔 작업시간보고서, 개수급제인 경우엔 작업량보고서를 마감한 후, 종업원 각자에 대하여 개별적으로 일정기간 동안의 작업일수・작업시간수・완성품수량 등을 계정하고 이에 개인별 지급임률을 곱해 임금지급액을 계산한다. 계산된 내역을 아래의 양식과 같은 임금계산표에 기입한 후 임금을 지급한다.

<u>임금계산서</u>

제＿＿＿＿호

번　　호＿＿＿＿

성　　명＿＿＿＿　　　　계산기간 자: 20×1년 ×월 ×일

소속부문＿＿＿＿　　　　지: 20×1년 ×월 ×일

작 성 자: ＿＿＿＿＿＿

시간수	임률	지급총액				공제액		차 감 지급액
		기본급	가급금	가족수당	합 계	소득세	보험료	

임금계산부서는 각 개인별 임금계산표에 나타난 지급임금의 내역을 임금지급장(payroll)에 옮겨 기록·유지한다. 임금지급장은 지급임금계산에 관한 보조부로서, 복수분개장제도하에서는 지급임금에 관한 특수분개장에 해당된다. 이것은 종업원별로 임금지급액의 계산이 끝나면 그것을 장부에 기입하고, 총계정원장에 합계전기되는데, 일반적 양식과 필요한 분개는 다음과 같다.

<u>임 금 지 급 장</u>

자: 20×1년 ×월 ×일

지: 20×1년 ×월 ×일

번호	성명	기본임금	가급금	합계	제 수당				차 감 액				지급액	수령일
					가족수당	교통수당	…	합계	소득세	보험료	…	합계		

(차) 임　　금　×××　　(대) 현　　　금　×××
　　　　　　　　　　　　　　소득세예수금　×××
　　　　　　　　　　　　　　보험료예수금　×××
　　　　　　　　　　　　　　선 대 임 금　×××

(2) 소비노무비의 기장

원가계산부서는 작업시간보고서를 접수하는 대로 종업원 각자의 취업시간을 직접작업시간과 간접작업시간으로 구분하여, 직접작업시간에 평균소비임금을 곱하여 직접노무비를, 그리고 간접작업시간에 평균소비임률을 곱하여 간접노무비를 각각 계산한다. 이때 적용되는 평균소비임률은 회사가 채택하고 있는 임금시스템에 따라서 실제임률이나 또는 예정임률에 의해서 계산되어진다.

산출된 직접노무비와 간접노무비는 노무비분개장에 기입하는 데 필요한 기초자료로서 활용된다. 다음의 표에서 보는 바와 같이, 노무비분개장의 차변은 재공품, 제조간접비, 판매비 및 일반관리비 등의 여러 난으로 구분되어 있는데, 재공품란에는 직접노무비를, 제조간접비란에는 간접노무비를, 판매비 및 일반관리비란에는 본사의 임원이나 판매원에 대한 급료를 기입한다.

노 무 비 분 개 장

월일	작업시간보고서	원면	차 변			대 변
			재공품	제조간접비	판매비 및 일반관리비	노 무 비

노무비분개장은 소비노무비를 기입하기 위한 특수분개장인데, 일정기말에 마감한 후, 이를 근거로 일반분개장에서 다음과 같이 합계 분개함으로써 총계정원장의 해당 계좌에 전기한다.

(차)	재 공 품	×××	(대) 노 무 비	×××
	제 조 간 접 비	×××		
	판 매 관 리 비	×××		

소비노무비의 계산을 간단하고, 신속하게 처리하기 위하여 예정임률법에 의하여 노무비소비액을 계산하는 경우가 대부분인데, 이 경우 소비노무비의 계산은 과거 일정기간의 노무비총액을 총작업시간으로 나눈 것을 기초로 하고, 이것을 당월의 예상변동치를 감안하여 수정한 예정임률을 미리 정해 두고, 이것에 작업시간을 곱하여 소비노무비로 계산한다.

소비임률로서 예정평균임률을 적용하면 노무비분개장의 대변에는 예정노무비가 기록되므로 기말에 실제 평균임률을 적용하여 계산한 노무비와 차이가 나타나게 마련이다. 실제임률과 예정임률의 차이로 인한 노무비차이는 재료비차이와 마찬가지로 노무비통제계정 혹은 노무비라는 조정계정을 두어 처리하고, 결산시 노무비차이계정에 대체하여 처리한다.

예정임률법에 의하여 회계처리하였을 때의 노무비 혹은 노무비통제계정의 기입면은 다음과 같다.

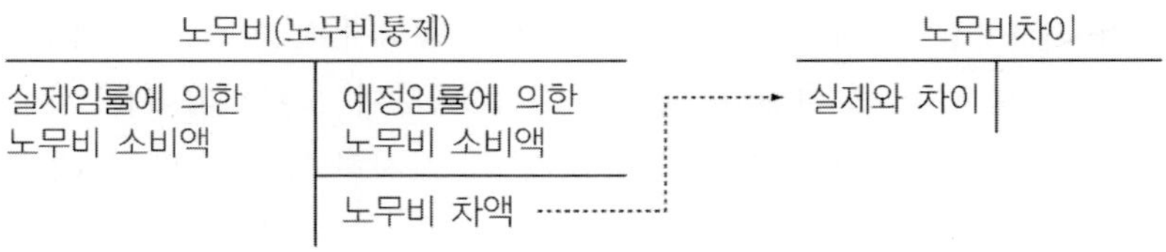

기업이 노동력을 구입한 대가로 노무제공자에게 지급하는 노동에 대한 대가로서의 지급임금과, 제품의 제조과정에서 소비된 원가요소로서의 소비임금에 대한 기장과 회계처리를 위한 기장 관계도는 〈그림 6-3〉과 같다.

비용으로서의 지급임금에 대한 회계는 원래 재무회계의 영역에 속하며, 원가요소로서의 노무비에 관한 회계는 원가회계의 영역에 속하지만, 오늘날의 원가계산이 재무회계와는 관계없이 독자적으로 이루어지는 것이 아니라 계정이라는 매체를 통하여 재무회계와 유기적인 관련성을 맺고 이루어지고 있기 때문이다.

〈그림 6-3〉 노무비 기장관계도

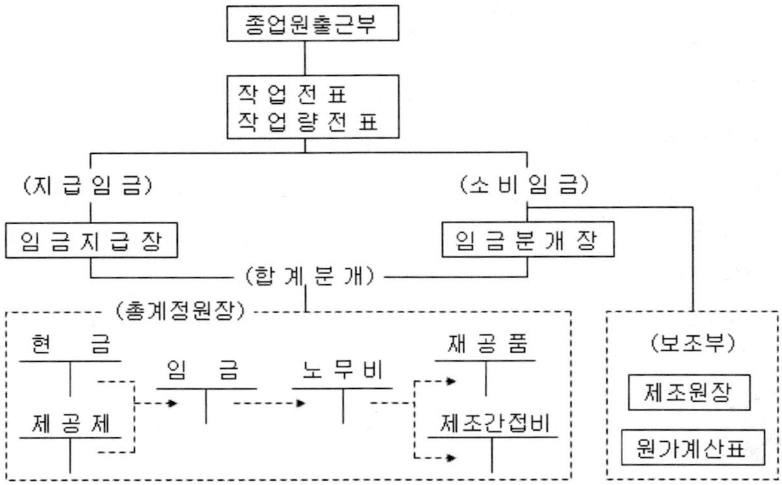

[예제 6] 예정임률제도를 채택하고 있는 W회사에 어느 원가계산기말의 임금의 지급 및 소비에 관련된 다음 자료에 의하여 노무비차이를 계산한 후에 손익계정에 대체하기까지의 원장기입면을 표시하고, 필요한 분개도 실시하라.

① 임금 총지급액(수표로): ₩930,000
　공제액: 소득세 ₩25,000, 조합비 ₩15,000, 선대금 ₩30,000

② 예정임률에 의한 임금 예정소비액: 직접비 ₩670,000
　　　　　　　　　　　　　　　　　간접비 ₩230,000

③ 실제임률에 의한 임금 실제소비액: ₩920,000이다.

〈분 개〉

①	(차) 임 금	930,000	(대)	당 좌 예 금	860,000
				소득세예수금	25,000
				조합비예수금	15,000
				선 대 금	30,000
②	(차) 재 공 품	670,000	(대)	노 무 비	900,000
	제조간접비	230,000			
③	(차) 노 무 비	920,000	(대)	임 금	920,000
④	(차) 노무비차이	20,000	(대)	노 무 비	20,000
⑤	(차) 손 익	20,000	(대)	노무비차이	20,000

임 금

차변		대변	
① 제 좌	930,000	③ 노무비	920,000
		차월이월	10,000

노 무 비

차변		대변	
③ 임 금	920,000	② 제 좌	900,000
		④ 노무비차이	20,000

재 공 품

차변		대변	
② 노무비	670,000		

제조간접비

차변		대변	
② 노무비	230,000		

노무비차이

차변		대변	
④ 노무비	20,000	⑤ 손 익	20,000

손 익

차변		대변	
⑤ 노무비차이	20,000		

제 3 절 제조경비회계

1. 제조경비의 성격과 분류

(1) 제조경비의 성격

제조경비(Manufacturing Overheads)란 제품의 제조를 위하여 소비되는 원가 중에서 재료비와 노무비를 제외한 모든 원가요소를 말한다. 따라서 제조경비는 제품제조 이외의 목적을 위하여 소비되는 재무회계상의 비용이나, 비경상적인 상태하에서 발생된 소실 등을 제조경비의 범위에 포함시켜서는 안 되며, 주생산요소라 할 수 있는 재료비와 노무비의 개념규정에 따라 그 성격이나 규범이 탄력적이 될 수밖에 없고, 대부분이 간접적인 성격을 갖는다.

제조경비는 그 개념 및 성격의 규명에 있어 기타의 원가요소와는 다른 다음과 같은 네 가지의 특성을 갖는다.

첫째, 제조경비는 재료비・노무비와 같이 어떤 특정한 대상이 없으며, 따라서 그 내용이 일정하지 않다. 즉, 재료비와 노무비의 범위를 넓히면 그에 따라 자연히 제조경비의 범위는 좁아지며, 반대로 축소하면 그 범위는 확대된다. 예를 들면, 재료의 검수・정리・보관 등에 소요된 비용을 재료비의 일부로 포함시킨다면 그들은 제조경비의 범위에서 제외되어지나, 그들이 재료비의 범위에서 제외된다면 제조경비가 된다. 또 종업원의 복리후생비와 같은 원가요소도 이를 노무비의 범위로 포함시킨다면 제조경비가 될 수 없지만, 이것이 노무비에서 제외한다면 제조경비의 범위에 포함되게 된다. 다시 말하여, 제조경비란 제품의 제조를 위하여 소비되는 원가 중에서 재료비와 노무비를 제외한 모든 원가요소이므로, 제조경비의 구성내용 자체가 상대적으로 결정되므로 일률적으로 말할 수는 없다. 재료비・노무비・제조경비의 분류는 어디까지나 상대적인 것이며, 업종・생산양식・경영규모 및 원가계산실무지침 등에 따라 달라진다.

둘째, 제조경비란 제품의 제조를 위하여 소비되는 원가의 일부분으로 재무회계상의 판매비 및 일반관리비와 구분되는 개념이다. 왜냐하면 제조경비는 원가요소인 것에 반하여 판매비 및 일반관리비는 수익에 대응되는 기간비용이기 때문이다.

참고로 제조원가명세서상의 제조경비항목과 포괄손익계산서상의 판매비와 일반관리비항목을 비교하면 〈표 6-1〉과 같다.

〈표 6-1〉

제조원가명세서상의 제조경비항목	포괄손익계산서상의 판매비와 일반관리항목	비 고
전력료, 가스수도료, 운임, 감가상각비, 수신비, 소모품, 세금공과, 임차료, 보험료, 복리후생비, 통신비, 여비교통비 등	임원급여, 급여와 임금, 제수당, 퇴직급여	노무비 또는 판매관리비
	복리후생비, 여비교통비, 통신비, 수도광열비, 세금 공과임차료, 감가상각비, 수선비, 보관료, 운반비	제조경비 또는 판매관리비
	접대비, 광고선전비, 견본비, 포장비, 경상시험연구비, 개발비, 판매수수료, 대손상각, 영업비상각 등	순수한 의미의 판매비와 일반관리항목

셋째, 제조경비는 재료비와 노무비를 비교할 때 그 구성내용이 다양하며, 간접적인 성격을 갖는 것이 대부분이다. 물론 당기 중에 소비되는 제조경비 중에는 특정제품의 제조만을 위해서 소비되어지는 특허권 사용료나 일부의 부분품 등을 외부업자에 의뢰하여 생산하는 형식을 취하는 기업에서 발생하는 외주가공비 등의 직접제조경비도 있지만 대부분의 제조경비는 그 성격상 간접비가 된다.

넷째, 제조경비는 제품의 생산과정에서 불가피하게 발생한 것으로서, 정상적인 것이어야 한다. 제조의 과정에서는 일상적이고 반복적인 것 이외에도 돌발적 사고 등에 의한 지출도 따르게 될 수밖에 없지만, 정상적인 제조과정으로 발생된 것이 아닌 것은 원가계산상 제조경비의 범위에서 제외된다.

(2) 제조경비의 분류

원가계산을 위하여 제조경비를 몇 가지로 분류하는 것은 불가피하다. 왜냐하면 당기에 발생한 제조경비를 하나의 계정과목으로 표시한다면 그 구체성이 희박하여 정보가치의 문제가 있으며, 그렇다고 지나치게 세분한다면 혼란만 가중될 것이기 때문에 그 기업의 성격에 맞도록 적당한 분류방법에 의하여 구분함으로써 보다 명료한 정보에 의하여 의사결정의 유용성이 커진다고 볼 수 있다.

제조경비는 재료비나 노무비보다도 더욱 그 성격이 복잡하고 다양하여 몇 가지로 나눈다는 것도 쉽지 않다. 특히 제조경비의 구성항목을 분류하는 것은 원가분석이나 원가의 관리·통제 등을 위하여 필요하지만 지나치게 세분하여 항목수를 많게 하면 계산비용이 많이 들게 되므로, 제조경비는 그 계산목적과 그 비용을 고려하여 각 기업의 시점에 맞게 분류하여야 한다.

본 절에서는 제조경비를 관점에 따라 ① 발생형태별, ② 계산방법별, ③ 제품관련성별, ④ 성격별로 분류하여 보고자 한다.

1) 발생형태별 분류

제품제조를 위하여 발생한 경비를 그 형태별로 분류한다는 것은 원장에 설정할 계정과목을 정하는 문제와 같은 뜻을 지닌다.

왜냐하면 이 경비의 형태별 분류에 의하여 총계정원장의 계정과목이 설정되어지기 때문에 기본적 분류에 해당된다. 제조경비를 형태별로 분류하면 다음과 같다.

① 전력비 ② 수도광열비 ③ 운반비 ④ 감가상각비
⑤ 수선비 ⑥ 소모품비 ⑦ 세금과공과금 ⑧ 임차료
⑨ 보험료 ⑩ 복리후생비 ⑪ 여비교통비 ⑫ 통신비
⑬ 잡비

2) 계산방법별 분류

여러 가지 형태의 경비는 제품제조를 위해서 소비되어지는 금액을 계산하는 방법에 따라 그 차이를 가진다. 따라서 제조경비는 그것을 파악하여 계산하는 방법에 따라 월할제조경비 · 측정제조경비 · 지급제조경비 및 발생제조경비의 네 가지로 분류할 수 있다.

① 월할제조경비: 월할제조경비란 그 발생액이 1년, 6개월 또는 3개월 등과 같이 일정한 기간단위로 결정되어 당기의 소비액으로 파악하는 항목으로 보험료 · 임차료 · 감가상각비 · 조세공과 등이 이에 속한다.
② 측정제조경비: 측정제조경비란 원가계산 기간 동안에 발생한 제조경비부담액을 공장에 비치되어 있는 측정계기에 의하여 당기의 제조경비로 산정되는 제조경비를 말하는 것으로서, 전력료 · 수도료 · 가스료 등이 이에 해당된다.
③ 지급제조경비: 지급제조경비는 원가계산 기간 중에 실제로 지급하였거나, 지급하여야 할 금액으로 당기의 제조경비로 파악하고, 계산되는 제조경비를 말하는 것으로서, 복리후생비 · 수선비 · 외주가공비 · 통신비 · 잡비 등이 이에 속한다.
④ 발생제조경비: 발생제조경비란 재고감모비 등과 같이 현금지급을 수반하지 않는 내부거래에서 발생하는 제조경비이며, 그 발생액을 실제조사에 의해서 측정한 후 제조원가에 산입하는 제조경비로서, 재고감모비 · 공손비 등이 이에 속한다.

3) 제품과의 관련에 따른 분류

제조경비는 특정제품의 제조를 위하여 발생된 것인가, 아니면 여러 가지의 제품을 제조하기 위하여 공통적으로 발생된 것인가에 따라 직접제조경비와 간접제조경비로 분류된다.

다시 말하여, 특정제품과 개별적 · 직접적으로 관련되어 있는가, 아니면 여러 제품의 제조에 공통적으로 발생되어 특정제품과는 간접적으로 관련되어 있는가에 따른 분류로서, 제조지시서별 특정제품의 제조원가를 산출하는 개별원가계산에서는 필수적으로 다루어지는 제조경비의 분류법이다.

① 직접제조경비(Direct Overhead): 특정의 제품 또는 특정제조지시서에 대해서만 특별히 발생하고, 또한 발생한 원가를 특정의 제조지시서에

직접적으로 부과할 수 있는 제조경비를 말한다. 이러한 제조경비는 그리 많지 않은 특별비에 해당한다. 여기에 속하는 제조경비로는 외주가공비, 특허권사용료, 특수기계의 임차료 및 감가상각비, 시작비 및 파손비 등이 있다.

② 간접제조경비(Indirect Overhead): 특정제품의 제조와 직접적인 관계가 없는 제조경비로서 전체의 제품 또는 다수의 제품에 대하여 공통적으로 발생한 것이다. 따라서 특정제품의 제조지시서별로 직접 파악할 수 없는 제조경비를 말한다. 일반적으로 제조경비의 대부분은 간접제조경비에 속하게 되며, 특히 개별원가계산하에서 이러한 간접제조경비는 간접재료비 및 간접노무비와 함께 제조간접비로 일괄 집계하였다가 일정한 인위적인 배부기준에 따라 제품별로 할당하는 절차를 밟게 된다.

2. 제조경비소비액의 계산

제품제조를 위해서 당기에 소비한 제조경비소비액은 각각 제조경비의 성격에 따라 서로 그 계산방법이 다르다. 왜냐하면 어떤 제조경비는 화폐지급액에 따라 그 소비액이 계산되는가 하면, 또 어떤 다른 제조경비는 얼마가 지급되었느냐에 상관없이 기간별로 일률적인 금액을 당기의 소비액으로 배정되기도 하며, 또 어떤 제조경비는 반드시 검토 측정액에 의해서 계산되고, 경우에 따라서는 현금지급과는 상관없이 별개로 비반복적으로 나타나는 제조경비도 있기 때문이다.

따라서 당기 제조경비소비액을 계산하기 위해서는 앞에서 언급한 바와 같이 모든 제조경비를 계산방법을 같이하는 것들로 분류해서, 지급제조경비 · 월할제조경비 · 측정제조경비 및 발생제조경비별로 그 각각의 성질에 따라 다음과 같이 계산된다.

(1) 지급제조경비

복리후생비 · 수선비 · 운반비 · 보관비 · 여비교통비 · 교재비 · 외주가공비 · 잡비 등의 지급제조경비는 회계계에서 작성한 재무회계자료에 입각하여, 원가계산 기간 동안에 발생한 비용을 측정 · 파악함으로써 계산된다. 여기서 말하는 지급제조경비는 원가계산 기간 동안에 현금을 지급하였다는 사실보다는, 발생주의에 따라 당해 기간에 제조경비라는 원가요소가 발생하였다는 사실에 입각하여 계산한 금액을 말한다.

따라서 지급제조경비에 해당하는 제조경비의 당기 소비액을 계산하고자 할 때에는 우선 선급액과 미지급액을 다음과 같은 방법에 따라 가감계산하여 원가계산 기간의 순발생액을 산출한 다음 이를 당기의 소비액으로 하여 제품원가에 산입하여야 한다.

첫째, 매월 선급액이 발생하는 지급제조경비에 대해서는 다음의 산식에 따라 당기 순발생액을 계산하여 제조간접비계정에 대체한다. 선급액은 당기 중 지급하였다 할지라도 차기에 해당되는 제조경비이므로 당기 소비액에서는 제외하여 차기의 제조경비로 계상되어야 하기 때문에 당기 소비액을 계산하기 위해서는 당기의 선급액을 차감하는 대신에, 전기 선급액은 당기 소비액으로 계상하여야 할 것이다.

〈매월 선급액이 나타나는 경우〉

당기 지급액 + 전기 선급액 - 당기 선급액 = 당기 순발생액

둘째, 매월 미지급액이 발생하는 지급제조경비에 대해서는 다음의 산식에 따라 당기 순발생액을 계산한 후 제조간접비계정에 대체한다.

〈매월 미지급액이 나타나는 경우〉

당기 지급액 + 당기 미지금액 - 전기 미지급액 = 당기 순발생액

왜냐하면 당기 중에 미지급된 제조경비라 할지라도 당기 부담분으로 지급하여야 할 제조경비라면 당기의 소비액으로 계상하여야 하며, 전기의 미지급분은 이미 전기 원가에 포함된 부분을 당기에 기증한 것이므로 당기의 제조경비소비액 계산에서는 제외되어야 할 것이기 때문이다.

이 관계를 계정관계도로 나타낸다면 아래 그림과 같다.

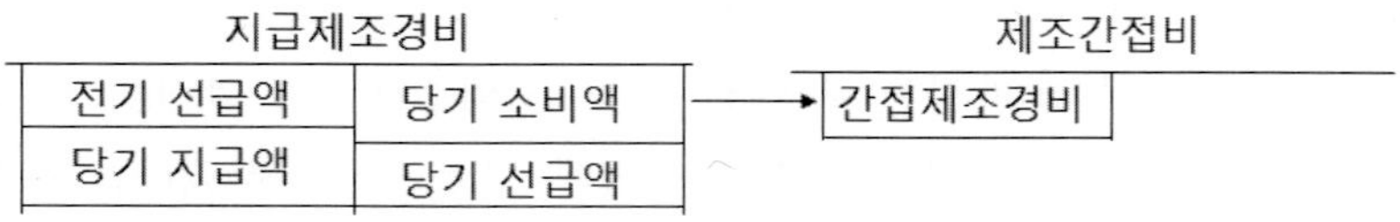

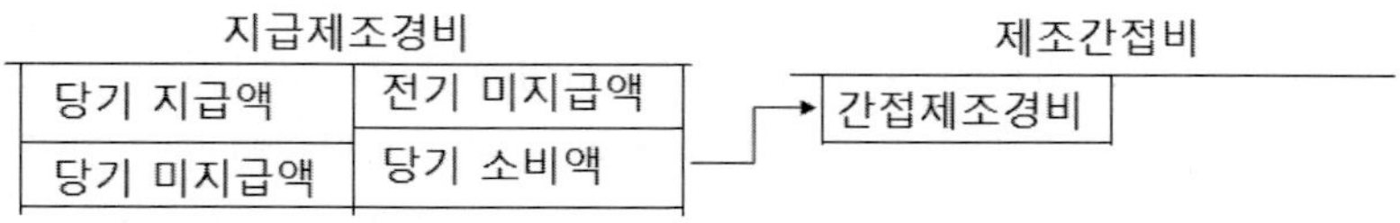

제조경비지급표

원가항목	당월 지급액	전월 미지급액	전월 선급액	당월 미지급액	당월 선급액	당월 소비액
운반비						
여 비						
수선비						
⋮						

[예제 7] 아래 지급경비의 당월 소비액을 계산하라.

비 목	당월 지급액	전월 미지급	전월 선급액	당월 미지급액	당월 선급액	당월 소비액
외주가공비	100,000	3,000		5,000		(①)
여 비	80,000	21,000			19,000	(②)
운 반 비	157,000		4,000	3,000		(③)
수 선 비	45,000	17,000		15,000		(④)

[해 답] ① 102,000 ② 40,000 ③ 164,000 ④ 43,000

(2) 월할제조경비

일정한 기간 단위로 그 소비액을 배정함으로써 결정되는 보험료 · 임차료 · 감가상각비 · 조세공과 · 특허권사용료 등의 월할제조경비는 그 금액이 이미 확정되어 있으므로 아래 양식과 같은 제조경비월할표에 의하여 월별 할당액을 산정하고, 그 금액을 당월의 소비액으로 계상한다. 그리고 제조경비월할표상에 나타난 월할제조경비 부담액을 간접제조경비원장 또는 제조경비원장에 기입하고, 제조경비분개장 및 일반분개장을 경유하여 총계정원장의 제조간접비계정에 전기한다.

제조경비월할표

20×1년

비 목	회계 연도의 추 정 액	월 할 액						
		1월	2월	3월	4월	5월	6월	…
감가상각비 조 세 공 과 보 험 료 ⋮								…

$$\text{당월 제조경비소비액} = \frac{\text{총소비액}}{12} = \text{당월 제조경비할당액}$$

(3) 측정제조경비

전력료 · 수도료 · 가스료 등의 측정제조경비에 해당되는 제조경비의 당기 소비액은 검침에 의하여 당기 소비액으로 측정하여 지급한 금액을 당기 소비액으로 계산한다. 그러나 그 지급일이 원가계산일과 일치하는 경우에는 그 지급액을 그대로 당기의 소비액으로 할 수 있지만, 지급일이 1개월, 2개월 지연되거나 검침일과 원가계산일이 일치되지 않는 경우에는 측정액 또는 지급액을 그대로 원가부담액으로 할 수 없다. 이 경우에는 지급제조경비의 계산방법에 따라 조정계산을 할 필요가 있다.

측정제조경비를 계산하는 데에는 보통 다음과 같은 제조경비측정표가 사용되며, 관계 장부에 기록하는 것은 월할제조경비에 준하면 된다.

제조경비측정표

부문명______　　20×1년 ××월 ××일　　NO.________

비 목	전월 검침량	당월 검침량	당월 사용량	단 가	금 액
전 력 료 수 도 료 가 스 료 ⋮					
합 계					
원가계산계		회 계 계		측 정 계	

(4) 발생제조경비

재고감모비·공손비 등과 같이 현금지출을 수반하지 않고도 내부거래에서 발생하는 제조경비는 그 발생액을 계산하여 당기 소비액으로 계상한다. 그러나 원가계산 기말에 매번 실제재고조사를 실시한다는 것은 실제로는 곤란할 때가 많으므로 과거의 발생액을 기초로 하여 1회계연도의 발생액을 추정하고, 이를 월할하여 각 원가계산 기간에 부담시키는 것이 상례이다. 발생제조경비의 계산을 위해서는 다음과 같은 제조경비발생표가 사용된다. 그리고 발생제조경비를 월별로 배분하고자 할 때에는 월할제조경비에 준해서 처리하면 된다.

제조경비발생표

부문명______　　20×1년 ××월 ××일　　NO.________

비 목	발생 총액	월수	1월	2월	3월	4월	5월	6월	…
재료감모비 ⋮									
합 계									
	원가계산계				회 계 계				

$$\text{당월 발생제조경비소비액} = \frac{\text{총발생액(1년)}}{12}$$

3. 제조경비소비액의 기장

원가계산 기간 동안 제조경비지급표 · 제조경비측정표 · 제조경비월할표 및 제조경비발생표의 작성이 완료되면 1원가계산 기간의 제조경비소비액도 산정된다. 이때 제품별 원가를 산출하기 위하여 직접제조경비에 해당하는 비목, 즉 특허권사용료 · 외주가공비 · 시작비 등은 제조원장의 당해 제품계정에 직접 기입하여 부과하고, 간접제조경비에 속하는 비목에 대해서는 일정한 배부기준에 의하여 특정제품에 배부계산한 후에 제조원장의 특정제품계정에 기입한다.

일정한 원가계산 기간 동안의 제조경비소비액 중에서 직접제조경비에 해당하는 비목은 총계정원장의 재공품계정에, 그리고 간접제조경비에 해당하는 비목은 총계정원장의 제조간접비계정에 합계 전기한다.

(차)	재 공 품	×××	(대)	제조경비	×××
	제조간접비	×××			

[예제 8] 다음 자료에 의하여 당월 제조경비소비액을 계산하고, 총계정원장 기입을 위한 분개를 실시하라(단, 회계기간 6개월, 원가계산 기간 1개월).
발생한 비용의 배분은 직접비와 재료감모손실을 제외하고 제조부 60%, 영업부 40%로 한다.

1. 감가상각비: ₩120,000(당회계연도 부담)
2. 보 험 료: ₩180,000(1년간 계약선금)
3. 전 력 료: ₩80,000(당월 지급액) ₩85,000(당월 측정액)
4. 수 도 료: ₩50,000(당월 측정액) ₩45,000(당월 지급액)

5. 운　반　비: ₩45,000(당월 지급액)　₩15,000(당월 미지급액)
6. 외주가공비: ₩174,000(당월 지급액)　₩84,000(당월 미지급액)
　　₩64,000(전월 미지급액)
7. 재료(정상적 발생)
　전월 이월액 ₩49,000　당월 매입액 ₩574,000
　당월 소비액 ₩479,000　실제재고액 ₩96,000

1. 당월 제조경비소비액의 계산
　감가상각비 = ₩120,000 / 6 = ₩20,000
　보　험　료 = ₩180,000 / 12 = ₩15,000
　전　력　료 = 당월 측정액 = ₩85,000
　수　도　료 = 당월 측정액 = ₩50,000
　운　반　비 = ₩45,000 + ₩15,000 = ₩60,000
　외주가공비 = ₩174,000 + ₩84,000 - ₩64,000 = ₩194,000
　재료감모손실 = 장부재고액 - 실제재고액
　　= ₩49,000 + ₩574,000 - ₩479,000 - ₩96,000
　　= ₩48,000

※ 직접제조경비, 제조간접비, 판매관리비의 계산

	당월 소비액	직접제조경비	제조간접비	판매관리비
감가상각비	20,000		20,000×0.6=12,000	20,000×0.4= 8,000
보 험 료	15,000		15,000×0.6= 9,000	15,000×0.4= 6,000
전 력 료	85,000		85,000×0.6=51,000	85,000×0.4=34,000
수 도 료	50,000		50,000×0.6=30,000	50,000×0.4=20,000
운 반 비	60,000		60,000×0.6=36,000	60,000×0.4=24,000
외주가공비	194,000	194,000		
재료감모손실	48,000		48,000	
	472,000	194,000	186,000	92,000

2. 원장기입을 위한 분개

(차)	제 조 경 비	380,000	(대)	감가상각비	20,000
	판매관리비	92,000		보 험 료	15,000
				전 력 료	85,000
				수 도 료	50,000
				운 반 비	60,000
				외주가공비	194,000
				재료감모손실	48,000

(차)	재 공 품	194,000	(대)	제 조 경 비	380,000
	제조간접비	186,000			

[연 습 문 제]

※ Answer the Questions by the Following Data(1-5).

Direct Material at the beginning = $5,500
Direct Material at the end = $3,000
Direct Material purchased = $25,000
Manufacturing Overhead applied = $20,000
Work-in-Process Inventory at the beginning = $-0-
Work-in-Process Inventory at the end = $14,000
Finished Goods Inventory at the beginning = $7,500
Finished Goods Inventory at the end of the year = $5,000
Under applied Manufacturing overheads = $3,000
Cost of Goods Sold = $75,000
Gross Profit Margin = $2,000

1. What are the cost of Direct Material used in this period?
   a. $22,500　　b. $25,000　　c. $27,500　　d. $28,000

2. What are the Direct Labor Cost incurred in this period?
   a. $11,000　　b. $11,500　　c. $25,000　　d. $39,000

3. What are the Manufacturing Overhead Cost incurred in this period?
   a. $17,000　　b. $23,000　　c. $33,000　　d. $35,000

4. What are the Cost of Goods Manufactured in this period?
   a. $72,500　　b. $75,500　　c. $77,000　　d. $77,500

5. What are the total Sales Profit?

a. $73,000 b. $76,000 c. $77,000 d. $80,000

※ By the Physical Inventory method, Materials consumed and Materials inventory(5-11).

Materials Purchased: March 3(30units×@$1,000=$30,000)

March 8(20units×@$1,200=$24,000)

March 15(30units×@$1,400=$42,000)

Materials Used: March 20(50units)

Materials Inventory at the end of March: (30units)

6. By FIFO, How much are the costs of Materials Used(50units) during March?

a. $54,000 b. $60,000 c. $66,000 d. $72,000

7. By LIFO, How much are the costs of Materials Used(50units) during March?

a. $54,000 b. $60,000 c. $66,000 d. $72,000

8. By the Average method, How much are the costs of Materials Used (50units) during March?

a. $54,000 b. $60,000 c. $66,000 d. $72,000

9. By FIFO, How much are the costs of Materials Inventory(30units) at the end of March?

a. $24,000 b. $30,000 c. $36,000 d. $42,000

10. By LIFO, How much are the costs of Materials Inventory(30units) at the end of March?

a. $24,000 b. $30,000 c. $36,000 d. $42,000

11. By Average method, How much are the costs of Materials

Inventory(30units) at the end of March?

a. $24,000 b. $30,000 c. $36,000 d. $42,000

※ Calculate the Labor costs consumed in this s month, and Journal entry to record on the general ledger(12-13).

1) Payment of Labor Cost $10,000,000 2) Not paid $2,000,000 for labor cost incurred in this month 3) Total Labor costs in this month are consumed 60% in Direct cost, and 40% in Indirect Cost.

12. Calculate the total Labor Costs in this month

a. $10,000,000 b. $2,000,000 c. $12,000,000 d. $8,000,000

13. Journal entry for costing products

a. (Dr) Work in Process	8,000,000	(Cr) Labor Costs	8,000,000
b. (Dr) Work in Process	12,000,000	(Cr) Labor Costs	12,000,000
c. (Dr) Work in Process	4,800,000	(Cr) Labor Costs	8,000,000
Manufacturing Overheads	3,200,000		
d. (Dr) Work in Process	7,200,000	(Cr) Labor Costs	12,000,000
Manufacturing Overheads	4,800,000		

※ Calculate the manufacturing and general administrative overheads in this month and journalize for product costing.

Depreciation (per year) =$360,000(machine=40%, office building=60%) Maintenance & administrative (per year)=$120,000(Machine=80%, headquarter's building=20%) Royalty(per year) =$240,000(All is for manufacturing) Tax(per year) =$180,000(All is Manufacturing) Electric power costs during month=$35,000(manufacturing=80%, headquarter's office=20%)

14. Calculate the total Manufacturing Overheads for the products during this month.

a. $80,000 b. $83,000 c. $95,000 d. $110,000

15. Journal Entry for Product costing in this period

a. (Dr) Work in Process 20,000 (Cr) Overheads 110,000
Manufacturing Overheads 63,000
Administrative Costs 27,000

b. (Dr) Finished Goods 20,000 (Cr) Manufacturing Overheads 110,000
Work in Process 63,000
Administrative Costs 27,000

c. (Dr) Finished Goods 83,000 (Cr) Manufacturing Overheads 83,000

d. (Dr) Work in Process 20,000 (Cr) Manufacturing Overheads 47,000
Administrative Costs 27,000

16. If average direct labor rate is $12 per direct labor hour, and direct labor hours in this month are 500 hours, The journal entry to record the Journal?

a. (Dr) Work in Process 6,000 (Cr) Labor Costs 6,000

b. (Dr) Labor Costs 6,000 (Cr) Work in Process 6,000

c. (Dr) Manufacturing Overheads 6,000 (Cr) Labor Costs 6,000

d. (Dr) Labor Costs 6,000 (Cr) Manufacturing Overheads 6,000

17. If direct labors' wages are 2500 hours at $8 per hour, factory supervisor's salary are $2,500, and selling director's salary in headquarter are $3,000, The journal entry to record the Journal?

a. (Dr) Work in Process 20,000 (Cr) Selling & Administrative Costs 22,500
Manufacturing Overheads 2,500

b. (Dr) Labor Costs 25,500 (Cr) Work in Process 20,000
Manufacturing Overheads 2,500

Selling & Administrative Costs 3,000

c. (Dr) Labor Costs 19,500 (Cr) Work in Process 20,000
Selling & Administrative Costs 3,000 Manufacturing Overheads 2,500

d. (Dr) Work in Process 20,000 (Cr) Labor Costs 25,500
Manufacturing Overheads 2,500
Selling & Administrative Costs 3,000

18. If Direct Materials are 400 pounds at $8.75 per pound, direct labor hours are 600 hours at $10 per hour, applied Manufacturing Overheads are 600 direct labor hours at $15 per hour, The journal entry to record the Journal?

a. (Dr) Direct Materials 3,500 (Cr) Work in Process 18,500
Direct Labor Costs 6,000
Manufacturing Overheads 9,000

b. (Dr) Direct Materials 3,500 (Cr) Work in Process 18,500
Direct Labor Costs 6,000 Manufacturing Overheads 9,000

c. (Dr) Work in Process 18,500 (Cr) Direct Materials 3,500
Direct Labor Costs 6,000
Manufacturing Overheads 9,000

d. (Dr) Work in Process 18,500 (Cr) Direct Materials 3,500
Manufacturing Overheads 9,000 Direct Labor Costs 6,000

19. On October 1, The following material requisition was filled: 4,000 board feet of lumber at $2 per board foot. The Journal Entry to record the release of raw materials to production is?

a. (Dr) Raw Material 8,000 (Cr) Work in Process 8,000
b. (Dr) Work in Process 8,000 (Cr) Raw Material 8,000
c. (Dr) Raw Material 10,000 (Cr) Work in Process 10,000
d. (Dr) Work in Process 10,000 (Cr) Raw Material 10,000

20. At the end of October, the labor card time filed during the month indicated that direct labor hours worked during the month totaled 500, and that the average direct labor was $12 per direct labor hour. The journal entry to record this cost is:

a. (Dr) Direct Labor 5,000 (Cr) Wages Payable 5,000

b. (Dr) Work in Process 5,000 (Cr) Wages Payable 5,000

c. (Dr) Work in Process 6,000 (Cr) Wages Payable 6,000

d. (Dr) Direct Labor 6,000 (Cr) Wages Payable 6,000

21. The pertinent information for October concerning the production supervisor's salary and the wages of various employees who spent some of their time on maintenance and general clean-up duties during the month was presented as follows:

Supervisor's Salary: $2,500

Maintenance and general clean-up wages: 250 hours at $8 per hour

The journal entry to record the above information is:

a. (Dr) Manufacturing Overheads 4,500 (Cr) Wages Payable 4,500

b. (Dr) Manufacturing Overheads 4,000 (Cr) Wages Payable 4,000

c. (Dr) Work in Process 4,500 (Cr) Wages Payable 4,500

d. (Dr) Work in Process 4,000 (Cr) Wages Payable 4,000

22. 다음 자료에 의하여 9월 중의 재료소비액과 월말 재료재고액을 계산하라(실사법).

9/1	A재료 매입 200개 × @₩200	9/ 3	출고 100개
9/5	A재료 매입 200개 × @₩250	9/10	출고 200개
9/18	A재료 매입 100개 × @₩300	9/25	출고 100개

	당월 소비재료(400개)원가	월말 재료재고(100개)원가
선입선출법	(①)	(②)
후입선출법	(③)	(④)

총평균법 (⑤) (⑥)

이동평균법 (⑦) (⑧)

23. 다음 자료로 당월 노무비 소비액을 계산하고, 제품원가계산을 위하여 필요한 분개를 하라.

1) 당월 노무비 총지급액 ₩10,000,000, 공제액: 소득세 ₩40,000, 선대금 ₩50,000
2) 전월 노무비 미지급액 ₩2,000,000
3) 당월 노무비 미지급액 ₩2,500,000
4) 당월 노무비 총소비액 중 직접소비액은 60%이고, 나머지는 간접노무비

1) 노무비 지급시의 분개를 실시하라
2) 당월 제품제조를 위하여 소비된 노무비 총액은 얼마인가?
3) 제품원가계산을 위한 분개를 실시하라.

24. 다음 자료에 의하여 당월의 제경비를 계산하고 회계처리하라.

감가상각비 계상액(1년분) ₩360,000(공장건물=40%, 본사건물=60%)
특허권 사용료(1년분) ₩240,000(이 중 지급액은 ₩120,000)
세금공과(1년분) ₩180,000(전액 공장분임)
재료 장부재고액=₩540,000, 실제 재료재고액= ₩500,000(경상적)
전력료 3개월분 지급액=₩75,000, 당월측정액=₩35,000(공장=80%, 본사=20%)

1) 당월 중 재공품에 직접부과되는 제조경비 소비액은?
2) 당월 중 간접제조경비 총액은?
3) 당월 중 제조간접비 총액은?
4) 당월 중 판매관리비 총액은?
5) 제품 원가계산 및 결산을 위한 분개를 실시하라.

제 7 장 부문별 원가회계

제 1 절 부문별 원가계산의 목적과 절차

1. 부문별 원가계산의 의의와 원가배분

(1) 부문별 원가계산의 의의

부문별 원가계산(Departmental Costing)이란 원가요소를 그 발생장소인 부문별로 분류하고, 집계하는 과정을 말하는 것으로서, 장소별 원가계산이라고도 부른다. 왜냐하면 원가부문(Cost Departments)이란 작업의 종류에 따른 장소와 일치하는 것이 보통이기 때문이다.

제품의 제조원가를 산출하는 일반적인 절차는 ① 일정기간에 발생한 원가를 요소별로 파악하고(요소별 원가계산), ② 각 원가요소들을 그 발생장소인 원가부문에 할당한 다음(부문별 원가계산), ③ 부문별로 집계된 원가를 마지막으로 제품 또는 용역에 배부 또는 부과하는(제품별 원가계산), 3단계의 과정을 거쳐 이루어지게 된다.

제품의 제조원가를 산출하는 것은 어떤 의미에서는 당기 중에 발생된 원가요소들을 각 제품들에 할당하는 원가배분의 과정이기 때문에, 원가계산을 잘한다는 것은 원가배분이 합리적으로 이루어졌다는 것과 같은 의미를 가지게 되며, 가장 합리적인 원가의 배분을 위해서는 그 원가가 발생한 장소인 해당 부문에서만 가능하다는 이유에서, 복잡한 원가의 부문별 계산의 과정을 거치게 되는 것이다. 주요 재료비와 같은 직접비들은 특정제품별로 확인이 가능하지만 그 외의 대부분의 간접비들은 원가배분의 과정을 거쳐야 하며,

제품원가 중에서 간접비가 차지하는 부분이 상대적으로 커져가는 것이 기업의 현실이기 때문에 부문별 원가계산의 중요성은 더욱 커져가는 것이다. 만일 부문별 원가계산의 과정을 생략하고, 재료비·노무비·제조경비 등의 요소별로 집계된 원가를 직접 제품별 배부를 통해서 제품원가를 계산하려고 한다면, 각 원가요소들을 특정제품들에 배부하기 위한 구체적 기준이나 인과관계를 찾는다는 것은 거의 불가능하다.

부문별 원가계산은 합리적 원가배분을 통한 보다 정확한 제품제조원가의 산정과 효율적인 업적평가의 근거를 제공하기 위해서 현대기업에서는 필수가결한 원가회계의 과정이라 할 수 있다.

(2) 원가배분의 본질과 논리적 근거

원가배분은 모든 기업이 심각하게 직면하는 회계문제 중의 하나로서 회계에 있어서 상당히 중요한 부분을 차지하고 있다. 예를 들어, 취득원가를 내용연수 동안에 걸쳐서 배분하는 감가상각문제도 일종의 원가배분이다. 원가배분(Cost Allocation)이란 일정한 배분기준에 따라 공통원가를 각 원가집적대상에 대응시키는 과정을 말한다. 여기서 원가집적대상(Cost Object)이란 원가가 개별적으로 집적되는 활동이나 대안 또는 조직의 하부단위 등을 말한다. 즉, 원가를 부과할 수 있는 단위이면 그것이 제품이든 서비스 부문이든 원가중심점이든 이익중심점이든 모두 원가집적대상이 될 수 있다.

일반적으로 흔히 볼 수 있는 원가집적대상과 원가배분의 예를 살펴보면 다음과 같다.

① 부문(예, 보조부문원가의 배분)
② 제품(예, 제조간접원가의 배분)
③ 기간(예, 감가상각을 통한 고정자산원가의 배분)

그러면 원가집적대상 및 원가배분과 배분기준의 개념을 구체적으로 파악하기 위해 다음의 예를 살펴보자.

A사업부와 B사업부로 구성된 회사가 원가 ₩180,000인 기계를 보유하고

있는데, 이 기계를 두 사업부와 공통으로 이용하고 있다고 하자. 이때 기계의 원가인 ₩180,000이 공통원가가 되며 이 공통원가가 배분대상이 되는 원가이다. 만일 이 공통원가를 사업부의 기계이용시간에 비례하여 각 사업부에 배분하다고 하면, 기계이용시간이 배분기준이 되고 각 사업부는 원가집적대상이 되는 것이다. 따라서 A사업부가 기계의 이용가능시간 중 30%를 이용하고 B사업부가 나머지 시간을 이용한다면, ₩180,000의 공통원가는 A사업부에 ₩54,000, B사업부에 ₩126,000이 배분된다.

조직 내에서 볼 때 이러한 원가배분의 예는 무수히 많다. 즉, 제조간접원가를 제품에 배분하는 것이나 보조부문원가를 제조부문에 배분하는 것 등이 그것이다. 회계에 있어서 원가배분은 상당히 중요한 영역을 구성하고 있어 오늘날에도 원가배분과 관련된 논의는 계속되고 있다.

원가배분은 원가회계나 재무회계 모두에 있어 매우 중요한 문제로서 아직도 논란의 대상이 되고 있다. 이러한 논란은 원가배분이 본질적으로 회계담당자의 임의에 따라 이루어진다는 점 때문에 발생하는 것인데, 토마스(A. L. Thomas)는 이에 관한 그의 1차 연구에서 원가배분의 이론적 타당성을 부정하고 원칙적으로 원가배분을 하지 말아야 한다고 주장하였다. 그는 먼저 원가배분이 이론적인 타당성을 가지기 위한 조건으로 다음 세 가지를 열거하였다.

1) 명료성(Unambiguity)

원가배분방법은 명확해야 한다. 즉, 일단 배분방법이 선택되면 각 원가집적대상에 단 하나의 금액만이 배분되도록 하여야 한다.

2) 이론적 타당성(Defensibility)

여러 원가배분방법 중에서 특정방법을 선택했다면, 그 방법이 다른 어떤 방법보다도 논리적으로 타당하다는 것을 입증할 수 있어야 한다.

3) 가산성(Additivity)

배분과정을 통해 각 원가집적대상에 배분된 금액의 합은 배분 전의 공통원가총액과 일치해야 한다. 즉, 어떠한 배분방법을 사용한다 하더라도 원가배분과정에서 최초의 배분대상금액이 소멸됨이 없이 모두 원가집적대상에 배분되어야 한다.

원가배분의 타당성에 대해서는 아직도 논란이 있다. 그러면 여기서 원가배분을 반대하는 입장의 주요 이론적 근거는 원가배분이 임의적으로 이루어진다는 데 있다. 앞에서도 언급한 바와 같이 "절대적으로 타당한" 원가배분방법이 존재하지 않기 때문에, 동일한 경제적 실질을 가지고 있는 공통원가에 대해서 회계담당자마다 각기 서로 다른 방법을 적용하여 원가를 배분하게 될 우려가 있다는 것이다. 그들은 또, 만약 이와 같이 임의적으로 공통원가를 배분하게 되면 결과적으로 정보이용자들에게 유용성이 없는 회계정보를 제공하게 되며, 성과평가에도 공정성을 기하지 못하게 된다고 주장한다.

이에 대하여 원가배분의 타당성으로 인정하는 입장의 이론적 근거는 다음과 같다. "공통원가는 실제로 여러 원가집적대상의 활동에 도움을 주므로 이 공통원가를 각 원가집적대상에 배분하여야만 각 원가집적대상관리자들의 공통원가의 존재를 인식하게 되고, 그 결과 원가통제가 강화된다는 것이다.

예컨대, 본사에서 발생하는 공통원가를 사업부에 배분하게 되면, 사업부 경영자들도 본사의 공통원가를 회수하는 데 공헌해야 한다는 것을 느끼게 된다는 것이다. 만일 본사의 공통비용을 각 사업부에 배분하지 않으면 사업부 경영자들은 본사의 활동을 비생산적이고 낭비적인 활동이라고 인식하게 될 가능성이 있다. 그러나 본사의 지원활동 없이는 사업부의 활동이 원활하게 이루어지지 못하므로 이것은 논리적으로 명백한 모순이라는 것이다.

이처럼 원가배분은 많은 비판과 논란의 대상이 되고 있다. 그러나 현행 실무에서 많은 기업들이 원가배분을 계속 실시하고 있는 것으로 보아, 원가배분은 일종의 필요악(Necessary Evil)이라고 볼 수 있다.

(3) 원가배분의 목적

역사적으로 원가회계에서는 제품 및 부문에 대한 원가배분을 강조해 왔다. 앞에서도 설명한 것처럼 원가배분은 회계담당자의 임의에 의해서 이루어진다는 것 때문에 논란과 비판의 대상이 되고 있다. 그럼에도 불구하고 기업들이 원가배분을 고집해 오고 있다면 "왜 기업들이 원가배분을 실시하는가?"

즉, "원가배분을 실시하는 목적이 무엇인가?"하는 중대한 의문이 제기된다.

일반적으로 기업이 원가배분을 실시하는 목적을 살펴보면 다음과 같다.

첫째, 기업은 각종 경제적 의사결정을 합리적으로 수행하기 위해서 원가를 배분한다. 즉, 계획이나 통제와 관련된 의사결정의 결과를 예측하거나 향상시키기 위해서 원가를 배분한다. 예를 들어, 새로운 제품계열을 추가할 것인지의 여부를 결정하려고 할 때 정확한 원가자료를 이용하는 것이 필수적인데, 이를 위하여 원가를 배분하는 것이다.

둘째, 경영자에게 바람직한 동기를 부여하고 성과를 평가하기 위해서 원가를 배분한다. 예를 들어, 컴퓨터를 사용하는 부서의 경영자로 하여금 컴퓨터 사용을 장려하거나 억제하기 위해서, 혹은 컴퓨터 부서의 경영자가 일정 기간동안 원가를 얼마나 효율적으로 통제하였느냐를 판단하기 위해서 원가를 배분할 필요가 있다.

셋째, 외부보고를 위한 재고자산의 금액결정 및 이익측정을 위해서 원가를 배분한다. 이 목적은 제품의 원가계산과 직결되는 것으로 이러한 목적으로 원가배분을 할 때에는 회계기준에 규정되어 있는 배분기준을 따르는 경우가 많다. 이때의 배분기준은 공정성과 공평성을 충족시켜야 한다.

넷째, 계약금액의 결정을 위한 원가계산목적으로 원가를 배분한다. 이때에도 공정성과 공평성을 충족시키는 배분기준이 선택되어야 할 것이다.

한편, 원가배분의 주요목적인 경제적 의사결정목적과 성과평가목적은 서로 중복되는 경향을 가지고 있다. 예를 들어, 원가배분을 이용하여 하부경영자들의 행동을 최고경영자가 원하는 방향으로 유도하려 한다고 하자. 즉, 기업에 유리한 방향으로 행동을 하는 하부경영자에게는 그의 성과측정치가 양호하게 나타나도록 원가를 배분하고, 반대로 기업에 불리한 방향으로 행동을 하는 하부경영자에게는 그의 성과측정치가 불량하게 나타나도록 원가를 배분하면, 다른 조건이 모두 동일한 경우, 하부경영자들은 최고경영자가 원하는 방향으로 행동하게 될 것이다. 그러므로 이때의 원가배분은 다분히 성과평가를 목적으로 이루어진다는 것이라고 볼 수 있다. 이때는 하부경영자의 행동과 원가배분액 사이의 인과관계를 가장 잘 나타내주는 배분기준에 의해 원가를 배분하는 것이 필수적이다. 이것은 곧 인과관계를 가장 잘 나타내 주는 배분기준에 의해 원가를 배분할 때 하부경영자들로 하여금 최적의 행동, 즉 최적의 의사결정을 내리도록 유도할 수 있다는 의미가 된다. 이러한 면에서 성과평가목적과 경제적 의사결정목적은 서로 밀접한 관련을 가지고 있다.

일반적으로 경제적 의사결정목적과 성과평가목적을 동시에 충족시키기 위해서는 다음과 같이 원가배분을 실시하는 것이 바람직하다.

첫째, 성격이 상이한 고정원가와 변동원가는 서로 다른 기준에 의해 배분한다. 즉, 고정원가는 장기적인 수요와 관계되므로 장기적인 이용도를 기준으로 하여 배분하고, 변동원가는 원가발생과 직접적인 인과관계를 갖는 단기적인 이용도를 기준으로 하여 배분한다.

둘째, 특정부문의 비능률이 다른 부문에 전가되지 않도록 실제가격과 실제수량이 아닌 표준가격과 표준수량을 사용하여 원가를 배분한다.

경제적 의사결정목적을 위한 원가배분액은 이익결정이나 재고자산평가목적을 위한 원가배분액과 다른 경우도 많이 있다. 예를 들어, 판매수수료의 경우를 살펴보자. 가격결정이나 판매촉진 의사결정을 하는 경우에는 판매수수료를 각 제품이나 사업부에 배분하는 것이 보통이다. 그러나 재무제표작성을 위한 이익결정이나 재고자산 평가목적을 위해서는 이를 기간비용으로 처리한다.

지금까지 원가배분의 네 가지 목적과 상호간의 관계를 살펴보았는데, 가장 이상적인 원가배분은 위의 네 가지 목적을 동시에 달성시켜 주는 것이라고 할 수 있다. 그러나 이것이 불가능한 경우에는 각 상황에서 가장 중요한 목적을 파악하여 그 목적에 가장 부합되는 원가배분을 하여야 할 것이다.

(4) 원가배분의 과정

제조간접원가를 제품별로 배부하는 원가배부의 과정은 공장전체배부율에 의한 방법과 부문별 배부율에 의한 방법의 두 가지로 크게 나누어진다.

공장전체배부율(Plant-Wide Overhead Rate)에 의하여 제조간접비를 제품별로 배부하는 것은 공장전체에 걸쳐서 발생된 제조간접비를 매출액, 작업면적 혹은 근로시간 등과 같은 하나의 일률적인 기준에 의하여 제품별로 배부하는 가장 단순한 방법이다. 이것은 제조간접비의 특성이나 발생원인 등을 전혀 고려하지 않게 됨에 따라, 이 방법에 따라 산출된 제조원가는 그 타당성을 인정받을 수 없으므로 합리적인 원가배분의 과정이라 할 수 없다.

부문별 배부율(Departmental Overhead Rate)은 합리적인 원가배분을 통하여 제조원가의 타당성을 제고하기 위하여 개발된 보다 향상된 원가배부의 방법이다. 이것은 공장전체에 걸쳐서 하나의 일률적인 배부기준을 사용하는 것이 아니라, 원가의 발생장소인 부문(Department)별로 원가를 배부하여, 각 부문별로 합리적인 원가배부기준에 따른 서로 다른 배부율을 정하여 배부하는 방법이다.

부문별 배부율에 의한 원가배분이 이루어지는 과정을 간단하게 요약하면 다음과 같다.

첫째, 원가집적대상과 집적된 원가를 배분할 원가배분대상을 산정한다.

둘째, 원가집적대상별로 원가를 집적한다.

셋째, 원가배분방법을 선택하여 집적된 원가를 각 원가배분대상에 배분한다.

원가집적대상은 원가수집측면을 강조하는 원가대상이며, 원가배분대상은 원가배분 측면을 강조하는 원가대상을 의미한다. 예를 들어, 공통부문비를 부문별로 배분하고 각 부문에서는 배분된 부문비를 다시 여러 제품별로 배분하는 상황을 생각해 보자. 이 경우, 공통부문비의 측면에서 볼 때 각 부문은 원가배분대상이 되며, 제품 측면에서 볼 때, 각 부문은 원가집적대상이 되는 것이다. 또한 공통부문비는 감가상각비, 보험료, 전기료 등을 포괄하는 것이므로 이론적인 측면에서 볼 때 공통부문비는 하나의 원가집적대상이 될 수 있다.

일반적으로 원가집적대상은 책임중심점, 원가행태, 기능별로 설정되는데, 원가계산에 있어서 궁극적인 원가집적대상은 제품인 경우가 보통이다. 그러나 간접원가의 경우에 있어서는 부문이나 사업부 또는 공정과 같은 중간원가집적대상을 사용해야 하는 경우가 많다.

제조간접원가의 원가집적을 간단히 하기 위해서 대부분의 기업들은 각 원가요소별로 원가를 집적하는 것이 아니라, 여러 가지 원가를 하나의 원가대상에 집적한 후 총괄적인 배부기준에 의해 이를 제품에 배부하고 있다. 예를 들어, 감가상각비, 수선비, 동력비 등은 각 요소별로 원가를 집적하는 것이 아니라 제조간접원가라는 하나의 통제계정에 모두 집적하였다가 직접노동시간과 같은 총괄적인 배부기준에 의해 일시에 제품에 배부하는 것이다.

여기에서 원가집적대상을 얼마나 상세하게 분류하여야 할 것인가 하는 최적 원가집적대상수의 결정문제가 제기된다. 극단적으로는 각 원가요소별로 분리해서 원가를 집적하는 대안과 모든 원가를 하나의 원가집적대상에 집적하는 대안이 있을 수 있는데, 대부분의 기업들은 이 두 극단적인 대안의 중간적인 방법을 택하고 있다. 이론적으로 볼 때 최적 원가집적대상의 수를 결정하는 데 있어서 핵심적인 기준이 되는 것은 원가의 동질성(Homogeneity)이다. 즉, 동일한 원가집적대상에 집적되는 원가의 성격은 동일해야 한다는 것이다. 일반적으로 동일한 배분기준에 의해 비례적으로 배분될 원가들은 굳이 두 개의 원가집적대상으로 분리하여 기록할 필요가 없는 것이다.

그러나 이러한 동질성기준에 입각하여 최적 원가집적대상의 수를 결정한다는 것은 현실적으로 매우 어려운 일이므로, 실무에서는 제품원가계산에 미치는 영향을 기준으로 최적수를 결정하는 것이 보통이다. 즉, 원가집적대상을 상세하게 분류한 경우의 제품원가와 단일원가 집적대상을 이용한 경우의 제품원가 사이에 얼마나 차이가 나느냐를 기준으로 최적 원가집적대상의 수를 결정한다.

2. 부문별 원가계산의 목적

일반적으로 기업이 부문별 원가계산을 실시하는 목적은 다음의 두 가지로 요약할 수 있다.

(1) 합리적 원가배분을 통한 제조원가의 타당성 제고

특정제품의 제조와 직접 관련하여 발생한 원가(직접비)는 제품별로 용이하게 파악할 수 있지만 다수의 제품제조와 관련하여 공통적으로 발생한 원가(간접비)는 인위적인 배부기준을 정하여 각 제품에 배부하는 원가배분의 과정을 거치지 않으면 안 된다.

앞서도 언급한 바와 같이 공통비가 제품제조원가에 차지하는 비율은 상대적으로 증가하는 추세에 있으므로, 원가배분을 합리적으로 하지 못한다면 산출된 제조원가에 대한 타당성을 제고하지 못함으로써 제조원가의 신뢰성에 문제가 되는 것이다.

모든 간접비를 일괄하여 공장전체배부율에 따라 하나의 배부기준에 따라 각 제품에 배부할 수도 있다. 그러나 간접비의 발생상태나 제품별로 이루어지는 작업의 정도는 원가가 발생한 장소인 부문에 따라 다르게 되는 것이 보통이므로 공장을 직제상 또는 기술상의 관점에서 몇 개의 원가부문으로 나누어 각 부문별로 간접비를 분류·집계하고, 그 부문에서 실시하는 작업의 정도에 따라 일정한 배분기준을 정하여 원가를 배분함으로써 그 합리성이 인정될 수도 있고 동시에 산출된 제조원가의 정확성과 타당성이 제고되는 것이다. 이와 같은 원가배분의 절차를 가리켜 부문별 배부율에 의한 방법이라고 한다.

실제로 공장전체의 일괄적인 배분에 의해서 이루어지는 원가의 배분과 부문별로 이루어지는 원가배분이 얼마나 차이를 가져오며, 그 합리성이나 정확성이 어느 것이 더 좋을 것인지 예를 들어 설명해 보자.

다음과 같은 자료를 가지는 W제조기업에서 A, B제품에 배부되는 제조간접비의 전액을 두 가지 경우로 구분하여 계산해 보자.

구 분	제 1 제조부문	제 2 제조부문	계
월간 제조간접비	₩40,000	₩20,000	₩60,000
월간 작업시간			
A제품	70시간	30시간	100시간
B제품	30시간	70시간	100시간
(합계)	100시간	100시간	200시간

1) 공장전체배부율에 의한 경우

제조간접비 배부율 ₩60,000/200시간 = ₩300/H

A제품 제조간접비 배부액 ₩300 /H× 100시간 = ₩30,000

B제품 제조간접비 배부액 ₩300 /H× 100시간 = ₩30,000

2) 부문별 배부율에 의한 경우

제조간접비 배부율

제 1 제조부문 ₩40,000/100시간 = ₩400/H

제 2 제조부문 ₩20,000/100시간 = ₩200/H

A제품 제조간접비 배부액

제 1 제조부문비 배부액 ₩400/H × 70시간 = ₩28,000

제 2 제조부문비 배부액 ₩200/H × 30시간 = ₩ 6,000

₩34,000

B제품 제조간접비 배부액

제 1 제조부문비 배부액 ₩400/H × 30시간 = ₩12,000

제 2 제조부문비 배부액 ₩200/H × 70시간 = ₩14,000

₩26,000

여기서 보는 바와 같이 공장전체배부율에 의해서 제조간접비를 배부했을 경우에는 A, B제품 똑같이 ₩30,000씩인 데 반해서, 부문별 원가계산제도를 채택하고 있는 경우에는 각 제품이 제 1, 2 부문에서의 작업시간이 다르기 때문에 제조간접비 배부액은 ₩34,000과 ₩26,000으로 크게 차이가 있는 것을 볼 수 있다.

(2) 효율적 업적평가를 위한 근거의 표시

부문별 원가계산은 어느 장소(책임중심점으로서의 원가부문)에서 누구의 책임하에 얼마나 원가가 발생되었는지를 명확히 알 수 있어, 각 부문 및 부문관리자의 업적평가를 위한 근거를 제시할 수 있다. 부문별 원가계산에서는 원가를 그 발생장소인 각 부문 혹은 각 부문관리자별로 집계하고, 산출된 수치를 비교·검토·분석함으로써 각 부문별(책임중심점별) 혹은 각 부문관리자별로 관리가능비와 관리불능비를 구분하고, 각 부문의 관리자가 기업 전체의 이익을 올리는 데에 얼마나 공헌하였는가, 또는 그 기업에 끼친 피해와 손실에 대하여 어느 관리자가 얼마나 책임을 져야 하는가를 분명히 함으로써, 부문별 혹은 부문관리자별 업적평가를 가능하게 해 준다.

현대기업에 있어서의 관리통제시스템이 사업부별 또는 부문별 업적평가에 의한 책임회계제도를 지향한다고 할 때, 효율적 업적평가의 근거를 제시해 주는 부문별 원가계산은 필수불가결한 원가회계시스템이라 하지 않을 수 없을 것이다.

부문별 원가계산은 보다 효율적인 원가관리 및 업적평가를 위해서 현대기업에서 유용하게 받아들여지는 회계시스템이기는 하지만, 다음과 같은 특수한 경우에는 부문별 원가계산을 채택·실시하지 못할 것이다.

① 부문이 하나인 경우: 제품의 성격·생산방법·경영규모 등으로 인하여 부문 구분이 되지 않아 부문이 하나인 경우에는 부문별 원가계산을 하거나, 하지 않거나 그 결과는 동일하다.

② 부문별 계산의 효과보다 희생이 큰 경우: 여러 개의 원가부문이 존재한다고 할지라도, 그 제도를 받아들임으로써 얻을 수 있는 효익보다도 희생, 즉 비용이 더 커서 순손실을 가져오게 된다면 오히려 비능률적인 것이 된다.

③ 원가계산제도가 정비되기 전에 원가계산을 하는 경우: 원가계산제도나 요원이 정비되지 않은 상태에서 체계적인 원가현황을 알아보기 위한 계산을 할 경우에는 부문별 계산을 하기도 어렵고 실효성도 없다.

3. 부문별 원가계산의 절차

부문별 원가계산은 몇 가지의 절차로 나누어 단계적으로 실시되는데, 그 절차는 다음과 같다.

① 원가요소들을 배부할 원가부문의 설정
② 배분대상의 원가요소의 선정
③ 적정한 원가배분기준의 선택
④ 원가요소의 각 부문별 배부
⑤ 서비스부문비의 활동부문에 대체

⑥ 활동부문비의 제품별 배부

원가부문을 설정한다는 것은 원가의 발생하는 장소인 몇 개의 활동부문과 활동부문을 돕는 서비스부문으로 나누어 놓는 것을 말한다. 활동부문은 제품제조를 담당하는 부문이며, 서비스부문은 활동부문을 돕는 부문이다.

배분대상의 원가요소를 선정한다는 것은 배부해야 할 원가요소들을 선택하는 것이다. 보통 개별원가계산의 경우에는 제조간접비가, 또 종합원가계산의 경우에는 주요 재료비를 제외한 모든 원가요소들이 된다.

원가배분기준을 선택하는 것은 각 부문 및 원가요소들의 특성에 따라 합리적이라 생각되는 배분의 원칙을 정하는 문제인데, 이것은 부문별 원가계산의 가장 중요한 절차라 할 수 있다. 왜냐하면 배분기준의 차이로 인하여 배분되어지는 원가요소의 금액은 크게 달라지게 되고, 또한 다른 절차들은 대부분이 기술적인 절차이지만 원칙을 정하는 문제는 기업경영자들의 정책에 해당되는 것이기 때문이다.

다음에 원가요소들을 선정된 부문과 기준에 따라 실제로 배부하는 절차인데, 이 단계는 보통 두 가지의 절차로 나누어진다. 즉, 원가요소들을 그것이 발생한 장소인 몇 개의 활동부문과 서비스부문에 배부하여, 다시 서비스부문에 배부되어진 원가들을 활동부문에 다시 대체하는 2차의 배부단계를 거치게 된다. 보통 1차배부시 부문비배분표가 작성되며, 2차배부시 보조부문비계산표 혹은 부문비대체표라는 것들이 작성되는데, 1차배부인 부문비배분표에서는 부문개별비와 부문공통비로 나누어 부문공통비를 배부하는 절차이며, 2차배부인 서비스부문비 대체표를 작성하기 위해서는 대체적인 몇 가지의 방법들이 고려된다. 이 단계를 거치면 배분대상의 모든 원가요소들은 몇 개의 활동부문들에 분류·집계되므로, 마지막으로 제품별 배부의 과정을 거치면 될 것이다.

부문별 원가계산은 종합원가계산에서보다 개별원가계산의 경우 더욱 그 중요성이 크므로, 개별원가계산의 일반적 절차를 소개하면 다음과 같다.

① 직접비는 각 제조지시서에 부과한다.

② 제조간접비 중 부문개별비는 활동(제조)부문과 서비스(보조)부문에 부

과한다.

③ 제조간접비 중 부문공통비는 적당한 배부기준으로 배부한다.

④ 각 서비스부문에 집계된 부문비는 적당한 배부기준으로 관계 활동(제조)부문에 배부한다.

⑤ 활동(제조)부문비를 각 제조지시서별로 배부한다. 이해를 돕기 위하여 이상의 부문별 원가계산의 절차를 도표로 나타내보면 〈그림 7-1〉과 같다.

〈그림 7-1〉 부문별 원가계산의 절차

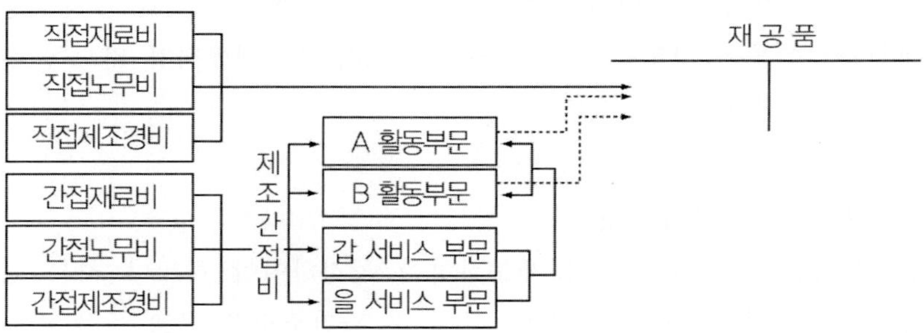

제 2 절 원가부문의 설정과 원가배분기준

1. 원가부문의 설정과 그 기준

(1) 원가부문설정의 의의

부문별 원가계산을 하기 위해, 최초로 해야 할 일은 배분대상으로서의 원가부문을 적절히 설정하여야 한다. 부문별 원가계산의 목적이 최종적인 제품이나 용역에 배부되는 원가의 합리성을 추구하고, 효율적인 업적평가의 근거를 제시하는 것이기 때문에, 이와 같은 두 가지의 중요한 목적을 달성하는 데 용이하도록 원가부문이 설정되어야 할 것이다.

또한 원가부문설정은 원가가 발생하는 장소에 요소별로 집계된 원가를 소속시키는 절차이기 때문에, 가능한 한 장소에서 이루어지는 작업과 발생원가가 일치할 수 있고, 또한 각 원가요소들이 특정부문에 대해서만 단독으로 발생하는 것이 되도록 부문을 설정하여야 할 것이다. 왜냐하면 두 가지 이상의 부문에 공통적으로 발생한 원가요소들은 이것들을 적당한 기준에 의하여 각 부문에 배부해야 하는 복잡한 절차를 거쳐야 하므로 그만큼 계산이 부정확하게 될 것이기 때문이다.

모든 원가요소 중 어떤 특정부문에만 단독으로 발생하는 것을 부문개별비라 하며, 두 가지 이상의 부문에 공통적으로 발생하는 것을 부문공통비라 한다. 따라서 부문은 되도록 부문공통비는 적고, 부문개별비가 많도록 설정해야 한다는 의미이다.

(2) 원가부문설정의 기준

원가부문을 어느 정도까지 세분화하여 설정하여야 하느냐 하는 문제는 기업의 종류, 시설규모·공정배치의 특성 및 관리조직의 구조 등을 참작하여 결정하여야 할 것이며, 이에 관련된 회계적인 문제로는 부문세분화로 얻어지는 효익과 희생되는 비용과의 상관관계에 관한 것이다.

일반적으로는 〈그림 7-2〉에서 보는 바와 같이 원가부문이 세분화되면 될수록 세분화의 효익(Segregation Benefits)은 처음에는 급격히 증가하나 그 정도는 차츰 체감하는 경향이 있는 반면에, 세분화에 따른 비용(Segregation Costs)은 처음에는 완만하게 증가하나 차츰 체증하는 경향이 있다. 따라서 이론적으로는 세분화에 따른 효익과 비용의 차이(*SB*-*SC*)가 극대화되는 선을 연결하는 *N*점의 수만큼 원가부문을 분할하는 것이 최적임을 알 수 있다.

〈그림 7-2〉

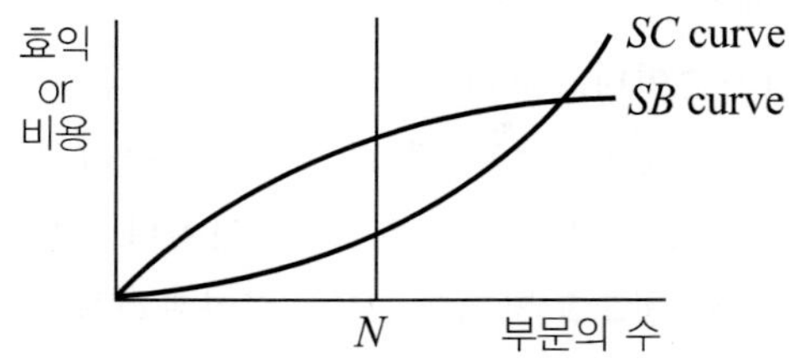

이에 관련하여 미국원가회계기준심의회에서는 풀(Pool)의 수가 적음으로써 서로 이질적인 원가가 일률적으로 처리되는 것을 방지하기 위하여 가능한 한 여러 개의 풀을 사용할 것을 권장하였다.[1] 부문별 원가계산의 목적을 효과적으로 달성하기 위해서는 세분화에 따른 비용과 효익을 고려하면서 특히 다음과 같은 설정기준을 다각적으로 검토하여 원가부문을 정하여야 한다.

- 원가부문의 설정기준
  - 작업직능의 성질
    - 산출물의 이동상황
    - 작업의 동질성
  - 직제상의 관리책임

1) 작업직능의 성질

생산관리상의 관점에서 제조기업은 제조활동을 상이한 작업직능에 따라 구분하고 있다. 예를 들면, 단조 · 기계가공 · 열처리 등의 상이한 작업의 절차에 따라 가공작업이 행하여지면, 단조부 · 기계가공부 · 열처리부 등으로 부문을 설정한다. 이 경우에 제품검사점, 부품 및 반제품의 완성품, 부산물의 발생점, 연산품의 분리점 등도 부문설정시에 고려하여야 한다.

원가부문을 직능별로 구분하면 부문비 발생액과 제품과의 인과관계를 합리적으로 파악하여 제품원가를 정확히 계산할 수 있게 된다.

---

1) Cost Accounting Standards Board, Restatement of Objectives, CASB, 1977, pp. 6~7.

2) 직제상의 관리책임

이는 부문비 통제에 의하여 원가관리의 실효를 얻으려는 데 주된 목적을 둔 원가부문의 설정기준이다. 그리고 경영관리 조직상의 조직단위·기계단위·설비집단·지역단위 등과 같은 관리단위별로 관리책임자의 권한과 책임의 범위를 원가부문의 설정기준으로 하려는 것이다. 또한 이는 발생원가에 대한 책임소재를 명확히 함으로써 효율적인 원가관리를 기하는 데 매우 유익한 수단이 된다.

원가부문의 설정이 관리책임에 따른 원가부문의 설정과 작업의 성질에 따른 원가부문의 설정이 상호 일치하는 것이 이상적이지만 이들이 서로 상충될 경우에는 전자가 후자보다 우선한다고 보는 것이 일반적인 경향이다. 이는 부문별 원가계산이 본질적으로 원가계산의 정확성보다 원가관리를 중요시하기 때문이다.

2. 원가부문의 분류

원가부문의 원가계산대상인 원가요소의 범위, 업종의 성격, 경영규모 등에 따라 여러 가지로 분류할 수 있겠으나 제조원가계산에서는 일반적으로 생산활동의 목적인 제조활동과의 관계를 중심으로 활동부문과 서비스부문으로 구분하는 것이 일반적이다.

(1) 활동부문(Activity Department)

활동부문은 생산활동의 목적인 제품을 제조하기 위한 작업이 직접 이루어지는 부문으로써 제품종류, 제품생산의 단계 등에 따라 몇 개의 부문(공정)으로 나누어진다. 활동부문 제품제조에 직접 관련되는 부문으로 제조부문(Manufacturing Department)이라고도 하며, 구체적으로 섬유공업의 예를 들면, 방적부·직포부·생산가공부가 있고, 주물공업에서는 성형부, 조립부, 완성부 등이 이에 해당한다.

(2) 서비스부문(Service Department)

서비스부문은 생산활동의 목적인 제품제조에 직접 관계하지 않고 작업용 공구나 기술적인 용역 등을 활동부문에 제공함으로써 제조활동을 지원하는 부문을 말하는 것으로 보조부문(Subsidiary Department)이라고 한다. 보조부문은 제공하는 용역의 내용에 따라 다음과 같이 세분된다.

1) 보조경영부문

제조부문에 용역에 제공하여 제조부문의 생산활동을 보조하는 부문으로서 예를 들면, 동력부 · 운반부 · 수선부 · 검사부 등이 있다.

2) 공장관리부문

공장전체의 관리기능을 담당하는 보조부문으로서 예를 들면, 영업부 · 기획부 · 실험연구부 · 공장사무부 등이 있다.

3. 원가배분기준

(1) 원가배분기준의 의의와 종류

원가요소를 부문별로 합리적으로 배분하기 위해서는 우선 적정한 원가배분기준(Cost Allocation Basis)이 선정되어야 한다. 원가배분기준이란 부문별로 원가를 배부하기 위한 일정한 원칙, 구체적으로 말하여 배분대상의 원가를 각 활동부문과 서비스부문에 할당시키거나, 서비스부문비를 각 활동부문에 배부, 계산하기 위한 배부율을 정하기 위해서 인위적으로 정하지 않으면 안 되는 기초 근거지침을 말한다.

이와 같은 배분기준으로는 보통 인과관계기준, 부담능력기준, 수혜기준 및 공정성과 공평성의 기준을 들고 있다.

1) 인과관계기준(Causality Criterion)

인과관계란 특정활동의 수행으로 인하여 특정원가가 발생할 때 그 활동과 원가 사이의 관계를 말한다. 따라서 인과관계기준이란 이러한 인과관계에 입각하여 특정원가를 원가대상에 대응시키는 배분기준을 말한다. 이 기준은 원가배분기준으로 측정되는 특정활동 수준이 증가함에 따라 특정원가의 발생이 증가한다는 원인과 경과의 관계를 의미한다.

인과관계를 이용한 원가배분이 경제적으로 실현가능한 경우에는 인과관계기준에 의해 원가를 배분하여야 한다. 그러나 이러한 인과관계는 직접재료원가나 직접노무원가의 경우에는 쉽게 파악할 수 있으나, 제조간접원가의 경우에는 파악하기가 매우 곤란하다. 그러므로 제조간접원가의 경우에는 다음에 살펴볼 부담능력기준, 수익자부담기준, 공정성 및 공평성기준 중에서 합당한 방법 중 하나를 선택해서 원가배분을 실시할 수밖에 없다.

2) 부담능력기준(Ability to Bear Criterion)

원가와 원가집적대상 간의 인과관계를 알 수 없는 경우에는 하나의 대안으로서 각 원가집적대상이 원가를 부담할 수 있는 능력에 비례하여 원가를 배분할 수도 있다. 이와 같은 배분기준을 부담능력기준이라고 하며, 부담능력을 평가하는 지표로는 매출액이 많이 사용되고 있다.

그러나 이 기준은 마차가 말을 끄는 것과 같은 모순된 기준이라고 할 수 있다. 즉, 원가발생을 선행단계로 하여 판매가격(매출액)을 결정하는 것이 일반적인데, 이 기준은 매출액을 토대로 원가를 결정하기 때문에 논리적으로 볼 때 거꾸로 배분하는 셈이 되는 것이다. 뿐만 아니라 매출액은 매기 변하는 데 비하여 원가집적대상에 배분될 원가의 성질상 대개 일정하기 때문에 매출액(부담능력의 평가지표)에 따른 원가배분은 합리적이지 못하다는 결점도 가지고 있다. 즉, 매출액과 같이 매기 변하는 것을 기준으로 공통원가를 배분하면, 특정부문에 배분되는 원가가 다른 부문의 영업활동에 의하여 영향을 받게 되므로, 부문 간에 공평하지 못한 원가배분결과를 야기하게 된다. 따라서 매출액과 원가의 발생 간에 밀접한 관계가 존재할 경우에만 매출액을 배분기준으로 사용하여야 한다.

미국원가회계기준심의위원회(Cost Accounting Standards Board: CASB)에서는 원인 또는 효익관계가 불분명할 때는 부담능력에 따라 배분할 수 있다고 밝히고 있다.[2)]

---

2) CASB, Cost Accounting Standards Board, NAA, 1977, p. 8.

3) 수혜기준(Benefits-received Criterion)

수혜기준이란 각 원가집적대상이 공통원가로부터 제공받는 경제적 효익의 정도에 비례하여 공통원가를 배분하는 방법을 말하며, 수익자부담기준이라고도 한다. 여기서 원가집적대상이 효익을 제공받았다고 하는 것은 공통원가 중 적어도 일부를 필요로 하였다는 것을 의미한다. 필요로 하였다는 사실은 효익을 제공받았는가의 여부를 결정하는 데 있어 중요한 근거가 된다. 특정의 원가집적대상이 어떤 활동을 수행하는 데 있어서 공통원가를 필요로 하였다는 사실이 중요하다.

현재의 제품생산활동을 지원하는 일이라든지 조직체를 계속적으로 유지하는 일에 필요한 일반관리비나 독립된 연구개발비를 제품생산활동에 해당하는 것도 수익자부담기준에서 보면 타당하다고 볼 수 있다. 다만 여기서 문제가 되는 것은 여러 종류의 제품을 생산하는 경우에 각 제품이 받는 효익을 측정할 수 있는 특정지표를 발견해야 한다는 것이다.

4) 공정성과 공평성기준

원가배분기준은 기본적으로 공정성(Fairness)과 공평성(Equity)을 가져야 한다. 즉, 집적된 원가를 여러 원가집적대상에 배분할 때 그 원가배분은 공정하고 공평하게 이루어져야 한다.

공정성과 공평성기준은 이론적으로는 매우 타당한 기준이지만, 매우 포괄적인 개념이기 때문에, 구체적으로 이 기준은 원가배분기준이라기보다는 원가배분을 통해 달성하고자 하는 목표를 나타내는 것이라고 할 수 있다.

(2) 배분기준의 선택

원가배분기준이 선정되면 원가배분과정은 간단하게 이루어진다. 배분기준은 물리적인 현상을 인위적으로 기업경영자의 정책에 의하여 선택해야 하므로, 이론적으로 타당한 것이어야 하며, 경제적으로도 이용가능하고 합리적인 것이어서 회계정보이용자들에게 설득력이 있는 것이어야 한다. 이러한 배분기준을 찾기 위해서는 원가와 원가집적대상과의 관계를 명확히 파악해야 한다. 그러나 원가와 원가집적대상의 관계를 조사한다고 하여 언제나 배분기준을 쉽게 선택할 수 있는 것은 아니다.

부분별 원가계산에서 원가배분이란 결국 여러 부문에 공통적으로 발생하는 부문공통비를 각 부문에 배분하는 과정이고, 이때 적용되는 기준이 원가배분기준이므로 본 절에서는 부문공통비의 개념과 그 배분기준을 살펴보고, 공통원가의 형태에 따라 일반적으로 적용되는 기준을 살펴보기로 한다.

1) 부문개별비와 부문공통비

개별원가계산방식으로 제품별 원가를 계산할 때 부문별 원가계산의 대상이 되는 제조간접비는 부문개별비와 부문공통비로 구분된다. 이 분류는 요소별로 파악된 원가를 관련된 원가부문에 집계할 때, 그 원가요소를 특정부문에 대하여 직접적으로 인식가능한지의 여부에 따른 것이다.

㈎ 부문개별비(Direct Departmental Overhead Cost): 특정부문에 개별적으로 발생하여, 그 부문에 직접적으로 인식할 수 있는 원가요소이다. 따라서 이들 원가는 각 부문에 직접 부과하게 된다. 부문별 원가요소 자체에서 특정부문에서 발생한 보조재료비, 특정부문에서 보유하고 있는 기계설비 등에 대한 감가상각비, 부문관리책임에 대한 급료 등은 부문개별비이다.

부문개별비는 직접비와는 구분된다. 직접비는 원가의 최종부담자인 제품에 관한 것이고 부문개별비는 원가의 중간계산과정인 부문에 대한 것이다. 부문개별비는 활동부문이든 서비스부문이든 부문관리자의 구체적인 통제대상이 되는 원가요소이다.

㈏ 부문공통비(Indirect Departmental Overhead Cost): 여러 부문에 공통적으로 발생하여 각 부문에 직접적으로 인식하기 곤란하거나 불가능한 원가요소이다. 원가부문을 세분화할수록 부문개별비의 폭은 좁아지고 부문공통비의 폭은 넓어진다. 반대로 원가부문을 크게 설정할수록 부문개별비의 폭은 넓어지고 부문공통비의 폭은 좁아진다. 이처럼 부문개별비와 부문공통비는 원가부문을 어떻게 설정하느냐에 따라 달라지게 된다.

일반적으로 여러 개의 부문에 걸쳐 공통으로 사용하는 건물에 대한 감가상각비와 보험료, 세금과공과, 통신비 등은 부문공통비이다. 부문공통비는 일정한 배부기준에 의하여 관련부문에 배부 계산된다. 이러한 부문공통비는 제조간접비와 구분된다.

제조간접비는 원가의 최종부담자인 제품에 관한 것이지만, 부문공통비는 원가의 중간생산과정인 부문에 관한 것으로 구분하여 이해하여야 한다. 제조간접비 중에는 부문개별비와 부문공통비가 있을 수 있지만 부문공통비는 제조간접비인 것이 일반적이다. 부분개별비와 부문공통비의 구별은 발생원가의 부문별 파악방법과 계산상의 편의에 의해서 생긴 것이기 때문에 부문개별비를 제외한 모든 원가요소를 부문공통비라고도 할 수 있다.

2) 부문공통비의 배부기준

부문공통비는 각 부문에 대하여 공통적으로 발생한 원가요소이므로 적절한 배부기준을 설정하여 관련부문에 배부하여야 한다. 부문공통비의 배부기준은 각 기업에 있어서 시설의 규모, 경영방침이나 원가부문의 설정방법 등에 따라 다르다고 할 수 있지만, 일반적으로 다음과 같은 점을 고려하여 결정되어야 한다.

㈎ 배부기준의 비례성: 선정될 배부기준은 그것이 적용되는 원가요소와 일정한 비례적 관계를 가져야 한다는 것을 뜻한다. 예를 들면, 기계의 감가상각비는 기계의 가액과 일정한 관계가 있다. 그러므로 각 부문에 있는 기계의 가액을 기계감가상각비의 배부기준으로서 선택하면 합리적인 배부가 이루어질 수 있다. 이 경우에는 각 부문의 재료 소비량이나 종업원수 등에 따라 배부한다는 것은 적절한 방법이라고 할 수 없다.

㈏ 배부기준의 공통성: 부문공통비의 배부기준으로서 선정될 항목은 배부를 받을 여러 부문에 공통적인 것이어야 한다. 예를 들어, 직접노무비를 배부기준으로 할 때 직접노무비가 보조부문에 들어 있지 않는 경우 부문공통비를 배부할 수 없으므로 적절한 배부기준이 되지 못한다.

㈐ 배부기준의 객관성: 원가계산은 어떤 불변적인 원칙을 근거로 해서 행하여지는 것이 아니라, 인위적인 계산절차에 의하는 것이기 때문에 원가계산 담당자의 자의성이 내재될 가능성이 많다. 원가계산 담당자의 자의성에

의해서 원가계산이 정확성을 잃을 위험이 있으므로 이러한 위험을 배제하기 위하여 배부기준의 선택은 담당자의 주관적인 판단에 의한 것이 아니라 객관적 판단에 의한 것이어야 한다.

㈑ 배부기준 획득의 간편성: 어떤 배부기준이 아무리 이론적으로 타당한 배부기준이라 할지라도 그 자료를 현실적으로 획득하기 어려운 경우라면 배부기준으로서 적당한 것이 못된다. 따라서 배부기준은 이론적 타당성보다는 배부기준에 관한 자료를 손쉽게 얻을 수 있고 현실적으로 이용이 가능하여야 한다.

3) 공통비의 유형별 선택의 일반적 기준

원가배분시 공통비의 유형에 따라서 일반적으로 선택・적용되는 기준들은 다음과 같다.

㈎ 노동활동과 관련된 공통원가: 이 경우에는 공통원가를 대개 종업원 수, 노동시간, 직접노무원가 혹은 기타 노동과 관련된 기준에 따라 배분한다.

㈏ 기계작동과 관련된 공통원가: 이 경우에는 공통원가를 기계작동시간, 기계나 부품의 현행가치, 기계의 수와 같은 기계의 작동과 관련된 기준에 따라 배분한다.

㈐ 공간과 관련된 공통원가: 이 경우에는 공통원가를 점유면적, 점유량, 기타 공간과 관련된 기준에 따라 배분한다.

㈑ 서비스와 관련된 공통원가: 이 경우에는 공통원가를 서비스량, 가치, 시간, 기타 관련기준에 따라 배분한다.

이와 같은 원가유형별 선택기준을 고려하여 일반적으로 회계실무상 구체적으로 사용되는 배부기준을 보면 〈표 7-1〉과 같은 것들이다.

〈표 7-1〉

부문공통비	배부기준
건물 감가상각비	각 부문의 점유면적 또는 건물의 가액
기계장치 감가상각비	각 부문의 기계장치의 가액
지급 임차료	각 부문의 점유면적
건물 보험료	각 부문의 점유면적
건물 고정자산세	각 부문의 점유면적
건물 수선비	각 부문의 점유면적
기계장치 보험료	각 부문의 기계장치의 가액
동 력 비	각 부문의 기계마력수 또는 마력시간 × 운전시간
전등, 가스, 수도료 등	측정한 각 부문의 소비량 또는 추정량
전 화 료	각 부문의 전화대수 또는 전화대수 × 통화수
기계보험료	각 부문의 기계장부가액
재료보관비	각 부문에의 출고액
시험연구비	각 부문의 직접작업시간
종업원모집비	각 부문의 종업원수 또는 직접작업시간
복리후생비	각 부문의 종업원수
간접재료비	각 부문의 직접재료비
간접노무비	각 부문의 직접공원수 또는 작업시간수 혹은 각 부문 공원의 직접임금

제 3 절 원가요소의 부문별 배분집계와 회계처리

1. 원가요소의 부문별 집계의 범위

부문별 계산에서 그 계산대상이 되는 원가요소의 범위로서 제조간접비, 가공비, 전원가요소의 세 가지가 있다. 이와 같은 원가요소의 계산범위를 원가계산의 형태와 관련시켜 살펴보자.

(1) 개별원가계산

제조직접비는 원가계산표에 직접 부과하고 제조간접비는 배부절차에 따라 배부하는 것을 원칙으로 한다. 그러므로 제조간접비만을 부문별 계산의 대상으로 삼는다. 그러나 경우에 따라 가공비 중에서 직접제조경비를 제외한, 즉 간접제조경비와 제조간접비를 부문별로 집계하기도 한다.

(2) 종합원가계산

전원가요소를 부문별로 계산하는 것이 기본적이다. 종합원가계산의 전형적인 모형은 공정별로 이루어지게 되므로, 부문은 공정(Process)으로 이해된다. 가공비공정별 계산에서는 주요 재료비를 제외한 가공비만 부문별로 계산하고 조별 원가계산에서는 조직접비를 제외한 조간접비를 부문별로 계산한다.

〈그림 7-3〉 원가계산형태와 원가의 부문별 집계범위

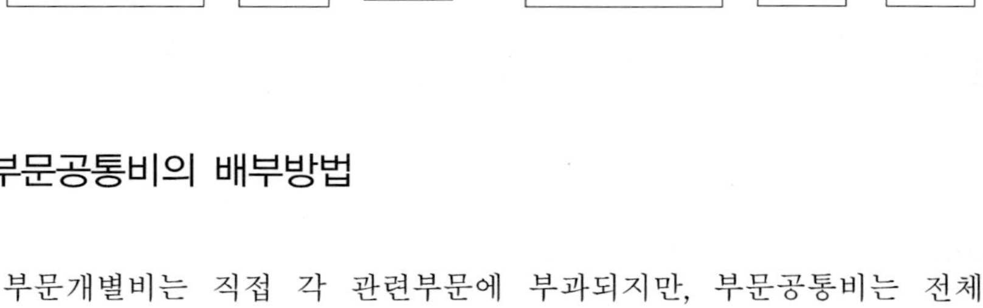

2. 부문공통비의 배부방법

부문개별비는 직접 각 관련부문에 부과되지만, 부문공통비는 전체부문 또는 다수부문에 공통적으로 발생한 것이므로 일정한 배부기준을 채택하여 관계부문에 배부한다. 그 방법에는 균분법 · 단일기준법 · 복수기준법의 세 가지가 있다.

(1) 균 분 법

이 방법은 부문공통비 총액을 각 부문에 평등하게 분할하는 방법이다. 즉, 공통비 총액을 부문총수로 나눈 것을 각 부문의 공통비 배부액으로 한다.

$$\text{각 부문배부액} = \frac{\text{부문공통비 총액}}{\text{원가부문 총수}}$$

이 방법에 의하면 각 부문은 그 규모의 대소, 작업종류의 차이에 불구하고 균등액의 공통비를 부담한다. 그러므로 이 방법은 각 부문의 각종 공통비로부터 받는 용역의 정도가 거의 동일한 경우에만 정확한 결과를 기대할 수 있으며, 이러한 조건이 갖추어지지 않은 경우에는 적용할 수 없다. 다만 실제에 있어서 부문공통비가 부문개별비에 비해서 극히 근소할 뿐더러, 각 부문의 기술적 구성이 거의 동일하여 평등하게 분할해도 큰 오차가 생기지 않는다면 이 방법을 사용할 수도 있다.

(2) 단일기준법

이 방법은 부문공통비 총액을 일정한 기준에 의하여 배부하는 것이다. 이 기준으로서는 여러 가지가 있으나 일반적으로 임금 · 작업시간 혹은 재료비 등이 선정된다.

$$\text{부문배부율} = \frac{\text{부문공통비 총액}}{\text{배부기준 총액}}$$

$$\text{각 부문배부액} = \text{각 부문배부 기준수} \times \text{부문배부율}$$

이 방법에 있어서는 각 부문에 있어서의 특수한 사정이 어느 정도 참작되어 있으며, 이 점에서 균분법보다도 일보 전진한 방법이다. 그러나 이 방법은 아직 각종 공통비의 개성이 인정되어 있지 않으므로, 역시 정확한 결과를 바랄 수는 없다. 각 부문의 공통비부담관계는 공통비의 종류마다 달라야 함에도 불구하고, 이 방법은 다만 임금이라든가 재료비라든가 하는 어느 일종의 기준에 따라서 안분하기 때문이다.

실제로는 배부기준으로서 선정되는 임금 혹은 노동시간이 각 부문에서 비교적 중요한 지위를 차지하고 있는 곳에서 계산의 단순화를 위하여 종종 이 방법이 이용되는 수가 있다.

(3) 복수기준법

이것은 부문공통비를 각 원가요소마다 분할하고 각 요소마다 그 성질에 적합한 배부기준을 사용하여 배부율을 정하고, 이것을 각 부문에 적용하여 그 요소의 부담액을 정하는 방법이다. 이 방법을 분해적 배부라 부르고, 이에 대해서 균분법과 단일기준법을 합한 의미로 총괄적 배부라고도 한다.

이 복수기준에 의하면 다음과 같은 원가요소와 동수의 배부기준이 이용되며, 따라서 또 동수의 배부기준이 생긴다.

$$\text{부문배부율 A} = \frac{\text{원가요소 1(예, 건물감가상각비)}}{\text{배부기준 a(예, 면적)}}$$

$$\text{부문배부율 B} = \frac{\text{원가요소 2(예, 운반비)}}{\text{배부기준 b(예, 시간수)}}$$

이러한 경우 배부계산을 간단하게 하기 위하여 부문공통비를 구성하는 각 원가요소 중 동일 배부기준을 적용할 수 있는 것은 하나로 묶어, 공통기준을 사용하여서 배부한다. 그리고 배부기준의 공통성에 의거해서 원가요소 Ⅰ·Ⅱ·Ⅲ과 Ⅳ·Ⅴ를 각각 하나로 종합했다고 하면 각 군의 배부율은 다음과 같이 된다.

$$\text{부문배부율 A} = \frac{\text{원가요소 I} + \text{원가요소 II} + \text{원가요소 III}}{\text{공통배부기준 a}}$$

$$\text{부문배부율 B} = \frac{\text{원가요소 IV} + \text{원가요소 V}}{\text{공통배부기준 b}}$$

3. 부문비 배분표의 작성과 그 기장

제조간접비의 배부기준과 배부방법이 결정되면 이에 속하는 원가요소들을 부문개별비와 부문공통비로 구분하여 이들을 발생시킨 각 원가부문에 집계하여야 하는데, 이때 작성되는 표가 부문비 배분표(Departmental Cost Allocation Sheet) 또는 제조간접비 부문배분표(Overhead Distribution Sheet)이다. 제조간접비 중에서 부문개별비는 재료분개장, 노무비분개장, 제조경비분개장 등의 기입으로부터 파악할 수 있다.

부문별 원가계산을 실시하는 경우에는 재료분개장, 노무비분개장, 제조경비분개장의 제조간접비란을 부문별로 분할하여 설계하는 것이 일반적이므로, 부문개별비는 이들 분개장에 기록된 내용을 부문비 배분표의 해당 부문란에 옮겨 적는다. 그러나 부문공통비는 각 부문별로 적절한 배부기준에 의한 부문별 배부액을 산출하고, 계산된 배부율에 따라 부문별 배부액을 결정하여 부문비 배분표를 완성하고, 아래와 같이 원가요소계정으로부터 합계전기한다.

(차)	△△부문비	×××	(대)	제 원가요소 계정	×××
	○○부문비	×××			

[예제 1] 다음 자료에 의하여 부문비 배분표를 작성하고 이에 따른 분개를 하라.

(1) 부문개별비 발생액

	A제조부	B제조부	동력부	수선부	공장사무부
간접재료비	₩530,000	₩390,000	₩30,000	₩60,000	₩20,000
간접노무비	460,000	380,000	35,000	26,000	290,000
수 선 비	60,000	50,000	20,000	-	36,000
여비교통비	3,600	-	3,000	-	40,000
교 재 비	-	-	6,000	-	-
잡 비	23,000	9,000	3,600	3,000	56,000

(2) 부문공통비 발생액

복리후생비	₩261,000	건물보험료	₩74,000	지급전력비	₩200,000
재 산 세	₩55,500	건물감가상각비	₩37,000	기계감가상각비	₩79,000

(3) 각 부문의 자료

	A제조부	B제조부	동력부	수선부	공장사무부
점유면적(평)	200	100	20	40	10
종업원수(명)	40	27	5	7	8
기계가액(₩)	5,000,000	2,500,000	300,000	100,000	-
전력소비율(%)	50	30	12	7	1

제조간접비 부문별 배분표

비 용	합 계	활 동 부 문		서 비 스 부 문		
		A제보부문	B제조부문	동력부	수선부	공장사무부
부문개별비						
간 접 재 료 비	1,030,000	530,000	390,000	30,000	60,000	20,000
간 접 노 무 비	1,191,000	460,000	380,000	35,000	26,000	290,000
수 선 비	166,000	60,000	50,000	20,000	-	36,000
여 비 교 통 비	46,600	3,600	-	3,000	-	40,000
교 재 비	6,000	-	-	6,000	-	-
잡 비	94,600	23,000	9,000	3,600	3,000	56,000
부문공통비배부	-	-	-	-	-	-
복 리 후 생 비	(261,000)	120,000	81,000	15,000	21,000	24,000
건 물 보 험 료	(74,000)	40,000	20,000	4,000	8,000	2,000
전 력 비	(200,000)	100,000	60,000	24,000	14,000	2,000
재 산 세	(55,500)	30,000	15,000	3,000	6,000	1,500
건물감가상각비	(37,000)	20,000	10,000	2,000	4,000	1,000
기계감가상각비	(79,000)	50,000	25,000	3,000	1,000	-
부문비 합계	3,240,700	1,436,600	1,040,000	148,600	143,000	472,500

※ 부문공통비(복리후생비) 배부액의 계산 예

(배부기준으로 복리후생비는 종업원수, 전력비는 전력소비율, 기계감가상각비는 기계의 가액, 기타는 점유면적으로 함)

$$\text{A제조부문 배부액} = \frac{₩261{,}000}{87\text{명}} \times 40\text{명} = ₩120{,}000$$

$$\text{B제조부문 배부액} = \frac{₩261{,}000}{87\text{명}} \times 27\text{명} = ₩81{,}000$$

$$\text{동력부문 배부액} = \frac{₩261{,}000}{87\text{명}} \times 5\text{명} = ₩15{,}000$$

$$\text{수선부문 배부액} = \frac{₩261{,}000}{87\text{명}} \times 7\text{명} = ₩21{,}000$$

$$\text{공장사무부문 배부액} = \frac{₩261{,}000}{87\text{명}} \times 8\text{명} = ₩24{,}000$$

(합계전기를 위한 분개)

1. 부문개별비의 부문별 대체분개

(차)	A제조부문비	1,076,600	(대)	재료비	1,030,000
	B제조부문비	829,000		노무비	1,191,000
	동력부문비	97,600		수선비	166,000
	수선부문비	89,000		여비교통비	46,600
	공장사무부문비	442,000		교재비	6,000
				잡비	94,600

2. 부문공통비의 부문별 대체분개

(차)	A제조부문비	360,000	(대)	복리후생비	261,000
	B제조부문비	211,000		건물보험료	74,000
	동력부문비	51,000		전력비	200,000
	수선부문비	54,000		재산세	55,500
	공장사무부문비	30,500		건물감가상각비	37,000
				기계감가상각비	79,000

제 4 절 서비스부문비의 활동부문에의 배부

1. 서비스부문비 배부의 절차

부문별 원가계산의 절차에 따라, 부문개별비와 부문공통비를 적절한 배부기준에 의하여 활동부문과 서비스부문에 배부한 다음, 서비스부문비는 다시 활동부문에 배부의 과정을 거쳐, 최종적으로 활동부문에서 제품별로 배부한다. 이와 같이 제2차에 걸쳐 배부절차를 밟아야 하는 이유는 서비스부문에서는 직접적으로 특정제품에 대한 제조작업을 하는 것이 아니고, 타부문(제조부문 또는 타보조부문)에 용역을 제공하는 등의 보조작업만을 수행하므로, 서비스부문비를 그대로 각 특정제품에 부담시키는 계산을 할 수 없기 때문이다. 따라서 각 서비스부문비는 적절한 인위적인 배부기준을 선택하여 이에 따라 용역의 수수가 있는 활동부문에 최종적으로 배분대상의 모든 원가요소들은 활동부문에 집계된다. 각 활동부문에 집계된 원가요소들은 부문별 원가계산의 마지막 단계인 특정제품별로 배부함으로써 제품제조원가가 산출되고, 비로소 원가계산의 절차가 종료되는 것이다.

서비스부문의 원가들을 적절한 배부기준을 적용하여 여러 개의 활동부문에 대한 배부액이 계산되면 아래와 같은 양식의 서비스부문비 계산표 혹은 부문비대체표에 집계하여 정리하고, 이를 합계분개하여, 총계정원장의 각 활동부문비 계정을 전기 정리한다

비 목	합계	배부기준	**제조부문	**제조부문	**보조부문	**보조부문
* * *	×××	……	×××	×××	×××	×××
* * *	×××	……	×××	×××	×××	×××
계	×××		×××	×××	×××	×××
**보조부문비		……	×××	×××	←	
**보조부문비		……	×××	×××	←	
부문비 합계	×××		×××	×××		

(차) **제조부문비 ×××　　　　　(대) **보조부문비 ×××

　　**제조부문비 ×××　　　　　　　**보조부문비 ×××

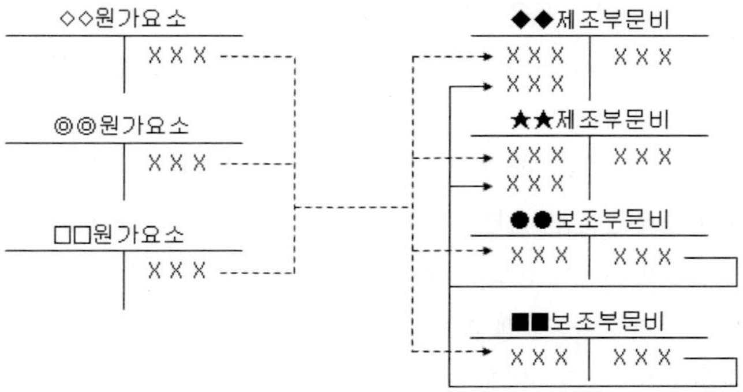

2. 서비스부문비 배부원칙과 기준의 선택

전술한 바와 같이 서비스부문의 모든 원가는 각 활동부문 혹은 또 다른 서비스부문에, 해당 부문에서 받은 용역수수의 정도에 따라 배부되어야 한다. 왜냐하면 서비스부문에서는 특정제품의 제조활동을 직접 하는 것이 아니라 다른 부문에 용역을 제공하는 보조작업만을 행하므로 서비스부문비를 각 특정제품에 배부할 수 없기 때문이다.

특정서비스부문비 중 활동부문 혹은 다른 서비스부문에 배부하고자 할 때에 지켜야 할 기본원칙은 다음과 같다.

첫째, 서비스부문비는 원칙적으로 해당 부문으로부터 용역을 제공받은 모든 부문에 배부하여야 한다. 이 말은 서비스부문으로부터 용역을 제공받는 부문은 활동부문만이 아니고, 서비스부문들 상호간에도 용역을 수수하게 되는 것이므로, 상호 용역수수가 있는 다른 서비스부문에도 상호 수수한 용역의 정도에 따라 고르게 배부되어야 한다는 말이다. 부문들 간의 용역수수의 정도를 정확하게 측정한다는 것은 상당히 어려운 일이며, 여러 번 배부를 반복해야 한다는 복잡한 절차가 따르기 때문에, 실무에 있어서 흔히 서비스부문 상호간의 용역수수를 무시하고, 활동부문에만 배부하고 끝내는 경우가 많기 때문이다. 그러나 최근에 이르러서는 용역수수의 정도만 정확하게 파악될 수 있다면 컴퓨터의 발달이나 간단한 방정식의 적용 등에 의하여 쉽고 빠르게 그 배부액을 계산할 수 있기 때문에 특별한 경우가 아니라면 용역의 수수가 있는 모든 다른 서비스부문에도 배부계산이 이루어져야 한다는 의미이다.

둘째, 서비스부문비는 용역의 수수 정도에 비례하여 배부하여야 한다. 활동부문 및 서비스부문 상호간의 용역수수의 정도를 파악한다는 것은 어려운 일이겠으나, 용역의 수수 정도 파악에 대한 어려움 때문에, 비교적 간단하고 용이한 대체적인 기준을 선택하는 것은 특별한 경우를 제외하고는 있어서는 안 된다는 것을 의미한다. 이를 위해서는 부문 상호간의 용역의 수수관계 및 원가의 이동상태에 대한 정확한 파악이 전제되어야 한다. 이러한 이동에는 ① 서비스부문에서 활동부문으로의 이동이나, ② 서비스부문에서 다른 서비스부문으로의 이동 혹은, ③ 활동부문에서 서비스부문으로의 이동이나, ④ 한 활동부문에서 다른 활동부문으로의 이동까지로 고려할 수 있지만, ① 이나 ②와 같은 용역 및 원가의 이동은 자주 발생되는 가장 기본적인 이동이 될 것이지만, ③이나 ④와 같은 원가 및 용역의 이동은 흔히 나타나지 않는 예외적인 용역이동의 형식이므로, 실제의 배부계산에서는 제외되는 것이 보통이다.

서비스부문비는 활동부문 및 기타의 다른 서비스부문 상호간의 배부하는 경우에 각 활동부문 및 다른 서비스부문이 또 다른 서비스부문으로부터 수수한 용역의 정도에 따라 비례적으로 배부받을 수 있도록 서비스부문별로 합리적인 배부기준, 즉 용역수수의 정도를 가장 잘 나타낼 것이라고 예측되어지는 단위원칙을 결정하지 않으면 안 된다. 이와 같은 서비스부문비의 배부기준으로서 실무에서 일반적으로 많이 이용되어지는 기준으로는 다음과 같은 것들을 들 수 있다.

상기 이외의 기타 여러 가지의 서비스부문비들은 일반적으로 각 활동부문 혹은 서비스부문 상호간에 있어서 종업원의 직접노동시간수를 그 기준으로 이용되는 경우가 대부분이며, 일반적으로 수용되는 기준이다.

〈표 7-2〉

서비스부문비	배부기준
동력부문비	계량기에 의하여 측정한 각 부문의 동력소비량
용수부문비	계량기에 의하여 측정한 각 부문의 용수소비량
수선부문비	수선작업의 단가를 기초로 하여 계산한 각 부문의 수선비
운반부문비	각 부문의 운반물품의 중량, 운반거리, 운반횟수 등
검사부문비	각 부문에서의 검사공의 작업시간
재료관리부문비	각 부문별 출고재료의 횟수·중량
노무부문비 (혹은 복리부문비)	각 부문의 임금 또는 종업원수
시험연구부문비 (혹은 기획설계 및 공장사무부문비)	각 부문의 직접작업시간

3. 서비스부문비의 활동부문에의 배부방법

서비스부문비의 배부기준에 따라 서비스부문비를 활동부문 혹은 용역수수가 있는 다른 서비스부문에 배부하는 방법으로서는 활동부문에만 직접배부하느냐 아니면 서비스부문 상호 간에도 배부되느냐에 따라 ① 직접배분법, ② 계단식배분법, ③ 상호배분법 등이 있다.

(1) 직접배분법(Direct Distribution Method)

이 방법은 상호부문에 있었던 용역의 수수는 전혀 계산상에 고려하지 아니하고 서비스부문비를 직접 활동부문에 배부하는 방법이다. 그러므로 이 방법은 서비스부문 상호간의 용역수수가 적은 경우에 적용하는 일종의 간편법이다.

어떤 배부방법을 택하든 서비스부문비는 최종적으로 수종의 특정제품에 배부되게 되지만, 서비스부문 상호간의 용역수수의 정도를 정확하게 측정하는 것이 쉽지 않은 복잡한 절차이며, 또한 다른 대체적인 방법에 의해서 배부되는 금액상의 차이는 그리 크게 나타나는 것이 아니므로, 그 배부액의 계산과 처리절차가 간편한 직접배분법이 실무적으로 널리 받아들여지고 있다.

부문별 원가계산에서 서비스부문비를 활동부문 혹은 용역수수가 있는 다른 서비스부문에 배부하기 위하여 서비스부문비 계산표 혹은 부문비 대체표라는 일람표가 작성되어 합계분개된다고 했는데, 이것을 예제를 통해서 살펴보자.

[예제 2] 부문별 원가계산에 있어서 서비스부문비의 배부를 위해서 직접배분법을 채택하고 있는 W제조회사에서는 아래와 같은 활동부문과 서비스부문에 제조간접비가 배부되었다. 이에 따라 서비스부문비를 각 활동부문에 대체하는 서비스부문비 배분표를 완성하고, 서비스부문비의 대체에 따른 분개를 실시하고 원장 관계계정의 기입면을 표시하여 보자.

부 문 비	부문비 배부액	배 부 기 준		
		수선시간	기계마력	직접작업시간
A활동부문	₩300,000	80시간	120	6,000
B활동부문	₩250,000	70시간	80	4,000
동 력 부 문	₩80,000	30시간	-	2,000
수 선 부 문	₩60,000	-	50	3,000
공장사무부문	₩30,000	20시간	-	-
합 계	₩720,000	200시간	250	15,000

(1) 서비스부문비 배부액의 계산

동 력 부 문 비: A제조부문 ₩80,000 × 120/200 = ₩48,000
B제조부문 ₩80,000 × 80/200 = ₩32,000
수 선 부 문 비: A제조부문 ₩60,000 × 80/150 = ₩32,000
B제조부문 ₩60,000 × 70/150 = ₩28,000
공장사무부문비: A제조부문 ₩30,000 × 6,000/10,000 = ₩18,000
B제조부문 ₩30,000 × 4,000/10,000 = ₩12,000

(2) 서비스부문비 계산표

서비스부문비 계산표

비 목	배부 기준	합계	제조부문		보조부문		
			A제조	B제조	동력부	수선부	공장사무부
부문비 합계		₩720,000	₩300,000	₩250,000	₩80,000	₩60,000	₩30,000
동력부문비	마력수	(80,000)	48,000	32,000			
수선부문비	수선시간	(60,000)	32,000	28,000			
공장사무부문비	작업시간	(30,000)	18,000	12,000			
합 계		₩720,000	₩398,000	₩322,000			

(3) 배부대상 원가요소의 각 원가부문에 대체분개

(차)		(대)	
A 부 문 비	300,000	제원가요소계정	720,000
B 부 문 비	250,000		
동 력 부 문 비	80,000		
수 선 부 문 비	60,000		
공장사무부문비	30,000		

(4) 서비스부문비 대체분개

(차)		(대)	
A부문비	98,000	동 력 부 문 비	80,000
B부문비	72,000	수 선 부 문 비	60,000
		공장사무부문비	30,000

(5) 총계정원장의 관련계정

A부문비

차변	금액	대변	금액
제원가요소계정	300,000		
동 력 부 문 비	48,000		
수 선 부 문 비	32,000		
공장사무부문비	18,000		

동력부문비

차변	금액	대변	금액
제원가요소계정	80,000	A부문비	48,000
		B부분비	32,000

수선부문비

차변	금액	대변	금액
제원가요소계정	60,000	A부문비	32,000
		B부문비	28,000

B부문비

차변	금액	대변	금액
제원가요소계정	250,000		
동 력 부 문 비	32,000		
수 선 부 문 비	28,000		
공장사무부문비	12,000		

공장사무부문비

차변	금액	대변	금액
제원가요소계정	30,000	A부문비	18,000
		B부문비	12,000

(2) 계단식배분법(Step-Ladder Distribution Method)

계단식배분법은 서비스부문 상호간의 용역수수를 계산상 일부는 고려하고, 일부는 무시하여 서비스부문비를 배부하는 방법이다. 따라서 이 방법은 직접배분법과 상호배분법의 중간단계의 방법으로, 서비스부문 상호간의 용역수수를 단계적으로 인정하여 직접배분법의 모순을 보완하고, 상호배분법의 복잡성을 덜어보자는 편의에 따라 용역수수의 정도에 따라 서비스부문비를 순차적으로 배부해 가는 방법으로 단계식배분법이라고도 한다. 따라서 계단식배분법은 서비스부문비를 배부해 가는 순서를 정하는 것이 첫째의 과제인데, 이것은 서비스부문 상호간의 용역의 수수 정도가 가장 큰 부문에 용역을 제공하는 차례에 따라서 계단식으로 정한다. 배부의 순서가 정해지면, 먼저 제1순위에 있는 서비스부문비를 당해 부문으로부터 용역을 받은 활동부문 및 다른 서비스부문에 용역수수의 정도에 따라 배부하고 같은 방법으로 제2순위 이하의 보조부문비도 활동부문 및 타서비스부문에 배부해 나간다. 이때 제2순위에 있는 서비스부문비의 배부대상액은 당해 서비스부문비에 제1순위에 있는 서비스부문비의 배부액을 합계한 금액이 되고, 이와 같은 계산과정을 반복하게 되면 결과적으로 모든 서비스부문비는 최종부문인 활동부문에 배부완료하게 된다.

이 방법은 서비스부문 간의 용역수수를 부분적으로나마 고려한다는 점에서 직접배분법보다 이론적으로 우수하다고 볼 수 있으나 실제로는 배분의 순서를 정한다는 것이 어려운 문제이며, 먼저 배부하는 서비스부문은 나중에 배부하는 서비스부문으로부터 비록 용역의 수수가 있다고 할지라도 원가를 배부받지 못한다는 모순이 있다.

앞서 다룬 [예제 2]를 가지고 계단식배분법을 이용하여 서비스부문비 계산표 및 기장의 절차를 소개하면 다음과 같다.

(1) 서비스부문비 배부액의 계산

공장사무부문비:	A부문	₩30,000 × 6,000/15,000 = ₩12,000
	B부문	₩30,000 × 4,000/15,000 = ₩8,000
	동력부문	₩30,000 × 2,000/15,000 = ₩4,000
	수선부문	₩30,000 × 3,000/15,000 = ₩6,000
수 선 부 문 비:	A부문	₩66,000 × 80/180 = ₩29,333
	B부문	₩66,000 × 70/180 = ₩25,667
	동력부문	₩66,000 × 30/180 = ₩11,000
동 력 부 문 비:	A제조부문	₩95,000 × 120/200 = ₩57,000
	B제조부문	₩95,000 × 80/200 = ₩38,000

(2) 보조부문비 계산표의 작성

서비스부문비 계산표

(계단식배분법)

비 목	배부기준	합계	활동부문		서비스부문		
			A제조	B제조	동력부	수선부	공장사무부
부문비 합계		₩720,000	₩300,000	₩250,000	₩80,000	₩60,000	₩30,000
공장사무부문비	작업시간	(30,000)	12,000	8,000	4,000	6,000	
수선부문비	수선시간	(66,000)	29,333	25,667	11,000	₩66,000	
동력부문비	마 력 수	(95,000)	57,000	38,000	₩95,000		
합 계		₩720,000	₩398,333	₩321,667			

(3) 배부대상 원가요소의 각 원가부문에 대체분개

(차)	A 부 문 비	300,000	(대)	제원가요소계정	720,000
	B 부 문 비	250,000			
	동 력 부 문 비	80,000			
	수 선 부 문 비	60,000			
	공장사무부문비	30,000			

(4) 보조부문비 대체분개

(차)	A 부 문 비	12,000	(대)	공장사무부문비	30,000
	B 부 문 비	8,000			
	동 력 부 문 비	4,000			
	수 선 부 문 비	6,000			
(차)	A 부 문 비	29,333	(대)	수 선 부 문 비	66,000
	B 부 문 비	25,667			
	동 력 부 문 비	11,000			
(차)	A 부 문 비	57,000	(대)	공장사무부문비	95,000
	B 부 문 비	38,000			

(5) 총계정원장의 관계계정

A부문비

제원가요소계정	300,000		
동 력 부 문 비	57,000		
수 선 부 문 비	29,333		
공장사무부문비	12,000		

동력부문비

제원가요소계정	80,000	A 부 문 비	57,000
공장사무부문비	4,000	B 부 분 비	38,000
수 선 부 문 비	11,000		

수선부문비

제원가요소계정	60,000	A 부 문 비	29,333
공장사무부문비	6,000	B 부 분 비	25,667
		동력부문비	11,000

B부문비

제원가요소계정	250,000		
동 력 부 문 비	38,000		
수 선 부 문 비	25,667		
공장사무부문비	8,000		

공장사무부문비

제원가요소계정	30,000	A 부 문 비	12,000
		B 부 분 비	8,000
		동력부문비	4,000
		수선부문비	6,000

(3) 상호배분법(Reciprocal Distribution Method)

상호배분법은 서비스부문비 배부에 있어서 서비스부문 상호간의 용역 수수관계를 측정하고, 이에 따라 각 서비스부문비를 당해 서비스부문으로부터 용역을 제공받은 다른 서비스부문과 활동부문에 배부한 다음(제 1 차배부), 각 서비스부문에 배부된 금액을 적절한 기준에 의해 다시 활동부문에 배부하는 방법을 취한다(제 2 차배부).

이 방법은 용역수수에 따라 배부가 이루어지기 때문에 이론적으로 타당성을 갖는다. 그러나 일반배부가 끝난 서비스부문도 다른 서비스부문으로부터 다시 배부를 받기 때문에 부문비 배부계산이 완료되지 않고 순환한다는 단점을 지니고 있다고 말할 수 있다.

앞서 다룬 [예제 2]를 상호배분법을 이용하여 서비스부문비 계산표 및 기장의 절차를 소개하면 다음과 같다.

(1) 서비스부문비 배부액의 계산

(가) 1차배부액의 계산(각 서비스부문비를 상호배분법으로 계산)

동 력 부 문 비: A 부 문 ₩80,000 × 120/250 = ₩38,400
B 부 문 ₩80,000 × 80/250 = ₩25,600
수 선 부 문 ₩80,000 × 50/250 = ₩16,000

수 선 부 문 비: A 부 문 ₩60,000 × 80/200 = ₩24,000
B 부 문 ₩60,000 × 70/200 = ₩21,000
동 력 부 문 ₩60,000 × 30/200 = ₩9,000
공장사무부문 ₩60,000 × 20/200 = ₩6,000

공장사무부문비: A 부 문 ₩30,000 × 6,000/15,000 = ₩12,000
B 부 문 ₩30,000 × 4,000/15,000 = ₩8,000
동 력 부 문 ₩30,000 × 2,000/15,000 = ₩4,000
수 선 부 문 ₩30,000 × 3,000/15,000 = ₩6,000

(나) 2차배부액의 계산(1차배부시 타보조부문에서 배부된 금액을 합하여 직접 배분법으로 계산)

동 력 부 문 비: A 부 문 ₩13,000 × 120/200 =₩7,800
B 부 문 ₩13,000 × 80/200 = ₩5,200
수 선 부 문 비: A 부 문 ₩22,000 × 80/150 = ₩11,733
B 부 문 ₩22,000 × 70/150 = ₩10,267
공장사무부문비: A 부 문 ₩6,000 × 6,000/10,000 = ₩3,600
B 부 문 ₩6,000 × 4,000/10,000 = ₩2,400

(2) 서비스부문비 계산표의 작성

비 목	배부기준	합 계	활동부문		서비스부문		
			A부문	B부문	동력부	수선부	공장사무부
부문비 합계		₩720,000	₩300,000	₩250,000	₩80,000	₩60,000	₩30,000
(1차배부)							
동력부문비	마력수	(80,000)	38,400	25,600		16,000	
수선부문비	수선시간	(60,000)	24,000	21,000	9,000		6,000
공장사무부문비	작업시간	(30,000)	12,000	8,000	4,000	6,000	
					₩13,000	₩22,000	₩6,000
(2차배부)							
동력부문비	마력수	(13,000)	7,800	5,200			
수선부문비	수선시간	(22,000)	11,733	10,267			
공장사무부문비	작업시간	(6,000)	3,600	2,400			
합 계		₩720,000	₩397,533	₩322,467			

(3) 배부대상 원가요소의 각 원가부문에 대체분개

(차)	A 부 문 비	300,000	(대) 제원가요소계정	720,000
	B 부 문 비	250,000		
	동 력 부 문 비	80,000		
	수 선 부 문 비	60,000		
	공장사무부문비	30,000		

(4) 서비스부문비 대체분개

(가) 1차배부를 위한 대체분개

(차)	A 부 문 비	38,400	(대) 동 력 부 문 비	80,000
	B 부 문 비	25,600		
	수 선 부 문 비	16,000		

(차)	A 부 문 비	24,000	(대)	수 선 부 문 비	60,000
	B 부 문 비	21,000			
	동 력 부 문 비	9,000			
	공장사무부문비	6,000			

(차)	A 부 문 비	12,000	(대)	공장사무부문비	30,000
	B 부 문 비	8,000			
	동 력 부 문 비	4,000			
	수 선 부 문 비	6,000			

(나) 2차배부를 위한 대체분개

(차)	A 부 문 비	7,800	(대)	동 력 부 문 비	13,000
	B 부 문 비	5,200			
(차)	A 부 문 비	11,733	(대)	수 선 부 문 비	22,000
	B 부 문 비	10,267			
(차)	A 부 문 비	3,600	(대)	공장사무부문비	6,000
	B 부 문 비	2,400			

(5) 총계정원장의 관계계정

A부문비

제원가요소계정	300,000		
동 력 부 문 비	46,200		
수 선 부 문 비	35,733		
공장사무부문비	15,600		

B부문비

제원가요소계정	250,000		
동 력 부 문 비	30,800		
수 선 부 문 비	31,267		
공장사무부문비	10,400		

동력부문비

제원가요소계정	80,000	A 부 문 비	46,200
공장사무부문비	4,000	B 부 분 비	30,800
수 선 부 문 비	9,000	수 선 부 문 비	16,000

수선부문비

제원가요소계정	60,000	A 부 문 비	35,733
공장사무부문비	6,000	B 부 분 비	31,267
동 력 부 문 비	16,000	동 력 부 문 비	9,000
		공장사무부문비	6,000

공장사무부문비

제원가요소계정	30,000	A 부 문 비	15,600
수 선 부 문 비	6,000	B 부 분 비	10,400
		동 력 부 문 비	4,000
		수 선 부 문 비	6,000

상호배분법은 다시 ① 상호직접배분법, ② 상호계단식배분법, ③ 상호계속배분법, ④ 연립방정식법 등과 같은 방법으로 다시 세분될 수 있는데, 상호직접배분법은 제1차배부는 보조부문 상호간에 배부하고, 제2차배부는 앞에 설명한 직접배분법으로 보조부문비를 제조부문에 배부하는 방법이며, 상호계단식배분법은 제1차배부는 상호배부하고, 제2차배부는 계단식배분법으로 하는 방법을 말한다. 상호계속배분법은 제1차배부, 제2차 또는 제3차배부까지도 계속하여 상호배분법을 반복하는 방법으로 완전한 상호배분법이라 할 수 있다. 이 방법은 다른 상호배분법에 비하여 상호배부의 횟수를 많이 하는 것 외에는 다른 점이 없고, 배부계산의 정확성을 기한다는 점에서는 논리적이지만 계산에 많은 노력을 요하므로 실무에서는 거의 사용되지 않는다.

연립방정식법(Simultaneous Equation Method)이란 연립방정식에 의하여 각 서비스부문이 다른 서비스부문으로부터 배부받을 금액을 산정하고, 이것과 자부분의 부문비를 합하여 각각의 서비스부문비를 산정하는 방법이다. 이렇게 산정된 서비스부문비를 배부율에 의하여 관계부문에 배부하는 방법으로 방정식에 의한 계산으로 가장 확실한 방법으로 알려져 있다. 따라서 일반적으로 상호배분법으로 서비스부문비를 활동부문배분액을 계산할 때에는 이 방법을 사용한다.

연립방정식법에 의하여 서비스부문비를 활동부문에 배부할 금액을 산출하기 위해서는 다음과 같은 절차에 의한다.

① 서비스부문별 총원가 = 자부문비 + 타부문으로부터의 배분원가

② 위와 같은 방정식을 2개 이상 세워, 연립방정식을 풀어 서비스부문별 원가가 산정되면, 직접배분법으로 활동부문에 배부한다.

[사례 1] 부문비 배분의 계산 사례 - 상호배분법(연립방정식법)

다음 자료에 의하여 부문비 배분표를 완성하라.

각 부문의 보조부문 용역 사용량

	성형부	조립부	수선부	전력부
수선시간	5,000시간	4,000시간		1,000시간
전력사용량	3,000kW/H	5,000kW/H	2,000kW/H	

부문비 배부표

	활동부문		서비스부문	
	성형부문	조립부문	수선부문	전력부문
제조간접비 배분액	₩200,000	₩320,000	₩48,000	₩250,000
수선보조부문원가 배분	(₩)	(₩)	(₩)	(₩)
전력보조부문원가 배분	(₩)	(₩)	(₩)	(₩)
합 계	(₩)	(₩)		
직접노동시간	400시간	160시간		
제조간접비 배부율	(₩ /H)	(₩ /H)		

[해 답]

수선부의 총원가(M) = ₩48,000+0.2 P
전력부의 총원가(P) = ₩250,000+0.1M
두 연립방정식을 풀면 M = ₩100,000
P = ₩260,000

P = 전력부문비(Power Cost)

M = 수선부문비(Maintenance Cost)

총수선부문비(₩100,000)의 배부액

성형부문 = ₩100,000 × 0.5 = ₩50,000

조립부문 = ₩100,000 × 0.4 = ₩40,000

전력부문 = ₩100,000 × 0.1 = ₩10,000

총전력부문비(₩260,000)의 배부액

성형부문 = ₩260,000 × 0.3 = ₩78,000

조립부문 = ₩260,000 × 0.5 = ₩130,000

수신부분 = ₩260,000 × 0.2 = ₩52,000

활동부문비 총액

성형부문 = ₩200,000 + ₩50,000 + ₩78,000 = ₩328,000

조립부문 = ₩320,000 + ₩40,000 + ₩130,000 = ₩490,000

제조간접비 배부율의 계산

$$\text{성형부문} : \frac{₩328,000}{400\text{시간}} = @₩820/H$$

$$\text{조립부문} : \frac{₩490,000}{160\text{시간}} \fallingdotseq @₩3,063/H$$

부문비 배분표

	활동부문		서비스부문	
	성형부문	조립부문	수선부문	전력부문
제조간접비 배분액	₩200,000	₩320,000	₩48,000	₩250,000
수선보조부문원가 배분	(50,000)	(40,000)	(100,000)	(10,000)
전력보조부문원가 배분	(78,000)	(130,000)	(52,000)	(260,000)
합 계	(₩328,000)	(₩490,000)		
직접노동시간	400시간	160시간		
제조간접비 배부율	(₩820/H)	(₩3,063/H)		

[예제 3] 다음의 자료를 근거로 성형(제조)부문과 조립(제조)부문에 배부되는 전력(보조)부문 및 공장사무(보조)부문원가는 각각 얼마인가? 보조부문비 배분표를 완성하라.

	제조부문		보조부문	
	성형부	조립부	전력부	공장사무부
자부문비	₩139,500	₩123,500	₩21,080	₩85,250
공장사무 직접 작업시간	100시간	60시간	40시간	
전력부 전력사용량	90MW	105MW		105MW

F = 공장사무부문의 총원가, P = 전력부문의 총원가

공장사무부문비 배분율 = (성형)0.5 : (조립)0.3 : (전력)0.2

전력부문비 배분율 = (성형)0.3 : (조립)0.35 : (공장사무)0.35

$$F = 85,250 + 0.35P$$
$$P = 21,080 + 0.2F$$

두 연립방정식을 풀면 P = ₩41,000, F = ₩99,600

위 두 보조부문비를 성형 및 조립부문에 배부하면

성형부문의 배부액 ──────────────── ₩62,100

전력부문비 배부액 ₩99,600 × 0.5 = ₩49,800
공장사무부문비 배부액 ₩41,000 × 0.3 = ₩12,300

조립부문의 배부액 ──────────────── ₩44,230

전력부문비 배부액 ₩99,600 × 0.3 = ₩29,880
공장사무부문비 배부액 ₩41,000 × 0.35 = ₩14,350

보조부문비 배분표

	제조부문		보조부문	
	성형부문	조립부문	전력부문	공장사무부문
자부문비(₩369,330)	₩139,500	₩123,500	₩21,080	₩85,250
보조부문비 배부액				
전력부문비 배부액	49,800	29,880	19,920	(99,600)
공장사무부문비 배부액	12,300	14,350	(41,000)	14,350
보조부문비 배부액 합계	₩62,100	₩44,230		
부문비 합계	₩201,600	₩167,730		

[연 습 문 제]

※ Answer the questions by the following Data(1-7).

Grain Co. has Two manufacturing departments: Dept.1(#1) and Dept.2(#2).

The Company manufactures X Product and Y Product

Manufacturing Overheads incurred $200,000($120,000 for #1 and $80,000 for #2)

Machine hours for the two products are following

	X	Y	total
Dept. 1 (machine hours)	4,000	6,000	10,000
Dept. 2 (Direct Labor hours)	800	200	1,000

1. If Plant-wide application basis for Overheads is machine hours, What are the applied rate for the Two product?

   a. $10 per hour　b. $12 per hour　c. $15 per hour
   d. $20 per hour　e. $25 per hour

2. If Plant-wide application basis for Overheads is machine hours, How much must be applied to the product X?

   a. $50,000　b. $80,000　c. $88,000
   d. $100,000　e. $120,000

3. If Plant-wide application basis for Overheads is machine hours, How much must be applied to the product Y?

   a. $50,000　b. $80,000　c. $88,000
   d. $100,000　e. $120,000

4. By the departmental application basis, What are the applied rate for the Two product in Dept.1?

a. $10 per hour b. $12 per hour c. $15 per hour
d. $20 per hour e. $25 per hour

5. By the departmental application basis, What are the applied rate for the product X & Y in Dept.2?

a. $80 per hour b. $50 per hour c. $40 per hour
d. $30 per hour e. $20 per hour

6. By the departmental application basis, How much must be applied to the total costs for X?

a. $50,000 b. $85,000 c. $88,000
d. $112,000 e. $120,000

7. By the departmental application basis, How much must be applied to the total costs for Y?

a. $50,000 b. $85,000 c. $88,000
d. $112,000 e. $120,000

※ Answer the questions by following Data(8-16).

Departmental Costs
Activity Department: Assembling costs = $200,000,
Finished Costs = $300,000,
Service Department: Electric Power Costs = $ 60,000,
Maintenance Costs = $40,000
Application Basis of Service Department Costs
Maintenance hours: Assemble = 3,000hour, Finished = $3,000hour,
Power = 4,000hour
Used power (kW): Assemble = 3,000kW Finished = 2,000kW
Maintenance = 5,000kW

8. Journal entry to record the ledger for Applying manufacturing overheads to each Department?

a. (Dr) Manufacturing Overheads 600,000 (Cr) Assembling Costs 200,000
Finished Costs 300,000
Electric Power Costs 60,000
Maintenance Costs 40,000

b. (Dr) Assembling Dept 200,000 (Cr) Manufacturing Overheads 600,000
Finished Dept 300,000
Electric Power Dept 60,000
Maintenance Dept 40,000

c. (Dr) Assembling Costs 200,000 (Cr) Electric Power Costs 60,000
Finished Costs 300,000 Maintenance Costs 40,000

d. (Dr) Work in Process 600,000 (Cr) Assembling Costs 260,000
Finished Costs 340,000

9. By Direct Allocation Method, Application Rate to activity department of electric costs?

a. \$12 / kW b. \$6 / kW c. \$5 / kW d. \$3 / kW

10. By Direct Allocation Method, How much must be applied the electric power costs to assemble & finished department?

a. Assemble = \$30,000, Finished = \$20,000
b. Assemble = \$24,000, Finished = \$36,000
c. Assemble = \$36,000, Finished = \$24,000
d. Assemble = \$20,000, Finished = \$30,000

11. By Direct Allocation Method, Application Rate to activity department of maintenance costs?

a. \$4.56 per hour b. \$6.67 per hour
c. \$8.24 per hour d. \$10.2 per hour

12. By Direct Allocation Method, How much must be applied the maintenance costs to Assemble & Finished department?
   a. Assemble = $30,000, Finished = $20,000
   b. Assemble = $20,000, Finished = $30,000
   c. Assemble = $30,000, Finished = $30,000
   d. Assemble = $20,000, Finished = $20,000

13. By Direct allocation method, Journal entry to record the ledger for Applying to Activity Department of Service department costs?

a. (Dr) Assemble Dept	56,000	(Cr) Power Dept	60,000
Finished Dept	44,000	Maintenance Dept	40,000
b. (Dr) Power Dept	60,000	(Cr) Assemble Dept	56,000
Maintenance Dept	40,000	Finished Dept	44,000
c. (Dr) Assemble Dept	44,000	(Cr) Power Dept	60,000
Finished Dept	56,000	Maintenance Dept	40,000
d. (Dr) Power Dept	60,000	(Cr) Assemble Dept	44,000
Maintenance Dept	40,000	Finished Dept	56,000

14. By Reciprocal Allocation Method, How much must be applied the electric power costs to the assemble & Finished department?
   a. Assemble Dept = $26,500, Finished Dept = $20,000
   b. Assemble Dept = $28,500, Finished Dept = $19,000
   c. Assemble Dept = $19,000, Finished Dept = $28,500
   d. Assemble Dept = $20,000, Finished Dept = $26,500

15. By Reciprocal Allocation Method, How much must be applied the maintenance costs to the Assemble & Finished department?
   a. Assemble Dept = $24,500, Finished Dept = $24,500
   b. Assemble Dept = $25,450, Finished Dept = $25,450
   c. Assemble Dept = $26,250, Finished Dept = $26,250

d. Assemble Dept = $28,350, Finished Dept = $28,350

16. By Reciprocal Allocation Method, Journal entry to record the ledger for Applying to the Activity Department of Service department costs?
   a. (Dr) Assembling Costs 54,750 (Cr) Electric Power Costs 60,000
      Finished Costs 45,250 Maintenance Costs 40,000
   b. (Dr) Electric Power Costs 60,000 (Cr) Assembling Costs 54,750
      Maintenance Costs 40,000 Finished Costs 45,250
   c. (Dr) Assembling Costs 45,250 (Cr) Electric Power Costs 60,000
      Finished Costs 54,750 Maintenance Costs 40,000
   d. (Dr) Electric Power Costs 60,000 (Cr) Assembling Costs 54,750
      Maintenance Costs 40,000 Finished Costs 45,250

17. Gratis Company applies overhead based on direct labor hours in the printing department. At the beginning of the year, the company estimated that manufacturing overhead would be $550,000, direct labor hours would be 100,000, and direct labor cost would be $1,100,000 in the printing department. The printing department's predetermined overhead rate for the year is calculated to be:
   a. $.18 per direct labor hour. b. $.50 per direct labor hour.
   c. $2.00 per direct labor hour. d. $5.50 per direct labor hour.

18. Daylight applies overhead based on direct labor dollars in their assembly Division. The company has budgeted 50,000 direct labor hours at a cost of $10 per hour and manufacturing overhead of $750,000 in the Assembly Division's predetermined overhead rate for the year is calculated to be:
   a. $15.00 per direct labor dollar. b. $10.00 per direct labor dollar.
   c. $1.50 per direct labor dollar. d. $.67 per direct labor dollar.

19. Brain Power Inc. is an Advertising Agency. Brain Power applies overheads based on direct professional labor hours. At the beginning of the year, overhead was estimated to be $75,000, direct professional labor hours were estimated to be 15,000, and direct professional labor cost was projected to be $225,000. During the year, Brain Power incurred actual overhead costs of $80,000, actual direct professional labor hours of 14,500, and actual direct labor cost of $222,000.

Brain Power's over-applied or under-applied overhead during the year is calculated to be:

a. $7,500 under-applied. b. $7,500 over-applied.
c. $5,000 under-applied. d. $5,000 over-applied.

20. Rhythmic Co. applies overhead based on machine hours at $10 per machine hour.

During the year, actual machine hours amounted to 9,500, actual overhead amounted to $101,500. what journal entry would be made to close the Manufacturing Overhead account?

a. (Dr) Manufacturing Overheads 101,500 (Cr) Work in Process 95,000
Overheads Difference 6,500
b. (Dr) Work in Process 95,000 (Cr) Manufacturing overheads 101,500
Overheads Difference 6,500
c. (Dr) Work in Process 101,500 (Cr) Manufacturing Overheads 95,000
Overheads Difference 6,500
d. (Dr) Manufacturing Overheads 95,000 (Cr) Work in Process 101,500
Overheads Difference 6,500

21. Trudgeon inc. incurred $132,000 of manufacturing overhead during the year.

$150,000 of Manufacturing overhead was budgeted applied.

Over- or Underapplied overheads were translated to Cost of Goods Sold at the end of the year.
Calculate the Applied Manufacturing Overhead differences, and Journal entry to close the Manufacturing Overhead account.

a. (Dr) Work in Process 150,000 (Cr) Manufacturing Overheads 132,000
Cost of Goods Sold 18,000

b. (Dr) Manufacturing Overheads 132,000 (Cr) Work in Process 150,000
Cost of Goods Dold 18,000

c. (Dr) Work in Process 132,000 (Cr) Manufacturing Overheads 114,000
Cost of Goods Sold 18,000

d. (Dr) Manufacturing Overheads 114,000 (Cr) Work in Process 132,000
Cost of Goods Sold 18,000

※ 다음 자료에 의하여 아래의 금액을 계산하라(1-5).

부문비 대체표에 의한 제 1 제조부문비: ₩450,000, 제 2 제조부문비: ₩300,000
배부기준: 제 1 제조부문비(직접작업시간), 제 2 제조부문비(기계작업시간)
직접작업시간: #1 = 17,000시간, #2 = 14,000시간, #3 = 9,000시간
기계작업시간: #1 = 200,000시간, #2 = 150,000시간, #3 = 50,000시간

1. 제 1 제조부문원가의 제품별 배부율은?

① ₩0.75 ② ₩5.50 ③ ₩8.75
④ ₩10.25 ⑤ ₩11.25

2. 제 2 제조부문원가의 제품별 배부율은?

① ₩0.75 ② ₩5.50 ③ ₩8.75
④ ₩10.25 ⑤ ₩11.25

3. 제조지시서 #1의 부문비 총배부액은?

① ₩34,250 ② ₩54,800 ③ ₩125,400

④ ₩138,750 ⑤ ₩270,000

4. 제조지시서 #2의 부문비 총배부액은?

① ₩34,250 ② ₩54,800 ③ ₩125,400

④ ₩138,750 ⑤ ₩270,000

5. 제조지시서 #3 의 부문비 총배부액은?

① ₩34,250 ② ₩54,800 ③ ₩125,400

④ ₩138,750 ⑤ ₩270,000

※ 다음 자료에 의하여 ( ) 안의 금액을 계산하고, 물음에 답하라.

자료 1: 부문별 원가발생액

활동부문: 조립부문원가 = ₩200,000, 완성부문원가 = ₩300,000

서비스부문: 전력부문원가 = ₩60,000, 수선부문원가 = ₩40,000

자료 2: 서비스부문 배부기준

수선시간: 조립부 = 4,000시간, 완성부 = 4,000시간, 전력부 = 2,000시간

전력사용량: 조립부 = 3,000kW/H, 완성부 = 2,000kW/H,

수선부 = 5,000kW/H

자료 3: 활동부문원가의 제품별 배부기준: 직접노동시간(갑제품 = 300시간, 을제품 = 500시간)

보조부문비 배분표(직접배분법)

	조립부문	완성부문
부문 개별비	₩200,000	₩300,000
전력부문비 배부액	(①)	(②)
수선부문비 배부액	(③)	(④)
부문비 합계	(⑤)	(⑥)

6. ①에 해당하는 전력부문비의 조립부문 배부액은 얼마인가?

① ₩20,000 ② ₩24,000 ③ ₩36,000

④ ₩45,000 ⑤ ₩58,000

7. ②에 해당하는 전력부문비의 완성부문 배부액은 얼마인가?

① ₩20,000 ② ₩24,000 ③ ₩36,000
④ ₩45,000 ⑤ ₩58,000

8. ③에 해당하는 수선부문비의 조립부문 배부액은 얼마인가?

① ₩20,000 ② ₩24,000 ③ ₩36,000
④ ₩45,000 ⑤ ₩58,000

9. ④에 해당하는 수선부문비의 완성부문 배부액은 얼마인가?

① ₩20,000 ② ₩24,000 ③ ₩36,000
④ ₩45,000 ⑤ ₩58,000

10. ⑤에 해당하는 조립부문비 총액은 얼마인가?

① ₩246,000 ② ₩256,000 ③ ₩316,000
④ ₩335,000 ⑤ ₩344,000

11. ⑥에 해당하는 완성부문비 총액은 얼마인가?

① ₩246,000 ② ₩256,000 ③ ₩316,000
④ ₩335,000 ⑤ ₩344,000

12. 서비스부문비의 활동부문 배부에 따른 원장기록을 위한 분개는?

	차변	금액	대변	금액
①	(차) 조립부문비	56,000	(대) 전력부문비	60,000
	완성부문비	44,000	수선부문비	40,000
②	(차) 조립부문비	53,778	(대) 전력부문비	60,000
	완성부문비	46,222	수선부문비	40,000
③	(차) 재 공 품	600,000	(대) 조립부문비	256,000
			완성부문비	344,000
④	(차) 조립부문비	256,000	(대) 재 공 품	600,000

완성부문비 344,000

⑤ (차) 재 공 품 344,000 (대) 완성부문비 600,000

조립부문비 256,000

13. 조립부문원가의 제품별 배부율은?

① ₩240/시간 ② ₩320/시간 ③ ₩430/시간

④ ₩520/시간 ⑤ ₩640/시간

14. 조립부문원가의 갑제품과 을제품에 배부액은 각각 얼마인가?

① ₩34,250과 ₩54,800 ② ₩54,800과 ₩138,750

③ ₩96,000과 ₩160,000 ④ ₩138,750과 ₩270,000

⑤ ₩270,000과 ₩160,000

15. 완성부문원가의 제품별 배부율은 얼마인가?

① ₩240/시간 ② ₩320/시간 ③ ₩430/시간

④ ₩520/시간 ⑤ ₩640/시간

16. 완성부문원가의 갑제품과 을제품 배부액은 각각 얼마인가?

① ₩34,250과 ₩54,800 ② ₩54,800과 ₩138,750

③ ₩96,000과 ₩160,000 ④ ₩138,750과 ₩270,000

⑤ ₩129,000과 ₩215,000

17. 부문비의 제품별 배부에 따른 원장기록을 위한 분개는?

① (차) 조립부문비 56,000 (대) 전력부문비 60,000

완성부문비 44,000 수선부문비 40,000

② (차) 조립부문비 53,778 (대) 전력부문비 60,000

완성부문비 46,222 수선부문비 40,000

③ (차) 재 공 품 600,000 (대) 조립부문비 256,000

완성부문비 344,000

④ (차) 조립부문비 256,000 (대) 재 공 품 600,000

완성부문비 344,000
⑤ (차) 재 공 품 344,000 (대) 완성부문비 600,000
조립부문비 256,000

18. 상호배분법(방정식법)에 의하여 서비스부문비의 배부액을 계산하기 위하여 총전력부문비 = P, 총수선부문비 = M이라면, 맞는 방정식은?
① $P = 60{,}000 + 0.1M$, $M = 40{,}000 + 0.5P$
② $P = 60{,}000 + 0.2M$, $M = 40{,}000 + 0.5P$
③ $M = 60{,}000 + 0.2P$, $P = 40{,}000 + 0.5M$
④ $M = 60{,}000 + 0.1P$, $P = 40{,}000 + 0.2M$
⑤ $P = 40{,}000 + 0.2M$, $M = 60{,}000 + 0.5P$

19. 18번의 방정식에서 그 해를 구하면 총전력부문비와 총수선부문비는 얼마인가?
① P = ₩47,566, M = ₩59,778 ② P = ₩59,778, M = ₩47,566
③ P = ₩77,778, M = ₩75,556 ④ P = ₩75,556, M = ₩77,778
⑤ P = ₩75,556, M = ₩59,778

20. 상호배분법(방정식법)에 의한 전력부문비의 조립부문과 완성부문 배부액은 얼마인가?
① 조립부문 = ₩22,667, 완성부문 = ₩15,111
② 조립부문 = ₩15,111, 완성부문 = ₩22,667
③ 조립부문 = ₩34,667, 완성부문 = ₩26,111
④ 조립부문 = ₩26,111, 완성부문 = ₩34,667
⑤ 조립부문 = ₩45,667, 완성부문 = ₩28,111

21. 상호배분법(방정식법)에 의한 수선부문비의 조립부문과 완성부문 배부액은 얼마인가?
① 조립부문 = ₩22,667, 완성부문 = ₩15,111
② 조립부문 = ₩22,667, 완성부문 = ₩22,667

③ 조립부문 = ₩34,667, 완성부문 = ₩31,111

④ 조립부문 = ₩31,111, 완성부문 = ₩31,111

⑤ 조립부문 = ₩31,111, 완성부문 = ₩22,667

22. 상호배분법(방정식법)에 의한 조립부문 배부총액은 얼마인가?

① ₩246,556 ② ₩253,778 ③ ₩346,222

④ ₩335,112 ⑤ ₩344,667

23. 상호배분법(방정식법)에 의한 완성부문 배부총액은 얼마인가?

① ₩246,556 ② ₩253,778 ③ ₩346,222

④ ₩335,112 ⑤ ₩344,667

24. 상호배분법(방정식법)에 의한 서비스부문원가의 활동부문 배부시 원장기록을 위한 분개는?

	차변		대변	
①	(차) 조립부문비	56,000	(대) 전력부문비	60,000
	완성부문비	44,000	수선부문비	40,000
②	(차) 조립부문비	53,778	(대) 전력부문비	60,000
	완성부문비	46,222	수선부문비	40,000
③	(차) 재 공 품	600,000	(대) 조립부문비	256,000
			완성부문비	344,000
④	(차) 조립부문비	256,000	(대) 재 공 품	600,000
	완성부문비	344,000		
⑤	(차) 재 공 품	344,000	(대) 완성부문비	600,000
	조립부문비	256,000		

제 8 장 개별원가계산시스템

제 1 절 제품별 원가계산의 유형과 절차

1. 제품별 원가계산의 개념

제품원가계산(Product Costing)은 원가계산의 제 3 차 계산단계로서, 원가요소를 일정한 제품단위에 집계하여 단위제품의 제조원가를 산정하는 절차를 말하며, 그 단위원가는 개수 · 시간수 · 도량형단위 등으로 표시하여야 한다.

원가계산의 제 1 단계는 재료비 · 노무비 · 제조경비 등의 각 원가요소별 혹은 비목별로 당기의 소비원가를 집계하는 요소별 원가계산을 하고, 제 2 단계로 요소별로 집계된 원가를 그 발생장소인 원가부문을 확정하고 부문개별비와 부문공통비로 이를 다시 분류하여 부문개별비는 각 부문에 직접배부하고, 부문공통비는 일정한 인위적인 배부기준에 의하여 부문에 할당시켜 주는 부문별 원가계산을 거쳐서, 마지막 단계로 활동부문에 집계된 원가요소들을 최종적으로 제품에 부과 또는 배부하는 과정을 거치게 된다. 따라서 제품별 원가계산은 당기 중의 제품제조를 위해서 소비된 합리적인 제조원가를 산출한다는 원가회계의 목표를 달성하는 마지막 단계이므로, 요소별 계산이나 부문별 계산은 제품별 원가계산을 위한 예비절차라고 볼 수 있다.

그러나 모든 원가회계시스템이 이와 같은 3단계의 과정을 거치는 것은 아니고, 경우에 따라서는 부문별 원가계산을 생략하고, 요소별 원가계산에서 직접 제품별 원가계산의 단계로 들어가는 시스템을 갖출 수도 있으므로 일률적으로 말하기는 곤란하나, 일반적으로 3단계를 거치는 것이 보통이다. 뿐만 아니라 같은 절차를 거치는 원가회계시스템을 가지고 있다고 할지라도, 제품

생산원가의 집계방법이 특정제품별로 이루어지느냐 아니면 기간별로 종합적으로 이루어지느냐에 따라서 부문별로 처리되는 원가요소의 대상과 그 범위가 달라진다.

이와 같이 제품별 원가계산은 원가요소들이 마지막으로 집합되는 장소가 되므로, 제품은 바로 원가의 집합체라고 할 수 있다. 이처럼 모든 원가요소들이 궁극적으로 제품에 집계되어야 하는 이유는 제품만이 투하된 원가를 회수할 수 있는 최후의 능력자로 예정되고 있기 때문이다. 다시 말하여, 제품은 시장기구를 통해서 제품원가에 적정한 이윤이 가산되어 회수될 것이 전제되기 때문이다.

2. 제품별 원가계산의 유형

제품별 원가계산은 원가의 집계방법에 따라 크게 특정제품별로 당기 중의 소비원가를 집계하는 제조지시서별 원가계산 혹은 개별원가계산(Job Order Cost System)과 기간 중의 소비원가를 종합적으로 파악 집계하는 종합원가계산(Process Cost System)으로 분류된다.

물론 제품별 원가계산이라 할지라도 집계되는 원가의 성격, 즉 실제발생원가인가, 아니면 예정원가인가에 따라 실제원가계산, 예정원가계산으로 나눌 수 있으며, 그 예정액이 무엇을 기준으로 삼았느냐에 따라 평준화원가계산, 표준원가계산으로도 분류되고, 원가의 분류방법을 전통적인 기능적 분류에 따르냐 아니면 원가행태별 분류에 따르느냐에 따라 전부원가계산과 직접원가계산으로 분류되고 혹은 원가계산의 기록을 무엇으로 삼느냐에 따라 조업도기준원가계산과 활동기준원가계산으로 분류되는 등의 여러 가지 분류가 있을 것이다.

따라서 원가계산의 집계방법에 따르는 개별원가계산이나 종합원가계산도 취급되는 원가의 성질이 표준액이라고 한다면 표준액에 의한 개별원가계산과 종합원가계산이 될 것이며, 원가분류를 변동비와 고정비로 나누어 집계한다면 직접개별원가계산과 직접종합원가계산이 될 것이다.

본장에서는 가장 기본적인 실제 발생원가를 전통적인 기능적 분류에 따라 계산하는 실제전부원가계산만을 대상으로 하고, 기타의 제 방법들은 장을 달리하여 별로도 다룰 것이다.

(1) 개별원가계산

이 방법은 여러 종류의 제품을 개별적으로 동시에 생산하는 기업형태에 적합한 원가계산 제도로서, 주문생산의 경우에 많이 채택된다. 개별원가계산에서는 원칙적으로 원가계산기간이 공정의 착수시점부터 공정의 완료시점까지가 되므로, 기말에는 공정완료품, 즉 완성품만이 존재하게 되므로 기말재공품이나 기초재공품이 없는 것이 원칙이다. 다만, 선박업이나 토목건축업 등과 같이 장기공사의 경우에는 원가계산기간이 양 회계연도에 걸치게 되는데, 이 경우에는 회계기말에 미완성상태에 있기 때문에 기말재공품이 나타나게 된다.

개별원가계산의 경우에는 특정제품의 제조를 명령하는 제조지시서(Job Order)가 발부되고, 모든 원가는 궁극적으로 이 제조지시서별로 집계되므로 제조지시서별 원가계산이 된다. 개별원가계산의 영문표기가 "Job Order Costing"인 것은 이와 같은 의미를 따르는 것이다. 제조지시서란 어떤 제품을 어디서, 어떻게, 언제까지, 얼마만큼 제조하여야 하는가를 지시하는 문서로서, 일반적으로 특정제품의 제조에 관련하여 필요한 모든 사항이 명시되는 것이다. 개별원가계산의 경우 각 제조지시서별로 집계되는 제품의 단위는 일정한 수량 혹은 중량(1다스 혹은 1톤) 등의 여러 집계단위가 적용될 수 있는데, 이것은 보통주문의 단위와 일치되는 것이 일반적이다. 또한 원가의 집계방법에 있어서는 특정제품별로 발생하여 그 제품별로 확인이 가능한 직접비의 경우에는 제조지시서별로 직접 부과하여 집계하지만, 여러 가지 제품을 제조하는 데 공통적으로 소비되어 원가월보 등에 나타나는 제조간접비들은 기간 중 발생액을 집계하여 적절한 배부기준에 따라 각 지시서별로 배부하는 형식으로 집계된다.

따라서 기말재공품 원가의 평가문제는 별로 발생되지 않으며, 미완성인 상태로 집계과정 중인 제조지시서별 원가의 합계는 그대로 기말재공품이 되므로 종합원가계산의 경우처럼 중요한 과정이 아닌 반면에, 제조지시서별로 인위적으로 배부되는 제조간접비의 액수에 따라 제조원가에 미치는 영향이 크고, 현대 기업경영의 기계화·자동화로 인한 직접비보다는 간접비가 제조원가에 차지하는 비율이 상대적으로 증가함에 따라 제조간접비의 합리적 배분의 중요성은 더욱 증대된다. 이에 따라 제조간접비의 배분문제는 개별원가계산의 절차 중 가장 핵심부분이 되어, 보다 더 합리적 제조간접비의 배분문제를 위해서도 부문별 배부라는 복잡한 절차를 거치는 것이 일반적인 현상이다. 물론 부문별 원가계산이 제조간접비 배분을 위해서만 필요한 원가회계과정인 것은 아니고, 보다 합리적인 원가관리를 위한 관리통제시스템(Management Control System)의 과정이기는 하지만, 원가의 집계측면에서는 합리적 제조간접비 배부의 목적이 가장 큰 목표가 될 것이다.

그러므로 개별원가계산의 분류도 아래에서 보는 바와 같이 제조간접비의 부문별 집계배분의 과정을 거치느냐 그렇지 않느냐에 따라 부문별 개별원가계산시스템과 단순개별원가계산시스템으로 나누어진다.

- 개별원가계산
  - 단순개별원가계산시스템
  - 부문별 개별원가계산시스템

여기서 단순개별원가계산시스템이란 원가요소의 집계과정에서 비목별로 집계된 제조간접비를 부문별 배분의 과정이 없이 공장 전체 배부율에 의해서 직접 특정제품별로 배부함으로써 제품의 제조원가를 집계하는 시스템을 말하며, 부문별 개별원가계산시스템이란 비목별로 집계된 제조간접비를 다시 원가가 발생한 장소인 부문별로 집계하고 각 부문에서 적절한 배분기준에 따라 제품별로 배분하여 각 제품의 완성원가가 집계되는 시스템을 말한다.

[예제 1] A, B, C 세 가지 종류의 제품을 생산하는 W산업에서는 개별원가계산제도를 채택하고 있다. 제품 A(#101), B(#102), C(#103)를 생산하라는 제조지시서에 따라 동제품을 총 1,000단위를 생산하여, 600단위가 판매되었다.

금월 중의 다음과 같은 원가 자료에 의하여 제품 A, B, C의 제조원가를 산출하고 판매이익 및 기말제품재고액을 계산하라(단, 제조간접비의 제품별 배부는 생산량을 기준으로 한다).

직접재료비 소비액 =	₩ 90,000	(A = ₩20,000, B = ₩30,000, C = ₩40,000)
직접노무비 소비액 =	210,000	(A = ₩60,000, B = ₩80,000, C = ₩70,000)
제조간접비 발생액 =	100,000	
당월 중 총 제조비	₩400,000	

당월 생산량 = 1,000단위(A = 400단위, B = 200단위, C = 400단위)
당월 판매량 = 600단위(A = 300단위, B = 100단위, C = 200단위)
월말 재고량 = 400단위
판 매 가 격: A제품 = ₩500, B제품 = ₩700, C제품 = ₩600

1. 제조원가의 계산

제조지시서(제품)	제 조 원 가	단 위 원 가
#101(제품 A)	₩20,000 + ₩60,000 + ₩40,000* = ₩120,000	120,000/400 = @₩300
#102(제품 B)	₩30,000 + ₩80,000 + ₩20,000* = ₩130,000	130,000/200 = @₩650
#103(제품 C)	₩40,000 + ₩70,000 + ₩40,000* = ₩150,000	150,000/400 = @₩375

* 표시의 금액은 제조간접비 배부액으로 다음과 같이 산출함.

$$\text{제품 A} = ₩100{,}000 \times \frac{400\text{단위}}{1{,}000\text{단위}} = ₩40{,}000$$

$$\text{제품 B} = ₩100{,}000 \times \frac{200\text{단위}}{1{,}000\text{단위}} = ₩20{,}000$$

$$\text{제품 C} = ₩100{,}000 \times \frac{400\text{단위}}{1{,}000\text{단위}} = ₩40{,}000$$

2. 판매이익의 계산

매 출 액: ₩340,000 = 300단위 × ₩500 + 100단위 × ₩700 + 200단위 × ₩600
매출원가: ₩230,000 = 300단위 × ₩300 + 100단위 × ₩650 + 200단위 × ₩375
판매이익: ₩110,000 = 300단위 × ₩200 + 100단위 × ₩ 50 + 200단위 × ₩225
기말제품: ₩170,000 = 100단위 × ₩300 + 100단위 × ₩650 + 200단위 × ₩375

※ 기말제품재고액은 당기제품제조원가(₩400,000)에서 매출원가(₩230,000)를 차감하여 계산할 수도 있다(₩400,000 - ₩230,000 = ₩170,000).

(2) 종합원가계산

종합원가계산은 동종의 제품을 반복적으로 대량생산하는 기업의 형태에 적합한 원가계산의 방법으로서, 원가계산 기간 중에 발생한 모든 원가요소를 일괄적으로 파악하여, 동 기간 중에 제조한 제품의 수량으로 나누어 단위당 제조원가를 산출하는 절차로 원가계산이 이루어진다. 따라서 원가요소의 집계는 제품대상별로 이루어지는 것이 아니므로 보통 제조지시서가 발행될 필요도 없고, 발행된다고 하더라도 계속적으로 유효한 경우가 대부분이다. 또한 제조의 과정이 일반적으로 공정별로 이루어지기 때문에 원가계산의 절차도 공정별로 이루어지는 것이 대부분이다. 따라서 종합원가계산을 가리켜 최근에는 공정별 원가계산이라고 통칭하기도 하며, 그 영문 표기도 "Process Costing"으로 하고 있다.

종합원가계산은 제품제조의 과정이 계속적으로 착수되고 완성되어지므로, 원가계산의 기간과 제품완성의 시기와는 차이가 나는 것이 일반적이어서 보통 기말에는 완성품과 기말재공품으로 나누어진다. 따라서 원가계산의 초점은 당기 중에 발생되어 일괄적으로 집계된 원가인 당기 총제조비를 완성품과 기말재공품으로 배분해 주는 과정이 된다. 이와 같은 의미에서 본다면 종합원가계산의 과정은 총제조비를 완성품과 미완성품인 기말재공품으로 나누어주는 넓은 의미의 원가배분의 과정이라고 할 수 있다.

종합원가계산의 경우에는 개별원가계산의 경우와는 달리, 기초재공품과 기말재공품이 존재하는 것이 일반적이며, 원가집계의 과정이 당기 중에 제품제조를 위해서 소비된 원가요소들을 일괄적으로 집계하여 당기 총제조비를 산출하고, 여기에는 기말재공품의 원가를 평가하여 이를 차감함으로써 당기 제품의 완성원가를 계산하는 절차로 이루어지므로, 원가계산 기말에 있어서의 미완성품인 기말재공품을 그 완성도에 따라서 완성품환산량을 계산하고, 이에 따라 기말재공품의 원가를 추정해 내는 일련의 과정인 기말재공품원가의 평가과정은 가장 중요한 절차로 인식되는 것이다.

종합원가계산도 생산되는 제품 및 투입되는 원가요소의 특성에 따라 여러 가지로 분류될 수 있지만, 한국공인회계사회 개정원가계산기준에서는 다음과 같이 여섯 가지로 분류되어 설명하고 있다.

① 단순종합원가계산
② 조별(혹은 반별) 종합원가계산
③ 공정별 종합원가계산
④ 가공비공정별 종합원가계산
⑤ 등급별 종합원가계산
⑥ 연산품종합원가계산

[예제 2] 금년 초에 신제품 특허권을 획득하여 20×1년 창업한 본사에서는 금월 초 1,200단위의 제품생산을 착수하여 금월 말 다음과 같은 원가발생액이 확인되었다. 아래의 자료에 의하여 제조원가, 기말제품재고액 및 매출원가를 계산하라.

[원가 자료]	[생산판매 자료]
직접재료비 소비액 = ₩20,000	당월 중 완성제품 = 800단위
직접노무비 소비액 = ₩30,000	미완성 제품 = 400단위(완성도 = 50%)
제조간접비 소비액 = ₩40,000	당월 중 판매량 = 600단위

당월 중 총제조원가 = ₩20,000 + ₩30,000 + ₩40,000 = ₩90,000
미완성제품의 완성제품 환산수량 = 400단위 × 0.5 = 200단위
당월 중 총완성제품 환산수량 = 800단위 + 200단위 = 1,000단위

$$\text{완성제품의 원가(제조원가)} = ₩90{,}000 \times \frac{800\text{단위}}{1{,}000\text{단위}} = ₩72{,}000$$

$$\text{미완성제품의 원가(기말재공품)} = ₩90,000 \times \frac{200\text{단위}}{1,000\text{단위}} = ₩18,000$$

$$\text{완성제품의 제조단가} = \frac{₩72,000}{800\text{단위}} = @₩90$$

판매된 제품의 원가(매출원가) = @₩90 × 600단위 = ₩54,000

기말제품(400단위 × 50%)의 원가 = @₩90 × (800단위 − 600단위) = ₩18,000

※ 실무에서는 제조원가(완성제품원가)는 총제조비에서 미완성제품의 원가를 차감하여 계산하고, 매출원가는 제조원가에서 기말제품의 원가를 차감하여 다음과 같이 계산한다.

제조원가 = ₩90,000 − ₩18,000 = ₩72,000
매출원가 = ₩72,000 − ₩18,000 = ₩54,000

(3) 개별 - 종합원가계산의 비교

지금까지 살펴본 개별원가계산과 종합원가계산의 차이를 몇 가지의 관점에 따라 분류하여 보면 〈표 8-1〉과 같이 요약할 수 있다.

〈표 8-1〉

구 분	개별원가계산	종합원가계산
① 채택하는 기업의 형태	여러 종류 제품의 주문생산 기업	단일 또는 소품종의 제품을 대량으로 시장생산기업
② 발행되는 제조지시서	제조작업별 특정제조지시서	생략 혹은 계속제조지시서
③ 원가계산의 형태	제조지시서별·대상별 원가계산	회계기간별·공정별 원가계산
④ 원가요소의 구분	직접비와 간접비로 구분	주요재료비와 가공비로 구분
⑤ 계산절차상의 중심과정	제조간접비의 배부	기말재공품 원가의 평가

3. 제품제조원가의 집계절차

제품제조를 위해서 소비되는 모든 원가요소들이 집계되어 당기제품의 완성원가를 산출하는 표를 원가계산표라 하고, 원가계산표들을 모아 놓은 보조장부를 원가원장이라 한다. 모든 제조작업은 제조지시서에 의하여 수행되고, 특히 개별원가계산의 경우에는 각 제품의 종류별로 새로운 지시서가 발행되어 지시서별로 원가가 집계되므로, 개별원가계산은 결국 제조지시서별 원가계산이라고 말할 수 있다. 따라서 개별원가계산의 경우에는 여러 가지의 제조작업을 진행하고자 한다면, 여러 장의 제조지시서가 발행되고, 각 지시서마다 원가계산표가 작성되므로, 결국 여러 장의 원가계산표가 하나의 원가원장에 나타나게 될 것이다.

종합원가계산의 경우에는 제조작업이 제조지시서에 의하여 최초의 제조작업시에 한 번 발행된 제조지시서는 모델의 변경이 없는 한 계속 유효하게 되므로, 원가가 집계되는 것은 제조지시서별로 파악되는 것이 아니라 원가계산기간별로 파악되어, 하나의 종합원가계산표에 집계되는 것이다. 개별원가계산의 원가원장이나 종합원가계산의 종합원가계산표는 내부보고용의 집계표일 뿐만 아니라, 총계정원장의 보조장부에 해당되므로 양자는 서로 대조가 가능하고, 상호보완관계에 있는 것이다.

(1) 개별원가계산표

개별원가계산표는 보통 직접재료비 · 직접노무비 · 직접제조경비 및 제조간접비로 구분하여 기재하며, 직접비는 각 제조지시서별로 발생하는 원가이므로 각 지시서별로 직접 파악된 것으로 집계 · 기재하고, 여러 지시서에 걸쳐서 공통적으로 발생한 제조간접비는 적절한 배부기준에 따라 각 제조지시서별 원가계산표에 배부하여 기재한다.

당기 중에 완성된 모든 원가계산표의 합계액은 당기 제품의 제조원가를 나타내며, 미완성원가계산표의 합계액은 기말재공품재고액을 나타낸다. 따라서 총계정원장의 재공품계정과 원가계산표의 집합이라 할 수 있는 원가원장은 주요부와 보조부의 관계를 가지므로, 재공품계정의 차변합계는 원가원장의 각 지시별 당기제조비용과 일치하고, 재공품계정의 대변합계는 그 기간에 제조 완료된 제조지시서의 원가계산표 금액의 합계와 일치한다. 그리고 재공품계정의 차변 잔액은 미완성제품의 원가로서 기말재공품의 원가를 뜻하며, 이것은 원가원장상의 미완성제품의 합계와 일치한다. 이 관계를 나타내면 다음과 같다.

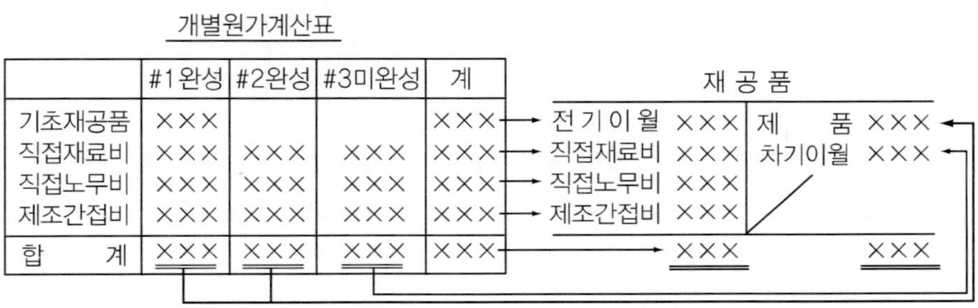

(2) 종합원가계산표

종합원가계산표는 당기 재료소비액 · 당기 노무비소비액 및 당기 제조경비소비액을 집계하여 기재하고, 당기 제조비를 합산하여 기재한다. 그리고 기초재공품을 합산하여 당기 총제조비를 계산하고, 당기 총제조비에서 기말재공품평가액을 차감하여 당기 제품완성원가를 계산하는 형식으로 기재한다. 종합원가계산표도 개별원가계산표와 마찬가지로, 총계정원장의 재공품계정의 보조부에 해당되므로, 아래와 같은 관계를 가지게 된다.

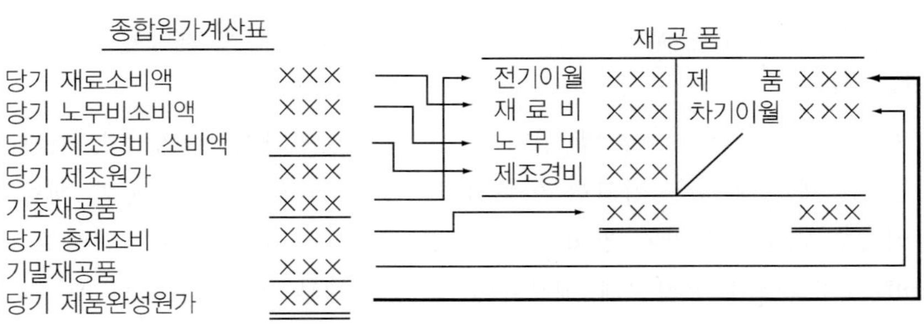

제 2 절 개별원가계산의 절차와 회계

1. 개별원가계산의 절차

개별원가계산제도하에서의 제품제조원가의 산출과정은 다음과 같은 절차에 따라 이루어진다.

① 당기 제품제조를 위해서 발생된 원가를 직접비·간접비로 분류한다.
② 직접비는 특정제조지시서별로 직접부과하고, 간접비는 적절한 배부기준에 따라 배부한다.
③ 당기 제품제조원가를 집계한다.

개별원가계산은 둘째 단계인 제조간접비의 제품별, 즉 제조지시서별 배부방법에 따라 단순개별원가계산과 부문별 개별원가계산으로 나누어진다.

개별원가계산을 실시하는 경우, 정확한 제품원가의 산출은 제조간접비를 얼마나 정확하게 제품별로 배부하느냐에 달려 있으므로, 제조간접비의 합리적 배분을 위한 대체적인(Alternative) 여러 가지 방법이 검토되는 것이다. 일반적으로 제조간접비의 배부는 요소별로 집계된 원가요소를 원가가 발생한 장소인 부문별로 배부하고, 각 부문에서 합리적 기준에 의하여 제품별로 배부하는, 즉 부문별 배부율에 의하는 것이 합리적인 것으로 알려져 있다. 왜냐하면 합리적인 기준은 원가가 발생한 장소에서 가장 쉽게 파악될 수 있을 것이 때문이다.

따라서 이와 같이 요소별 원가계산·부문별 원가계산·제품별 원가계산이라는 3단계의 과정을 거쳐서 이루어지는 개별원가계산을 부문별 개별원가계산이라고 하고, 세 가지 절차 중 부문별 원가계산의 과정을 생략하고 제조간접비는 일률적인 공장전체 배부율에 의해서 배부 처리함으로써 두 단계로 이루어지는 원가계산을 단순개별원가계산이라 한다.

경영규모가 작아 개별적으로 제품을 생산하는 기업에 있어서는 구태여 원가부문을 설정하여 복잡한 부문별 계산의 절차를 거칠 필요가 없는 경우가 많으므로 단순개별원가계산의 원가흐름이 개별원가계산의 기본모형이 된다.

단순개별원가계산에 의한 원가의 흐름을 나타내는 계정의 흐름도를 그려 보면 〈그림 8-1〉과 같이 그릴 수 있다.

〈그림 8-1〉

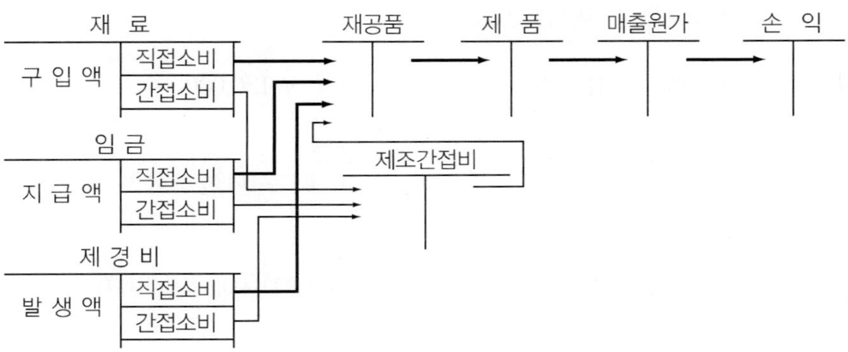

2. 개별원가계산에 있어서의 기장흐름

개별원가계산에 있어서의 기장의 흐름을 이해하기 위해서 원가소비액의 계산 및 매출원가를 산출하여 손익계정에 대체하기까지의 일련의 과정에 대한 장부기록과 원가계산표와의 관계를 살펴보면 다음과 같다.

〈자료 1〉 기초재고자산(재료 ₩120,000, 제품 ₩260,000)

〈자료 2〉 당월 중 자료
재료매입액 ₩1,400,000, 노무비지급액 ₩850,000
제조경비발생액 ₩420,000(전액 간접비)

	#1	#2	#3	#4
재료소비액	₩350,000	₩440,000	₩360,000	₩120,000
직접작업시간	200시간	350시간	150시간	100시간

임 률: @₩1,200
당기매출액: ₩3,650,000

〈자료 3〉 기말재고자산: 재료 ₩140,000, 제품 ₩180,000
미지급노무비: ₩260,000
제조간접비 배부기준: 직접작업시간
제조지시서 #1, #2, #3은 완성하고, #4는 미완성이다.

〈풀 이〉

(1) 총재료소비액의 계산: ₩120,000 + ₩1,400,000 − ₩140,000
= ₩1,380,000
직접재료소비액: ₩350,000 + ₩440,000 + ₩360,000 + ₩120,000
= ₩1,270,000
간접재료비: ₩1,380,000 − ₩1,270,000 = ₩110,000

(2) 총노무비소비액의 계산: ₩850,000 + ₩260,000 = ₩1,110,000
직접노무비: (200 × 1,200) + (350 × 1,200) + (150 × 1,200) + (100 × 1,200)
= ₩240,000 + ₩420,000 + ₩180,000 + ₩120,000
= ₩960,000
간접노무비: ₩1,110,000 − ₩960,000 = ₩150,000

(3) 제조간접비 총발생액: 간접재료비 + 간접노무비 + 제조경비
₩110,000 + ₩150,000 + ₩420,000
= ₩680,000
제조간접비 배부율: ₩680,000/800시간 = ₩850
제조지시서별 배부액: #1 … ₩850 × 200시간 = ₩170,000
#2 … ₩850 × 350시간 = ₩297,500
#3 … ₩850 × 150시간 = ₩127,500
#4 … ₩850 × 100시간 = ₩ 85,000

(4) 당기 총제조비 = ₩1,380,000 + ₩1,110,000 + ₩420,000
= ₩2,910,000

제품별 제조원가 :
#1 = ₩350,000 + ₩240,000 + ₩170,000 = ₩760,000
#2 = ₩440,000 + ₩420,000 + ₩297,500 = ₩1,157,500
#3 = ₩360,000 + ₩180,000 + ₩127,500 = ₩667,500
#4 = ₩120,000 + ₩120,000 + ₩ 85,000 = ₩325,000

(5) 제조(완성제품)원가 = ₩760,000 + ₩1,157,500 + ₩667,500
= ₩2,585,000

(6) 기말재공품(미완성제품)원가 = ₩325,000(제조지시서 #4의 제조원가)

(7) 매출원가 = ₩260,000 + ₩2,585,000 − ₩180,00 = ₩2,665,000

(8) 당기 매출이익 = ₩3,650,000 − ₩2,665,000 = ₩985,000

〈분 개〉

		차변 계정	금액		대변 계정	금액
①	(차)	재 공 품	1,270,000	(대)	재 료 비	1,380,000
		제조간접비	110,000			
②	(차)	재 공 품	960,000	(대)	노 무 비	1,110,000
		제조간접비	150,000			
③	(차)	제조간접비	420,000	(대)	제 조 경 비	420,000
④	(차)	재 공 품	680,000	(대)	제조간접비	680,000
⑤	(차)	제 품	2,585,000	(대)	재 공 품	2,585,000
⑥	(차)	매 출 원 가	2,665,000	(대)	제 품	2,665,000
⑦	(차)	손 익	2,665,000	(대)	매 출 원 가	2,665,000
⑧	(차)	매 출	3,650,000	(대)	손 익	3,650,000

재 공 품

차변	금액	대변	금액
재 료 비	1,270,000	제 품	2,585,000
노 무 비	960,000	차기이월	325,000
제조간접비	680,000		
	2,910,000		2,910,000

제 품

차변	금액	대변	금액
전기이월	260,000	매출원가	2,665,000
재 공 품	2,585,000	차기이월	180,000
	2,845,000		2,845,000

제조간접비

차변		대변	
재 료 비	110,000	재 공 품	680,000
노 무 비	150,000		
제 조 경 비	420,000		
	680,000		680,000

매출원가

차변		대변	
제 품	2,665,000	손 익	2,665,000

손 익

차변		대변	
매출원가	2,665,000	매 출	3,650,000
영업이익	985,000		
	3.650.000		3,650,000

	#1	#2	#3	#4	합 계
직접재료비	350,000	440,000	360,000	120,000	1,270,000
직접노무비	240,000	420,000	180,000	120,000	960,000
제조간접비	170,000	297,500	127,500	85,000	680,000
계	760,000	1,157,500	667,500	325,000	2,910,000

3. 공손비의 가액산정과 회계처리

제조과정에서 공손품의 발생으로 생긴 경제적 손실을 공손비(Spoilage Expenses)라 하는데, 공손품(Spoilage)이란 재료의 불량, 설비의 결함, 종업원의 부주의나 과실 등으로 불합격품 및 규격 외의 불량품을 말한다.

공손품의 보수나 그 대체품의 제작을 위해서 소요되는 원가를 합산하여 계산한다.

공손비는 정상적인 조업상태에서 발생되는 정상공손(Normal Spoilage)과, 비정상적으로 발생되는 비정상공손(Abnormal Spoilage)으로 구분되어지며, 그 회계처리는 보통 공손품과 작업폐물로 나누어 설명된다.

(1) 공손품의 회계처리

공손품은 파손품이라고 하는 것으로 재료의 불량, 작업설비의 미비, 또는 작업자의 부주의나 미숙 등으로 규격이나 품질에 미달되는 불합격품을 말한다. 종합원가계산의 경우에는 제조과정에 있는 개별제품의 원가를 파악하지 않기 때문에 공손비는 자동적으로 그리 중요시되는 것은 아니지만, 개별원가계산의 경우에는 그 회계처리가 특별히 문제가 된다. 왜냐하면 특정제품에서 발생한 공손비가 다른 제품의 원가에 포함될 수도 있기 때문이다.

일반적으로 받아들여지는 공손비의 가액산정과 그 회계처리는 ① 보수에 의해서 합격품으로 회복되는 경우와 ② 보수로 회복되지 않으므로 폐품처리나 재생재료로 쓰는 경우의 두 가지로 나누어 설명된다.

1) 보수로 회복되는 공손품

공손품을 보수하여 완전한 합격품으로 할 수 있는 경우에는 별도로 보수지시서를 발행하여 보수하게 되고, 이 보수지시서에 집계되는 재료비·노무비·제조경비 등의 보수비용이 공손비로 계산되며, 이 회계처리방법으로는 직접제조경비로 하여 본래의 제조지시서의 제품에 부과하는 방법과, 제조간접비로 하여 공손이 발생한 제조부문에 부문개별비로 부과하는 방법이 있다.

(차)	공 손 비	×××	(대)	재 료 비	×××
				노 무 비	×××
(차)	재 공 품	×××	(대)	공 손 비	×××

만일 보수지시서를 발행하지 않고 보수를 한 때에는 보수에 소요된 원가를 집계하여 공손비로 한다.

2) 보수로 회복되지 않는 공손품

공손품이 보수에 의하여 회복될 수 없을 때에는 그 대체품을 제작하기 위하여 새로운 제조지시서를 발행하여 제품을 대체한다. 이때에는 그 대체품 제작을 위해서 발행되는 제조지시서에 집계된 원가를 공손비로 계산하고, 공손이 생긴 제조부문에 부과한다.

특정제조지시서의 전부가 공손된 경우에는 구제조지시서에 집계된 원가가 공손비로 계산되지만, 그 중의 일부가 공손되어 그 일부에 대한 제조지시서가 발행된 경우에는 신제조지시서에 집계된 원가가 공손비로 계상되어 공손이 생긴 제조부문에 부과한다. 공손품이 보수로 회복되지 않으므로 대체품을 제조한 경우, 공손품이 판매가치가 있을 경우에는 그 처분가치를 차감한 금액을 공손비로 계산하여 해당제품의 제조원가에 가산하여 처리한다.

공손비의 산출시: (차) 공 손 비 ××× (대) 제원가요소 ×××
제조원가에 가산: (차) 재 공 품 ××× (대) 공 손 비 ×××

[예제 3] 개별원가계산제도를 채택하고 있는 W주식회사에서는 다음과 같은 내용의 공손비가 발생되었다. 이에 대한 적절한 분개를 하라.

제조지시서 #10에서 100개의 불량품이 발생하여, 보수지시서(재료비: ₩150,000, 노무비: ₩40,000)를 발행하여 보수하고, 그 보수비는 제조지시서 #10의 제조원가에 포함시키기로 하였다.

(차)	공 손 비	190,000	(대)	재 료 비	150,000
				노 무 비	40,000
(차)	재 공 품	190,000	(대)	공 손 비	190,000

(2) 작업폐물의 회계처리

작업폐물(Scraps)이란 제품을 제조하는 과정에서 발생하는 폐물로서 이것이 매각가치를 가지고 있는 것을 말한다. 개별원가계산에서 작업폐물을 회계처리하는 방법에는 ① 해당 제조지시서의 제조원가에서 차감하는 방법, ② 제조지시서의 직접재료비에서 차감하는 방법, ③ 해당 제조부문의 부문비에서 차감하는 방법, ④ 작업폐물을 무시하는 방법으로 나눌 수 있다.

일반적으로 작업폐물의 가치를 합산 산정하여 해당 제조지시서의 제조원가에서 차감하는 방법으로 처리하고, 다음과 같이 원장을 정리한다.

(차) 작업폐물 ××× (대) 재 공 품 ×××

[예제 4] 제조지시서 #10에서 발생된 작업폐물이 ₩50,000에 평가되어, 해당 제조지시서의 제조원가에서 차감하기로 하였다.

(차) 작업폐물 50,000 (대) 재 공 품 50,000

제 3 절 제품별 제조간접비배부를 위한 회계

1. 제조간접비의 제품별 배부의 절차

개별원가계산제도 아래에서의 직접비는 제조지시서별로 직접 부과계산되어지지만, 제조간접비는 여러 개의 제조지시서에 공통적으로 발생된 원가이기 때문에 이를 일정한 배부기준에 따라 각 제품별로 배부하는 절차를 거쳐야만 한다.

제조간접비를 특정제조지시서별로 배부하기 위해서는 일반적으로 다음과 같은 절차를 거치게 된다.

2. 제조간접비의 실제배부방법

개별원가계산서에서는 제조간접비가 제품의 원가에 미치는 영향이 대단히 크므로, 제 7 장에서 취급한 바와 같이 부문별 배부율에 의하여 그 단계로 배부하는 것이 일반적이지만, 본장에서는 개별원가계산에서 배부의 과정을 이해하기 위하여 단순히 공장전체 배부율에 의하여 배부하는 절차를 따라 설명한다.

제조간접비를 제품별로 배부하는 방법에는 예정배부법과 실제배부법으로 나눌 수 있고, 각 방법에 따라 그 가액을 기준으로 하여, 직접재료비법 · 직접노무비법 · 직접원가법으로 나눌 수 있고, 시간을 기준으로 하여 작업시간법과 기계시간법으로 나눌 수 있다.

(1) 직접재료비법(Direct Material Cost Method)

직접재료비법이란 특정제품의 제조에 소비된 직접재료비를 기준으로 제조간접비를 배부하는 방법이다. 다시 말하여, 제조간접비를 특정제품별로 배부하는 데 있어, 직접재료비가 상대적으로 많이 소비된 제품에 많은 제조간접비를 배부하는 방법으로서 각 제품별로 직접재료비가 차지하는 비율에 따라서 제조간접비를 배부한다. 따라서 이 방법에 의할 때 제조간접비의 배부율은 당기에 소비된 직접재료비 한 단위당의 제조간접비가 된다. 총제조간접비를 특정제품에 배부하기 위한 계산식은 다음과 같이 표시된다.

$$\text{제조간접비배부율} = \frac{\text{제조간접비총액}}{\text{직접재료비총액}}$$

특정제품별 제조간접비배부액 = 제조간접비배부율 × 특정제품에 소비된 직접재료비

이 방법은 제조원가 중에서 직접재료비가 차지하는 비율이 큰 제품의 제조간접비배부법으로 적합한 방법이라 할 수 있다.

(2) 직접노무비법(Direct Labor Cost Method)

직접노무비법은 당기 중의 제품제조에 소비된 직접노무비를 기준으로 하여 제조간접비를 특정제품별로 배부하는 방법이다. 다시 말하여, 여러 종류의 제품 중에서 직접노무비가 원가 중에서 차지하는 비율에 따라 제조간접비를 배부하는 방법이다. 이 방법에 의할 때 단위당 직접노무비가 제조간접비배부율이 되므로, 총원가 중에서 직접노무비가 차지하는 비율이 상대적으로 큰 수공업 등의 노동집약적인 생산형태의 기업에서 유용하게 이용되는 방법이다. 그러므로 직접노무비법에 의한 특정제품의 제조간접비배부액의 계산식은 다음과 같다.

$$\text{제조간접비배부율} = \frac{\text{제조간접비총액}}{\text{직접노무비총액}}$$

특정제품별 제조간접비배부액 = 제조간접비배부율 × 특정제품에 소비된 직접노무비

(3) 직접원가법(Direct Cost Method)

직접원가법은 당기 중에 소비된 직접원가, 즉 직접재료비 · 직접노무비 및 직접제조경비의 합계액인 직접비의 총합계액을 기준으로 하여 제조간접비

를 배부하는 방법이다. 따라서 이 방법은 제품의 제조원가에 직접비가 대부분을 차지하는 소규모기업에 적당한 제조간접비 배부방법이다. 특정제품별 제조간접비를 계산하는 산식은 다음과 같다.

$$\text{제조간접비배부율} = \frac{\text{제조간접비총액}}{\text{직접원가총액}}$$

특정제품별 제조간접비배부액 = 제조간접비배부율 × 특정제품에 소비된 직접원가

이상의 방법들은 제품제조에 소비된 가액을 그 배부기준으로 하는 가액법에 해당되는 것으로서, 이 중에서 직접노무비법은 가장 많이 이용되는 배부방법이다.

[예제 5] A, B 두 가지의 제품을 제조하고 있는 W회사의 아래 자료에 의하여 직접재료비법, 직접노무비법, 직접원가법에 의하여 제조간접비 배부액을 계산하고, A, B 제품의 제조원가를 계산하라.

〈자 료〉

직접재료비 소비액: ₩500,000(A제품: ₩200,000, B제품: ₩300,000)
직접노무비 소비액: ₩400,000(A제품: ₩150,000, B제품: ₩250,000)
제조간접비 소비액: ₩600,000

〈풀 이〉

(직접재료비법)

제조간접비 배부액:

A제품 … $\frac{600,000}{500,000} \times 200,000 =$ ₩240,000

B제품 … $\frac{600,000}{500,000} \times 300,000 =$ ₩360,000

제 조 원 가:

A제품 … ₩200,000 + ₩150,000 + ₩240,000 = ₩590,000
B제품 … ₩300,000 + ₩250,000 + ₩360,000 = ₩910,000

(직접노무비법)

제조간접비 배부액:

$$\text{A제품} \cdots \frac{600{,}000}{400{,}000} \times 150{,}000 = ₩225{,}000$$

$$\text{B제품} \cdots \frac{600{,}000}{400{,}000} \times 250{,}000 = ₩375{,}000$$

제 조 원 가:

A제품 … ₩200,000 + ₩150,000 + ₩225,000 = ₩575,000
B제품 … ₩300,000 + ₩250,000 + ₩375,000 = ₩925,000

(직접원가법)

제조간접비 배부액:

$$\text{A제품} \cdots \frac{600{,}000}{900{,}000} \times 350{,}000 = ₩233{,}333$$

$$\text{B제품} \cdots \frac{600{,}000}{900{,}000} \times 550{,}000 = ₩366{,}667$$

제 조 원 가:

A제품 … ₩200,000 + ₩150,000 + ₩233,333 = ₩583,333
B제품 … ₩300,000 + ₩250,000 + ₩366,667 = ₩916,667

(4) 작업시간법(Men Hour Method)

작업시간법은 제조작업에 종사한 직접공의 작업시간을 기준으로 제조간접비를 배부하는 방법으로서, 노동집약적인 수공업 등에 적당한 배부기준으로서, 일반적으로 직접노무비법보다도 실무에서 많이 이용되는 방법으로, 일정기간의 제조간접비총액을 동기간의 직접노동시간으로 나누어 한 시간당 제조간접비배부액, 즉 제조간접비배부율을 구한 다음 이것을 각 제조명령서별 직접 노동시간수로 곱하여 제조간접비배부액을 산출하는 방법이다. 계산식으로 표시하면 다음과 같다.

$$\text{제조간접비배부율} = \frac{\text{제조간접비총액}}{\text{직접작업시간}}$$

제조명령서별 제조간접비배부액 = 제조간접비배부율 × 제조지시서별 직접작업시간

(5) 기계시간법(Machine Hour Method)

기계시간법은 제품의 제조에 소요된 기계운전시간을 기준으로 제조간접비를 특정의 제조지시서별로 배부하는 방법이다. 이것은 규격을 달리하는 기계의 종류별로 원가부문을 설정하고, 각 원가부문의 제조간접비를 총기계운전시간으로 나누어 한 시간당 제조간접비배부액, 즉 배부율을 구한 후 이것을 특정제조지시서별 기계운전시간을 곱하여 제조간접비배부액을 계산한다. 공장의 형태가 기계화되어 있는 대규모기업의 경우에 채택되는 것으로서, 그 계산식은 다음과 같다.

$$\text{제조간접비배부율} = \frac{\text{제조간접비총액}}{\text{총기계운전시간}}$$

제조명령서별 제조간접비배부액 = 제조간접비배부율 × 제조지시서별 기계운전시간

[예제 6] 예제 5에서 직접공의 총작업시간이 400시간(A제품: 100시간, B제품: 300시간)이고, 기계운전시간은 300시간(A제품: 100시간, B제품: 200시간)이라 할 때, 각 제품의 제조간접비배부액과 A, B 제품의 원가를 계산하라.

〈풀 이〉

(작업시간법)

제조간접비배부액: A제품 … $\frac{600,000}{400} \times 100$ = ₩150,000

B제품 … $\frac{600,000}{400} \times 300$ = ₩450,000

제 조 원 가: A제품 … ₩350,000 + ₩150,000 = ₩500,000

B제품 … ₩550,000 + ₩450,000 = ₩1,000,000

(기계시간법)

제조간접비배부액:

A제품 … $\frac{600,000}{300} \times 100$ = ₩200,000

B제품 … $\frac{600,000}{300} \times 200$ = ₩400,000

제 조 원 가: A제품 … ₩350,000 + ₩200,000 = ₩550,000

B제품 … ₩550,000 + ₩400,000 = ₩950,000

3. 제조간접비의 예정배부법

(1) 예정배부의 필요성

제조간접비를 실제배부법에 의하여 배부하면, 원가계산의 시간이 지연되며, 또한 조업도가 변동됨에 따라 제조간접비의 배부액이 크게 좌우되는 단점이 있다. 사실상 제조간접비 총액은 조업도의 변동에 따라 크게 달라지지 않는 것이 보통이나, 조업도가 낮은 경우에는 제품단위당 제조간접비부담액은 상대적으로 많아지고, 조업도가 높은 경우에는 반대로 제품단위당 제조간접비부담액은 적어지게 된다.

따라서 제조간접비의 배부는 예정배부율(Predetemined Overhead Rate)에 의하여 사전에 제조간접비를 제품별로 배부함으로써, 이와 같은 모순점을 제거하고 신속하고 합리적으로 배부할 수 있기 때문에 제조간접비의 예정배부법이 나타나게 된 것이다. 또한 제조간접비를 사전에 예정배부함으로써 발생하는 배부차이(Difference Applied)는 기말에 회계조정에 의하여 처리될 수 있다. 우리나라 원가계산기준에서는 제조간접비는 원칙적으로 예정배부율에 의하여 제품에 배부하도록 규정하고 있다.

(2) 예정배부율에 의한 제품별 배부

제조간접비를 예정배부하기 위해서는 제조간접비 예정배부율을 일정한 기준, 즉 직접작업시간 혹은 기계운전시간 등에 따라 산정하여, 여기에 특정의 제조지시서별 배부기준을 곱하여 기간 중의 제조간접비 예정배부액을 산정한다. 그 계산식은 다음과 같다.

$$\text{제조간접비 예정배부율} = \frac{\text{일정기간의 제조간접비 예정액}}{\text{동 기간의 배부기준총수}}$$

제조간접비 예정배부액 = 제조간접비 예정배부율 × 특정제조지시서별 배부기준수

[예제 7] 다음 자료에 의하여 제조지시서 #10에 대한 제조간접비 예정배부액을 구하고, 그 제조원가를 계산하라.

〈자 료〉

① 제조지시서 #10의 직접재료비는 ₩600,000이고, 직접노무비는 ₩400,000, 직접작업시간은 500시간이다.
② 제조간접비 예정액은 ₩1,000,000이고, 예정직접작업시간 총수는 2,000시간이다.

〈풀 이〉

$$\text{제조간접비 예정배부율} = \frac{₩1,000,000}{2,000\text{시간}} = ₩500/H$$

#10에 대한 예정배부액 = ₩500 × 500시간 = ₩250,000

#10의 제조원가 = ₩600,000 + ₩400,000 + ₩250,000 = ₩1,250,000

(3) 배부차이의 회계처리

제조간접비를 예정배부율에 의하여 배부하면 예정배부액과 실제배부액과의 사이에는 보통 일정한 차이가 있게 마련인데, 이 차이를 제조간접비 배부차이(Overhead Difference Applied)라고 한다.

예정배부액이 실제배부액보다 초과되어 배부되었을 때 배부초과액(Over Applied) 또는 과대배부액이 발생하며, 그 반대로 예정배부액이 실제배부액보다 과소하게 배부(Under Applied)되어 생긴 차액을 배부부족액 또는 과소배부액이라 하는데, 이 과대 혹은 과소하게 배부된 제조간접비의 차이는 제조간접비배부차이계정을 설정하여 과대배부액은 제조간접비계정의 차변에 기입하

여 제조간접비계정을 마감하고, 배부차이예정의 대변에 대체하고, 과소배부의 경우에는 제조간접비계정의 대변과 배부차이계정의 차변에 기록함으로써 제조간접비계정을 마감처리한다. 제조간접비배부차이의 처리를 위한 기장관계를 그려보면 〈그림 8-2〉, 〈그림 8-3〉과 같다.

〈그림 8-2〉 과소배부의 경우

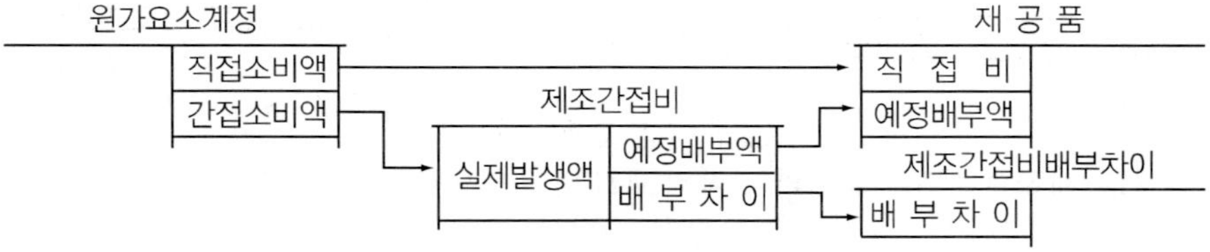

〈그림 8-3〉 과대배부의 경우

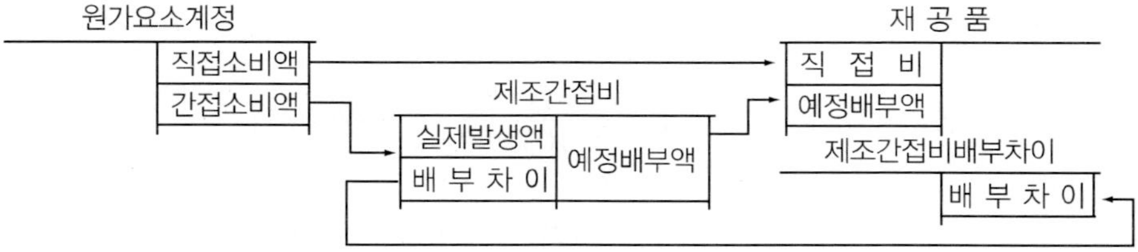

[예제 8] W회사의 어느 원가계산기간의 제조간접비 예정배부액이 ₩80,000인데, 제조간접비 실제발생액은 ₩75,000이었다. 그 차이를 분개하고, 원장의 해당 계정기입을 표시하라.

① 예정배부액에 의해

(차) 재 공 품 80,000 (대) 제 조 간 접 비 80,000

② 실제발생액을 원가요소계정에서 대체

(차) 제조간접비 75,000 (대) 제원가요소계정 75,000

③ 배부차이의 대체

(차) 제조간접비 5,000 (대) 제조간접비배부차이 5,000

원가요소계정

		②	75,000

재 공 품

①	80,000		

제조간접비

②	75,000	①	80,000
③	5,000		

제조간접비배부차이

		③	5,000

제조간접비배부차이계정의 회계처리를 위해서는 ① 매출원가가감법, ② 영업외손익법, ③ 보충률법이라는 다음에 설명되는 대체적인 세 가지의 회계처리방법이 있다.

1) 매출원가가감법

제조간접비배부차이를 매출원가에 가산하거나, 차감처리하는 방법, 즉 배부초과액은 당기의 매출원가에서 차감하고, 배부부족액은 매출원가에 가산하는 방법으로서, 그 배부차이가 소액이거나 재고자산이 근소한 경우에 적용되는 일정의 간편법이다.

위의 예제에서 나온 제조간접비배부차이 ₩5,000의 회계처리를 위한 분개는 다음과 같이 매출원가계정의 대변에 대체하여 배부초과된 금액을 매출원가에서 차감처리한다.

(차) 제조간접비배부차이 5,000 (대) 매 출 원 가 5,000

2) 영업외손익처리법

제조간접비배부차이의 원가성을 인정하지 않고, 기간원가로 하여 영업외비용이나 수익으로 회계처리하는 방법으로서, 실무적으로 많이 이용되며, 위의 예제에서 나온 제조간접비배부차이의 원장기입을 위한 분개는 다음과 같이 한다.

(차) 제조간접비배부차이 5,000	(대)	손 익	5,000

3) 보충률법

제조간접비배부차이의 원가성을 인정하여, 그 보충률에 의하여 재공품·제품 혹은 매출원가에 추가로 배정하여 장부에 실제원가를 반영하는 방법이다. 이 보충률법은 제도적 원가회계에서 기본적으로 이용되는 방법으로, 특히 배부차액이 너무 커서 제조간접비에 대한 오차가 너무 큰 경우에 어느 하나로 처리하는 것이 무리일 경우에 적당한 보충률을 적용하여 재공품·제품 및 매출원가에 적절히 할당함으로써 무리 없이 제조간접비차이를 나누어 계상하려는 방법이다.

(차) 제조간접비배부차이 5,000	(대)	재 공 품	×××
		제 품	×××
		매 출 원 가	×××

이들 세 가지 계정에 배정하기 위한 비율, 즉 보충률을 구하는 방법에는 보통 다음의 세 가지 방법이 이용된다.

(가) 제조원가비례법: 총배부차이를 당기 총제조원가로 나누어 보충률을 구하여 재공품·제품·매출원가계정에 배정시키는 방법

(나) 간접비배부액비례법: 제조간접비배부차이를 당기 배부제조간접비총액으로 나누어 보충률을 구하고, 이를 기준으로 세 계정에 나누어 배정하는 방법

(다) 총배부기준비례법: 제조간접비배부차이를 당기배부기준 합계액으로 나누어 보충률을 구하여, 이 비율로 재공품·제품·매출원가계정에 할당시키는 방법

위의 세 가지 방법 중 (나)의 방법인 간접비배부액비례법이 보충률로 많이 이용된다. 아래의 자료에 의하여 보충률 및 세 계정에 실제 계상되는 금액을 계산해 보자.

제조간접비 실제발생액: ₩500,000　　제조간접비 예정배부액: ₩600,000
보충률: 작업시간의 비율(재공품 300시간, 제품 500시간, 매출원가 800시간)에 의한다.

1. 제조간접비차이 = ₩600,000 - ₩500,000 = ₩100,000(초과배부)
2. 보충률 = $\frac{₩100,000}{1,600\text{시간}}$ = ₩ 62.5/H
3. 배부차액의 할당
   재공품계정 차감액 = 300시간 × 62.5 = ₩18,750
   재 품 계 정 차 감 액 = 500시간 × 62.5 = ₩31,250
   매출원가계정 차감액 = 800시간 × 62.5 = ₩50,000
4. 기장처리를 위한 분개

(차) 제 조 간 접 비	100,000	(대)	제조간접비배부차이	100,000
(차) 제조간접비배부차이	100,000	(대)	재 공 품	18,750
			제 품	31,250
			매 출 원 가	50,000

개별원가계산의 경우에는 당해 연도의 매출원가와 기말재고자산에 제조지시서별로 배부하거나, 또는 당해 연도의 매출원가와 기말재고자산에 과목별로 배부하여야 한다.

과대배부의 경우

(차) 제조간접비배부차이	×××	(대)	제 품	×××

과소배부의 경우

(차) 제 품	×××	(대)	제조간접비배부차이	×××

[연 습 문 제]

1. Product costing is the process of:
    a. accumulating the period costs of an organization.
    b. allocating costs among an organization's departments.
    c. placing value on the fixed assets owned by a producer.
    d. assigning costs to an organization's final products.
    e. assigning costs to an organization's financial statements.

2. Which of the following statements is false?
    a. In Job-Order Costing, costs are accumulated by job order.
    b. In Process Costing, costs are accumulated by department.
    c. In Process Costing, the total cost of each unit is found by dividing the total Costs for the factory by the number of units completed.
    d. In Job-Order Costing, the cost of each unit of a particular job is found by dividing the total cost of the job by the number of units in the Job.

3. Which of the following is true regarding Job-Order Costing?
    a. It is a type of product costing system where by small numbers of products are produced in distinct batches.
    b. It is used exclusively in manufacturing environments.
    c. It is used for continuous mass production of products.
    d. It would always be used in the food processing industry
    e. It is used exclusively for products of a similar nature.

4. Which of the following statement(s) is(are) correct regarding product

cost information?

I–Product cost information is necessary for planning, cost control, and to provide information for decision making.

II–Product cost information is not necessary to justify rate increases are subject to the approval of state regulatory agencies.

III–Product cost information is necessary to value inventory on the balance sheet.

a. Ⅰ, Ⅱ, and Ⅲ

b. Ⅰ and Ⅱ only

c. Ⅰ and Ⅲ only

d. Ⅱ and Ⅲ only

e. Ⅲ only

5. Which of the following types of companies would most likely use job-order costing?

a. Chemical manufacturers

b. Microchip processors

c. Furniture manufacturers

d. Gasoline refiners

e. Fertilizer manufacturers

6. Total manufacturing cost is composed of:

a. Direct Material and Direct Labor in a Job-Order Costing System.

b. Direct Labor and Manufacturing Overhead in a Process Costing System.

c. Direct Material and Direct Labor in both a Job-Order and a Process Costing System.

d. Direct Material, Direct Labor, and Manufacturing Overhead in both a Job-Order and a Process Costing System.

e. Direct Labor and Manufacturing Overhead in both a Job-Order and a Process Costing System.

7. The assignment of Direct Labor Costs to individual jobs is based on:
   a. an estimate of total time spent on the job.
   b. actual total payroll costs divided equally among all of the jobs in process.
   c. estimated total payroll costs divided equally among all of the jobs process.
   d. the actual time spent on each Job multiplied by the wage rate.
   e. the estimated time spent on each job multiplied by the wage rate.

8. Manufacturing Overhead:
   a. consists of Direct Material and Direct Labor Costs.
   b. is easily traced to Jobs.
   c. includes all Selling Costs.
   d. should not be assigned to individual jobs because it hears no obvious relationship to them.
   e. is a heterogeneous pool of indirect production costs that can include utility costs and depreciation.

9. The left side of the Manufacturing Overhead account is used to accumulate:
   a. actual Manufacturing Overhead Costs as they are incurred throughout the accounting period.
   b. overhead applied to Work-in-Process Inventory.
   c. credits to the account.
   d. predetermined overhead.
   e. overapplied overhead.

10. If the Manufacturing Overhead account has a credit balance at the end of the period, then:
   a. Manufacturing Overhead must be overapplied.

b. Manufacturing Overhead must be underapplied.

c. Cost of Goods Sold must be understated.

d. Work-in-Process Inventory must be understated.

e. Cost of Goods Sold and Work-in-Process Inventory must be understated.

11. If the Manufacturing Overhead account has a debit balance at the end of the period, then:

a. Manufacturing Overhead must be overapplied.

b. Manufacturing Overhead must be underapplied

c. Cost of Goods Sold must be overstated.

d. Work-in-Process Inventory must be overstated.

e. Cost of Goods Sold and Work-in-Process Inventory must be overstated.

12. When underapplied or overapplied overhead is allocated among the three accounts Work-in-Process Inventory, Finished Goods Inventory, and Cost of Goods Sold, this process is called:

a. applied cost of goods sold b. proration.

c. Just-In-Time Costing. d. zero-based costing.

e. overhead application.

13. Assume a firm uses Job-Order Costing. Which of the following is not a good reason to use departmental overhead rates rather than a single plant wide rate?

a. Total Overhead Costs amount to about ten percent of total Prime Costs.

b. The various products made by the firm follow different sequences of manufacturing activities.

c. Overhead Costs in some departments are a very large proportion of total department cost, but are a very small proportion in other departments.

d. The firm makes multiple products using common equipment and employees.

e. Each department manager is held responsible for the costs he or she is able to control.

14. Yard Care Inc. manufactures yard equipment. The company incurred the following costs to produce Job #202 which consisted of 100 self-propelled lawn mowers.

Requisitions 62–65 : $8,400

Direct Labor : 420 hours @ $10 per hour

Manufacturing Overhead : applied on the basis of $18 per direct labor hour

Job #202 was completed and 80 of the 100 mowers were sold during the year. Which of the following shows the proper debit balance in each account?

	Finished Goods Inventory	Cost of Goods sold
a.	$-0-	$20,160
b.	$20,160	$-0-
c.	$16,128	$4,032
d.	$4,032	$16,128
e.	$10,080	$10,080

※ Use the following information to solve multiple choice problems 15 through 18.

Stanger Inc., uses a Job-Order Costing System. The company uses normal costing and closes underapplied or overapplied manufacturing overhead to Cost of Goods Sold at the end of the year. The following information is available from Stanger's General Ledger. Adjusting entries to close underapplied overhead have not been made.

Direct Material Inventory at the beginning of the year $5,500
Direct Material Inventory at the end of the year 3,000
Direct Material purchased during the year 45,000
Work-in-Process Inventory at the beginning of the year 9,000
Manufacturing Overhead applied during the year 20,000
Work-in-Process Inventory at the end of the year 14,000
Finished Goods Iinventory at the beginning of the year 7,500
Finished Goods Inventory at the end of the year 5,000
Cost of Goods Sold during the year 75,000
Under applied Manufacturing Overhead for the year 2,000
Predetermined Overhead Rate for the year-200% of direct labor cost

15. The cost of Direct Material used during the year is calculated to be:
a. $36,500 b. $42,500 c. $47,500 d. $48,000 e. $53,500

16. The actual Manufacturing Overhead Cost incurred during the year is calculated to be:
a. $24,000 b. $22,000 c. $20,000 d. $18,000 e. $16,000

17. Cost of Goods Manufactured during the year is calculated to be:
a. $62,500 b. $67,500 c. $70,500 d. $72,500 e. $74,500

18. The Direct Labor Cost incurred during the year is calculated to be:
a. $22,000 b. $20,000 c. $18,000 d. $10,000 e. $-0-

※ Use the following information to solve multiple choice problems 19 through 24.

Leisure Life manufactures various sports equipment. During its first year of operations the company worked on the following four jobs. The predetermined overhead application rate was 150% of Direct Labor Cost. Jobs #101 and #I02 were complete, Jobs #103 and #104 are still in process at the end of the year. Job #l0l was sold during the year(Sales Profit = $38,000).

Job number	#101	#102	#103	#104
Direct material	$15,000	$9,000	$12,000	$20,000
Direct labor	6,000	4,000	?	?
Manufacturing overhead applied	?	?	9,000	?
Totals	?	?	?	$25,000

19. The Manufacturing Overhead applied to Job #101 during the year was:

a. $-0- b. $4,000 c. $6,000 d. $8,000 e. $9,000

20. The Manufacturing Overhead applied to lob #104 during the year was:

a. $5,000 b. $3,000 c. $2,000 d. $2,500 e. $-0-

21. Leisure Life's Cost of Goods Manufactured during the year is calculated to be:

a. $34,000 b. $49,000 c. $75,000 d. $76,000 e. $101,000

22. The balance in Leisure Life's Work-in-Process Inventory account at the end of the year is determined to be:

a. $25,000 b. $41,000 c. $46,000 d. $52,000 e. $71,000

23. Calculate the Gross Profit Margin

24. Fill in the Blanks of the following Accounts

Work in Process

Direct Materials	(ⓐ)	Finished Goods	(ⓓ)
Direct Labor Costs	(ⓑ)	Ending Inventory	(ⓔ)
Manufacturing Overheads	(ⓒ)		

Finished Goods

(ⓕ)	(ⓖ)	Cost of Goods Sold	(ⓗ)
		Ending Inventory	

1. 다음 자료에 의하여 개별원가계산표를 완성하고, 재공품계정의 기록을 완성하라

(#101, #102는 완성, #103, #104는 미완성, 제조간접비 제품별 배부기준=직접작업시간)

제조지시서	# 101	# 102	# 103	#104	합 계
직접재료비	₩350,000	(①)	₩360,000	₩120,000	(②)
직접노무비	(③)	₩420,000	₩180,000	₩120,000	₩960,000
제조간접비	(④)	(⑤)	(⑥)	(⑦)	(⑧)
합 계	(⑨)	(⑩)	(⑪)	(⑫)	(⑬)

*직접작업시간 #101=250시간, #102=300시간, #103=100시간, #104=150시간

재 공 품

재 료 비	1,270,000	(ⓑ)	(ⓒ)
노 무 비	(ⓐ)	차 기 이 월	(ⓓ)
제조간접비	680,000		
	(ⓔ)		(ⓕ)

2. 다음 자료에 의하여 물음에 답하라.

직접재료비 소비액 ₩500,000(갑제품 = ₩200,000, 을제품 = ₩300,000) 직접노무비 소비액 ₩400,000(갑제품 = ₩150,000, 을제품 = ₩250,000) 제조간접비 소비액 ₩600,000

① 직접재료비법에 의한 제품별 제조간접비 배부율은?

② 직접노무비법에 의한 제품별 제조간접비 배부율은?

③ 직접원가법에 의한 제품별 제조간접비 배부율과 실제배부액은?

배부율 =

갑제품 배부액 =

을제품 배부액 =

3. 다음 자료에 의하여 물음에 답하라.

제조간접비 예정배부액 = ₩600,000, 실제발생액 = ₩700,000 보충률은 a/c별 작업시간(재공품 = 300시간, 제품 = 500시간, 매출원가 = 200시간)

〈물음 1〉 제조간접비 배부차이는(과소배부 or 과대배부)?

〈물음 2〉 당기 총제조비의 조정액(재공품a/c)은?

〈물음 3〉 당기 제품완성원가의 조정액(제품a/c)은?

〈물음 4〉 매출된 제품의 원가 조정액(매출원가a/c)은?

〈물음 5) 원장정리를 위한 분개를 실시하라.

1) 배부차이의 계산시

2) 원가조정을 위한 배부차이의 계상

3) 제조간접비배부차이에 대한 원가성을 인정하지 않는다면

제 9 장 종합원가계산시스템 – 기말재공품 평가

제 1 절 종합원가계산의 기초개념

1. 종합원가계산의 의의 및 특징

종합원가계산(Process Costing)이란 단일품종의 제품을 연속 대량생산하는 기업의 형태에 적합한 방법으로서, 제조지시서별로 특정제품의 원가를 계산하는 개별원가계산과는 달리, 원가계산기간의 제품제조활동에 소비된 원가를 종합적으로 집계하여 완성수량으로 나누어 단위당 제품의 원가를 산출하는 원가계산시스템을 말한다. 그러므로 개별원가계산을 대상별 원가계산시스템이라고 한다면, 종합원가계산은 기간별 원가회계시스템이라고 할 수 있다.

종합원가계산은 식별 가능한 항목별 혹은 그룹별 원가를 측정하기 때문에, 종합원가계산시스템에서 제품원가는 개별적인 측정이기보다는 평균적 측정이 된다. 완성품단위당 원가는 당기에 발생한 총제조원가(total manufacturing costs incurred)를 완성품수량(the number of units completed)으로 나누어 결정한다. 즉, 종합원가계산은 일정기간의 제조원가를 산출하여 이것을 총생산량으로 나누는 것으로, 직접비와 간접비의 구별이 필요하지 않으며 보통 공정(Process)별로 이루어지므로 최근에는 종합원가계산은 공정별 원가계산(Process Costing)을 가리키게 되었고, 다음과 같이 기간단위로 원가요소를 집계하여 계산한다.

당기제조원가 = 기초재공품원가 + 당기발생제조원가 – 기말재공품원가

$$제품단위당\ 원가 = \frac{당기제조원가}{당기총생산량(완성품)}$$

이러한 종합원가계산시스템은 다음의 조건이 존재할 때 적절한 원가계산시스템이라고 할 수 있다.[1)]

① 생산품의 동질성(Homogeneity of outputs): 생산품의 각 단위가 동일한 방법으로 생산된다.
② 생산의 연속성(Continuity of production): 생산의 각 단계로 이동함에 따라 특정단위를 추정하기가 어렵기 때문에 연속적 흐름으로 발생한다.
③ 판매예측에 의한 생산(Production in anticipation of sale): 제품은 개별원가계산에서처럼 보통 특정의 고객이나 판매·주문으로 생산한 것이 아니라 판매예측에 의하여 생산을 한다.
④ 별도의 공정이나 부문으로 제조활동을 나눌 수 있어야 한다. 부문의 총생산원가를 측정할 수 있다.

종합원가계산은 그 목적과 방법 및 절차상 다음과 같은 특징을 지니고 있다.

① 계획적인 시장형태에 적절한 원가계산시스템이다.
② 원칙적으로 기간단위로 원가계산을 하는 시스템이다.
③ 종합원가계산은 원칙적으로 직접비와 간접비의 구별을 하지 않으나 원가관리의 목적으로는 직접비와 간접비의 구별이 매우 유용한 경우도 있다.
④ 원가계산기간 내의 완성품에 대한 원가정보를 알 수가 없다.
⑤ 기말재공품의 정확한 평가가 중요한 역할을 한다.
⑥ 각 원가를 제품에 추적할 수 있어야 한다.

---

1) Michael Chartfield and Denis Neilson, *Cost Accounting*, Harcourt Brace Javanovich, 1983, p. 161.

2. 종합원가계산정보의 유용성

단위당 원가는 재고자산측정과 기말손익계산의 목적에 유용하다. 구체적으로 제품의 가격결정과 경영활동을 통제하는 데 유용하다.

개별원가계산시스템과 종합원가계산시스템은 매 회계기간 동안의 재료비·노무비·제조경비를 집계하도록 설계하며, 그리고나서 이러한 원가측정은 재공품에서 제품으로 완성되고, 최종적으로 매출원가로 이동함에 따라 산출품의 물량에 적용시킨다. 각 공정을 통과한 재고자산을 각 제조공정의 원가에 할당하는 것은 자산평가와 이익측정에서 필요한 첫 단계이다.

종합원가계산시스템은 판매가격을 설정하는 데 유용한 단위당 원가를 제공하며, 단위당 생산원가는 기업이 제품의 시장가격에 대한 통제를 할 때, "원가프러스"나 몇 가지 다른 형태의 원가기준 제품가격결정을 할 때 특히 중요하다. 경쟁적 시장상황에서 개개의 기업이 가격에 영향력을 끼칠 수 없을 때 제품원가정보는 유리한 시장가격으로 판매할 수 있을지의 여부를 평가하는 데 필요하다.

또한 제품의 단위당 원가는 통제장치로 중요하며, 각 공정은 권한이 있는 의사결정중심점 내에서 발생한다. 각 공정제품의 단위당 원가를 측정하는 것은 특히 공정원가의 요소가 의사결정중심점 내에서 통제가능할 때 기본적인 업적 평가정보를 제공한다. 종합원가계산을 사용할 때 기본적 통제와 평가기법은 다음과 같은 내용을 포함한다.

① 매월의 단위당 공정원가, 공정재료비, 노무비, 제조간접비를 비교
② 예산이나 계획원가와 실제 단위당 원가를 비교
③ 부문 인센티브계획에서 단위당 원가정보의 사용
④ 공식적 표준원가시스템의 일부로서 단위당 원가의 사용

3. 종합원가계산의 원가흐름

원가의 집계과정은 개별원가계산시스템보다 더 단순하다. 그 이유는 종합원가계산시스템에서의 원가는 별개의 원가가 아니라 부문(공정)에 의하여 인식하면 되므로 수많은 제품별로 원가를 추적하는 대신에 몇 공정에서 전반적으로 원가를 추적할 수 있다.

〈그림 9-1〉은 종합원가계산시스템에서 원가의 흐름을 나타내고 있는데, 주목해야 할 점이 몇 가지 있다. 첫째, 재공품계정이 기업에 하나만 설정되기보다는 각 부문마다 설정되고, 두 번째로 제1부문(공정)의 완성품(재공품)은 제2공정(부문)의 재공품계정에 이전되어, 추가가공된다. 이러한 추가가공 후에 완성품은 제품계정에 대체된다. 마지막으로 모든 원가요소(재료비·노무비·제조경비)는 각 공정에 투입된다. 그러므로 부문 B의 재공품계정에서의 원가는 직접 투입되는 원가요소(재료비·노무비·제조경비)에 부문 A에서 이전되는 전공정원가를 합계한 것이다.

〈그림 9-1〉 종합원가계산의 원가흐름도

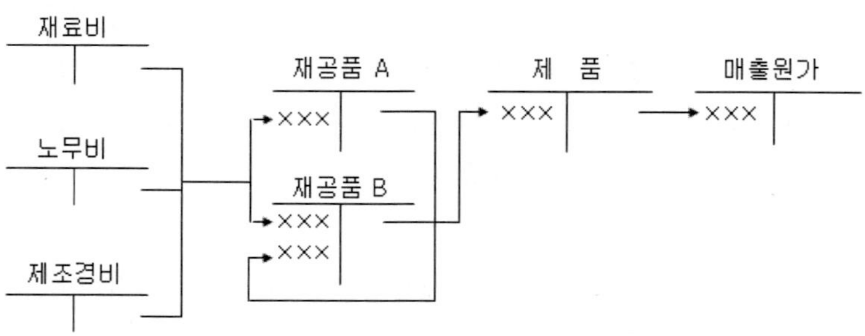

4. 종합원가계산의 분류

종합원가계산은 동일 공정에서 생산하는 제품의 종류, 제품별 부담액의 계산방법, 공정의 수와 공정에 집계되는 원가요소의 범위에 따라 〈그림 9-2〉와 같이 분류할 수 있다.

〈그림 9-2〉

- 종합원가계산
  - 순수종합원가계산
    - 단순종합원가계산
    - 공정별 종합원가계산
      - 전원가요소공정별 종합원가계산
      - 가공비공정별 종합원가계산
  - 조별종합원가계산
    - 단순조별 종합원가계산
    - 공정별 조별 종합원가계산
      - 전원가요소공정별 조별 종합원가계산
      - 가공비공정별 종합원가계산
      - 간접비공정별 조별 종합원가계산
  - 등급별 종합원가계산
  - 연산품종합원가계산

제 2 절 완성품환산량의 계산과 기말재공품원가의 평가

1. 종합원가계산의 단계

종합원가계산은 공정별로 기간 중의 총원가가 종합적으로 집계되어, 기말에 완성품원가와 미완성품원가(기말재공품원가)로 분류하는 작업이므로, 미완성 제품, 즉 기말재공품원가의 평가는 당기 완성품원가 산출을 위한 핵심적 부분이 된다. 종합원가계산회계에서는 기말재공품평가나 완성품원가를 결정하는 절차는 보통 다음의 6단계[2]로서 이루어진다.

---

2) Charies T. Hongren and George Foster, *Cost Accounting-A Managerial Emphasis*(6판), pp. 509~514에서는 ① Summarize Physical Units, ② Compute Output in Equivalent Units, ③ Summarize total costs to account for, ④ Compute Unit Costs, ⑤ Apply total Costs의 5단계로서 종합원가계산단계를 설명하고 있음.

① 종합원가(Total Costs)의 집계: 회계기간 중의 총원가를 집계한다.
② 총물량흐름(physical flow)의 파악

기초재고수량 + 당기착수수량 = 완성품수량 + 기말재고수량

③ 완성품환산량(Equivalent units)의 계산

완성품환산량 = 완성품수량 + 기말재공품 완성품환산량

④ 완성품환산량 단위당 원가(Costs of Work in process)의 계산

$$\frac{\text{총원가 ①}}{\text{완성품환산량 ②}} = \text{완성품환산량 단위원가}$$

⑤ 기말재공품원가(Costs of Work in Process)의 평가

완성품환산량 단위원가(④) × 기말재공품 완성품환산량

⑥ 제품완성원가(Product Costs) 및 단위당 원가의 계산

총원가(①) - 기말재공품원가 (⑤) = 완성품원가

$$\frac{\text{완성품원가}}{\text{완성품수량}} = \text{완성품 단위원가}$$

2. 완성품환산량의 계산

완성품환산량(Equivalent Units)이란 미완성품의 수를 완성도로 곱하여 계산한다. 당해부문의 모든 생산품이 단일 생산품이거나, 기초나 기말에 재공품이 없다면 부문원가의 배부는 아주 단순하여 완성품환산의 절차도 불필요할 것이다.

그러나 빈번하게 재공품 재고나 복수제품이 있으므로, 기말재공품 원가 산출을 위해서는 완성품환산량의 계산이 필수적이다. 여기에는 ① 부분적으로 완성된 제품(재공품)에 의한 문제, ② 상이한 원가행위에 의한 문제, ③ 전

공정으로부터 이전된 원가의 문제, ④ 가중평균법과 선입선출법에서 특별히 고려해야 할 문제가 있다.[3)]

(1) 부분적으로 완성된 제품(재공품)의 문제

당기에 투입되었지만 결산일에 완성되지 않은 제품, 즉 기말재공품이 있을 때, 완성품환산수량은 완성정도(Completion Degree)를 파악하여 실질적 물량을 완성도로 곱하여 계산한다.

예를 들어, 당기에 75% 완성된 1단위가 있다면, 완성품환산량은 0.75단위에 해당된다. 그러므로 당기에 75% 완성된 200단위가 있다면, 소비된 작업노력은 150단위와 같다(200 × 0.75).

[예제 1] 재료비·노무비와 제조경비는 부문 A의 공정에서 연속하여 발생하고, 1월 동안 부문의 총원가는 14,400,000원이었다. 1월 동안 8,000단위의 제품이 부문 A에서 착수되었다. 그러나 6,000단위만이 완성되었고, 나머지 2,000단위는 1월 31일에 60% 완성되었다. 완성품환산량, 완성품환산량 단위원가, 기말재공품(60% 완성된 2,000단위) 및 완성품(6,000단위)의 원가를 계산하라.

[해 답]

완성량	6,000 × 1.0	6,000
기말재공품 완성품환산량	2,000 × 0.6	1,200
당기 총완성품환산량		7,200
완성품환산량 단위당 원가	₩14,400,000 / 7,200단위	₩2,000
기말재공품원가	2,000원 × 1,200단위	2,400,000
완성품원가	₩14,400,000 – ₩2,400,000	₩12,000,000
완성제품 단위원가	₩12,000,000/6,000단위	₩2,000

여기서 완성품원가 ₩1,200,000은 ₩2,000 × 6,000단위로 계산할 수도 있다.

3) Ronald V. Hartley, *Cost and Managerial Accounting*, Allyn and Bacon, 1983, pp. 125～130.

(2) 상이한 원가행위에 의한 문제

앞에서 우리는 모든 원가는 생산공정에서 연속적인 형태로써 투입된다고 가정하였다. 그러나 현실적으로 원가는 원가행위별로 투입시점이 다르다. 재료는 공정의 초기시점에서 투입되고, 기타의 가공비는 공장진행에 따라 점차적으로 투입되는 것이 일반적이다.

정확한 원가계산을 위하여 각 원가행위는 별도로 고려하여 회계처리하여야 한다. 다시 말하여, 동일유형이나 원가행위에 따라 발생한 원가들을 별도로 집계하고, 합산하여 당기 총완성품환산량으로 배부되어야 한다.

[예제 2] 아래와 같이 가정하였을 경우에 원가 유형별 당기 총완성품환산량을 계산하라.

(1) 재료는 공정 초에 투입된다.

(2) 재료 이외의 기타 가공비는 생산진행에 따라 비례적으로 투입된다.

(3) 기초재공품은 없다.

(4) 8,000단위가 완성되고, 2,000단위는 월말에 60% 완성되었다.

[해 답]

	재료	가공비
완성량	8,000	8,000
기말재공품환산량	2,000ⓐ	1,200ⓑ
완성품환산량	10,000	9,200

ⓐ 재료는 공정시점에서 2,000단위(100%) 투입되었다.

ⓑ 가공비는 2,000 × 0.6 = 1,200단위

일반적으로 완성품환산량은 상이한 원가행위로 인하여 직접재료비(Direct Material Costs)와 전환원가(Conversion Costs)로 나누어 계산된다. 여기서 전환원가란 직접재료비를 제외한 원가로 가공비를 말하게 되는데, 직접재료비와 가공비는 그 투입시점이 다르기 때문에 별도로 계산되어야 한다.

(3) 전공정원가에 대한 문제

일반적으로 종합원가계산시스템에서는 정확한 원가계산, 효율적 원가관리 및 각 부문의 업적평가를 위하여 원가를 공정별로 파악하여 최초공정의 원가는 차공정으로 반제품의 성격으로 이전되어, 최종 공정에서 원가가 계산된다.

부문 A에서 이전된 집계원가는 부문 B가 구입한 원재료로 취급할 수 있으며, 부문 B의 공정 초에 투입된다. 이러한 원가가 부문 A를 떠난다면, 그러한 원가를 부문 A의 원가배분을 하는 데 필요한 별도의 원가풀을 지속할 이유가 없다. 부문 B에서 공정처리가 완성됨에 따라, 부문 B의 원가는 부문 A의 원가에 합산된다. 그리고나서 부문 A와 B에서 처리된 집계원가는 부문 C로 이전할 목적으로 하나의 수치로 합산된다.

따라서 전공정 대체원가(Previous Process Costs)는 자체공정에서 새로이 투입된 원가(자공정비)와 구분하여, 전공정비에 대한 완성품환산량은 공정 초에 전량 투입된 자공정비의 직접재료비와 같이 계산한다.

(4) 가중평균법에서의 문제

물가가 변동되는 시기에 당기투입원가로 기초제공품의 원가와는 다르게 된다.

만약 기초재공품이 있다면, 당기에 사용된 원가와 합산하여 단위당 원가를 결정하는 가중평균법(Weighted Average Method)의 방법은 무리가 있을 수 있다.

따라서 기초재공품과 당기 투입원가에 대한 완성품환산량을 별도로 계산하는 선입선출법(FIFO)과 후입선출법(LIFO)이 논의될 수 있다.

이론적으로 어느 방법이 더 우월한지는 설명할 수 없지만, 만약 가중평균법 개념이 사용된다면, 상이한 원가행위를 적절히 반영하기 위한 각 원가풀의 가중평균원가를 계산할 필요가 있으며, 이러한 평균원가는 원가풀을 적절한 측정치로 나누어 인식된 기초재공품과 당기 발생제조원가의 합계로 다음과 같이 계산된다.

완성품환산량 = 완성량 + 기말재공품환산량

$$\text{완성품환산량 단위당 원가} = \frac{\text{기초재공품원가} + \text{당기 발생제조원가}}{\text{완성품환산량}}$$

[예제 3] W기업 부문 A의 20×1년 1월의 정보는 다음과 같다. 각 원가유형별(재료비와 가공비) 단위당 원가를 가중평균법으로 계산하고, 기말재공품 원가를 평가한 후, 완성품원가를 계산하라.

기초재공품원가: ₩3,645,000(재료비 = ₩2,120,000, 가공비 = ₩1,525,000)
당월 투입원가: ₩63,000,000(재료비 = ₩22,000,000, 가공비 = ₩41,000,000)

기초재공품 수량 = 1,000단위(완성도 = 50%)
당월완성품 수량 = 10,000단위
기말재공품 수량 = 2,000단위(완성도 = 25%)

재료는 공정시점에서 100% 투입되고, 가공비는 공정진행에 따라 비례적으로 투입된다.

[해 답]

	재료비	가공비
완성량	10,000	10,000
기말재공품환산량	2,000	500
완성품환산량	12,000	10,500

$$\text{재료비 단위당 원가} = \frac{2,120,000\text{원} + 22,000,000\text{원}}{12,000\text{원}} = 2,010\text{원}$$

$$\text{가공비 단위당 원가} = \frac{1,525,000\text{원} + 41,000,000\text{원}}{10,500\text{원}} = 4,050\text{원}$$

기말재공품원가:	재료비	2,010원 × 2,000 =	4,020,000원
	가공비	4,050원 × 500 =	2,025,000
	합 계		6,045,000원

완성품원가: 3,645,000원 + 63,000,000원 - 6,045,000원
= 60,600,000원

3. 기말재공품원가의 평가

(1) 기말재공품평가의 중요성

재공품(Work in Process)이란 원가계산기말에 공정의 제조작업이 완료되지 못하고 더 가공되어야 완성품이 되는 것으로 반제품과는 구별이 된다. 반제품이란 일정한 공정의 가공이 끝나고 다음 공정에 이전되지 않고 그대로 판매되거나 저장된다는 점에서 재공품과 구별된다.

재공품의 계산에서 중요한 것은 미완성품, 즉 재공품의 완성도(Degree of Completion)의 결정이며, 완성도는 재공품의 원가를 완성품의 원가와 비교하여 그 진척의 정도를 나타내는 것으로 보통 %나 1/2 등으로 표시된다.

개별원가계산에서는 제조지시서에 계산된 원가의 합계만으로 재공품을 쉽게 평가할 수 있으나, 종합원가계산에서는 장부의 기록만으로는 기말재공품의 원가가 파악되지 않으므로, 인위적인 기준을 정하여 기말재공품을 평가하여야 한다. 종합원가계산에서는 아래의 공식에 의하여 완성품원가를 산정하기 때문에 기말재공품의 원가를 계산하지 않으면 완성품의 원가를 산정할 수가 없으며, 정확한 평가가 이익의 과소 및 과대평가의 직접적인 요인이 된다는 것에 유의하여야 한다.

완성품원가 = 당기제조원가 + 기초재공품원가 - 기말재공품원가

예를 들어, 기말재공품원가를 실제보다 높게 평가하면 완성품의 원가와 매출원가가 낮게 계산되므로 이익이 과대하게 평가된다. 역으로 기말재공품의 원가를 실제보다 낮게 평가하면 완성품의 원가와 매출원가는 높게 평가되

므로 이익이 과소평가된다. 그러나 이러한 효과는 여러 기간에 있어서는 서로 효과가 상쇄되어 잉여금이나 당기순이익의 변화만 초래한다. 그러나 다음과 같은 연쇄효과로 기업의 배당압력 및 투자자의 투자의욕을 감퇴시킬 수 있다.

기말재공품원가의 과대평가 → 완성품원가의 과소 → 매출원가 과소 → 이익과대(가공이익) → 배당의 과대 → 가공자산발생

기말재공품원가의 과소평가 → 완성품원가의 과대 → 매출원가 과대 → 이익과소 → 투자자의 투자의욕 감소

그러므로 종합원가계산에서는 기말재공품의 평가가 대단히 중요한 의미를 가지며, 그 타당성이 원가계산 전체의 신뢰성을 결정할 정도로 중요하다.

(2) 기말재공품의 평가방법

기말재공품의 평가에는 다음과 같이 분류할 수 있다.[4)]

- 재공품 평가
  - 무평가법
  - 부분평가법
    - 재료비평가법
    - 노무비평가법
    - 직접비평가법
    - 가공비평가법
  - 전부평가법
    - 평균법
    - 선입선출법
    - 후입선출법

1) 무평가법

무평가법은 평가생략법(Neglect Method)이라고도 하며, 기말재공품을 평가

4) 최재덕, 「원가회계」(무역경영사, 1985), p. 219.

하지 않은 방법이다. 이 방법은 재공품의 수량이 매기에 거의 동일하거나 금액적으로 소액이기 때문에 평가의 효익을 무시할 정도로 경미한 경우에 사용하는 방법이다. 이 방법에서는 재공품의 평가가 생략되므로 당기 제조비용은 모두 완성품원가가 된다. 이 경우에 매기말의 재공품의 원가를 제로(0)로 하지 않고 일정한 평가액을 매기의 고정액으로 하는 방법이 있다. 그러나 이 방법은 재공품평가의 정확성의 측면에서 바람직하지 못하기 때문에 실무에서는 거의 쓰이지 않는다.

2) 부분평가법

이 방법은 기말재공품에는 모든 원가요소가 포함되어 있기 때문에 이 원가요소 중 가장 중요하다고 인정되는 원가요소만으로 기말재공품을 평가하는 방법이다. 부분평가의 방법에는 재료비법 · 노무비법 · 직접비법 · 가공비법 등이 있다.

㈎ 재료비법: 재료비법(Material Cost Method)이란 1원가회계기간의 재료비를 완성품수량과 기말재공품의 완성품환산량의 합계액으로 나누어 완성품환산량 단위당 원가를 계산하고, 이것을 기말재공품의 완성품환산량에 곱하여 기말재공품의 평가액을 계산하는 방법이다. 이 방법은 재료비가 원가에서 차지하는 비율이 큰 경우에 적용하는 방법이다.

㈏ 노무비법: 노무비법(Labor Cost Method)은 재공품원가를 노무비만으로 평가하는 계산방법이다. 이 방법은 완성품의 대부분이 노무비로 구성될 경우에 사용되며, 대부분의 가공이 수작업으로 이루어질 경우에 합리적으로 사용할 수 있다.

㈐ 직접비법: 직접비법(Prime Cost Method)은 기말재공품의 원가를 직접재료비와 직접노무비 등 제조직접비만으로 평가하는 방법이다.

㈑ 가공비법: 가공비법(Conversion Cost Method)은 직접재료비 이외의 모든 원가요소, 즉 가공비로서 재공품을 평가하는 방법이다. 이 방법은 직접재

료비가 원가에서 차지하는 비율이 극히 미미하고 대부분의 가공이 기계로 행하여질 경우에 합리적으로 적용할 수 있다.

이상의 부분평가법은 전부평가법에 비하여 계산은 간단하지만, 기말재공품의 평가대상이 되지 않는 타제조비용은 모두 완성품의 원가에 산입하게 되며 기말재공품은 과소평가된다. 따라서 평가의 정확성을 기하기가 곤란하기 때문에 실무에서는 잘 쓰이지 않는다.

3) 전부평가법

이 방법은 제조작업에 소요된 모든 원가요소를 기말재공품의 평가에 포함하는 것으로서 가장 일반적이며, 실무에서 가장 많이 사용하고 있다. 완성품환산율을 이용하여 기말재공품원가를 계산하되 원가요소별로 원가발생의 정도가 상이할 경우에는 원가요소별로 완성품환산율을 결정하여 각 요소별 기말재공품의 원가를 산정하고 합계하여 기말재공품원가로 결정하는 방법이다.

일반적으로 전부평가법이 실무에서 이용되고, 원가요소의 상이성에 의하여 직접재료와 전환원가(가공비)를 분류하여 별도로 계산하여 합산한다.

기말재공품 직접재료 + 기말재공품 전환원가 = 기말재공품원가

기초재공품이 존재하는 경우에는 기말재공품에 기초재공품을 어떻게 반영시키느냐에 따라 ① 평균법, ② 선입선출법, ③ 후입선출법으로 나눌 수 있다.

평균법(Average Method)은 기초재공품과 당기에 투입된 제조비용과 구별할 것이 없이 혼합하여 생산 또는 가공한다는 전제하에 기말재공품을 평가하는 방법이며, 선입선출법(First-In First-Out: FIFO)은 기초재공품은 당기에 맨 먼저 가공되어 완성상품으로 되고 당기에 투입된 제조비용의 일부가 기말재공품이 된다고 하는 사고에 바탕을 둔 평가방법이다. 후입선출법(Last-In First-Out: LIFO)은 선입선출법과는 반대로 당기에 투입한 제조비용이 우선적으로 제품으로 되며 기초재공품은 맨 뒤에 제품으로 된다는 사고에 그 기본을 두고 있다.

(가) 평균법: 평균법(Average Method)은 1회계기간의 총제조비용(기초재공품원가 + 당기 제조비용)을 완성품수량과 기말재공품환산량과의 비례에 따라 완성품과 기말재고자산에 안분하여 완성품원가 및 기말재공품원가를 계산하는 방법이다.

평균법에 의하면 전기의 투입원가인 기초재공품원가가 당기 완성품과 기말재공품에 균등한 영향을 미친다고 전제한다. 따라서 평균법은 원가관리의 관점에서 보면 한 기간 동안 각 공정의 업적을 정확하게 표시하지 못한다는 단점이 있다. 평균법의 사고에 의한 기말재공품평가의 관계를 도시하면 〈그림 9-3〉과 같다.

〈그림 9-3〉

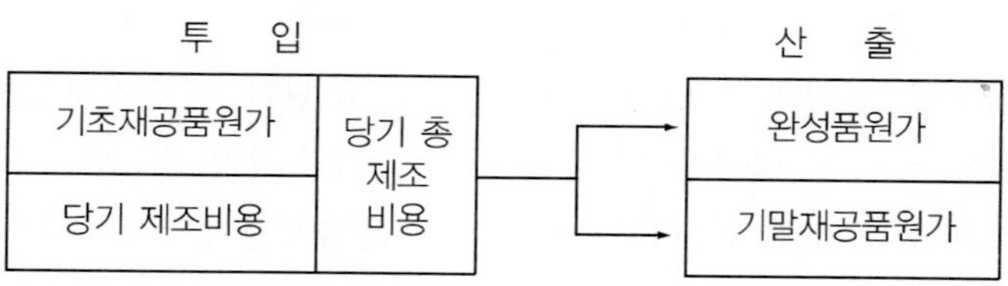

평균법에 의한 기말재공품평가의 절차는 다음과 같다.

1. 완성품환산량 = 완성품수량 + 기말재공품 완성품환산량

2. $\text{완성품환산량 단위당 원가} = \dfrac{\text{기초재공품원가} + \text{당기 제조원가}}{\text{완성품환산량}}$

3. 기말재공품원가 = 완성품환산량 단위당 원가 × 기말재공품 완성품환산량

일반적으로 원가요소별로 투입시점이 다르므로, 다음과 같이 원가요소(재료비와 가공비 등)별로 완성품환산량을 계산하여 합산하여 평가한다.

$$\text{기말재공품 주요 재료비} = \begin{matrix}\text{완성품환산량} \\ \text{단위당 원가}\end{matrix} \times \begin{matrix}\text{기 말 재 공 품} \\ \text{주요 재료환산량}\end{matrix}$$

$$\text{기말재공품 가공비} = \frac{\text{완성품환산량}}{\text{단위당 원가}} \times \frac{\text{기 말 재 공 품}}{\text{가공비환산량}}$$

$$\text{기말재공품원가} = \text{기말재공품 주요 재료비} + \text{기말재공품 가공비}$$

주요 재료비는 보통 공정의 시점에서 전부 투입되는 것이 일반적이므로 완성도는 100%로 계산되고, 가공비는 완성도에 따라 환산량이 달라진다.

따라서 주요 재료의 경우에는 기말재공품의 완성품환산량은 기말재공품 수량이 되며, 가공비의 경우에만 완성도에 따라 환산량으로 계산되는 것이 일반적이다.

평균법은 기초재공품원가와 당기 제조비용을 합계하여 완성품과 기말재공품에 안분함으로써 전기의 생산실적을 반영한 원가와 당기의 생산실적을 반영한 원가가 구별되지 않아서, 기간업적의 명확한 구분이 용이치 않다. 즉, 평균법에 의하면 전기의 투입원가인 기초재공품원가가 당기완성품과 기말재공품의 쌍방에 균일한 영향을 미침으로써 한 기간 동안 각 공정의 업적을 정확하게 표시하지 못하게 되어 원가관리와 부문업적평가에 문제가 있다.

[예제 4] 다음 자료에 의하여 기말재공품원가를 가중평균법에 의하여 평가하고, 완성제품의 원가를 계산하라. 재료는 공정시초에 전부 투입되었으며, 가공비는 공정진행에 따라 비례적으로 투입된다. 기초재공품의 수량은 3,000개(완성도 = 1/3), 기말재공품의 수량은 2,000개(완성도 = 1/2)이다.

기초재공품원가: ₩5,810,000(재료비 = ₩3,030,000, 가공비 = ₩2,780,000)
당기투입원가: ₩52,050,000(재료비 = ₩22,050,000, 가공비 = ₩30,000,000)
완성품 수량: 10,000개

[해 답]

① 완성품환산량의 계산(평균법)

	재료비	가공비
완성량	10,000	10,000
기말재공품환산량	2,000	1,000 *
완성품환산량	12,000	11,000

* 2,000개 × 1/2 = 1,000개

② 완성품환산량 단위당원가

$$\text{재료비} = \frac{3{,}030{,}000\text{원} + 22{,}050{,}000\text{원}}{12{,}000} = 2{,}090\text{원}$$

$$\text{가공비} = \frac{2{,}780{,}000\text{원} + 30{,}000{,}000\text{원}}{11{,}000} = 2{,}980\text{원}$$

③ 기말재공품원가

재료비 = 2,090원 × 2,000 = 4,180,000원

가공비 = 2,980원 × 1,000 = 2,980,000원

기말재공품원가 = 4,180,000원 + 2,980,000원 = 7,160,000원

④ 완성품원가 = 5,810,000원 + 52,050,000원 – 7,160,000원 = 50,700,000원

(나) 선입선출법: 선입선출법(First-In First Out: FIFO)은 기초재공품이 우선적으로 가공되어 완성품으로 된다는 전제하에 기초재공품의 원가가 기말재공품의 원가에 영향을 주지 않도록 평가하는 방법으로서 원가의 흐름과 원가산입 절차가 일치하는 이론적으로 적합한 방법이다. 이 방법은 완성품수량에서 기초재공품의 완성품환산량을 차감하고, 기말재공품의 완성품환산량을 합산하여 완성품환산량을 계산하고, 당기 제조비용을 완성품환산량으로 나누어 완성품환산량 단위당 원가를 산출하고, 완성품환산량 단위당 원가에 기말재공품의 완성품환산량을 곱하여 기말재공품을 평가한다. 이에 대한 도식은 〈그림 9-4〉와 같다.

〈그림 9-4〉

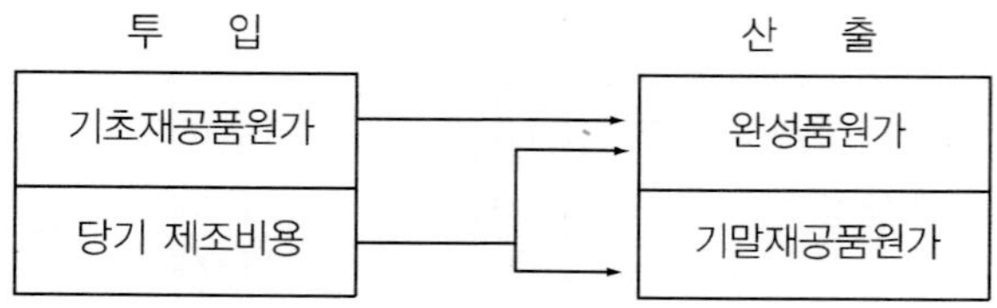

선입선출법에 의하여 기말재공품을 평가하는 절차는 다음과 같다.

1. 완성품환산량 = 완성품 수량 − 기초재공품 완성품환산량 + 기말재공품 완성품환산량

2. 완성품환산량 단위당 원가 = $\frac{\text{당기 제조비용}}{\text{완성품환산량}}$

3. 기말재공품원가 = 기말재공품환산량 × 단위당 원가

선입선출법의 경우에도 원가요소별 투입시점과 그 진척도가 다를 경우에는 평균법에서와 마찬가지로 기말재공품 주요 재료비와 기말재공품 가공비로 나누어 평가되어야 한다.

[예제 5] [예제 4]의 원가자료를 가지고 선입선출법으로 기말재공품을 평가하라.

[해 답]

① 완성품환산량의 계산

	재료비	가공비
완성량	10,000	10,000
기초재공품환산량	−3,000	−1,000 *
기말재공품환산량	2,000	1,000 **
완성품환산량	9,000	10,000

* 3,000 × 1/3 = 1,000   ** 2,000 × 1/2 = 1,000

② 완성품환산량 단위당 원가

$$\text{재료비} = \frac{22{,}050{,}000\text{원}}{9{,}000\text{개}} = 2{,}450\text{원}$$

$$\text{가공비} = \frac{30{,}000{,}000\text{원}}{10{,}000\text{개}} = 3{,}000\text{원}$$

③ 기말재공품원가

재료비 = 2,450원 × 2,000개 = 4,900,000원

가공비 = 3,000원 × 1,000개 = 3,000,000원

기말재공품원가 = 4,900,000원 + 3,000,000원 = 7,900,000원

④ 완성품원가 = 5,810,000원 + 52,050,000원 - 7,900,000원 = 49,960,000원

㈐ 후입선출법: 후입선출법(Last-In First-Out: LIFO)은 선입선출법과는 반대로 제조과정의 나중에 투입된 것이 먼저 완성된다는 전제하에 기말재공품을 평가하는 방법이다. 따라서 후입선출법은 신규투입된 것이 먼저 완성품으로 되고 기초재공품은 그대로 기말재공품으로 남는 것으로 기말재공품원가를 계산하는 방법이다. 그러나 후입선출법으로 재공품원가 결정에 적용한다는 것은 원가흐름과 원가산입의 절차를 역행하므로 계산상 다소의 혼란이 있으나 최종매입의 원가가 매출원가를 구성하므로 물가변동기에 가장 현실적인 이익이 계상된다는 점에서 그 유용성이 인정되고 있다.

후입선출법은 기초재공품 완성품환산량과 기말재공품 완성품환산량의 비교에 의하여 두 가지로 나누어 기말재공품원가를 평가한다.

① 기초재공품환산량 < 기말재공품환산량

이것은 기초재공품 전부와 당기 투입량 중 일부가 기말재공품으로 남는 경우이다. 이 경우 기말재공품의 완성품환산량 중 기초재공품의 완성품환산량에 상당하는 부분에 대하여는 기초재공품원가를 그대로 평가하고, 초과하는 기말재공품의 완성품환산량과 완성품수량과의 비율에 따라 당기 제

조비용을 기말재공품과 완성품에 안분하고, 기초재공품원가와의 합계액을 기말재공품 평가액으로 하는 방법이다. 이것을 그림으로 나타내면 〈그림 9-5〉와 같다.

〈그림 9-5〉

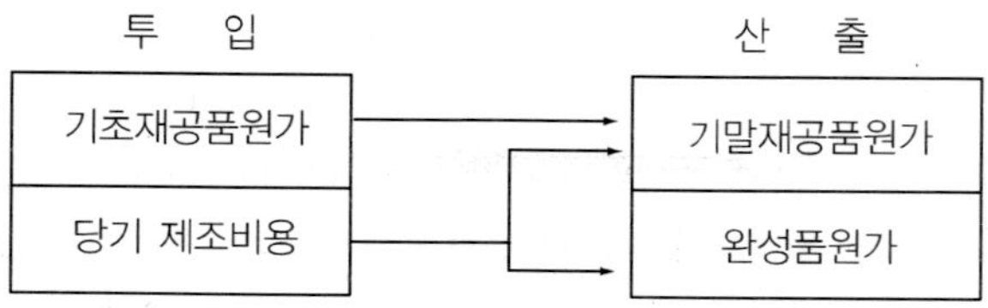

완성품환산량 = 완성품수량 + (기말재공품환산량 − 기초재공품환산량)

$$\text{완성품환산량 단위당 원가} = \frac{\text{당기 제조비용}}{\text{완성품환산량}}$$

기말재공품원가 = 기초재공품원가 + {완성품환산량 단위당 원가 × (기말재공품환산량 − 기초재공품환산량)}

② 기초재공품환산량 > 기말재공품환산량

이것은 당기 투입량이 전부 완성품으로 되고 기초재공품의 일부도 추가 가공되어 완성품으로 된다. 이 경우에 기말재공품원가를 구성하는 것은 기초재공품의 일부이다. 여기에서는 기초재공품원가를 기초재공품 완성품환산량으로 나누어 기초재공품 완성품환산량 단위당 원가를 산출하여 기말재공품의 완성품환산량에 곱하여 기말재공품원가를 산정한다. 이러한 관계를 그림으로 나타내면 〈그림 9-6〉과 같다.

〈그림 9-6〉

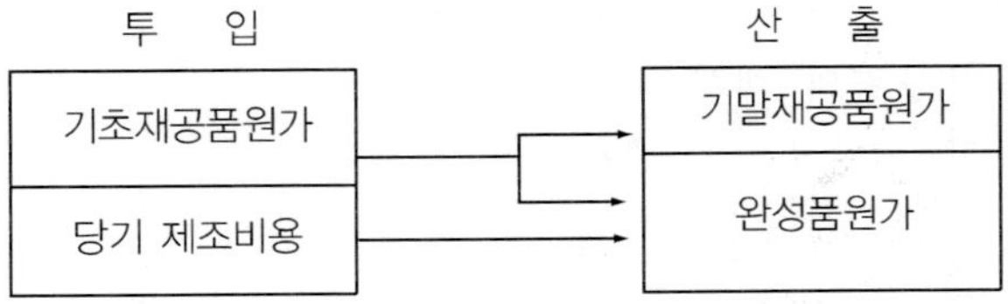

$$\text{기초재공품 단위당 원가} = \frac{\text{기초재공품원가}}{\text{기초재공품환산량}}$$

기말재공품원가 = 기초재공품 단위당 원가 × 기말재공품환산량

[예제 6] [예제 4]의 자료에 의하여 기말재공품원가를 후입선출법으로 계산하라.

[해 답]

① 완성품환산량의 계산

	재료비	가공비
기초재공품환산량	3,000	1,000
기말재공품환산량	2,000	1,000

② 재료비: 기초재공품환산량 〉 기말재공품환산량

$$\text{재료비 기초재공품 단위원가} = \frac{3{,}030{,}000\text{원}}{3{,}000\text{개}} \times 2{,}000\text{개} = 2{,}020{,}000\text{원}$$

③ 가공비: 기초재공품환산량 = 기말재공품환산량 = 2,780,000원

④ 기말재공품원가 = 2,020,000원 + 2,780,000원 = 4,800,000원

[예제 7] 기초재공품이 1,000개(완성도 = 50%), 기말재공품이 2,000개(완성도 = 60%), 완성품 수량은 10,000개이다. 당기 투입원가는 1,712,000원이고, 기초재공품원가는 85,000원이다. 모든 원가요소는 공정진행에 따라 투입이 될 경우 기말재공품원가를 후입선출법으로 계산하라.

[해 답]

기초재공품환산량 < 기말재공품환산량

① 완성품환산량의 계산

완성량	10,000
기초재공품환산량	-500
기말재공품환산량	1,200
완성품환산량	10,700

② 단위당 원가 $= \dfrac{1{,}712{,}000\text{원}}{10{,}700\text{개}} = 160\text{원}$

③ 기말재공품원가 = 기초재공품원가 + 기말재공품증가분

= 85,000원 + (160원 × 700개) = 197,000원

이상의 기말재공품 평가에 대한 내용을 공식으로 정리하면 다음과 같다.

평 균 법

$$\text{기말재공품원가} = \text{기초재공품원가} + \text{당기제조비용} \times \frac{\text{기말재공품원가}}{\text{당기 완성품수량} + \text{기말재공품환산량}}$$

당기 제품제조원가=기초재공품원가 + 당기 제조비용 - 기말재공품원가

선입선출법

$$\text{기말재공품원가} = \text{당기 제조비용} \times \frac{\text{기말재공품원가}}{\text{당기 완성품수량} - \text{기초재공품환산량} + \text{기말재공품환산량}}$$

단, 완성품수량이 기초재공품환산량보다 적을 경우에는 다음과 같은 산식을 이용한다.

$$\text{기말재공품원가} = \text{당기 제조비용} + \text{기초재공품원가} \times \frac{\text{기초재공품환산량} - \text{당기 완성품수량}}{\text{기초재공품환산량}}$$

후입선출법

① 기초재공품환산량 > 기말재공품환산량의 경우

$$\text{기말재공품원가} = \text{기초재공품원가} \times \frac{\text{기말재공품환산량}}{\text{기초재공품환산량}}$$

② 기초재공품환산량 < 기말재공품환산량의 경우

$$\text{기말재공품원가} = \text{기초재공품원가} + \text{당기 제조비용} \times \frac{\text{기말재공품환산량} - \text{기초재공품환산량}}{\text{완성품수량} - \text{기초재공품환산량} + \text{기말재공품환산량}}$$

③ 기초재공품환산량 = 기말재공품환산량의 경우

$$\text{기말재공품원가} = \text{기초재공품원가}$$

제 3 절 공손비회계

공손비란 작업과정 중 어떤 이유로 불합격품으로 판정되어 유실된 부분의 원가를 말하는 것으로 보통 공손 및 감손(Spoilage and Waste), 불량품(Defective), 작업폐물(Scrap) 등의 형태로 나타난다. 관리회계 목적, 경영정보와 제품의사결정을 위하여 정상적인 것과 비정상적인 것을 구별하여야 한다. 최근에 경영자들은 공손품원가 · 감손 · 재작업 단위에 이전보다 더 많은 관심을 두고 있다. JIT(Just-In-Time) 재고시스템, CIM(Computer-Integrated Manufacturing), MRP(Material Resources Planning)와 같은 기법에 투자함으로써 이러한 원가의 극적인 감소를 달성할 수 있다. 이하에서는 종합원가계산시스템에서 공손품 및 감손 · 부산물의 작업폐물 회계처리에 대하여 설명하고자 한다.

1. 공손품 및 감손의 회계처리

(1) 공손품 및 감손의 의의

기초재공품에 당기 투입한 수량을 가산한 수량은 당기 중의 완성품이나 기말재공품의 합계수량과 일치하는 것이 원칙이다. 그러나 가공 중에 감손 또는 공손 등으로 인하여 투입량보다 산출량이 적게 되는 것이 일반적인 현상이다.

공손품(Spoilage Units)은 표준화된 품질수준을 만족하지 못하는 제품을 말하며 폐물로 버리거나 부산물로 판매 또는 재작업을 하여 판매되기도 한다. 즉, 공손품은 일종의 표준품질이나 표준규격에 적합하지 않는 불합격품 또는 불완전품을 말한다. 감손(Waste)이란 가공 중에 증발·분산·가스화 등에 의하여 공정에 투입된 주요 재료의 수량이 감소하여 나타나는 손실을 말하며, 추상적이며 구체적으로 나타나지 않는다. 이 감손은 잔존가치가 전혀 나타나지 않는다는 점에서 작업폐물과 구별된다.

(2) 공손품 및 감손의 회계처리

종합원가계산에서 공손과 감손의 회계처리방법은 그 발생원인이 정상적이냐 아니면 비정상적이냐에 따라 회계처리 방법이 다르다.

1) 정상적인 공손품과 감손

일정한 작업조건하에 경영자는 정상공손율을 결정하여야 한다. 정상적 공손(Normal Spoilage)이란 효율적인 작업조건하에서 발생하는 것이며, 특정의 공정에서 불가피하게 발생하는 것이므로 당기에 있어서는 통제불가능하다. 전통적으로 정상적 공손은 제품제조의 원가의 일부로써 간주하는데, 그 이유는 정상제품을 얻기 위해서 필수불가결하기 때문이다. 즉, 정상적인 공손은 사전에 계획된 공손이며, 경영자는 허용되는 공손율을 사전에 설정하여 둘 필요가 있다.

종합원가계산에서 정상적인 공손과 감손의 회계처리 방법은 다음과 같다.

(가) 당기 완성품과 기말재공품에 부담시키는 방법: 앞에서 설명한 기말재공품의 평가방법과 동일하며, 공손품의 순매각가치(견적매각액 – 견적매각비용)가 있을 경우 당기 제조비용에서 공제하여 계산한다. 다시 말하면 당기 총제조원가를 기말재공품과 완성품원가에 전부 계상한다면 공손비는 자연히 양쪽 부분에 평균하여 부담되는 셈이 되므로, 공손비를 무시해 버리는 방법이 된다.

(나) 당기 완성품에만 부담시키는 방법: 공손품과 감손을 당기 완성품에만 배부하는 경우에는 완성품환산량의 계산시에 공손품(감손)환산량을 추가하여 계산하여야 하며, 공손품의 순매각가치가 있을 경우, 완성품원가에서 공제하여 계산한다. 공손품원가를 완성품에만 부담시키는 경우, 평균법 · 선입선출법 · 후입선출법에서의 기말재공품원가를 평가하는 공식은 다음과 같다.

A) 평균법

ⓐ 완성품환산량의 계산

완성품환산량 = 완성품수량 + 공손품(감손)환산량 + 기말재공품환산량

ⓑ 완성품환산량 단위당 원가 $= \dfrac{\text{기초재공품원가} + \text{당기 제조비용}}{\text{완성품환산량}}$

ⓒ 기말재공품원가 = 완성품환산량 단위당 원가 × 기말재공품환산량

B) 선입선출법

ⓐ 완성품환산량의 계산

완성품환산량 = 완성품수량 – 기초재공품환산량 + 공손품(감손)환산량 + 기말재공품환산량

ⓑ 완성품환산량 단위당 원가 $= \dfrac{\text{당기 제조비용}}{\text{완성품환산량}}$

ⓒ 기말재공품원가 = 완성품환산량 단위당 원가 × 기말재공품환산량

C) 후입선출법

(기초재공품환산량 < 기말재공품환산량)

ⓐ 완성품환산량 = 완성품수량 + 공손품(감손)환산량 + 기말재공품환산량 – 기초재공품환산량

ⓑ 완성품환산량 단위당 원가 $= \dfrac{\text{당기 제조비용}}{\text{완성품환산량}}$

ⓒ 기말재공품원가 = 기초재공품원가 + 완성품환산량 단위당 원가 × (기말재공품환산량 − 기초재공품환산량)

(기초재공품환산량 > 기말재공품환산량)

기말재공품원가 = 기초재공품원가 × $\dfrac{\text{기말재공품환산량}}{\text{기초재공품환산량}}$

정상적인 공손품과 감손의 경우 이는 정상품을 만들기 위해 필연적으로 발생되는 것이기 때문에 제품원가에 포함시키고 있다. 따라서 정상적인 공손품 또는 감손이 발생했을 경우 다음과 같이 회계처리한다.

(차)	제 품	×××	(대)	재공품(공손품)	×××

2) 비정상적인 공손품과 감손

비정상적인 공손품과 감손(Abnormal Spoilage & Waste)은 효율적인 작업 조건하에서는 발생하지 않으리라고 예상되는 공손이며, 일반적으로 주의만 기울인다면 통제가능한 것이다. 부문감독자는 비정상적인 공손에 대한 책임이 있으며, 당기 공손비를 별도로 산정하고 완성품원가에서 공제하여 영업외비용으로 처리하여야 한다.

(차)	공손비(감손)	×××	(대)	재공품(공손품)	×××

[예제 8] 다음은 JHY(주)의 재공품에 관한 자료이다. 다음의 자료를 근거로 물음에 답하라.

기초재공품	2,000개(완성도 = 50%)	기초재공품원가	1,826,400원
완성품	10,000개	기말재공품	3,000(완성도 = 40%)
착수량	12,000개	당기 투입원가	5,834,400원

공손은 공정이 80% 진행되었을 때 발생하였으며 모두 정상적이다. 모든 원가요소는 공정이 진행됨에 따라 투입되었다.

〈물음 1〉 평균법에 의하여 공손품원가, 기말재공품원가 및 완성품원가를 계산하라.

〈물음 2〉 선입선출법에 의하여 공손품원가, 기말재공품원가 및 완성품원가를 계산하라.

[풀 이]

(1) 평균법

① 완성품환산량의 계산:

완성량	10,000
기말재공품환산량	1,200
공손품환산량	800 *
완성품환산량	12,000

* 공손이 1,000개 발생하였으나, 공손검사는 80% 시점에서 이루어졌기 때문에 공손품수량은 800개이다.

② 단위당 원가 $= \dfrac{1{,}826{,}400\text{원} + 5{,}834{,}400\text{원}}{12{,}000\text{개}} = 638.4\text{원}$

③ 공손품원가: 800개 × 638.4원 = 510,720원

④ 기말재공품원가: 1,200개 × 638.4원 = 766,080원

⑤ 완성품원가: 1,826,400원 + 5,834,400원 - 766,080원 = 6,894,720원

(공손 검사는 80% 시점에서 이루어졌고, 기말재공품은 40% 진행되었기 때문에 아직 공손검사가 이루어지지 않았으므로 완성품원가에만 공손품원가가 포함된다.)

(2) 선입선출법

① 완성품환산량의 계산:

완성량	10,000
기말재공품환산량	1,200
기초재공품환산량	-1,000
공손품환산량	800
완성품환산량	11,000

② 단위당 원가 = $\frac{5,834,400\text{원}}{11,000\text{개}}$ = 530.4원

③ 공손품원가: 800개 × 530.4원 = 424,320원

④ 기말재공품원가: 1,200개 × 530.4원 = 636,480원

⑤ 완성품원가: 1,826,400원 + 5,834,400원 - 636,480원 = 7,024,320원

[예제 9] [예제 8]에서 만약 공손이 20% 진행되었을 때 발생되었다고 가정하고 물음에 답하라.

〈물음 1〉 평균법에 의하여 공손품원가, 기말재공품원가 및 완성품원가를 계산하라.

〈물음 2〉 선입선출법에 의하여 공손품원가, 기말재공품원가 및 완성품원가를 계산하라.

[풀 이]

공손검사는 20%시점에서 이루어졌고, 기말재공품은 40% 진행되었기 때문에 기말재공품원가와 완성품원가에 공손품원가를 배분한다.

(1) 평균법

① 완성품환산량의 계산:

완성량	10,000
기말재공품환산량	1,200
공손품환산량	200 *
완성품환산량	11,400

* 공손이 1,000개 발생하였으나, 공손검사는 20% 시점에서 이루어졌기 때문에 공손품수량은 200개이다.

② 단위당 원가 $= \dfrac{1{,}826{,}400\text{원} + 5{,}834{,}400\text{원}}{11{,}400\text{개}} = 672\text{원}$

③ 공손품원가: 200개 × 672원 = 134,400원

완성품에 배분: $\dfrac{10{,}000\text{개}}{10{,}000\text{개} + 1{,}200\text{개}} \times 134{,}400\text{원} = 120{,}000\text{원}$

기말재공품에 배분: $\dfrac{1{,}200\text{개}}{10{,}000\text{개} + 1{,}200\text{개}} \times 134{,}400\text{원} = 14{,}400\text{원}$

④ 기말재공품원가:

1,200개 × 672원 =	806,400원
기말재공품에 배분될 공손품원가	14,400원
	820,800원

⑤ 완성품원가:

10,000개 × 672원 =	6,720,000원
완성품에 배분될 공손품원가	120,000원
	6,840,000원

〈별 해〉

이 방법은 공손이 없다고 가정하여 계산한 결과와 같다.

① 완성품환산량의 계산:

완성량	10,000
기말재공품환산량	1,200
완성품환산량	11,000

② 단위당 원가 = $\frac{1{,}826{,}400원 + 5{,}834{,}400원}{11{,}000개}$ = 684원

③ 기말재공품원가: 1,200개 × 684원 = 820,800원

④ 완성품원가: 1,826,400원 + 5,834,400원 - 820,800원 = 6,840,000원

(2) 선입선출법

① 완성품환산량의 계산:

완성량	10,000
기말재공품환산량	1,200
기초재공품환산량	-1,000
공손품환산량	200
완성품환산량	10,400

② 단위당 원가 = $\frac{5{,}834{,}400원}{10{,}400개}$ = 561원

③ 공손품원가: 200개 × 561원 = 112,200원

완성품에 배분: $\frac{9{,}000개^{*}}{9{,}000개^{*} + 1{,}200개}$ × 112,200원 = 99,000원

기말재공품에 배분: $\frac{1{,}200개}{9{,}000개^{*} + 1{,}200개}$ × 112,200원 = 13,200원

* 선입선출법에 의하여 공손품원가를 배분할 경우 완성품(10,000개)에서 기초재공품환산량(1,000개)을 차감하여 계산한다.

④ 기말재공품원가:

1,200개 × 561원 =	673,200원
기말재공품에 배분될 공손품원가	13,200원
	686,400원

⑤ 완성품원가:

기초재공품원가	1,826,400원
9,000개 × 561원 =	5,049,000원
완성품에 배분될 공손품원가	99,000원
	6,974,400원

〈별 해〉

이 방법도 역시 공손이 없다고 가정한 결과와 같다.

① 완성품환산량의 계산:

완성량	10,000
기말재공품환산량	1,200
기초재공품환산량	−1,000
완성품환산량	10,200

② 단위당 원가 = $\frac{5,834,400원}{10,200개}$ = 572원

③ 기말재공품원가: 1,200개 × 572원 = 686,400원

④ 완성품원가: 1,826,400원 + 5,834,400원 - 686,400원 = 6,974,400원

[예제 10] W기업의 20×1년 1월 동안 부문 A의 제품 A 원가자료는 다음과 같다. 평균법 · 선입선출법에 의하여 다음 질문에 답하라.

(1) 직접재료는 월초에 전량 투입되고, 가공비는 모든 공정에서 투입되며, 공손은 공정의 마지막에서 발생하였으며(순매각가치는 0이다), 정상공손은 당월완성제품의 10%이며, 당월 완성품에 배부한다.

(2) 월초재공품: 29,600,000원

(2,000개, 직접재료비 15,000,000원, 가공비 14,600,000원, 완성도 80%)

(3) 당기 제조: 8,000개

직접재료비 61,000,000원

직접노무비 40,200,000원

제조간접비 40,140,000원

(4) 당월완성품: 7,200개

(5) 월말재공품: 1,500개, 완성도 60%

〈물음 1〉 당월의 정상적 공손량과 비정상적인 공손량

〈물음 2〉 기말재공품원가

〈물음 3〉 비정상공손비

〈물음 4〉 당월완성품원가를 계산하라.

[해 답]

(1) 공손량: 2,000 + 8,000 − 1,500 − 7,200 = 1,300개

정상적 공손량: 7,200 × 10% = 720개

비정상적 공손량: 1,300 − 720 = 580개

(평 균 법)

(2) 기말재공품원가

	재료비	가공비
완성품 수량	7,200	7,200
공손품환산량	1,300 *	1,300 *
기말재공품환산량	1,500	900
완성품환산량	10,000	9,400

* 공손은 공정의 마지막에서 발생하였기 때문에 100% 완성된 상태이다.

완성품환산량 단위당 원가:

$$재료비 = \frac{15,000,000 + 61,000,000}{10,000} = 7,600원$$

$$가공비 = \frac{14,600,000 + 80,340,000}{9,400} = 10,100원$$

기말재공품평가:

재료비 = 1,500 × 7,600 = 11,400,000원

가공비 = 900 × 10,100 = 9,090,000원

기말재공품원가 = 11,400,000원 + 9,090,000원 = 20,490,000원

(3) 비정상공손비

재료비 = 580 × 7,600원 = 4,408,000원

가공비 = 580 × 10,100원 = 5,858,000원

비정상공손비 = 4,408,000원 + 5,858,000원 = 10,266,000원

(4) 당월완성품원가

완성품원가 = 기초재공품원가 + 당월제조비용 - 비정상공손비 - 기말재공품원가

140,184,000원 = 29,600,000원 + 141,340,000원 - 10,266,000원 - 20,490,000원

(선입선출법)

(2) 기말재공품원가

	재료비	가공비
완성품수량	7,200	7,200
기초재공품환산량	-2,000	-1,600
공손품환산량	1,300	1,300
기말재공품환산량	1,500	900
완성품환산량	8,000	7,800

완성품환산량 단위당 원가:

$$재료비 = \frac{61,000,000}{8,000} = 7,625원$$

$$가공비 = \frac{80,340,000}{7,800} = 10,300원$$

기말재공품평가:

재료비 = 1,500 × 7,625 = 11,437,500원

가공비 = 900 × 10,300 = 9,270,000원

기말재공품원가 = 11,437,500원 + 9,270,000원 = 20,707,500원

(3) 비정상공손비

재료비 = 580 × 7,625원 = 4,422,500원

가공비 = 580 × 10,300원 = 5,974,000원

비정상공손비 = 4,422,500원 + 5,974,000원 = 10,396,500원

(4) 당월완성품원가

완성품원가 = 기초재공품원가 + 당월제조비용 − 비정상공손비 − 기말재공품원가

139,836,000원 = 29,600,000원 + 141,340,000원 − 10,396,500원 − 20,707,500원

이상의 공손이 발생한 경우의 기말재공품 평가에 대한 내용을 공식으로 정리하면 다음과 같다.

- 완성품과 기말재공품에 부담시키는 경우

공손이 없다고 가정하여, 무시하고 기본식을 이용하여 계산한다.

- 완성품에만 부담시키는 경우

평 균 법

$$\text{기말재공품원가} = \text{기초재공품원가} + \text{당기 제조비용} \times \frac{\text{기말재공품환산량}}{\text{완성품수량} + \text{기말재공품환산량} + \text{공손품환산량}}$$

완성품원가 = 기초재공품원가 + 당기 제조비용 – 기말재공품원가

선입선출법

$$\text{기말재공품원가} = \text{당기 제조비용} \times \frac{\text{기말재공품환산량}}{\text{완성품수량} - \text{기초재공품환산량} + \text{기말재공품환산량} + \text{공손품환산량}}$$

공손품의 잔존가치가 있는 경우

① 완성품과 기말재공품에 부담시킬 경우

$$\text{기말재공품원가} = (\text{기초재공품원가} + \text{당기 제조비용} - \text{공손품잔존가치}) \times \frac{\text{기말재공품환산량}}{\text{완성품수량} + \text{기말재공품환산량}}$$

완성품원가=기초재공품원가+당기 제조비용–공손품잔존가치–기말재공품원가

② 완성품에만 부담시키는 경우

$$\text{기말재공품원가} = (\text{기초재공품원가} + \text{당기 제조비용}) \times \frac{\text{기말재공품환산량}}{\text{완성품수량} + \text{기말재공품환산량} + \text{공손품환산량}}$$

완성품원가=기초재공품원가+당기 제조비용–공손품잔존가치–기말재공품원가

이상적 공손 · 감손이 발생한 경우

① 평 균 법

$$\text{기말재공품원가} = (\text{기초재공품원가} + \text{당기 제조비용}) \times \frac{\text{기말재공품환산량}}{\text{완성품수량} + \text{기말재공품환산량} + \text{공손품환산량}}$$

$$\text{공손품원가} = (\text{기초재공품원가} + \text{당기 제조비용}) \times \frac{\text{공손품환산량}}{\text{완성품수량} + \text{기말재공품환산량} + \text{공손품환산량}}$$

완성품원가=기초재공품원가+당기 제조비용–기말재공품원가–공손품원가

② 선입선출법

$$기말재공품원가=당기\ 제조비용\times\frac{기말재공품환산량}{완성품수량-기초재공품환산량+기말재공품환산량+공손품환산량}$$

$$공손품원가=당기\ 제조비용\times\frac{공손품환산량}{완성품수량-기초재공품환산량+기말재공품환산량+공손품환산량}$$

완성품원가 = 기초재공품원가 + 당기 제조비용 − 기말재공품원가 − 공손품원가

* 감손이 발생한 경우에는 공손품환산량 대신에 감손환산량을 이용하여 감손원가의 기말재공품원가를 계산한 후, 완성품원가를 계산한다. 만일 공손품과 감손이 동시에 발생한 경우에는 공손품환산량·감손환산량을 동시에 이용하며 계산과정은 동일하다.

2. 부산물의 회계처리

(1) 부산물의 의의

부산물(Byproducts)은 주산품(Major Products)의 판매가치와 비교하여 판매가치가 상대적으로 낮으며, 분리점(Split-off Point)까지는 특정의 제품으로서 식별할 수 없는 산출물이다. 연산품, 부산물, 작업폐물의 구별은 제품의 상대적 가치에 크게 좌우된다.

그러나 작업폐물과 부산물의 구별은 어려우며, 부산물은 작업폐물보다 판매가치가 상대적으로 크고, 분리점 이후에 추가 가공하는 반면, 작업폐물은 대개 즉시 매각된다. 부산물과 작업폐물의 회계처리는 같으며, 추정 순실현가치는 주산품의 원가에서 공제하는 것이 최상이다.

(2) 부산물의 회계처리 방법

부산물은 원가계산상 제품으로서 그 가액을 평가하여 주산물의 완성품원가에서 차감하며, 그 평가방법은 외부에 판매하는 경우, 자가소비하는 경우와 잡수익으로 처리하는 경우로 나누어 평가할 수 있다.

1) 외부에 판매하는 경우

첫째, 부산물을 추가가공 없이 그대로 외부에 판매하는 경우에는 견적판매수익에서 판매비 및 일반관리비, 정상이익의 견적액을 차감한 가액으로 평가하여야 한다.

둘째, 부산물을 추가가공하여 외부에 판매하는 부산물은 그 견적판매수익에서 가공비, 판매비 및 일반관리비, 정상이익의 견적액을 차감한 가액으로 평가한다.

2) 자가소비하는 경우

첫째, 부산물을 그대로 자가소비하는 경우에는 절약될 물품의 견적구입가액으로 평가한다.

둘째, 부산물을 추가가공하여 자가소비하는 경우 절약될 물품의 견적구입가액에서 가공비 발생액을 차감한 가액으로 평가한다.

3) 잡수익으로 처리하는 경우

수량이나 금액면에서 경미한 부산물은 원가계산 외로서, 실제로 매각할 때에는 그 수익을 잡수익으로 처리하여 영업외수익으로 처리할 수 있다. 그리고 판매가능성을 확실히 예측할 수 없는 부산물 혹은 판매가능성이 희박한 부산물에 대해서도 동일한 회계처리를 할 수 있다.

[예제 11] 다음은 W기업의 부문 A에서 발생한 부산물에 관한 원가자료이다. 부산물의 원가를 산정하라.

부산물: 수량 1,000kg
완성도: 100%
견적매각가액: 1kg당 @410원
판매비 및 일반관리비: @50원
정상이익: @60원

[해　답]

부산물의 평가액 = 견적매각가액 − 판매비 및 일반관리비 − 정상이익

= 1,000 × (410 − 50 − 60) = 300,000원

3. 작업폐물의 회계처리

(1) 작업폐물의 의의

작업폐물(Scrap)은 산출물의 일부가 아니고 상대적으로 경제적 가치가 낮은 투입물이며, 생산에 사용된 원재료로부터 남아 있는 찌꺼기나 조각을 말한다. 작업폐물의 회계처리에는 통제목적과 제품원가계산 목적의 두 가지 측면이 있으며, 과도한 작업폐물은 비효율적인 것을 나타내기 때문에 표준이 사전에 설정되어야 한다.

작업폐물의 수량을 요약하고, 사전에 결정된 표준과 비교하는 작업폐물에 관한 기록을 하여야 한다. 작업폐물은 판매나 재사용을 위하여 재료창고에 재입고가 되어야 하며, 효율성의 관점에서뿐만 아니라, 도난·사기 등에 이용되기 때문에 몇 가지 방법으로 회계처리하여야 한다.

(2) 작업폐물의 회계처리 방법

작업폐물의 회계처리에는 많은 방법이 있으며, 전형적으로 작업폐물은 어떤 원가에 배부되는 것이 아니라, 그 판매가치는 당기 제조비용에서 차감하는 것이 일반적이다.

자재창고에 재입고시: 회계처리 없음

판매시: (차) 현　금　××× 　(대) 재공품(부문제조간접비통제)　×××

이 방법은 이론적으로 정당화되며, 매우 단순하고 정확한 방법이다. 정상적인 작업폐물은 제조활동에서 불가피하게 발생하며, 기본적으로 이 방법은 작업폐물을 특정의 제품에 배부하지 않는다. 대신에 실무적 난점 때문에, 간

접적인 방법을 제외하고 작업폐물의 판매 없이 제품원가를 모든 제품에 부담시킨다. 작업폐물의 판매는 예산제조간접비율이 사전에 설정되어 있을 때 고려될 수 있다는 것이 그러한 상황에서 실제로 발생하고 있다.

몇몇 기업들은 작업폐물의 가격이 호전될 때까지 판매를 지연시키는 경향이 있다. 가격의 격변은 철 작업폐물의 경우에 일반적이며, 이러한 경우 작업폐물의 재고가 중요하다면, 합리적 가치로 재고처리하여야 하며, 작업폐물은 흔히 매각하기보다는 직접재료로서 재사용한다. 그리고 작업폐물은 직접재료비로서 차변기록하고, 순실현가치로 이월된다.

[연 습 문 제]

1. Process Costing is the method which is used to account for:
   a. large numbers of identical products that are manufactured.
   b. small numbers of products that are produced in batches.
   c. raw materials that are converted to finished goods.
   d. finished goods that are refined and processed further.
   e. large numbers of products produced in a nonrepetitive.

2. Process Costing would be used in the following industries except:
   a. petroleum refining.
   b. chemicals.
   c. truck tire manufacturing
   d. wood pulp plant.
   e. automobile repairing.

3. The Journal Entry to record applied Manufacturing Overhead consists of:
   a. a debit to Work-in-Process Inventory and credits to Raw Material Inventory, Salaries Payable and Manufacturing Overhead.
   b. a debit to Work-in-Process Inventory and a credit to Manufacturing Overhead.
   c. a debit to Manufacturing Overhead and credits to Work-in-Process Inventory and Raw Material Inventory.
   d. a debit to Manufacturing Overhead and a credit to Work-in-Process Inventory.
   e. debits to Work-in-Process Inventory and Finished Goods Inventory

and a credit to Manufacturing Overhead.

4. The Journal Entry to record completed goods consists of:
   a. a debit to Work-in-Process Inventory and a credit to Manufacturing Overhead.
   b. a credit to Finished Goods Inventory and a debit to Cost of Goods Sold.
   c. a debit to Finished Goods Inventory and a credit to Work-in-Process Inventory.
   d. a debit to Cost of Goods Sold and a credit to Work-in-Process Inventory.
   e. a debit to Work-in-Process Inventory and a credit to Finished Goods Inventory.

5. Which of the following represents a correct sequence in preparing a departmental production report?
   a. analysis of physical flow of units, computation of unit costs, calculation of Equivalent Units, and analysis of total costs
   b. analysis of physical flow of units, calculation of Equivalent Units, computation of unit costs, and analysis of total costs.
   c. calculation of Equivalent Units, analysis of physical flow of units, analysis of total costs, and computation of unit costs
   d. analysis of total costs, calculation of Equivalent Units, computation unit costs, and analysis of physical flow of units
   e. analysis of total costs, analysis of physical flow of units, computation of unit costs, and calculation of Equivalent Units

6. Which two methods can be used to prepare the departmental production report?
   a. Weighted-Average and LIFO

b. Weighted-Average and FIFO
c. LIFO and LIFO
d. LIFO and FIFO
e. FIFO and FIFO

7. Assuming that there was no beginning Work-in-Process Inventory, and the ending Work-in-Process Inventory is 50% complete as to Conversion Costs, the number of Equivalent Units as to Conversion Costs would be:
   a. the same as the units completed.
   b. the same as the units placed in process.
   c. less than the units completed.
   d. larger than the units completed.
   e. half of the units completed.

8. What is the inventory formula that shows the physical flow of production units during a given month under the Weighted-Average Method?
   a. Physical units in beginning Work-in-Process + units started - units completed and transferred out = units in ending Work-in-Process
   b. Physical units in beginning Work-in-Process + units completed and transferred out + units started = units in ending Work-in-Process
   c. Physical units in ending Work-in-Process + units in beginning Work-in-Process = units started + units completed and transferred out
   d. Physical units started + units completed and transferred out + units in ending Work-in-Process = units in beginning Work-in-Process
   e. Physical units in beginning Work-in-Process - units started + units completed and transferred out = units in ending Work-in-Process

9. The major difference between Weighted-Average and FIFO is the way:
   a. completed and transferred units are treated.
   b. ending inventory is treated.
   c. beginning inventory is teated.
   d. started and completed units are teated.
   e. current period costs are teated.

10. The FIFO method is the theoretically superior to the Weighted-Average because:
    a. it does not involve some calculations.
    b. it does not require the calculation of Equivalent Units.
    c. current period costs are not commingled with prior period costs.
    d. it considers prior period costs during the current period.
    e. it must be computerized in order to obtain accurate calculations.

11. Which of Units are needed to calculate ending Work-in-Process under the Weighted Average Method of Process Costing

	Units completed	Units uncompleted	Units of beginning Work-in-Process
a.	No	No	Yes
b.	Yes	No	No
c.	Yes	Yes	Yes
d.	Yes	Yes	No
e.	Yes	No	Yes

12. Which of the following represents a formular for calculating equivalent units under the Weighted-Average Method? All Units are included completed degree.
    a. Units completed + Units of ending Work-in-Process
    b. Units completed + Units of beginning Work-in-Process
    c. Units of ending Work-in-Process + Units of beginning Work-in-Process

d. Units completed - Units of ending WIP + Units of beginning WIP
e. Units completed + Units of ending WIP - Units of beginning WIP

13. In the computation of Manufacturing Cost per Equivalent Unit, the Weighted-Average Method of Process Costing considers:
a. current costs only.
b. current costs + cost of ending Work-in-Process.
c. current costs + cost of beginning Work-in-Process.
d. current costs - cost of beginning Work-in-Process.
e. cost of beginning Work-in-Process + cost of ending

14. Equivalent Unit calculations are necessary to allocate Manufacturing Costs
a. Cost of Goods Manufactured and ending Work-in-Process.
b. beginning Work-in-Process and units completed.
c. Cost of Goods Sold and ending Work-in-Process.
d. Cost of Goods Manufactured and beginning Work-in-Process.
e. Cost of Goods Manufactured and Cost of Goods Sold.

15. Which of the following represents a correct sequence for calculating Equivalent Units under FIFO?
a. Units completed + Units of ending Work-in-Process
b. Units completed + Units of beginning Work-in-Process
c. Units of ending Work-in-Process + Units of beginning Work-in-Process
d. Units completed - Units of ending WIP + Units of beginning WIP
e. Units completed + Units of ending WIP - Units of beginning WIP

16. Which of the Units are needed to calculate ending Work-in-Process under the FIFO method of Process Costing?

	Units completed	Units uncompleted	Units of beginning Work-in-Process
a.	No	No	Yes
b.	Yes	No	No
c.	Yes	Yes	Yes
d.	Yes	Yes	No
e.	Yes	No	Yes

17. If a company started work on 1,000 physical units and completed 75% of conversion activity, the Costs were $1,500 for Conversion and $5,000 for Direct Material. What was the Cost per Equivalent Unit for Conversion?

a. $ 1.00 per unit b. $ 1.50 per unit c. $ 2.50 per unit
d. $ 2.00 per unit e. $10.50 per unit

18. Assume the same facts as number 17 above and determine which of the following represents Cost per Equivalent Unit for Direct Material. Material added at the beginning of the process.

a. $ 2.00 per unit b. $10.00 per unit c. $ 5.00 per unit
d. $ 6.00 per unit e. $ 6.67 per unit

※ Use the following information to solve multiple choice problems 19 and 20.

Soft cloth Textile Co. manufactures a variety of fabrics. The Weaving Department had 1,000 units in Work-in-Process on April which were 20% complete as to Conversion.

During April, 8,000 units were completed and transferred. On April 30, 4,000 units remained in Work-in-Process 50% complete as to Conversion Costs.

19. Using the Weighted-Average Method of Process Costing, the Equivalent Units of Conversion for the month of April are calculated to be:

a. 8,800 b. 9,000 c. 9,800 d. 10,000 e. 12,000

20. Using the FIFO Method of Processing, the Equivalent Units of conversion for the month of April are calculated to be:

a. 8,800 b. 9,000 c. 9,800 d. 10,000 e. 12,000

21. Rex Co. had 4,000 units in Work-in-Process at April 1, 20X1. During April, 11,000 units were completed. At April 30, 5,000 units remained in Work-in-Process. How many units were started during April?

a. 11,000 b. 10,800 c. 5,000 d. 12,000 e. 16,000

22. Given the following information, assuming that materials are added at the beginning of the process, and using the Weighted-Average Method-Cost per Equivalent Unit for materials is calculated to be:

	Number of Units	Cost of Materials
Beginning Work-in-Process	30,000	$11,100
Started in May	80,000	$36,200
Units completed	85,000	
Ending Work-in-Process	25,000	

a. $0.43 b. $0.45 c. $0.55 d. $0.59 e. $0.65

23. ABC Co. had 3,000 units in Work-in-Process on April 1 which were 60% complete. During April, 10,000 units were completed. On April 30, 4,000 units remained in Work-in-Process which were 40% complete as to Conversion Cost. How many units were started during April?

a. 9,000 b. 9,800 c. 10,000 d. 11,000 e. 13,000

※ Use the following information to solve multiple choice problems 24 through 30.

South River Chemical manufactures a product called Zbek. Direct Materials are added at the beginning of the process and conversion activity occurs uniformly throughout the process. The following data pertain to the month of May.

	Total Units	Direct Materials	Conversion Costs
Work-in-Process, May 1- 60%	15,000		
Units started during May	60,000		
Units completed and transferred	68,000		
Work-in-Process, May 31- 20%	7,000		
Costs:			
Work-in-Process, May 1	$41,250	$16,500	$24,750
Costs incurred during May	234,630	72,000	162,630
Totals	$275,880	$88,500	$187,380

24. Using the Weighted-Average Method of Process Costing, the Equivalent Units of Direct Materials for the month of May are calculated to be:

    a. 68,000 b. 69,400 c. 74,000 d. 75,000 e. 75,400

25. Using the Weighted-Average Method of Process Costing, the Equivalent Units of conversion activity for the month of May are calculated to be:

    a. 60,400 b. 68,000 c. 69,400 d. 74,000 e. 75,000

26. Using the Weighted-Average Method of Process Costing, the Cost per Equivalent Unit of Direct Materials for the month of May is calculated to be:

    a. $1.17 b. $1.18 e. $1.20 e. $1.28 e. $1.30

27. Using the Weighted-Average Method of Process Costing, calculate the Cost per Equivalent Unit of conversion activity for the month of May.

a. $2.50 b. $2.53 c. $2.70 d. $2.76 d. $3.10

28. Using the Weighted-Average Method of Process Costing, the Cost of Goods completed and transferred during May is calculated to be:

a. $249,560 b. $250,240 c. $258,400
d. $263,840 e. $275,880

29. Using the Weighted-Average Method of Process Costing, the total costs remaining in Work-in-Process on May 31 are calculated to be:

a. $0 b. $12,040 c. $17,480 d. $25,640 e. $26,320

30. Using the Weighted-Average Method of Process Costing, the Journal Entry to record the transfer of completed goods during May is determined to be:

a. Work-in-Process Inventory	26,320	
Finished Goods Inventory		26,320
b. Finished Goods Inventory	249,650	
Work-in-Process Inventory		249,650
c. Finished Goods Inventory	263,840	
Work-in-Process Inventory		263,840
d. Work-in-Process Inventory	17,480	
Finished Goods Inventory		17,480
e. Finished Goods Inventory	250,240	
Work-in-Process Inventory		250,240

31. Calculate the following each Items. Completed Degree of all cost elements are same

> Work in Process(March 1): 20,000Units(10%) $58,000
> Costs Incurred during March: $279,500
> Units Completed during March: 40,000 Units
> Work in Process(March 31): 10,000 Units(50 %)

Weighted-Average Method

	Total Cost or Units
Total Costs	①
Equivalent Units	②
Equivalent Unit Costs	③
Costs of Work in Process	④
Costs of Goods Completed	⑤

Work-in-Process

3/1 Beginning Balance	(⑥)	3/31 Finished Goods	(⑧)
Incurred Costs	(⑦)	Ending Balance	(⑨)

FIFO Method

	Total Cost or Units
Total Costs	ⓐ
Equivalent Units	ⓑ
Equivalent Unit Costs	ⓒ
Costs of Work in Process	ⓓ
Costs of Goods Completed	ⓔ

Work-in-Process

3/1 Beginning Balance	(ⓕ)	3/31 Finished Goods	(ⓗ)
Incurred Costs	(ⓖ)	Ending Balance	(ⓘ)

1. 다음의 원가 및 물량자료에 의하여 완성품환산량, 환산량 단위원가, 완성품의 원가 및 기말재공품원가를 계산하라.
   1) 당기 투입원가 = ₩1,000,000,
   2) 당기 착수량 = 120개, 완성품 = 80개, 미완성품 = 40개(완성도 = 50%)

완성품환산량	완성품환산량 단위원가	완성품원가	기말재공품원가
①	②	③	④

2. 다음의 자료에 의하여 물량흐름에 대한 수량을 계산하라.

기초재고량 = 200개, 당기 착수량 = 1,000개, 당기 중의 완성수량 = 800개, 미완성량 = 400개(50%)

   1) 당기 중의 총투입량은 몇 개인가?
   2) 기말재공품환산량은 몇 개인가?
   3) 완성품환산량은 몇 개인가?

3. 다음의 원가 및 물량자료에 의하여 완성품환산량, 환산량 단위원가, 완성품의 원가 및 기말재공품원가를 계산하라.
   1) 당기 투입원가 = ₩1,000,000(원재료원가 = ₩600,000, 전환원가 = ₩400,000)
   2) 당기 착수량 = 120개, 완성품 = 80개, 미완성품 = 40개(완성도 = 50%)
   3) 원재료는 공정시초에 투입되고, 전환원가는 공정진행에 따라 비례적으로 투입된다.

	완성품환산량	완성품환산량 단위원가	완성품원가	기말재공품원가
원재료 원 가	ⓐ	ⓑ	ⓒ	ⓓ
전 환 원 가	ⓔ	ⓕ	ⓖ	ⓗ
합 계			ⓘ	ⓙ

4. 다음의 자료에 의하여 물량흐름에 대한 수량을 계산하라.

〈자료 1〉 기초재고량 = 200개, 당기 착수량 = 1,000개,
완성수량 = 800개, 미완성량 = 400개(50%)
〈자료 2〉 원재료는 공정시초에, 전환원가는 공정진행에 따라 비례적으로 투입된다.

1) 원재료와 전환원가의 기말재공품환산량은 각각 몇 개인가?
2) 원재료와 전환원가의 완성품환산량은 각각 몇 개인가?

5. 다음의 자료에 의하여 물음에 답하라.

기초재공품 수량: 2,000개(완성도 = 50%)
기초재공품 원가: 재료비 ₩7,275,000, 가공비 ₩1,826,400
당기 착수수량: 12,000개
당기 착수원가: 재료비 ₩9,975,000, 가공비 ₩5,834,400
당기 완성품 수량: 10,000개
기말재공품 수량: 3,000개(완성도 = 40%)
당기 공손수량: 1,000개(완성도 = 80%), 정상공손은 완성품의 4%
재료는 초기에 50% 투입되며, 45% 진행시 나머지 전량 투입
가공비는 공정의 진행에 따라 투입

1) 기말재공품 평가를 평균법으로 했을 때, 정상공손원가와 비정상공손원가는 각각 얼마인가?
2) 기말재공품 평가를 평균법으로 했을 때, 기말재공품원가와 완성품원가는 각각 얼마인가?
3) 기말재공품 평가를 선입선출법으로 했을 때, 정상공손원가와 비정상공손원가는 각각 얼마인가?
4) 기말재공품 평가를 선입선출법으로 했을 때, 기말재공품원가와 완성품원가는 각각 얼마인가?
5) 당기 공손이 완성도 20%에서 발생하였다고 가정하고 위의 물음 1) ~ 4)에 대해 답하라.

제10장 종합원가계산시스템 – 방법과 사례

제 1 절 단순종합원가계산

1. 단순종합원가계산의 의의

단순종합원가계산(Single Process Costing)은 단일제품을 단일공정에서 계속하여 대량생산하는 제조업의 경우에 원가를 산정하는 방법이다. 여기에서 단일공정이란 원가관리면에서 책임중심점이 하나인 것을 의미하며, 제분업·채탄업·제철업·석유채취업·제빙업 등에서 주로 사용되고 있는 가장 기본적인 종합원가계산 방법이다.

2. 단순종합원가계산의 방법

단순종합원가계산은 1원가계산기간에 발생한 모든 원가요소를 집계하여 당기 제조비용을 계산하고 기초재공품의 원가를 합산하고, 기말재공품원가를 차감함으로써 당기 완성품원가를 계산한다. 그리고 당기 완성품원가를 당기의 완성품수량으로 나누어 단위당 제품원가를 계산한다. 이를 수식으로 나타내면 다음과 같다.

당기 완성품원가 = 기초재공품원가 + 당기 제조비용 – 기말재공품원가
단위당 제품원가 = 당기 완성품원가 / 당기 완성품수량

[예제 1] 단일공정으로 제품 A를 생산하는 W기업의 20×1년 1월의 원가 자료는 다음과 같다. 원가계산표를 작성하라.

	수 량	직접재료비	직접노무비	제조간접비
기초재공품	5,000개	₩4,464,000	₩1,250,000	₩1,902,000
당기착수량	45,000개	52,800,000	21,500,000	32,250,000
당기완성품	42,000개			
기말재공품	8,000개			

(1) 기초재공품 재료비의 완성도는 80%, 가공비의 완성도는 60%이다.

(2) 기말재공품 재료비의 완성도는 75%, 가공비의 완성도는 50%이며, 평균법으로 평가한다.

[해 답]

(1) 기말재공품의 평가(평균법)

완성품환산량의 계산:

	재 료 비	가 공 비
완성량	42,000	42,000
기말재공품환산량	6,000*	4,000**
완성품환산량	48,000	46,000

* 8,000 × 75% = 6,000 ** 8,000 × 50% = 4,000

완성품환산량 단위당 원가:

$$재료비 = \frac{4{,}464{,}000원 + 52{,}800{,}000원}{48{,}000개} = 1{,}193원$$

$$가공비 = \frac{3{,}152{,}000원 + 53{,}750{,}000원}{46{,}000개} = 1{,}237원$$

기말재공품원가:

재료비 = 1,193원 × 6,000개 = 7,158,000원

가공비 = 1,237원 × 4,000개 = 4,948,000원

기말재공품원가 = 7,158,000원 + 4,948,000원 = 12,106,000원

(2) 단순종합원가계산표의 작성

단순종합원가계산표

(단위: 원)

적 요	재 료 비	가 공 비	합 계
당기 제조비용			
직접재료비	₩52,800,000	–	₩52,800,000
직접노무비	–	₩21,500,000	21,500,000
제조간접비	–	32,250,000	32,250,000
소 계	₩52,800,000	₩53,750,000	₩106,550,000
기초재공품원가	4,464,000	3,152,000	7,616,000
소 계	₩57,264,000	₩56,902,000	₩114,166,000
기말재공품원가	7,158,000	4,948,000	12,106,000
당기 완성품원가	₩50,106,000	₩51,954,000	₩102,060,000
완성품수량	42,000개	42,000개	42,000개
단위당 제품원가	1,193원	1,237원	2,430원

(3) 상기의 원가계산표에서 보는 바와 같이 단위당 제품원가는 기말재공품 평가시에 필요한 완성품환산량 단위당 원가와 동일하다. 이처럼 완성품환산량의 개념을 이용하면 별도의 원가계산이 없이 단위당 제품원가를 계산할 수 있다.

제 2 절 공정별 종합원가계산

1. 공정별 종합원가계산의 의의

공정별 종합원가계산(Continuous Process Cost System)은 수 개의 제조공정에 의하여 동종의 제품을 대량생산하는 경영에 적절한 원가계산방법이다. 일반적으로 제조공정은 제조부문을 뜻하며, 판매 또는 저장이 가능한 반제품의 형성 · 단계별로 구분된다. 원가관리의 측면에서 보면 공정별 생산능률을 측정하기 위하여 공정별 원가계산이 필요하다. 따라서 공정별 종합원가계산은 당해 원가계산기간의 총제조비용을 각 공정별로 집계하여 공정의 흐름에 따라 당공정의 원가는 차공정으로 대체하는 형식으로 원가를 집계하여 각 공정별 공정완성품원가를 계산하기 위한 방법이다.

공정별 원가계산이 적용가능한 업종은 동종의 제품이 수 개의 공정에 걸쳐 연속적으로 생산되는 업종으로서 펄프제조업 · 시멘트 · 제당 · 화학공업 · 전기기구업 등이 있는데, 현대기업의 일반적인 형태가 단일공정으로 이루어지는 것보다 다수 공정을 보유하고 있으므로 공정별 원가계산의 형식을 취하는 것이 일반적이므로, 종합원가계산이라고 하면 공정별 원가계산을 의미하는 것이 보편적인 상식이다. 공정별 원가계산의 목적은 ① 제품원가의 정확한 계산과, ② 효율적인 원가관리, ③ 부문 경영자의 업적평가에 있다.

공정별 원가계산에 있어서는 각 공정이 각각의 독립된 제조부문이 되어 공정별로 단순종합원가 계산이 이루어진다. 그리고 공정별 원가는 각 공정별로 발생한 개별비와 공통적으로 발생한 공통비를 합리적인 기준에 따라 배부한 금액을 가산한 금액으로 계산한다. 또한 보조부문이 있는 경우에는 보조부문비도 각 공정에 배부하여야 한다.

공정별 종합원가계산은 공정별 계산의 범위를 전원가요소에 걸쳐서 하느냐, 가공비만을 공정별 계산의 대상으로 하느냐에 따라 전원가요소 공정별 종합원가계산과 가공비공정별 종합원가계산으로 분류된다. 공정별 종합원가계산의 방법은 각 공정의 원가를 차례로 차공정으로 대체하여 최종공정의 원가가 당기 완성품원가로 하는 누가법(Cumulative Method)과, 각 공정별로 공정원가를 산출하여 각 공정별 원가의 합계로 당기완성품원가를 계산하는 비누가법(Noncumulative Method)으로 분류되는데, 비누가법은 원가의 흐름상 차공정으로 대체하여야 하는 복잡한 절차를 가지므로 실무에서는 채택되지 않고 누가법에 의한 계산이 일반적인 방법으로 이용된다.

2. 공정별 종합원가계산의 절차

공정별 원가계산은 다음의 절차에 따라 계산한다.

(1) 각 공정별 당기 제조비용의 집계

당기 제조비용 중 각 공정에서 발생한 공정개발비는 각 공정에 직접부과하고 각 제조부문 및 보조부문에서 공통적으로 발생한 부문공통비는 적절한 배부기준에 따라 각 보조부문에 배부한 후, 각 부문비를 개별원가계산의 경우처럼 각 공정에 배부한다.

(2) 각 공정별 기말재공품원가의 평가

최초공정에서는 기초재공품원가에 당기 투입원가를 합산하고, 평균법, 선입선출법 및 후입선출법의 방법에 따라 단순종합원가계산의 방법으로 기말재공품원가를 평가한다.

〈최초공정(1공정)〉

(평 균 법) 1공정 기말재공품원가 =

$$(\text{기초재공품원가}+\text{당기 투입원가}) \times \frac{\text{기말재공품 완성품환산량}}{\text{완성품수량}+\text{기말재공품 완성품환산량}}$$

(선입선출법) 1공정 기말재공품원가 =

$$\text{당기 투입원가} \times \frac{\text{기말재공품 완성품환산량}}{\text{완성품수량}+\text{기말재공품 완성품환산량}-\text{기초재공품 완성품환산량}}$$

제 2 공정에서부터는 각 공정에서 발생한 원가와 전공정원가가 혼재하므로, 기말재공품원가를 자공정비와 전공정비로 분류하여 별도로 계산하여 합산한다.

〈2공정〉

기말재공품 전공정비는 다음과 같은 공식으로 계산한다.

(평 균 법) 기말재공품전공정비 =

$$(\text{기초재공품전공정비} + \text{당기 전공정비}) \times \frac{\text{기말재공품수량}}{\text{당공정완성량} + \text{기말재공품수량}}$$

(선입선출법) 기말재공품전공정비 =

$$\text{당기 전공정비} \times \frac{\text{기말재공품수량}}{\text{당공정완성량} + \text{기말재공품수량} - \text{기초재공품수량}}$$

2공정에서의 기말재공품 자공정비는 1공정의 기말재공품원가와 동일한 방법으로 계산한다.

(평 균 법) 기말재공품자공정비 =

$$(\text{기초재공품원가}+\text{당기 투입원가}) \times \frac{\text{기말재공품 완성품환산량}}{\text{완성품수량} + \text{기말재공품 완성품환산량}}$$

(선입선출법) 기말재공품자공정비 =

$$\text{당기 투입원가} \times \frac{\text{기말재공품 완성품환산량}}{\text{완성품수량} + \text{기말재공품 완성품환산량} - \text{기초재공품 완성품환산량}}$$

제 2 공정의 기말재공품원가 = 기말재공품전공정비 + 기말재공품자공정비

(3) 각 공정별 완성품원가 및 종합원가의 계산

상기의 (1)의 각 공정별 당기 제조비용이 집계되면 각 공정별로 기초재공품을 합산하여 기말재공품원가(2)를 차감하여 각 공정별 완성제품의 원가를 산출한다.

완성제품에 대한 종합원가는 누가법과 비누가법의 두 가지 방법이 있으나, 누가법에 의한 방법만 소개한다.

누가법(Cumulative Method)은 각 공정별로 완료된 중간제조원가를 다음 공정에 차례로 대체하여 최종공정에서 제품원가를 계산하는 방법이다. 즉, 최초공정의 완성품원가를 차공정에 대체하고, 차공정에서는 전공정비를 당해공정의 원재료와 같이 취급하여 당해공정의 자공정비와 합산하여 완성품원가를 계산하고 최종공정에서 제품단위당 원가를 계산한다. 이러한 누가법의 분개와 원가계산절차는 다음과 같다.

(차)	제 1 공정 재공품	×××	(대)	원 가 요 소 계 정	×××
	제 2 공정 재공품	×××			
(차)	제 2 공정 재공품	×××	(대)	제 1 공정 재공품	×××
(차)	제 품	×××	(대)	제 2 공정 재공품	×××

누가법에 의한 공정별 종합원가계산 절차

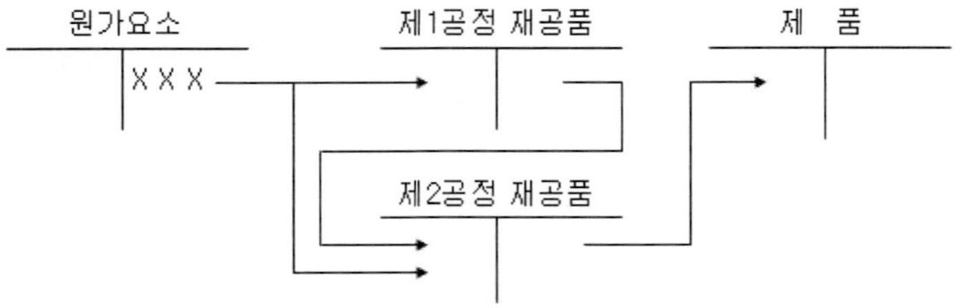

누가법에 의한 제 1 공정의 기말재공품원가의 계산방법은 앞에서 설명한 단순종합원가계산과 같으나 제 2 공정부터는 기말재공품의 평가를 자공정비와 전공정비로 구분하여 계산하여야 한다. 왜냐하면 자공정비와 전공정비의 제조단가가 서로 다르기 때문이다. 기말재공품전공정비의 평가는 앞에서 설명한 평균법·선입선출법·후입선출법과 같으나 기초재공품전공정비와 당기전공정비가 완성품환산량 단위당 원가계산에 이용된다는 점이다.

[예제 2] 공정별 종합원가계산

다음 자료로 누가법에 의한 기말재공품원가와 완성품원가를 계산하고, 공정별 원가계산표를 완성하라(기말재공품 평가는 선입선출법).

	제 1 공정	제 2 공정
기초재공품	100kg(60%) ₩5,000	200kg(40%) ₩8,000
당기 제조비	₩30,000	₩15,000
완성품수량	700kg	800kg
기말재공품	300kg(60%)	100kg(50%)

[해 답]

(제 1 공정)

기말재공품원가 $₩30{,}000 \times \dfrac{180kg}{700kg - 60kg + 180kg}$ = ₩6,585

(제 2 공정)

자공정비 $₩15{,}000 \times \dfrac{50kg}{800kg - 80kg + 50kg}$ = ₩974

전공정비 $₩28{,}415 \times \dfrac{100kg}{700kg^{*}}$ = ₩4,059

* 800(완성) + 100(기말) - 200(기초) = 700kg

자공정비+전공정비=₩974+₩4,059=₩5,033

완성품원가

(제 1 공정) ₩5,000 + ₩30,000 – ₩6,585 = ₩28,415

(제 2 공정) ₩8,000 + (₩15,000 + ₩28,415) – ₩5,033 = ₩46,382

공정별 종합원가계산표

(누가법, FIFO)

원가항목	제 1 공정	제 2 공정
기초재공품원가	₩5,000	₩8,000
당기 제조비	30,000	15,000
전공정비		28,415
(합계)	₩35,000	₩51,415
기말재공품원가	6,585	5,033
완성품원가	₩28,415	₩46,382
완성수량	700kg	800kg
단가	@₩40.60	@₩58

[예제 3] 공정별 종합원가계산

다음 자료로 누가법에 의한 기말재공품원가와 완성품원가를 계산하고, 공정별 원가계산표를 완성하라(기말재공품 평가는 선입선출법, 공손은 정상적으로 공정종점에서 발생).

	제 1 공정	제 2 공정
기초재공품	20개(70%) ₩8,000	20개(80%) ₩4,800 전공정비 ₩4,000
당기 제조비	₩40,000	₩32,000
완성품수량	200개	192개
기말재공품	20개(20%)	24개(50%)
공손량	10개	4개

(제 1 공정)

기말재공품원가 $₩40,000 \times \frac{20 \times 0.2}{200-20 \times 0.7+10+20 \times 0.2}$ =₩800

(제 2 공정)

자공정비 $₩32,000 \times \frac{24 \times 0.5}{192-20 \times 0.8+4+24 \times 0.5}$ = ₩2,000

전공정비 $₩47,200 \times \frac{24개}{200개^{*}}$ = ₩5,664

* 192(완성)+24(기말) - 20(기초)+4(공손)=200

자공정비 + 전공정비 = 2,000 + 5,664 = ₩7,664

완성품원가 (제 1 공정) ₩8,000 + ₩40,000 − ₩800 = ₩47,200

(제 2 공정) ₩8,800 + (₩32,000 + ₩47,200) − ₩7,664 = ₩80,336

공정별 종합원가계산표

(누가법, FIFO)

원가항목	제 1 공정	제 2 공정
기초재공품원가	₩8,000	₩8,800
당기 제조비	40,000	32,000
전공정비		47,200
(합계)	₩48,000	₩88,000
기말재공품원가	800	7,664
완성품원가	₩47,200	₩80,336
완성수량	200개	192개
단가	@₩236	@₩418.42

3. 공정별 종합원가계산의 종류와 사례

공정별 종합원가계산은 모든 원가요소, 즉 직접재료비, 직접노무비, 제조간접비를 공정별로 분류집계하는 전원가요소 공정별 종합원가계산이 있지만, 사실상 직접재료비는 모든 공정의 초기에 투입되며 100%의 물량흐름을 가지게 되므로, 단순종합원가계산의 방법으로 처리하고 가공비만을 공정별로 분류집계하여 직접재료비를 단순 합산함으로써 종합원가를 산출하면 과정이 단순해질 것이다.

따라서 이와 같은 전원가요소 중 가공비만을 공정별로 계산처리하는 가공비공정별 종합원가계산의 방법이 있다.

가공비공정별 종합원가계산방법은 제조과정의 시발점에서 주요 재료가 전부 투입되고 차후의 공정에서는 가공비만 추가적으로 투입되는 형식으로 원가를 별도로 집계하여, 기말합산에 의하여 당기완성품원가를 계산하는 방법이다. 즉, 제조비용 중 가공비만을 공정별로 집계하여 각 공정의 가공비를 계산하고 집계하여, 주요 재료비는 공정별 계산을 하지 않고 단일공정으로 보고 원가계산을 하는 방법이다. 이 방법은 주요 재료비가 최초공정의 시발점에서 투입되고, 그 이후의 공정에서는 가공만 하는 형태인 제분업·면방직업·전선제조업·제지업 등에서 적용된다.

이 방법도 앞에서 설명한 전원가요소 공정별 종합원가계산과 마찬가지로 누가법과 비누가법을 적용할 수 있으나, 누가법만을 다루며, 원가계산절차는 다음과 같다.

(차)	제　　　품	×××	(대)	원가요소계정	×××
	제1공정가공비	×××			
	제2공정가공비	×××			
(차)	제2공정가공비	×××	(대)	제1공정가공비	×××
(차)	제　　　품	×××	(대)	제2공정가공비	×××

누가법에 의한 가공비공정별 종합원가계산 절차

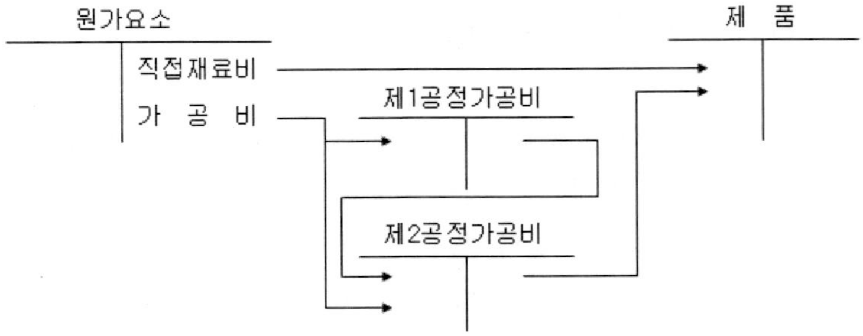

조별종합원가계산(Lot Cost System)은 여러 종류의 다른 제품을 유사한 생산공정에서 제품종류별로 대량생산하는 경우에 적용되는 원가계산방법이다. 이 원가계산방법은 제품 종류별로 분류하여 조별로 원가계산을 하는 방법이며, 별개의 상품이라는 점에서는 등급제품과 다르고, 각각 독립적으로 제조하는 것이 가능하다는 점에서 연산품과도 다르다. 조의 설정은 원칙적으로 제품의 종류별로 설정하나, 조의 수가 너무 많은 경우 유사한 수종의 제품을 한 조로 묶어 설정할 수도 있다. 제과업・자동차제조업・기계공업・주물공업 등의 경우에 조별종합원가계산을 행하고 있다.

조별종합원가계산은 1원가계산기간의 모든 원가요소를 조직접비와 조간접비로 나누고 조직접비는 각 조의 제품에 직접 부과하고, 조간접비는 적당한 배부기준을 선정하여 배부한다. 그 다음에 기초재공품원가를 가산하고 기말재공품원가를 차감하여 각 조의 종합원가를 계산하며, 이를 당기의 조별제품생산량으로 나누어 단위당 원가를 계산한다. 따라서 조별종합원가계산은 개별원가계산방식과 종합원가계산방식의 중간형 또는 혼합형이라고 할 수 있다.

조별종합원가계산은 공정별로 원가계산을 하느냐의 여부에 따라서 단순조별 종합원가계산과 공정별 조별종합원가계산으로 분류되며, 공정별 조별종합원가계산은 다시 공정에 집계되는 원가요소에 따라 다음과 같이 분류한다.

- 조별종합원가계산
  - 단순조별종합원가계산
  - 공정별 조별종합원가계산
    - 전원가요소 공정별 조별종합원가계산
    - 가공비 공정별 조별종합원가계산
    - 간접비 공정별 조별종합원가계산

단순조별종합원가계산은 단일공정조별 원가계산이라고 하며, 작업이 단순하고, 공정의 구분이 필요 없거나 공정의 구분이 어려운 경우에 실시하는 원가계산이다. 이 방법은 원가요소를 조직접비와 조간접비로 구분하여 조직접비는 각 조에 직접 부과하고, 조간접비는 적당한 배부기준에 따라 부문별로 배부하고, 보조부문비를 제조부문에 배부하며, 다시 제조부문비를 조에 배부한다. 각 조에 부과 및 배부된 제조비용은 종합원가계산법을 적용하며, 이것에 각 조의 기초재공품원가를 가산한 각 조의 총제조비용을 조별로 완성품과 기말재공품에 배부함으로써 조별완성품원가를 산정한다. 이 조별완성품원가를 각 조의 완성품수량으로 나누어 조별완성품단위당 제품원가를 계산한다. 이 관계를 아래와 같이 그림으로 각 원가의 관계를 나타낼 수 있다.

(차)	A 조 재 공 품	×××	(대)	원 가 요 소 계 정	×××
	B 조 재 공 품	×××			
(차)	A 조 제 품	×××	(대)	A 조 재 공 품	×××
	B 조 제 품	×××		B 조 재 공 품	×××

<u>단순조별종합원가계산의 절차</u>

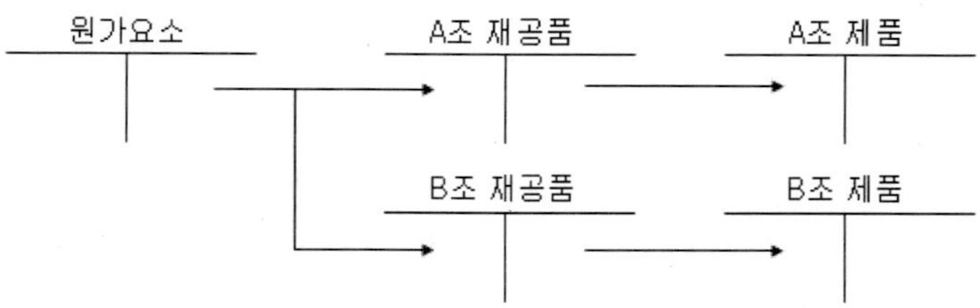

전원가요소 공정별 조별종합원가계산은 전원가요소(재료비 · 노무비 · 제조경비)를 조직접비와 조간접비로 구분하며, 조직접비는 직접 조별 공정별로 부과하고, 조간접비는 개별원가계산의 방법에 따라 공정개별비는 각 공정 및 각 보조부문에 직접 부과하고, 공정공통비는 합리적인 배부기준에 따라 각 공정 및 각 보조부문에 배부한다. 그리고 각 보조부문비는 각 공정에 배부한다. 각 공정에 부과 및 배부된 공정공통비는 적절한 기준을 기초로 각 조에 배부하여 각 조별완성품원가를 계산한다. 이러한 원가계산의 흐름을 아래와 같이 도시할 수 있다.

전원가요소 조별 공정별 종합원가계산의 절차

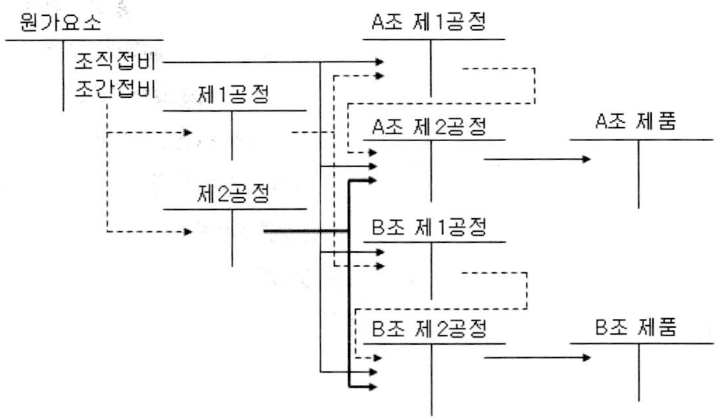

[예제 4] 조별종합원가계산

다음 자료에 의해 A, B조 제품의 기말재공품원가를 선입선출법으로 평가하고, 당기 완성품 제조원가를 계산하면 얼마인가? 단, 재료비는 제조착수시 전량 투입되고, 가공비는 공정의 제조진행에 따라 투입된다.

당기 투입 직접재료비 – A조: ₩710,400, B조: ₩1,184,000
당기 투입 가공비 – A조: ₩670,200, B조: ₩511,700
기초재공품 – A조: 재료비 ₩320,000, B조: 재료비 ₩330,000
가공비 ₩240,000, 가공비 ₩220,000
500개(완성도 = 40%), 600개(완성도 = 50%)
기말재공품 – A조: 600개(완성도 = 70%), B조: 400개(완성도 = 60%)
완성품수량 – A조: 2,600개, B조: 3,400개
조간접비 – ₩544,000(직접재료비를 기준으로 배부)

[해 답]

조간접비 배부

$$\text{A조 간접비} = \frac{₩710,400}{₩710,400 + ₩1,184,000} \times ₩544,000 = ₩204,000$$

$$\text{B조 간접비} = \frac{₩1,184,000}{₩710,400 + ₩1,184,000} \times ₩544,000 = ₩340,000$$

〈A조 기말재공품원가〉

	직접재료비	가공비
완성량	2,600	2,600
기말재공품환산량	600	420
기초재공품환산량	-500	-200
완성품환산량	3,700	2,820

$$\text{재료비 단위당원가} = \frac{₩710,400}{3,700\text{개}} = ₩192$$

$$\text{가공비 단위당원가} = \frac{₩204,000 + ₩670,200}{2,820\text{개}} = ₩310$$

재료비 기말재공품원가 = 600개 × ₩192 = ₩115,200
가공비 기말재공품원가 = 420개 × ₩310 = ₩130,200
기말재공품 원가 합계 = ₩245,400

A조 완성품원가 = ₩320,000+₩240,000+₩710,000+₩670,200-(₩115,200+₩130,200)
= ₩1,695,200

〈B조 기말재공품원가〉

	직접재료비	가공비
완성량	3,400	3,400
기말재공품환산량	400	240
기초재공품환산량	-600	-300
완성품환산량	3,200	3,340

$$재료비\ 단위당\ 원가 = \frac{₩1,184,000}{3,200개} = ₩215$$

$$가공비\ 단위당\ 원가 = \frac{₩340,000 + ₩511,700}{3,340개} = ₩255$$

재료비 기말재공품원가 = 400개 × ₩215 = ₩86,000
가공비 기말재공품원가 = 240개 × ₩255 = ₩61,200
기말재공품 원가 합계 = ₩147,200

B조 완성품원가 = ₩330,000+₩220,000+₩1,1840,000+₩511,700-(₩86,000+₩61,200)
= ₩2,098,500

제 3 절 결합원가계산

1. 등급별 종합원가계산

등급별 종합원가계산(Class Cost System)은 동일재료를 사용하여 동일한 제조공정을 거쳐 생산되는 형상·규격·중량·품위 등을 달리하는 등급품(Class Products)의 경우에 적용하는 원가계산을 말한다. 이 등급품은 동일 종류의 제품이 품질이나 규격 등의 차이로 구별되는 반면에 연산품은 종류가 전혀 다른 제품이라는 점에서 서로 구별된다.

등급별 종합원가계산은 등급품의 총원가를 계산하고 이에 등가계수(Equivalent Coefficient)를 안분하여 각 제품의 원가를 산정한다. 이러한 원가계산방법을 채택하는 것이 적절한 업종은 제지업·주물제조업·제화업·방적업·유리제조업·양조업·합판제조업 등이다. 이 원가계산에서 원가를 정확하게 측정하기 위해서는 먼저 등가계수의 정확한 측정이 선행되어야 한다.

(1) 등가계수의 설정

등가계수(Equivalent Coefficient)는 각 등급품의 원가부담에 관한 상대적 비중을 말하며, 원가와의 비례관계가 있어야 하고, 이 등가계수의 적정한 산출이 정확한 원가계산의 관건이 된다. 등가계수는 등가율·등가비율·환산율이라고도 하며, 설정기준에는 수량기준·원가기준·시가기준이 있다.

1) 수량기준

원가의 발생과 밀접한 관계가 있는 물량을 각 등급별 제품의 원가계산에 적용하는 방법이다. 즉, 등급품의 중량·면적·길이·두께·순도·중요 원가요소의 소비량 등으로 등가계수를 결정한다.

2) 원가기준

각 등급품에 대하여 정상적인 생산활동을 전제로 시험적으로 일정기간 동안의 원가계산을 하여 각 제품단위별 원가를 산정하는 방법이며, 직접재료비기준・직접노무비기준・제조간접비기준 등으로 등가계수를 산정하여 등급별 제품의 원가계산을 행한다.

3) 시가기준

수량기준 및 원가기준으로 등가계수를 결정할 수 없을 때 각 등급별 제품의 판매가치(시가)를 기준으로 등가계수를 결정하는 방법이다. 등가계수의 결정에 시가를 이용하려면 일정기준의 판매가치의 평균을 이용하고, 공인물가조사기관의 물가변동 예측치를 고려하여 결정하면 더 유용한 등가계수의 결정방법이다.

(2) 등급별 종합원가계산의 절차와 방법

각 등급품은 상기에서 적정한 등가계수를 산정하여 등가계수에 각 제품의 생산량을 곱하여 등급품마다 적수를 산출하고, 그 기간의 종합원가를 적수로 안분하여 각 등급품의 제조원가를 결정한다. 구체적인 원가계산의 절차는 다음과 같다.

① 총제조원가의 계산
② 등급품별 등가계수의 결정
③ 등급품별 적수계산
등급품별 적수 = 등급품별 등가계수 × 등급품별 수량
④ 총적수의 계산
총적수 = $\sum$등급품별 적수
⑤ 등급품별 제조원가의 계산

$$\text{등급품별 제조원가} = \text{총제조원가} \times \frac{\text{등급품별 적수}}{\text{총적수}}$$

⑥ 등급품별 단위원가계산

$$등급품별\ 단위원가 = \frac{등급품별\ 제조원가}{등급품별\ 수량}$$

1) 단일공정등급별 종합원가계산

이 방법은 공정별 계산을 하지 않고 단일공정으로 간주하여 원가계산을 행하는 방법이다. 구체적인 방법은 상기에서 제시한 6단계에 의하여 등급품별 종합원가계산을 행한다. 계정상 원가의 흐름도를 그리면 다음과 같다.

(차)	재 공 품	×××	(대)	원가요소계정	×××
(차)	A 급 제 품	×××	(대)	재 공 품	×××
	B 급 제 품	×××			
	C 급 제 품	×××			

단일공정등급별 종합원가계산 절차

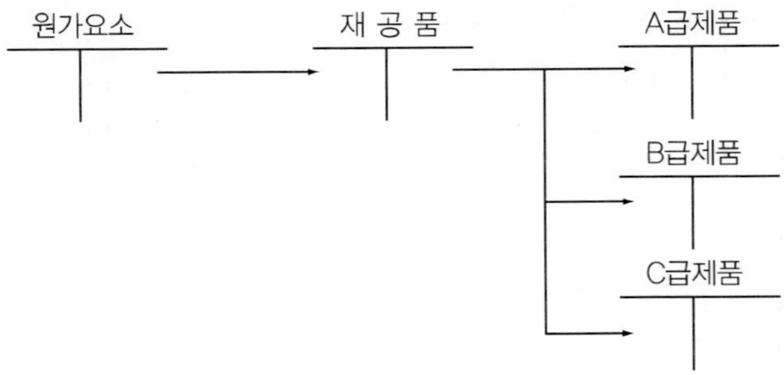

[예제 5] W주식회사에서는 A, B, C의 등급품을 생산하고 있다. 다음 자료에 의하여 등급품별 원가계산표를 작성하여라.

등 급 품	생 산 량	단위당 시가	총제조원가
A제품	2,400개	5,000원	
B제품	1,200개	8,000원	5,338,000원
C제품	1,400개	7,000원	

등급품별 등가계수는 단위당 시가를 기준으로 한다.

[해 답]

(1) 등가계수와 적수의 산정

등급품	단위당 시가	등가계수	×	생산량	=	적수
A제품	5,000원	5		2,400		12,000
B제품	8,000	8		1,200		9,600
C제품	7,000	7		1,400		9,800
총적수						31,400

(2) 등급품별 배부원가

A제품: 5,338,000 × 12,000/31,400 = 2,040,000원

B제품: 5,338,000 × 9,600/31,400 = 1,632,000원

C제품: 5,338,000 × 9,800/31,400 = 1,666,000원

(3) 등급별 종합원가계산표

제 품	시 가	등가계수	생산량	적 수	배분원가	단 가
A	5,000	5	2,400	12,000	2,040,000	850
B	8,000	8	1,200	9,600	1,632,000	1,360
C	7,000	7	1,400	9,800	1,666,000	1,190
계	—	—	5,000	31,400	5,338,000	—

2) 공정별 등급별 종합원가계산

공정별 등급별 종합원가계산은 제조공정별로 등가계수를 설정하여 각 공정별로 등급품의 원가계산을 행하는 방법이다. 이때 등가계수의 설정시점에 따라서 공정별 원가계산에서 누가법과 비누가법으로 구분될 수 있다. 일반적으로 적용되는 누가법에 대하여 검토하자. 누가법은 등가계수를 최종공정에서만 설정하여 등급품의 공정별 원가계산을 실시하는 경우이다. 이 방법은 공정마다 등가계수를 설정하는 것보다 계산이 간편하여 실무에서 많이 이용되고 있으며, 전공정비는 전공정의 등가계수를 사용하여 각 등급품에 배분하여야 한다. 구체적인 원가계산방법은 상기에서 설명한 6단계를 최종공정에서 행하여 각 등급품별을 결정하는 것이다. 그 계정체계를 위한 분개를 표시하면 다음과 같다.

(차) 제1공정재공품 ××× (대) 원가요소계정 ×××
제2공정재공품 ×××
(차) 제2공정재공품 ××× (대) 제1공정재공품 ×××
(차) A 급 제 품 ××× (대) 제2공정재공품 ×××
B 급 제 품 ×××

[예제 6] W주식회사의 20×1년 1월의 원가자료는 다음과 같다. 공정별 등급별 종합원가계산표를 작성하여라.

(1) 기초재공품수량

구 분	제 1 공정		제 2 공정		
	A등급품	B등급품	A등급품	B등급품	전공정비
수 량	8,000개	7,000개	9,000개	5,000개	
완 성 도	50%	40%	30%	40%	
재 료 비	82,000원	85,000원	90,000원	73,700원	251,400원
가 공 비	45,800원	29,900원	129,440원	31,360원	232,300원

(2) 당월제조활동

구 분	제 1 공정		제 2 공정	
	A등급품	B등급품	A등급품	B등급품
당월투입량	36,000개	28,000개	45,000개	25,000개
제 조 비 용				
재료비	875,000원	785,000원	980,000원	550,000원
가공비	460,000원	390,000원	540,000원	230,000원
완성품수량	39,000개	29,800개	50,500개	26,400개

(3) 기말재공품

구 분	제 1 공정		제 2 공정	
	A등급품	B등급품	A등급품	B등급품
수 량	4,500개	5,000개	3,000개	3,300개
완 성 도	70%	50%	60%	80%

(4) 등가계수

구 분	제 1 공정		제 2 공정	
	A등급품	B등급품	A등급품	B등급품
재 료 비	1.0	1.0	1.0	1.0
가 공 비	0.5	0.4	0.8	0.6
전 공 정 비			1.0	0.4

(5) 기말재공품은 평균법에 의하여 평가하고, 재료는 공정의 초에 전부 투입되며, 공손은 정상적인 것이며 당기완성품과 기말재공품에 공동부담시킨다.

[해 답]

(1) 제 1 공정

(기말재공품 평가) - 평균법

① A등급품

	재료비	가공비
완성량	39,000	39,000
기말재공품환산량	4,500	3,150
완성품환산량	43,500	42,150

완성품환산량 단위당 원가

재료비: (82,000 + 875,000)/43,500 = 22원

가공비: (45,800 + 460,000)/42,150 = 12원

기말재공품원가: 142,132원

(재료비 22 × 4,500 = 99,000원, 가공비 12 × 3,150 = 37,800원)

완성품원가: 1,326,000원

(재료비 82,000+875,000−99,000=858,000원, 가공비 45,800+460,000−37,800=468,000원)

② B등급품

	재 료 비	가 공 비
완성량	29,800	29,800
기말재공품환산량	5,000	2,500
완성품환산량	34,800	32,300

완성품환산량 단위당 원가

재료비: (85,000 + 785,000)/34,800 = 25원

노무비: (29,900 + 390,000)/32,300 = 13원

기말재공품 원가: 157,500원

(재료비 25 × 5,000 = 125,000원, 가공비 13 × 2,500 = 32,500원)

완성품원가: 1,132,400원

(재료비 85,000+785,000−125,000=745,000원, 가공비 29,900+390,000−32,500=387,400원)

(2) 제 2 공정

① 전공정비

(기말재공품평가) – 평균법

	A등급품	B등급품	적 수
완성량	50,500 × 1.0 = 50,500	26,400 × 0.4 = 10,560	61,060
기말재공품환산량	3,000 × 1.0 = 3,000	3,300 × 0.4 = 1,320	4,320
완성품환산량	53,500	11,880	65,380

(전공정비는 당공정에 투입된 재료비로 간주)

완성품환산량 단위당 원가: (483,700 + 2,458,400)/65,380 = 45원

기말재공품원가: 4,320 × 45 = 194,400원

완성품원가: 483,700+2,458,400−194,400 = 2,747,700원

완성품 원가배분

등 급 품	등가계수	생 산 량	적 수	배분원가
A	1.0	50,500	50,500	2,272,500
B	0.4	26,400	10,560	475,200
계	–	–	61,060	2,747,700

② 자공정비

(A등급품)

(기말재공품평가) - 평균법

	재료비	가공비
완성량	50,500 × 1.0 = 50,500	50,500 × 0.8 = 40,400
기말재공품환산량	3,000 × 1.0 = 3,000	1,800 × 0.8 = 1,440
완성품환산량	53,500	41,840

완성품환산량 단위당 원가

재료비: (90,000 + 980,000)/53,500 = 20원

노무비: (129,440 + 540,000)/41,840 = 16원

기말재공품원가: 83,040원

(재료비 3 ,000 × 20 = 60,000원, 가공비 1,440 × 16 = 23,040원)

재료완성품원가: 1,010,000원, 가공완성품원가: 604,560원, 합계: 1,614,560원

(재료비 90,000+980,000-60,000=1,010,000원, 가공비 129,440+540,000-23,040=604,560원)

(B등급품)

	재료비	가공비
완성량	26,400 × 1.0 = 26,400	26,400 × 0.6 = 15,840
기말재공품환산량	3,300 × 1.0 = 3,300	2,640 × 0.8 = 1,584
완성품환산량	29,700	17,424

완성품환산량 단위당 원가

재료비: (73,700 + 550,000)/29,700 = 21원

노무비: (31,360 + 230,000)/17,424 = 15원

기말재공품원가: 93,060원

(재료비 21 × 3,300 = 69,300원, 가공비 15 × 1,584 = 23,760원)

재료완성품원가: 554,400원, 가공완성품원가: 237,600원, 합계: 792,000원

(재료비 73,700+550,000-69,300=554,400원, 가공비 31,360+230,000-23,760=237,600원)

구 분	A등급품	B등급품	합계
재료비	1,010,000	554,400	1,564,400
가공비	646,400	237,600	884,000
합 계	1,656,400	792,000	2,448,400

완성품원가의 계산

구 분		등가계수	생산량	적 수	배분원가
재료비	A등급품	1.0	50,500	50,500	1,027,337
	B등급품	1.0	26,400	26,400	537,063
	계	–	–	76,900	1,564,400
가공비	A등급품	0.8	50,500	40,400	635,021
	B등급품	0.6	26,400	15,840	248,979
	계	–	–	56,240	884,000

공정별 등급별 종합원가계산표

(단위: 원)

비 목		제 1 공정			제 2 공정			
		재료비	가공비	합계	전공정비	재료비	가공비	합계
기초 재공품	소 계	167,000	75,700	242,700	483,700	163,700	160,800	808,200
	A등급	82,000	45,800	127,800	–	90,000	129,440	219,440
	B등급	85,000	29,900	114,900	–	73,700	31,360	105,060
당기 제조 비용	소 계	1,660,000	850,000	2,510,000	2,458,400	1,530,000	770,000	4,758,400
	A등급	875,000	460,000	1,335,000	–	980,000	540,000	1,530,000
	B등급	785,000	390,000	1,175,000	–	550,000	230,000	770,000
기말 재공품	소 계	224,000	70,300	294,300	194,400	129,300	46,800	370,500
	A등급	99,000	37,800	136,800	–	60,000	23,040	–
	B등급	125,000	32,500	157,500	–	69,300	23,760	–
완성품원가		1,603,000	855,400	2,458,400	2,747,700	1,564,400	884,000	5,196,100
A등급품					2,272,500	1,027,337	635,021	3,934,858
B등급품					475,200	537,063	248,979	1,261,242

2. 연산품 종합원가계산

결합원가(Joint Costs)는 동시에 2종 이상의 제품을 생산하는 단일공정의 원가이며, 연산품(Joint Products)과 부산물(Byproducts) 중의 하나로 분류되는 원가이다. 연산품(Joint Products)은 서로 상대적으로 중요한 판매가치를 가지며, 분리점(Split-Off Point)까지는 별개의 제품으로써 식별할 수 없는 제품을 말한다. 이러한 연산품의 예는 정유업의 나프타·가솔린·제트연료·등유, 재연업의 동·은·납·아연, 낙농업의 우유·크림·버터 등과 같이 주부의 구별을 할 수가 없으며, 다른 연산품을 수반하지 않고는 생산되지 않으며, 인위적으로 제품성분의 조작이 불가능하고, 분리점에 도달하기 전에는 서로 구별되지 않는다는 점에서 등급품 및 부산물과도 구별된다. 분리점이란 결합원가가 개별연산품으로 하여 분리되어지는 점이며, 이 분리점 이전의 원가는 합리적인 배부기준에 의하여 각 제품(연산품·부산물)에 배분하고, 이 분리점 이후의 추가가공원가는 제품별로 인지하여 각 연산품별 원가를 산정한다. 연산품은 최종공정에서 분리되는 것도 있으며, 중간공정에서 분리되어 추가가공하거나 반제품의 형태로 매각되는 것도 있다.

연산품의 원가는 분리점 이전의 결합원가를 어떠한 기준에 의하여 각 연산품에 배분하는 것에 의하여 계산된다. 그리고 분리점 이후에서 추가가공하는 경우 이 추가가공비를 가산하여 연산품의 원가를 계산한다. 이러한 연산품의 원가계산을 도시화하면 아래와 같다.

연산품의 원가계산 과정

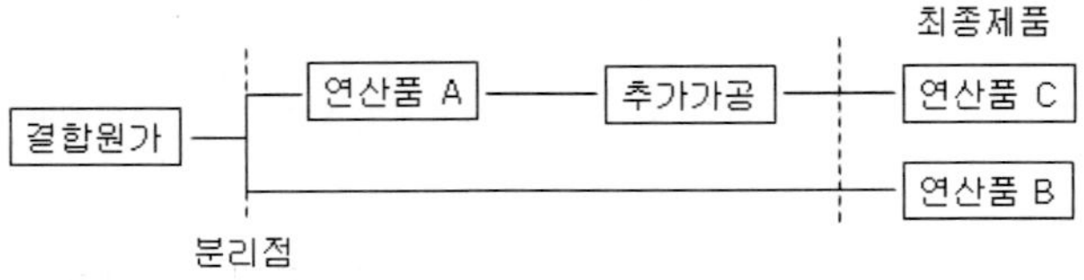

연산품 A, B, C 계정기입을 위한 분개와 계정내용은 아래와 같다.

(차)	연 산 품 A	×××	(대)	재 공 품	×××
	연 산 품 B	×××			
(차)	연 산 품 C	×××	(대)	연 산 품 A	×××
				가 공 비	×××

연산품의 원가계산절차

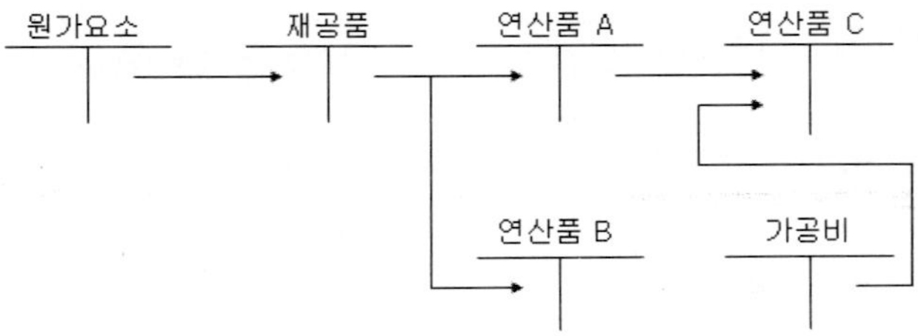

분리점에서 결합원가를 각 연산품, 즉 개별제품으로 배분하는 데에는 기본적으로 세 가지 방법이 있다.

(1) 판매가치법(Sales Value Method)

결합원가를 배분하는데, 시장판매가격을 사용하는 방법에는 분리점에서 판매가치 · 추정순실현가치 · 불변총이익률 순실현가치 등 세 가지가 있으나 각 제품의 총이익률이 불변하다는 가정은 불합리하므로 별로 고려되지 않는다.

1) 분리점에서의 판매가치법

이 방법은 분리점에서 제품별 상대적 판매가격(Relative Sales Value)을 기준으로 등가계수를 산정하고 적수로서 결합원가를 배분하며, 수익과 비용이 적절히 대응될 수 있는 방법이다. 즉, 적수가 큰 제품에는 높은 원가를 배분시키고, 적수가 작은 제품에는 낮은 원가를 배분시킨다. 그러나 이 방법은 인플레이션 기간이나 판매가격이 극도로 불안정한 시기에 적용하는 경우에는 불합리한 배분이 이루어질 수 있다. 실무에서는 계산의 단순성으로 인하여 수용하기가 용이한 방법이다.

예를 들어, 결합제품 100개의 원가 100,000원은 분리점에서 연산품 A(40개), 연산품 B(60개)로 분리되고, A, B의 시가는 각각 1,500원과 2,000원이라면 분리원가는 다음과 같다.

결합제품 100개 (100,000원)	연산품 A 40개	분리원가는 100,000 × 6/18 = 33,333원
	연산품 B 60개	분리원가는 100,000 × 12/18 = 66,667원

※ 연산품 A, B의 상대적 판매가치는 (40 × 1,500) : (60 × 2,000) = 6 : 12이다.

2) 추정순실현가치법

연산품이 분리점에서 분리되어 개별제품으로서 판매할 수 있는 경우에는 판매가치를 쉽게 알 수 있으나, 분리점 이후에 추가가공하는 경우에는 추정순실현가치를 이용하여야 한다. 추정순실현가치(Estimated Net Realizable Value)는 제품의 최종판매가격에서 추정추가가공비와 판매비를 공제한 가액을 말한다. 이 방법은 추가가공 이후의 원가는 이익을 창출하지 못한다는 가정에 근거하고 있다는 단점이 있으며, 판매가치법과 같이 수익과 비용이 적절히 대응된다는 장점이 있다.

위의 예에서 연산품 B는 그대로 매출되거나 연산품 A는 20,000원을 들여 추가가공하여 3,000원으로 판매된다면 최종제품 B, C의 배분원가는,

결합제품 100개 (100,000원)	연산품 A 40개 추가가공 → 연산품 C	분리원가는 100,000 × 10/22 = 45,455원
	연산품 B 60개	분리원가는 100,000 × 12/22 = 54,545원

※ 연산품 C, B의 순실현가치는 (40 × 3,000 − 2,000) : (60 × 20,000) = 10 : 12

(2) 물량기준으로 결합원가를 배분

물량기준법(Physical Quantities Method)은 생산수량・중량・용적・면적 등 모든 결합제품에 공통적인 물리적 특성을 이용하여 결합원가를 배분하는 방

법이다. 이 방법은 물량기준과 판매가격 사이에 밀접한 관계가 존재하지 않거나 결합품의 단일의 물리적 속성을 갖지 못할 경우에는 물량기준의 적용이 곤란하다.

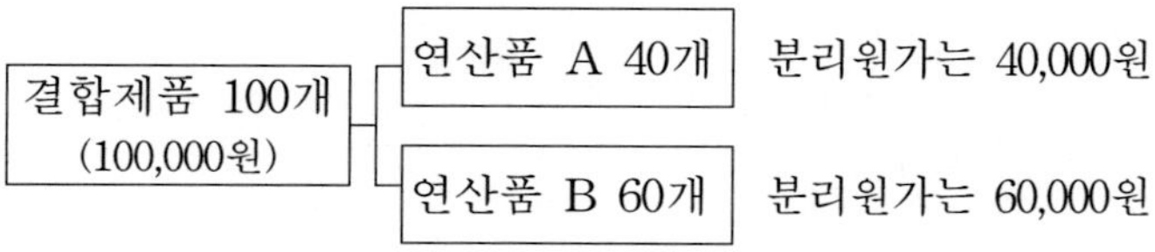

(3) 주부분해법

주부분해법은 부산물차감법이라고 하며, 주부의 관계가 명확한 연산물의 경우에 상대적으로 가치가 높은 것은 주산물로, 그리고 상대적으로 가치가 낮은 것은 부산물로 간주하여 결합원가에서 부산물을 공제하여 계산하는 방법이다. 2종 이상의 주산물로 보는 경우에는 상기의 절차를 반복하여 결합원가를 각 연산품에 배분한다.

[예제 7] W주식회사의 20×1년 1월의 원가자료를 가지고 물량기준 및 분리점에서의 판매가치법으로 결합원가를 배분하고 각 연산품의 단위당 원가를 계산하라.

(1) A, B, C의 세 가지 연산품을 생산하고 있다. 분리점에서의 판매가치 및 생산량은 다음과 같다.

연 산 품	생 산 량	분리점에서 판매가치
A	200개	1,000원
B	500	4,000
C	300	5,000
계	1,000개	10,000원

(2) 결합원가는 3,700,000원

[해 답]

원가흐름도

결합제품 1,000개 (3,700,000원)
- 연산품 A 200개
- 연산품 B 500개
- 연산품 C 300개

분리점

(1) 물량기준법

제 품	생 산 량	배 부 계 산	배분원가	단위원가
A	200	3,700,000×200/1,000	740,000	@₩3,700
B	500	3,700,000×500/1,000	1,850,000	@₩3,700
C	300	3,700,000×300/1,000	1,100,000	@₩3,700
계	10,000	-	3,700,000	-

(2) 분리점에서 판매가치법

제 품	생산량	판매가치	등가계수	적 수	배분원가	단위원가
A	200	1,000	1	200	200,000	@₩1,000
B	500	4,000	4	2,000	2,000,000	@₩4,000
C	300	5,000	5	1,500	1,500,000	@₩5,000
계	1,000	10,000	10	3,700	3,700,000	-

[연 습 문 제]

1. The first processing department in a sequence of sequential production departments must account for which of the following costs?
   a. Material and transferred-in Costs
   b. Material Costs only
   c. Conversion and transferred-in Costs
   d. Material and Conversion Costs
   e. Material, Conversion, and transferred-in Costs

※ Use the following information to solve multiple choice problems 2 through 4.

Reblex Chemical Co. manufactures Compound products in three sequential departments.

On June 1, Department 2 had 2,000 units which were 50% complete as to Conversion Cost.

During June, 15,000 units were completed and transferred to Department 3.

On June 30, Department 2 had 4,000 units which were 20% complete as to Conversion Costs.

2. The total units worked on in Department 2 during the month of June are calculated to be:
   a. 14,800 b. 13,300 c. 15,000 d. 18,000 e. 19,000

3. Using the Weighted-Average Method, the Equivalent Units completed and transferred from Department 3 during the month of June, as to

Conversion Cost. are calculated to be:

a. 11,000 b. 12,500 c. 14,000 d. 15,800 e. 17,200

4. Using the FIFO Method, the Equivalent Units completed and transferred from Department 3 during the month of June, as to Conversion Cost, are calculated to be:

a. 11,000 b. 12,500 c. 14,800 d. 15,700 e. 17,200

※ Use the following information to solve multiple choice problems 5 through 11.

Healthy Flavor is a food processing company that makes a product called Health Nut Soup in two processes-blending and condensing.

The output of the Blending Department is transferred to the Condensing Department.

All materials are added at the beginning of the blending process and conversion activity occurs uniformly through out both processes. The following data pertain to the month of April in the Blending Department.

	Total Units	Direct Materials	Conversion Costs
Work-in-Process, April -30%	10,000		
Units started during April	50,000		
Units completed and transferred	55,000		
Work-in-Process, April30 - 90%	5,000		
Costs:			
Work-in-Process, April 1	$ 4,500	$ 3,000	$ 1,500
Costs incurred during April	42,360	17,500	24,860
Totals	$46,860	$20,500	$26,360

5. Using the FIFO Method of Processing Costing, the Equivalent Units of Direct Materials for the month of April are calculated to be:

a. 60,000 b. 58,000 c. 57,000 d. 55,000 e. 50,000

6. Using the FIFO Method of Processing Costing, the Equivalent Units of conversion activity for the month of April are calculated to be:
   a. 60,000 b. 59,500 c. 57,000 d. 56,500 e. 52,000

7. Using the FIFO Method of Processing Costing, the Cost per Equivalent Unit of direct Materials for the month of April is calculated to be:
   a. $0.37 b. $0.35 c. $0.34 d. $0.31 e. $0.29

8. Using the FIFO Method of Processing Costing, the Cost per Equivalent Unit of conversion activity for the month of April is calculated to be:
   a. $0.41 b. $0.42 c. $0.44 d. $0.46 e. $0.50

9. Using the FIFO Method of Processing Costing, calculate the cost of goods completed and transferred out during the month of April.
   a. $43,130 b. $43,450 c. $39,960 d. $38,530 e. $44,120

10. Using the FIFO Method of Processing Costing, the total cost remaining in the Work in Process - Blending Department account on April 30 is calculated to be:
    a. $2,280 b. $6,780 c. $3,450 d. $3,730 e. $2,630

11. Using the FIFO Method of Processing Costing, the Journal Entry necessary to transfer the completed goods from the Blending Department is determined to be:

a. Work-in-Process - Blending Department	43,450	
Work-in-Process - Condensing Department		43,450
b. Work-in-Process - Condensing Department	43,130	
Work-in-Process - Blending Department		43,130
c. Work-in-Process - Condensing Department	38,530	
Work-in-Process - Ulending Department		38,530

d. Finished Goods Inventory	44,120	
Work-in-Process - Blending Department		44,120
e. Work-in-Process - Condensing Department	39,960	
Work-in-Process - Blending Department		39,960

※ Use the following information(during May) to solve the given problems(12-25).

	Total Units	Total Costs	Direct Materials	Conversion Costs
Work-in-Process, May1-60%:	15,000	$41,250	$16,500	$24,750
Units started during May:	60,000	$234,630	$72,000	$162,630
		$275,880	$88,500	$187,380
Units completed:	68,000			
W I P on May31 (20%):	7,000			

12. Using the Weighted-Average Method, the Equivalent Units of Direct Materials activity for the month of May?
    a. 60,000 units b. 60,400 units c. 69,000 units
    d. 69,400 units e. 75,000 units

13. Using the Weighted-Average Method, the Equivalent Units of conversion activity for the month of May?
    a. 60,000 units b. 60,400 units c. 69,000 units
    d. 69,400 units e. 75,000 units

14. Using the Weighted-Average Method, the Cost per Equivalent Unit of direct materials for the month of May?
    a. $1.18 b. $1.2 c. $2.69 d. $2.7 e. $2.75

15. Using the Weighted Average Method, Cost per Equivalent Unit Conversions during May?
    a. $1.18 b. $1.2 c. $2.69 d. $2.7 e. $2.75

16. Using the Weighted-Average Method, Direct Materials & Conversion Costs remaining in Work-in-Process on May 31?
    a. $12,040 b. $12,050 c. $12,150
    d. $12,166 e. $12,250

17. Using the Weighted-Average Method, the Cost of Goods completed during May?
    a. $263,714 b. $263,800 c. $263,840
    d. $264,624 e. $263,825

18. Using the Weighted-Average Method, Journal Entry to record the goods completed during May?
    a. (Dr) Work in Process 263,714 (Cr) Finished Goods 263,714
    b. (Dr) Finished Goods 263,714 (Cr) Work in Process 263,714
    c. (Dr) Work in Process 263,840 (Cr) Finished Goods 263,840
    d. (Dr) Finished Goods 263,840 (Cr) Work in Process 263,840
    e. (Dr) Finished Goods 264,6249 (Cr) Work in Process 264,624

19. Using the FIFO Method, the Equivalent Units of Direct Materials during May?
    a. 60,000 units b. 60,400 units c. 69,000 units
    d. 69,400 units e. 75,000 units

20. Using the FIFO Method, the Equivalent Units of Conversions during May?
    a. 60,000 units b. 60,400 units c. 69,000 units
    d. 69,40 0units e. 75,000 units

21. Using the FIFO Method, the Costs per Equivalent Unit of Materials during May?

a. $1.18 b. $1.2 c. $2.69 d. $2.7 e. $2.75

22. Using the FIFO Method, the Costs per Equivalent Unit of Conversion during May?

a. $1.18 b. $1.2 c. $2.69 d. $2.7 e. $2.75

23. Using FIFO, Direct Materials & Conversions Costs remaining in Work-in-Process on May 31?

a. $12,040 b. $12,050 c. $12,150 d. $12,166 e. $12,250

24. Using the FIFO Method, calculate the Cost of Goods completed during May?

a. $263,714 b. $263,800 c. $263,840
d. $264,624 e. $263,825

25. Using the FIFO Method, the Journal Entry to transfer the completed goods

a. (Dr) Work in Process 263,714 (Cr) Finished Goods 263,714
b. (Dr) Finished Goods 263,714 (Cr) Work in Process 263,714
c. (Dr) Work in Process 263,840 (Cr) Finished Goods 263,840
d. (Dr) Finished Goods 263,840 (Cr) Work in Process 263,840
e. (Dr) Finished Goods 264,624 (Cr) Work in Process 264,624

26. In the Relative Sales Value Method, Joint Costs allocated among products are:

a. in proportion to their revenues.
b. in proportion to their sales margins.
c. in proportion to the separable costs.
d. in proportion to cost of production of a joint product.
e. in proportion to their net income.

27. Product costs incurred after the split-off point are termed:
    a. separable processing costs. b. joint product costs.
    c. by-product costs. d. scrap costs.
    e. spoilage costs.

※ Use the following information in solving multiple choice problems 28 and 29.

Mod Clothiers makes women's clothes. It costs $28,000 to produce 5,000 pairs of polka-dot polyester pants. They have been unable to sell pants at their usual price $50.00. The company is evaluating two alternatives. They could sell the pants "as is" for $15,000 or they could modify the pants at a cost of $3,000 and sell them for a total of $20,000.

28. The increase or decrease in net income resulting from modifying the pants and then selling as opposed to selling "as is" would be a(n):
    a. $8,000 decrease b. $11,000 decrease c. $2,000 increase
    d. $3,000 increase e. $5,000 increase

29. Assume all conditions remained the same except the cost to modify the pants($3,000). At what cost to modify each pair of pants would Mod Clothiers be indifferent between the two alternatives?
    a. $0.40 b. $0.50 c. $0.75 d. $1.00 e. $0.65

※ Use the following information in solving multiple choice problems 30 and 31.

Lido Products produces two products(A and B) from a joint process. The Joint Cost of Production is $80,000. 5,000 units of Product A can be sold at split-off for $20 per unit or processed further at an additional cost of $20,000 and sold for $25 per unit.

10,000 units of Product B can be sold at split-off for $15 per unit or processed further at an additional cost of $20,000 and sold for $16 per unit.

30. The increase or decrease in company income if Lido decides to further process Product A, instead of selling it at split-off, is calculated to be a:

a. $25,000 increase b. $5,000 increase c. $21,000 increase
d. $1,000 increase e. $27,000 decrease

31. The increase or decrease in company income if Lido decides to further process Product B, instead of selling it at split-off, is calculated to be a:

a. $10,000 increase b. $20,000 increase c. $20,000 decrease
d. $10,000 decrease e. $58,000 decrease

1. 다음의 제시되는 자료에 의하여 평균법과 선입선출법에 의한 아래의 금액을 계산하라(단. 원재료는 공정의 시초에 투입된다).

	수량	원재료원가	전환원가
기초재공품(전환원가의 완성도 30%)	10단위	₩40,000	₩580
당기 착수량	40	200,000	15,400
합 계	50단위	₩240,000	₩15,980
당기 완성품	45단위		
기말재공품(전환원가의 완성도 40%)	5		
합 계	50단위		

	평균법	선입선출법
기말재공품 원재료원가	①	②
기말재공품 전환원가	③	④
기말재공품 총원가	⑤	⑥
당기 완성제품원가	⑦	⑧

2. 다음 자료에 의하여 기말재공품의 원가와 당기 제품의 제조원가를 계산하라. 모든 원가는 공정전체를 통해 균등하게 발생하며, 공손은 총투입량의 10%까지 인정된다.

기초재공품수량	10단위(50%)	₩2,000
당기 투입원가	40단위	₩20,000
당기 완성품수량	30단위	
기말재공품수량	15단위(40%)	

1) 공손품의 수량은 몇 단위이며, 그 원가는(평균법)?
2) 공손비를 기말재공품과 합격품에 균분하는 경우(평균법)
   ⓐ 기말재공품원가 =
   ⓑ 당기 완성제품 제조원가 =
3) 공손비를 당기 완성제품에 전액 부담시키는 경우(평균법)
   ⓐ 기말재공품원가 =
   ⓑ 당기 완성제품 제조원가 =
4) 공손비를 비정상적인 것으로 영업외비용으로 계상하는 경우(평균법)
   ⓐ 기말재공품원가 =
   ⓑ 당기 완성제품 제조원가 =
5) 공손비를 4)와 같이 처리했을 때의 회계처리는?
6) 공손비를 기말재공품과 합격품에 균분하는 경우(선입선출법)
   ⓐ 기말재공품원가 =
   ⓑ 당기 완성제품 제조원가 =
7) 공손비를 당기 완성제품에 전액 부담시키는 경우(선입선출법)
   ⓐ 기말재공품원가 =
   ⓑ 당기 완성제품 제조원가 =
8) 공손비를 비정상적인 것으로 영업외비용으로 계상하는 경우(선입선출법)
   ⓐ 기말재공품원가 =
   ⓑ 당기 완성제품 제조원가 =
9) 공손비를 8)과 같이 처리했을 때의 회계처리는?

3. 다음 자료에 의하여 종합원가계산표를 완성하라.

기초재공품 수량: 15,000단위(완성도 = 40%)
원가: ₩40,000(원재료비 = ₩15,500, 가공비 = ₩24,500)
당기 제조원가 : ₩240,000(원재료비 = ₩75,000, 가공비= ₩165,000)
완성제품 입고량: 65,000단위
공손량 : 1,000단위
기말재공품 수량: 4,000단위(완성도 = 50%)

※ 원재료는 제조착수시점에서 전부 투입되고, 가공비는 생산진행에 따라 비례적으로 투입되며, 공손비는 전부 완성품원가에 포함시킨다.

<u>종합원가계산표</u>(평균법)

당기 제조원가		(③)
원재료비	(①)	
가공비	(②)	
기초재공품원가		(⑥)
원재료비	(④)	
가공비	(⑤)	
합 계		(⑦)
기말재공품원가		(⑩)
원재료비	(⑧)	
가공비	(⑨)	
당기 제품완성원가		(⑪)
당기 생산량		65,000단위
제조단가		(⑫)

<u>종합원가계산표</u>(선입선출법)

당기 제조원가		(ⓒ)
원재료비	(ⓐ)	
가공비	(ⓑ)	
기초재공품원가		(ⓕ)
원재료비	(ⓓ)	
가공비	(ⓔ)	
합 계		(ⓖ)
기말재공품원가		(ⓙ)
원재료비	(ⓗ)	
가공비	(ⓘ)	
당기 제품완성원가		(ⓚ)
당기 생산량		65,000단위
제조단가		(ⓛ)

4. 다음 자료로 아래 원가를 계산하라(기말재공품 평가=선입선출법, 누가법).

	제 1 공 정	제 2 공 정
기초재공품	100kg(60%) ₩6,100	200kg(20%) ₩8,000
당기 제조비	₩28,700	₩378,000
완성품수량	800kg	700kg
기말재공품	200kg(40%)	300kg(60%)

	제 1 공정	제 2 공정
기말재공품원가	①	③
완성품원가	②	④

5. W주식회사의 3월의 원가자료로 누가법에 의한 전원가요소 공정별 종합원가계산표를 완성하라. 원재료는 공정 초에 투입하고, 수량에 관한 자료는 다음과 같다.

기초재공품 : 1공정 = 10단위(50%), 2공정 = 10단위(50%)
완성품수량 : 1공정 = 55단위, 2공정 = 45단위
기말재공품 : 1공정 = 20단위(50%), 2공정 = 20단위(40%)

<u>공정별 종합원가계산표</u> (선입선출법)

구 분	제 1 공정			제 2 공정			
	원재료비	가공비	합 계	원재료비	가공비	전공정비	합 계
기초제공품	2,000	500	2,500	3,000	1,000	1,000	5,000
당기 제조비	6,000	2,500	8,500	4,000	6,000		10,000
전공정 대체						(⑥)	(⑦)
합 계	8,000	3,000	11,000	7,000	7,000	(⑧)	(⑨)
기말재공품	(①)	(②)	(③)	(⑩)	(⑪)	(⑫)	(⑬)
완성품원가	---	---	(④)	---	---	---	(⑭)
원성품수량	55단위			45단위			
단위당 원가	(⑤)			(⑮)			

6. 결합제품 A, B, C의 결합원가가 ₩500,000원이다. 제품별 배분액을 계산하여 빈 칸을 채워라.

	A 제 품	B 제 품	C 제 품	합 계
생산량	200단위	300단위	300단위	800단위
분리점에서의 판매가치	200원	150원	100원	
생산량기준법				
결합원가배분액	(①)	(③)	(⑤)	₩500,000
제품별 단위원가	(②)	(④)	(⑥)	
상대적 판매가치법				
결합원가배분	(⑦)	(⑨)	(⑪)	₩500,000
제품별 단위원가	(⑧)	(⑩)	(⑫)	

7. 당사는 A, B의 두 가지 등급품을 생산하고 있다. 아래의 원가자료로 누가법에 의한 결합제품 A, B의 원가를 계산하라. 모든 원가요소는 공정진행에 따라 비례적으로 투입되며, 공손은 발생하지 않았다. 기말재공품의 평가는 선입선출법으로 한다.

	제 1 공정		제 2 공정	
	원가	수량	원가	수량
기초재공품	₩ 2,500	10단위(50%)	₩ 5,000	10단위(50%)
당기 투입	₩ 8,400		₩10,000	
기말재공품		20단위(50%)		20단위(40%)
완성품		55단위		45단위

A등급품(생산량 = 25단위, 판매가격 = @₩600)

B등급품(생산량 = 20단위, 판매가격 = @₩500)

1) 제 1 공정 기말재공품 20단위(50%)의 원가와 반제품 55단위의 원가는?

기말재공품 20단위(50%)의 원가 = (　　　　　　　　)

반제품 55단위의 원가 = (　　　　　　　　)

2) 제 2 공정 기말재공품 20단위(40%)의 원가와 결합제품 45단위의 원가는?

기말재공품 20단위(40%)의 원가 = ( )

결합제품 45단위의 원가 = ( )

3) 개별제품 A등급품과 B등급품의 배분원가와 단위당 원가는?

A등급품 배분원가 = ( ), 단위당 원가 = ( )

B등급품 배분원가 = ( ), 단위당 원가 = ( )

4) A등급품은 20단위, B등급품은 15단위가 판매되었다면, 매출총이익은?

A등급품 매출이익 = ( )

B등급품 매출이익 = ( )

매 출 총 이 익 = ( )

Part Ⅲ 경영관리를 위한 원가회계

- 제11장 _ 표준원가계산시스템
- 제12장 _ 변동원가계산
- 제13장 _ 활동기준원가계산
- 제14장 _ 서비스 원가계산
- 제15장 _ 기타의 원가계산

제11장 표준원가계산시스템

제 1 절 표준원가계산시스템의 개념

1. 표준원가계산시스템의 의의

회계학에서 널리 사용되는 표준(Standard)이란 원가통제나 성과평가의 기준으로서 특정작업의 효율적 수행 여부를 판단하는 근거가 되는 기준을 말한다.

일상생활에서도 표준이라는 용어는 광범위하게 사용하고 있으며, 특히 제조기업의 경우 표준에는 물량단위로 표시되는 표준수량과 화폐금액으로 표시되는 표준가격으로 구분하여 사용한다. 표준가격(Standard Price)은 재화나 용역을 한 단위 생산하기 위하여 필요한 생산투입요소의 표준적 가격을 뜻하며 표준수량(Standard Quantity)은 생산투입요소의 표준적 수량을 뜻한다. 표준가격과 표준수량에 의해 결정되는 표준원가(Standard Cost)란 사전에 과학적인 방법으로 결정된 원가로서 효율적인 생산활동하에서 달성되어야 하는 원가이다. 이는 제품생산을 위한 원가발생과정에서 나타날 수 있는 여러 가지 비능률과 낭비요인을 제거하기 위하여 사전에 설정된 목표원가(Target Cost)의 성격을 띠며 원가통제의 수단으로 사용되는 사전원가 또는 예정원가의 개념에 해당한다.

따라서 표준원가계산시스템(Standard Cost Accounting System)이란 제품원가에 대하여 그 원가요소별로 미리 표준원가(Standard Costs)가 될 원가액을 설정하고, 일면으로는 원가의 실제발생액을 계산하여 이 실제원가와 표준원가를 비교·분석함으로써 원가관리에 공헌할 수 있을 뿐만 아니라 실제제품원가의 산정에 있어서도 간소화 내지 생략하는 데 기여하는 원가회계제도라고 할 수 있다.

물론 표준원가계산방법이 나타나기 이전에도 원가계산으로서 원가가 발생한 후에 원가를 산정하는 실제원가계산 또는 역사적 원가계산이 없었던 것은 아니나 실제원가계산 또는 역사적 원가계산은 원가의 인식과 측정이 경제활동이 일어난 뒤에 이루어지기 때문에 미래의 경제활동을 계획하고 통제하는 관리목적에는 큰 의의를 갖지 못하는 것으로 이해되고 있다.

표준원가계산은 1900년대 초기에 화이트모어(J. R. Whitemore)와 에머슨(H. Emerson)에 의해서 제창된 후, 1920~1930년대 해리슨(G. C. Harrison)의 「표준원가회계」,[1)] 캐먼(E. Caman)의 「기초표준원가」 등의 출판을 통하여 기업실무에서 널리 수용되어 왔으며 계속 발전되어 왔다.

표준원가제도는 실제원가계산이 갖는 결함 때문에 출발되었다. 표준원가계산의 입장에서 실제원가계산이 갖는 단점을 간추려 보면 대략 다음과 같은 것으로 요약해 볼 수 있다.

첫째, 실제원가계산은 원가의 집계에 많은 시간이 소요될 뿐만 아니라 원가계산이 지연된다는 단점이 있다. 즉, 원가요소 중에는 제품이 완성된 후에 상당한 시간이 경과되지 않고서는 실제임금이 확정되지 않으며, 또한 배부계산이나 대체계산의 대부분도 역시 원가계산의 기말이 아니고서는 이루어질 수 없기 때문에 매출원가의 계산이 늦어지고 손익계산을 지연시켜 원가관리를 위한 유효한 정보를 얻을 수 없다.

둘째, 실제원가는 원자재의 소비량, 소비가격 및 조업도의 변동에 따라 제품원가가 현저하게 변화한다. 사실상 원자재의 1단위당 소비량은 비교적 평균화되어 있음에도 그의 소비가격은 시장가격에 크게 좌우되고 있을 뿐만 아니라 조업도의 변동에 따라 간접비의 배부액이 다르기 때문에 제조원가의 변화폭이 지나치게 크게 나타난다. 그러므로 생산이 순조롭게 이루어지고 판매가 양호한 경우에는 제품원가가 낮게 나타나나, 그 반대의 경우에는 제품원가가 높게 나타나고, 특히 물가변동이 심한 경우에는 그 정도가 지나쳐 제품가격의 상승에 의한 물가를 부채질하는 결과를 가져온다. 그러므로 이 같

---

1) G. C. Harrison, *Standard Costs*, New York: The Ronald Press, 1930.

은 문제를 극복하기 위하여 간접비계산에 정상배부율을 배부하든가 또는 재료부비・임률 등에 예정계산을 하게 되었다. 그렇다고 하더라도 실제원가는 1회의 생산롯트의 변경, 제품결합의 변경, 기타의 요인변화에 따라 변동하기 때문에 작업능률이나 원가능률을 측정하는 도구로서는 불완전한 것이다.

셋째, 실제원가계산은 원가회계의 중심목적이라 할 수 있는 원가관리에 유용한 정보를 제공하지 못한다. 실제원가계산은 역사적 원가를 분류・집계・분석・요약하는 데 불과하며, 미래 경영활동의 달성목표로서, 그리고 원가능률의 측정척도로서 기준치를 계산하는 것은 아니므로, 실제원가가 아무리 정확하게 계산되었다 하더라도 그것만으로는 원가관리의 관점에서 보면 큰 의의를 갖지 못한다. 원가가 원가표준으로서 원가통제에 기여하기 위해서는 미래활동의 달성목표로서, 그리고 능률척도로서의 규범적 성격을 갖지 않으면 안 된다. 그러므로 실제원가계산은 원가관리에 필요한 정보제공이라는 측면에서 보면 큰 한계를 지니고 있다.

위와 같이 실제원가계산은 경기변동이나 우발적 조건의 변화 등에 의한 조업도의 변화에 따라 단위원가의 변동 등을 지니는 역사적 원가이다. 역사적 원가는 원가능률의 측정・가격정책・재무제표의 작성을 위하여서는 부적당하다는 것이 인식되어 이를 극복하기 위하여 표준원가계산이 등장하게 되었던 것이다. 그리고 근대에 와서 생산규모의 확대와 제품의 양산은 계산의 신속・정확성을 위하여 표준원가계산의 필요성이 높아졌으며, 더욱이 컴퓨터의 다양한 이용성 때문에 이 계산의 장점을 더욱 부각시키고 있다.

2. 표준원가계산시스템의 목적과 효익

표준원가계산시스템은 경영관리적 측면에서 여러 가지 효율성이 인정되고 있다. 표준원가계산시스템은 학자에 따라, 그 목적에 대하여 ① 계획목적, ② 통제목적, ③ 제품원가계산목적[2]으로 구분하기도 하고, 또는 ① 원가관리목적, ② 예산관리목적, ③ 경영의사결정목적으로 구분하여[3] 설명되기도 하는

2) 김성기, 「현대원가회계」(경문사, 1988), pp. 196～197.

데, 일반적으로 ① 원가관리목적, ② 재무제표작성목적, ③ 예산관리목적, ④ 기장의 간략화 · 신속화목적의 네 가지를 들 수 있다.

(1) 원가관리 목적

원가관리목적은 표준원가계산 목적 중 가장 강조되는 것이다. 원가관리는 원가의 표준을 설정하고, 다른 한편 실제원가계산을 실시한 후 표준원가와 실제원가를 비교하고 차이의 원인을 분석하여 경영관리자에게 보고함으로써 원가관리능률을 증진시키는 것을 목적으로 한다.

표준원가에 의한 원가관리의 절차는 다음과 같다.

① 표준원가의 설정, ② 표준원가의 계산, ③ 실제원가의 계산, ④ 표준원가와 실제원가의 비교(원가차이의 산정), ⑤ 원가차이의 분석, ⑥ 원가보고

(2) 재무제표작성 목적

표준원가는 정상적인 원가로서 재공품 · 제품 등의 재고자산가액 및 매출원가산정의 기초가 된다. 이 목적은 재공품 · 제품 등의 재고자산평가와 매출원가의 산정에 필요한 원가자료를 제공하는 것을 말한다. 제품의 제조원가를 실제원가로 계산하면 자의성이 개입될 여지가 적으므로, 객관적이고 진실한 재무제표를 작성한다고 생각하기 쉬우나, 비능률과 조업도의 변동 등의 요인으로 혼합된 실제원가에 의하여 작성된 재무제표는 그만큼 객관성과 진실성이 줄어든다.

반면에 표준원가는 표준원가를 설정할 때 이미 과학적 · 통계적 방법에 의하여 비원가 · 비능률 · 낭비 등의 요인을 제거하였으므로 보다 진실한 원가자료를 제공할 수 있다.

(3) 예산관리 목적

표준원가는 예산, 특히 추정재무제표작성에 있어서 신뢰성 있는 기초를 제공한다. 이 목적은 이익관리 목적을 나타내는 것이라 할 수 있다. 즉, 예산

---

3) 이정호, 「원가회계론」(일신사, 1988), pp. 270~271.

관리라 함은 예산을 관리수단으로 하여 경영관리자의 이익관리책임을 대상으로 자료를 제공함으로써 목표이익을 달성하게 하는 경영관리방식이다. 목표이익달성을 위한 예산편성시, 소비재료의 가격, 작업능률, 조업도의 변동 등의 요인을 과학적으로 고려하여 설정한 표준원가를 이용하는 것이 보다 합리적이다.

(4) 기장의 간략화 · 신속화 목적

표준원가는 재무회계의 계정조직을 체계화함으로써 간략화하고 신속화한다. 즉, 표준원가계산을 복식부기 기구와 결합함으로써 나타나는 부수적인 이점으로 기장의 간략화 및 신속화를 들 수 있는데, 이를 구체적으로 나타내면, ① 재고자산의 수납을 간략화하고, ② 완성품의 원가를 신속히 산정하며, ③ 관리자의 보고서작성의 시간을 단축하고, ④ 관리자의 원가보고서 검토시간을 축소하며, ⑤ 실제원가와 표준원가의 차이분석을 간략화하고 신속화할 수 있다.

실제원가계산이 앞에서 지적한 바와 같은 단점이 있는 데 반해서 표준원가계산을 실시함으로써 다음과 같은 효익을 기대할 수 있다.

첫째, 표준원가계산제도를 실시함으로써 능률적인 생산조건하에서 원가를 신속하게 산출하여 경영목적에 활용할 수 있다. 즉, 표준원가계산은 능률적인 생산조건하에서 달성가능한 표준을 미리 설정함으로써 제품이 완성되기 전에 예측된 원가를 계산하여 이것과 실제로 생산된 제품원가와 수시로 비교할 수 있으므로 회사의 예산편성 및 경영통제에 도움을 줄 수 있다.

둘째, 표준원가계산은 원재료의 소비량, 구매가격 및 조업도의 기준을 미리 설정함으로써 제품원가가 안정적이고 계산이 용이하다. 즉, 기말재고자산은 표준원가에 재고수량을 곱하여 계산하고, 또 매출원가는 표준원가에 판매량을 곱함으로써 쉽게 계산할 수 있다. 또한 표준원가계산에서는 선입선출법 · 후입선출법 · 평균법 등의 원가흐름에 대한 가정이 필요 없으며 실제원가를 계속해서 집적할 필요가 없다. 따라서 재고자산 평가에 있어서 완성품환산량 및 단위당 원가를 계산해야 하는 번거로움도 없고, 실제원가의 흐름을 계속해서 추적할 필요도 없으므로 회계장부의 기록업무가 줄어드는 장점이 있다.

셋째, 표준원가계산제도는 변동예산 및 책임회계제도와 결합되어서 각 부문의 업적달성목표와 그에 소요된 실제원가를 표준원가와 비교하여 업무달성의 효율성을 평가함으로써 경영효율을 높일 수 있고 종업원의 성과평가 및 동기부여 목적에도 이용될 수 있다.

최근 들어 변화하는 시대에 있어 표준원가계산시스템의 유용성으로 다음의 6가지를 들고 있다.

1. 원가비교 기준의 제공(Basis of Cost Comparison)
2. 예외관리의 가능성 제고(Management by Exceptions)
3. 성과평가의 수단 제공(Means of Performance Evaluation)
4. 종업원 동기부여(Motivation for Employees)
5. 안정적인 제품원가의 계산(More Stable Product Costs)
6. 기장의 신속성 및 경제성(Quick & Economic Costing)

3. 표준원가계산시스템의 유형

표준원가계산시스템은 실제원가계산시스템이 갖는 단점을 보완하고 경영관리의 목적, 즉 능률측정의 기준으로서의 의의를 무엇보다 강조하고 있는 것이라 할 수 있다. 그러면 경영능률측정의 기준으로서의 표준원가는 어떤 것이 되어야 할 것인가? 일반적으로 표준의 고정성에 따라 기준표준원가(Basic Standard Costs)와 당좌표준원가(Current Standard Costs)로 구분한다. 전자는 경영의 기본구조에 변함이 없는 한 수 기간에 걸쳐 수정 없이 사용하는 표준원가이고, 후자는 가격·능률 및 그 밖의 조건이 변화하면 그에 따라 적절히 수정해 나가는 표준원가이다. 표준원가라 할지라도 사정이 변화하면 적절히 조정해야 할 것이므로, 기준표준원가는 추세를 나타내는 지표로서의 역할을 수행해가는 정도가 될 것이다. 당좌표준원가는 표현의 엄격도에 따라 이상적 표준원가(Ideal Standard Costs), 정상적 표준원가(Normal Standard

Costs), 달성가능 표준원가(Attainable Standard Costs) 등으로 구분할 수 있다.

- 표준원가
  - 기준표준원가
  - 당좌표준원가
    - 이상적 표준원가
    - 정상적 표준원가
    - 달성가능 표준원가

(1) 이상적 표준원가(Ideal Standard Costs)

최적의 작업조건하에서 최고능률의 작업을 하였을 때에 실현가능한 원가를 말하며, 이론적 표준원가(Theoretical Standard Cost)라고도 한다. 이 표준원가는 표준원가계산의 태동기에 능률기사들에 의하여 원가관리목적으로 사용되었으나, 현실적으로서는 달성하기 어려울 만큼 지나치게 빡빡하기 때문에 종업원들의 근로의욕을 도리어 감퇴시키게 되는 경우가 많다. 그러므로 목표는 합리적이고 달성가능해야 한다는 점에서 이상표준원가는 원가관리목적, 재무제표작성목적 등에 적합하지 못하다.

(2) 정상적 표준원가(Normal Standard Costs)

생산공정이 정상적인 조건하에 있을 때 이를 기준으로 원가의 표준을 설정하는 것을 말한다. 예를 들면, 재료의 표준소요량을 설정할 때 통상적인 과거의 불량률을 인정하며 과거의 평균적인 기계고장, 여유시간 등을 감안하여 표준소요시간을 설정하는 경우이다. 이때 정상적인 조건이란 기업이 이상적 상황이 아닌 통상적인 조업도 수준과 능률을 유지하는 것을 말한다. 구체적으로 말하면 지난 1년간 이 회사의 불량률 중에서 이상적인 경우에 발생한 불량을 제외한 불량률을 정상적인 제조활동으로 인한 불량률이라고 한다. 이 표준원가는, 특히 경제환경이 안정적인 경우 재무제표작성이나 원가관리목적에 사용될 수 있지만 물가상승이 지속적으로 진행되고 기술혁신이 급속하게 전개되는 경우에는 그 타당성을 잃게 된다.

(3) 달성가능 표준원가(Attainable Standard Costs)

실제로 달성가능성이 있다고 생각되는 조업도와 그에 따른 원가요소액을 예상하여 설정된 표준원가를 의미한다. 이 달성가능 표준원가는 정상적인 감손과 정상적인 여유시간 등을 허용하고 있으므로 종업원들이 열심히 노력한다면 달성할 수 있는 실현가능한 표준원가이다. 따라서 이 표준원가는 원가관리 및 예산관리에 적합한 원가정보를 제공할 뿐만 아니라 재무제표작성에도 적절하여 일반적으로 널리 사용되고 있다.

제 2 절 표준원가의 설정

표준원가회계시스템의 일반적 절차는 ① 표준원가의 설정, ② 실제생산량에 대한 표준원가의 산정, ③ 실제원가의 계산, ④ 원가차이의 계산 및 분석, ⑤ 원가보고서의 작성으로 이루어지는데, 그 첫 단계가 회계시스템의 기초가 될 원가표준을 설정(Making the Standard Cost)하는 일이다.

표준원가를 설정하기 위해서 유의해야 할 점을 몇 가지로 나누어 설명해 보면, 다음과 같다.

첫째, 과거의 경험을 충분히 검토하여 다양한 조업도 수준에서의 원가형태에 대한 자료를 수집하여야 한다. 그러나 미래에 대한 표준을 단순히 과거의 자료에만 근거하여 설정해서는 안 되고, 과거자료와 함께 경제환경의 변화, 수요공급의 특징, 기술의 진보 등을 아울러 고려하여 표준을 설정하여야 한다. 또한 과거자료에는 비효율적 관리에 의해 발생한 원가도 포함되어 있을 수 있으므로 이에 대해서도 적절히 고려를 하여야 한다. 이렇게 보면 과거자료는 단지 미래예측을 위한 출발점이 된다는 점에서만 가치를 지닌다고 할 수 있으며, 따라서 표준의 설정시에는 비효율적인 과거의 영업활동이 아니라 효율적인 미래의 영업활동을 상정해야 한다는 사실을 뚜렷이 인식해야 한다.

둘째, 종업원의 행위에 관한 것이다. 생산부서의 종업원들은 표준원가에 근거하여 성과가 평가되기 때문에 표준의 달성 여부에 많은 관심을 가지고 있다. 한편 표준의 설정에 필요한 정보는 보통 생산을 직접 담당하는 사람들에게서 입수하게 되는데, 이때 생산담당자들은 자기의 성과평가기준이 되는 표준을 가능한 한 낮게 설정하도록 하기 위해 정보를 왜곡시켜 보고하는 경향이 있다. 따라서 표준설정자의 입장에서는 종업원들이 실제로 왜곡된 정보를 제공하든 않든 간에 생산부서의 종업원들이 이러한 행동을 취할 가능성을 항상 염두에 두고, 유사한 성격을 갖는 부서의 표준이나 산업표준과 같은 다른 정보원으로부터 정보를 수집하여 표준설정에 반영해야 한다.

셋째, 표준의 불확실성에 관한 것이다. 비록 표준원가가 미래원가의 정확한 기대치라 할지라도 표준원가가 실제원가와 항상 정확하게 일치하는 것은 아니다. 이는 표준원가가 하나의 추정치에 불과하기 때문이다. 따라서 과거에 설정된 표준은 현상태를 고려하여 적절히 수행해야 한다. 즉, 가격이 급격히 변동하거나 작업방법이 계속해서 개선되는 경우에는 과거에 설정된 표준의 타당성을 신중히 검토하여 새로운 환경에 맞도록 표준을 계속해서 수정해 나가야 한다. 또한 대부분의 회사에서는 보통 1년에 한 번씩 표준을 수정한다. 따라서 변화된 상황을 표준에 반영하지 못했거나, 표준의 수정을 필요로 하지 않을 일시적인 상황변화가 있었던 경우에는 차이가 발생하게 된다. 이와 같이 상황의 급격한 변화 때문에 실제원가와 표준원가 사이에 발생할 것으로 기대되는 차이를 계획된 차이라 하며, 총차이에서 계획된 차이를 차감한 나머지가 계획되지 않은 차이이다. 일반적으로 경영자는 통제가 불가능한 총차이에 대해 책임을 지는 것이 아니라, 단지 통제가능한 계획되지 않은 차이에 대해서만 책임을 진다.

표준원가회계시스템이 갖는 효익으로서의 원가관리는 무엇보다도 원가기준을 적절하게 설정함으로써 기대될 수 있다. 원가표준은 표준원가위원회를 두어 이곳에서 설정되는 것이 보통이며, 이 위원회는 기술·제조·생산관리·구매 등 각 부문의 대표자로 구성된다. 이것은 우선 기술부문에서 제품을 설계하고 이에 입각하여 관계부문에서는 원자재의 소비량표준과 가격표준에 관한 자료를 제공하여 위원회에서는 이것을 종합적으로 검토하여 원가표준을 결정하게 된다.

표준원가시스템에서 원가표준의 설정은 회계시스템의 효율적 운영에 있으므로, 그 차이분석이 가능하도록 아래와 같이 원가요소별로 세분하여 설정하지 않으면 안 된다.

- 표준원가
  - 직접재료비표준
    - 표준수량
    - 표준가격
  - 직접노무비표준
    - 표준시간
    - 표준임률
  - 제조간접비표준
    - 표준배부율
    - 표준예산
      - 변동예산
      - 고정예산
    - 표준조업도

(1) 직접재료비표준의 설정

직접재료비표준(Standard Direct Material Costs)은 재료의 표준수량 및 표준가격의 두 가지 면을 관찰하여 결정하고, 양자를 곱하여 계산한다.

직접재료비표준 = 표준수량 × 표준가격

재료의 표준수량이란 1단위의 제품을 생산하는 데 소요되는 재료의 표준이 되는 수량으로서 이는 면밀한 실험 및 기술적 검토를 통하여 결정되어야 한다. 직접재료비표준의 설정시 경영자가 고려할 사항으로는 다음과 같다.

① 표준원가의 설정대상이 되는 생산묶음의 크기
② 정상적인 공정에서 발생하는 공손의 적절한 처리방침
③ 재료의 단위당 구입가격 등을 들 수 있다.

이와 같이 재료의 표준수량을 결정하는 데 유의할 점은 정상적 공손이나 불가피한 감손도 고려하여야 한다는 점이다.

재료가격의 표준을 결정하는 데 재료가격이 불변하거나 안정적일 때는 비교적 용이하나 가격의 변동이 심한 경우에는 곤란한 점이 많다. 그리고 재료가격은 재료구입량이나 구입방법·구입처에 따라 변동될 수도 있다. 따라서 기업의 구입정책은 물론 재무정책도 고려되어야 할 것이다. 재료를 구입하는 데에는 외부 또는 내부의 부대비용이 따르기 마련이다. 따라서 재료의 표준가격을 설정할 때 외부의 부대비용은 항목마다 혹은 총괄적으로 결정하고, 내부의 부대비용은 예정률을 적용하여 표준가격을 결정하여 적용하는 것이 보통이다.

(2) 직접노무비표준의 설정

직접노무비표준(Standard Direct Labor Costs)을 설정하기 위해서는 표준노동시간 및 표준임률이란 두 가지 측면으로 나누어 결정하고 아래와 같이 양자를 곱하여 설정한다.

직접노무비표준 = 표준노동시간 × 표준임률

표준노동시간을 결정하는 데 있어서는, 각 생산공정별로 1단위의 제품을 생산하는 데 소요되는 시간을 기술적인 검토와 실험, 즉 산업공학적 연구(Industrial Engineering Study)인 시간연구와 동작연구에 의한 과학적인 방법에 의해서 설정하여야 한다. 이때에도 일정한 여유시간을 감안하여 설정하여야 한다.

표준임률을 설정할 때에는 직접적인 임금뿐만 아니라 복리후생비 등 투입노동과 관련된 다른 원가도 고려해야 하며, 또한 노동자의 기술수준도 고려해야 한다. 따라서 이는 임금지급방법, 승진제도 등의 대내적인 정책에 따라 그 결정방법이 다르다. 일반적으로는 노동시장에 있어서 또는 동종기업 내지 직무에 대한 임률의 변동을 예측하여 결정하게 된다.

(3) 제조간접비표준의 설정

표준원가를 설정하는 데 있어서 가장 복잡하고 어려운 문제가 제조간접비의 표준(Standard Factory Overhead Costs)을 설정하는 문제이다. 제조간접비 표준을 설정하는 과정에서 선행되어야 할 일은 회사의 책임회계제도의 구조에 따라서 제조간접비를 원가중심점별로 배분하는 것이다. 직접재료비나 직접노무비는 생산량에 따라 비례하여 변동하나 제조간접비는 생산량의 변동과 비례하여 증감하지 않는다. 즉, 제조간접비에는 생산량의 증감에 따라 변동되는 변동비와 생산량과는 관계없이 일정하게 발생하는 고정비가 있어서 생산량의 변동에 따라 그 표준도 달라져야 하기 때문에 표준설정에 있어서는 고정제조간접비표준과 변동제조간접비표준으로 분리하여 설정하고, 이의 통합에 의하여 표준제조간접비가 계산되어야 한다.

효율적인 원가관리는 표준원가계산제도와 예산통제제도(Budget Control System)를 통하여 이루어지는 것이므로, 표준제조간접비의 결정에 있어서도 예산제도의 뒷받침이 없어서는 안 된다. 예산제도를 통한 제조간접비의 표준을 설정하는 경우에도 고정예산에 의한 방법과 변동예산에 의한 방법이 있다.

예산(Budget)이란 특정 생산활동을 수행하는 데 소비될 것으로 예상되는 자원의 투입량을 화폐금액으로 표시한 것을 말하는데, 예산의 편성에는 표준을 활용하여야 한다. 예를 들어, 제품단위당 표준노무시간은 5시간, 표준임률은 ₩3,000이라고 하면 500개의 제품을 생산하는 데 필요한 직접노무비 예산액은 ₩7,500,000이다. 이처럼 표준과 예산은 밀접하게 관련되어 있는데, 두 개념의 차이는 표준은 단위개념이고 예산은 총계개념이다. 예산은 융통성의 관점에서 크게 고정예산과 변동예산으로 구분된다.

1) 고정예산(Fixed Budget)에 의한 방법

고정예산은 정태예산(Static Budget)이라고도 부르는 것으로 1예산기간에 대해 일정의 조업도(생산량 혹은 작업시간)를 예정하여 이것을 중심으로 간접비예산을 설정하는 것이다. 고정예산의 산정기준이 되는 예정조업도는 예산기간의 판매예측과 생산계획에 입각하여 실제로 달성될 것이라고 기대되는 조업도인 것이다. 이와 같은 조업도에 대하여 간접비예산액을 고정비와 변동비로 구분하여 편성한다.

고정예산에 의한 표준제조간접비는 실제조업도가 예정조업도와 일치한다든가 또는 이와 유사한 조업도를 유지할 경우에는 실제간접비에 대해서 통제할 수 있는 기초를 이루게 되나, 양자가 현저한 차이가 있을 때에는 제조간접비의 실제발생액을 고정예산에 의한 표준제조간접비와 비교하여 분석하더라도 원가능률을 측정할 수 없다. 그러므로 제조간접비의 원가통제를 유효하게 하기 위해서는 다음에서 보는 변동예산에 의존하는 것이 좋다.

2) 변동예산(Variable Budget)에 의한 방법

이것은 탄력예산(Flexible Budget)이라고 하는 것으로서, 예기되는 범위 내에서 여러 조업도를 기준으로 하여 임의의 제조간접비예산을 편성하였다가 후에 실제경영활동과 상응하는 조업도를 선정하여 그 기준조업도에 따라 원가통제를 할 수 있도록 마련한 예산이다. 다시 말하여, 고정예산은 단일조업도하의 예산이고 변동예산이란 여러 개의 조업도를 가정하여 예산을 편성하는 것이다. 이 변동예산을 편성하는 방법에도 실사법(Physical Investigation Method)에 의한 경우와 공식법(Equation Method)에 의한 경우로 나누어진다.

첫째, 실사법은 예산기간에 발생될 것이라고 예상되는 관련범위(Relevant Range)에서 기준이 되는 일정의 조업도를 중심으로 여러 조업도를 설정하고 각각의 조업도에 대하여 허용할 수 있는 예산액을 변동비·준변동비(또는 준고정비), 고정비별로 실사에 의하여 산정한다. 그리고 후에 실제조업도와 맞지 않는 경우에는 실제조업도에 가장 가까운 조업도의 예산액을 가지고 실적과 비교하든가, 또는 보간법에 의하여 실제조업도에 해당하는 예산액을 산출하여 비교·분석을 하게 된다.

둘째, 공식법은 제조간접비를 고정비와 변동비로 2대별하여 변동비에 대해서는 변동비율을 계산하여 다음 공식에 의하여 예산액을 표시하는 것이다.

$$Y = F + vX$$

이 공식에서 Y는 예산허용액, F는 고정비, v는 변동비율, X는 조업도를 표시하는 수량 또는 금액이다. 따라서 실제조업도가 판명되었을 때에는 이에 대응하는 예산허용액을 산출하여 실제액과 비교할 수 있다.

[예제 1] W상사의 A기계부문의 조업도는 완성품수량으로 측정되어 있으며, 20×1년 6월의 목표조업도(계획조업도는 5,000단위이고, 변동제조간접비)의 항목은 다음과 같다.

A기계부문의 변동제조간접비 예산(20×1년 6월)

목표생산량	5,000단위
변동제조간접비:	
간접노무비	₩210,000
소모품비	50,000
수선비	40,000
변동제조간접비 합계	₩300,000

(이 부문예산은 고정예산방법에 의하여 작성됨)

실제변동간접비 발생액

간접노무비	₩208,000
소모품비	48,000
수선비	40,000
실제변동간접비합계	₩296,000

6월 말의 실제생산은 계획량보다 300단위가 적은 4,700단위가 생산되었다. 계획수량에 미달된 이유는 폭풍우 때문에 작업이 중단된 데에 주원인이 있다. A부문 직장의 책임은 제조명세서에 지시된 품질을 유지하는 것 이외에도 다음과 같은 두 가지가 있다. 첫째는 계획한 목표수량을 달성하는 것이고, 둘째는 일정한 생산량을 능률적으로 생산하는 것이다. 이 두 과제는 직장의 성과를 평가함에 있어서 분리되어야 한다. 그러나 고정예산의 경우에는 경영자의 성과에 대한 이 두 면을 구분할 수 없다는 것이 단점이다.

〈물음 1〉 위의 자료에 의하여 고정예산방법과 변동예산방법에 의한 업적보고서(성과보고서)를 각각 작성하고 비교・평가하여라.

[해 답]

변동제조간접비에 대한 A기계부문의 업적보고서(고정예산방법)

(20×1년 6월 말 현재)

비 목	실 적	예 산	차 이
생 산 수 량	4,700	5,000	300(U)
간접노무비	₩208,000	₩210,000	₩2,000(F)
소모품비	48,000	50,000	2,000(F)
수 선 비	40,000	40,000	-
합 계	₩296,000	₩300,000	4,000(F)

A기계부문의 제조간접비예산(변동예산방법)

(20×1년 6월 말 현재)

조 업 도	조 업 도			
생산수량 / 원가항목 및 변동비율	4,600	4,800	5,000	5,200
간접노무비 @₩42	₩193,200	₩201,600	₩210,000	₩218,000
소모품비 @₩10	46,000	48,000	50,000	52,000
수 선 비 @₩ 8	36,800	38,400	40,000	41,600
변동간접비 합계 @₩60	₩276,000	₩288,000	₩300,000	₩312,000

A기계부문의 변동제조간접비에 대한 업적보고서(변동예산방법)

(목표생산수량: 5,000단위
실제생산량: 4,700단위) (20×1년 6월 말 현재))

원가항목	실 적	예 산	차 이	비 고
간접노무비	₩208,000	₩197,400	₩10,600(U)	폭풍우로 인한 부동 시간이 많았음
소모품비	48,000	47,000	1,000(U)	
수 선 비	40,000	37,600	2,400(U)	폭풍우로 인한 추가 수선비 발생
변동간접비 합계	₩296,000	₩282,000	₩14,000(U)	

* 예산수치는 실제조업도 4,700단위를 기준으로 하였다.

여기서 첫 번째의 ₩4,000의 유리한 차이는 고정예산을 사용함으로써 잘못된 분석이므로 표에서와 같이 ₩14,000의 불리한 능률차이를 계산하고, 300개의 미달성부분은 별도로 조업도차이로 인식해야 한다.

제 3 절 표준원가차이의 분석

원가표준액이 요소별로 설정되면, 요소별 원가표준액의 집계로 표준원가가 산출된다. 표준원가가 결정되면 실제원가계산을 통한 표준과 실제를 비교・분석하여 그 원인을 규명하고, 차기의 경영계획 수립시의 기초자료로 Feedback된다. 따라서 원가관리란 실제발생원가를 표준원가에 근접시키고자 하는 경영노력이 되는 것이므로, 이와 같은 경영전략은 표준원가계산시스템으로써 구현되는 것이다.

표준원가차이(Standard Cost Variance)란 표준원가제도에서 표준원가와 실제원가의 차액을 비교하는 일종의 투입・산출분석이다. 즉, 표준원가에 의한 예산은 차이분석의 기초가 된다. 본 절에서 다루고자 하는 차이분석의 기본모형은 변동예산에 기초한 것이다. 여기서 투입은 실제투입된 원가이며, 산출은 실제생산된 완제품에 허용된 표준원가이다. 특정기간 동안에 발생한 실제투입원가와 실제생산량에 허용된 표준원가를 비교하여 차이를 구하는데, 이렇게 계산된 차이를 총차이(Total Variance)라 한다.

총차이는 크게 가격차이(Price Variance)와 능률차이(Efficiency Variance)로 구분되는데, 이와 같이 구분하는 이유는 다음과 같다. 일반적으로 구입가격에 대한 통제와 사용수량에 대한 통제는 서로 다른 시점에서 행해지는 반면, 재료사용에 대한 통제는 생산시점에서 행해진다. 그러므로 차이분석을 통하여 원가통제를 하고자 하는 경우에는 차이의 발생시점에서 차이를 보고하는 것이 필요하다. 이러한 이유에서 발생시점에 따라 가격차이와 수량차이를 구분하는 것이다. 구입가격에 대해 책임을 지는 부서와 사용수량에 대하여 책임을 지는 부서가 서로 다르기 때문에, 가격차이와 능률차이를 구분할 필요가 생긴다. 즉, 관리자는 자신이 통제할 수 있는 원가에 대해서만 책임을 져야 하기 때문에, 차이분석을 통하여 성과평가를 하고자 하는 경우에는 차이의 책임소재에 따라 차이를 보고하는 것이 필요하다. 이러한 이유에서도 가격차이와 능률차이를 구분할 필요가 있다.

아래에서는 가격차이와 능률차이에 대해서 구체적으로 살펴보기로 한다. 가격차이(Price Variance)는 실제가격(Actual Price: AP)에 실제투입량(Actual Quantity: AQ)을 곱한 금액과 표준가격(Standard Price: SP)에 실제투입량을 곱한 금액의 차이이다. 즉,

$$\text{가격차이} = (AP \times AQ) - (SP \times AQ) = (AP - SP) \times AQ$$

능률차이(Efficiency Variance)는 표준가격(SP)에 실제투입량(AQ)을 곱한 금액과 표준가격에 표준투입량(SQ)을 곱한 금액의 차이이다. 즉,

$$\text{능률차이} = (SP \times AQ) - (SP \times SQ) = (AQ - SQ) \times SP$$

이러한 차이분석의 일반모형을 요약하면 아래와 같다.

차이분석의 일반모형

(1) 실제발생금액 $(AP \times AQ)$	(2) 표준가격 × 실제투입량 $(SP \times AQ)$	(3) 표준가격 × 실제산출량에 대해 허용된 표준투입량 $(SP \times SQ)$
가격차이 = (1) - (2)	능률차이 = (2) - (3)	
총차이 = (1) - (3)		

원가차이를 몇 가지로 분류하는 것이 가장 적합하느냐에 대한 정설은 없

지만, 일반적으로 원가요소별로 재료비차이, 노무비차이, 제조간접비차이로 나누어지고, 이들은 다시 가격차이와 능률차이로 나누어지는데, 그 유형은 다음과 같이 분류된다.

- 표준원가차이
  - 직접재료비차이
    - 가격차이
      - 구입 가격차이
      - 소비 가격차이
    - 수량차이
      - 배합차이
      - 수율차이
  - 직접노무비차이
    - 임률차이
    - 능률차이
      - 배합차이
      - 수율차이
  - 제조간접비차이
    - 변동제조간접비차이
      - 소비차이
      - 능률차이
    - 고정제조간접비차이
      - 예산차이
      - 조업도차이

또는
- 2분법
  - 관리가능차이
  - 조업도차이
- 3분법
  - 예산차이
  - 능률차이
  - 조업도차이

1. 직접재료비의 차이분석

직접재료비의 차이는 표준원가로서의 직접재료비와 직접재료비의 실제발생액과의 차액을 말하는 것으로서 이것은 가격차이와 수량차이로 나누어 산정된다. 가격차이와 수량차이는 다음의 산식에 의하여 계산한다.

가격차이 = (표준가격 - 실제가격) × 실제소비량(또는 실제구입량)

수량차이 = (표준소비량 - 실제소비량) × 표준가격

이 계산법은 다음의 그림에 의하여 이해하는 것이 편리하다.

직접재료비 차이분석법

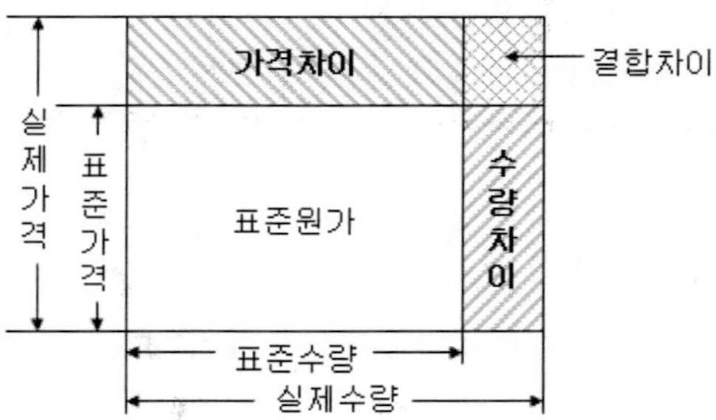

위의 그림에서 알 수 있는 바와 같이 직접재료비차이는 가격차이·수량차이·결합차이로 나누어지고, 각 차이의 내용은 다음과 같다.

가격차이 = 표준과 실제의 가격차이에 표준소비량을 곱한 것

결합차이 = 표준과 실제의 가격차이에 표준과 실제의 소비량 차이를 곱한 것

수량차이 = 표준과 실제의 소비량차이에 표준가격을 곱한 것

그러나 문제가 되는 것은 결합차이로서 이것은 가격차이의 내용과 수량차이의 요소가 합해진 형태이므로, 원가관리의 측면에서 그 의미가 적어 보통 어느 한쪽에 포함시켜 산출하고 통제하게 된다. 직접재료비차이를 가격차이와 수량차이로 대별할 때 어느 쪽에든지 포함시킬 수 있으나 가격차이로 취급하는 것이 보통이다. 그 이유는 가격차이는 기업이 통제할 수 없는 기업외부요인에 의하여 발생하는 경우가 많은 데 대해서, 수량차이는 기업이 통제할 수 있는 내부요인에 의하여 발생하게 되므로 원가통제적 입장에서 소비량차이는 엄격하게 계산할 필요가 있어 이를 가격차이에 포함시키게 되는 것이다.

표준원가차이는 실제가 표준보다 큰 경우에는 표준보다 높은 가격수량이 소요되었기 때문에 불리한 차이(Unfavorable Variance)를 나타내고 반대의 경우에는 유리한 차이(Favorable Variance)로 구분되어, 보통 ₩50,000이 불리한 차이라면 ₩50,000(U)로, ₩100,000이 유리한 차이라면 ₩100,000(F)로 표시된다.

재료가격차이는 재료 종류별로 송장, 출고청구서 등을 자료로 분석하게 되는데, 가격차이가 발생하는 원인은 일반적으로 다음과 같다.

① 시장가격의 변동
② 부적당한 예정가격 또는 표준가격
③ 불리 또는 유리한 구입량, 구입처, 구입방법

재료의 수량차이는 재료의 종류별로 재료출고청구서, 작업폐물전표, 검사보고서 등에 의하여 그 차이의 발생원인을 분석하고, 차이가 나타나는 원인으로는 다음과 같은 것이 있다.

① 부적당한 소비량표준의 설정
② 규격 외 또는 불량재료의 사용
③ 제품규격 · 기구공구 · 작업방법의 변경
④ 작업능률의 저하
⑤ 제품설계와 생산방법의 변경

2. 직접재료비의 차이분류

직접재료비차이를 가격차이와 수량차이로 구분할 때, 가격차이는 구입시점에서 계산하느냐, 출고시점에서 계산하느냐에 따라 구입가격차이와 소비가격차이로 나누어지고, 수량차이는 여러 종류의 재료배합방식에 따라 배합차이와 수율차이로 나누어진다.

재료가격차이 ┌ 구입가격차이
　　　　　　 └ 소비가격차이

재료수량차이 ┌ 배합차이
　　　　　　 └ 수율차이

(1) 가격차이

직접재료비의 가격차이(Material Price Variance)는 실제투입량으로 고정시킨 상태에서 실제가격과 표준가격과의 차이를 말한다. 즉, 가격차이는 실제원가와 실제산출량에 대한 표준원가와의 차이이다.

가격차이 = (실제가격 – 표준가격) × 실제소비량

재료가격차이는 재료구입시점에서 계산하느냐, 소비시점에서 계산하느냐에 따라 구입시점가격차이와 소비시점가격차이로 나누어진다.

1) 구입시점에서 가격차이

직접재료는 구입과 소비 사이에 시간적 차이가 있다. 또한 직접재료의 가격차이는 구매부문의 업적평가지표이므로 구매시점에서 구매활동에 대한 통제가 가능하도록 하는 것이 보다 합리적이다. 이에 따라 직접재료비의 가격차이를 구입시점에서 계산하게 되는바, 이를 구입가격차이(Purchase Price Variance)라고 한다.

구입가격차이 = (실제가격 – 표준가격) × 실제구입량

구입가격차이는 직접재료의 소비 여부에 관계없이 구입시점의 구입량을 바탕으로 계산한다. 구입시점에서 가격차이를 계산 · 기장하는 경우에는 직접

재료의 소비시점에서는 가격차이는 계산하지 아니한다.

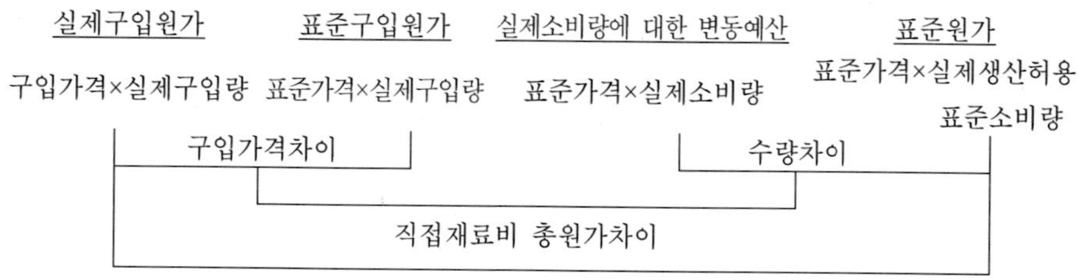

2) 소비시점에서 가격차이

직접재료비 가격차이를 소비시점에서 분리하는 경우에는 직접재료비 가격차이는 생산에 실제로 사용된 재료가격을 근거로 계산된다.

즉, 직접재료를 구입시점에서는 실제가격으로 계산하고, 출고, 소비하는 시점에서 직접재료의 가격차이를 계산하는 경우 이를 소비가격차이(Usage price variance)라고 한다.

이상에서 설명한 소비시점에서의 직접재료비 가격차이분석은 다음과 같다.

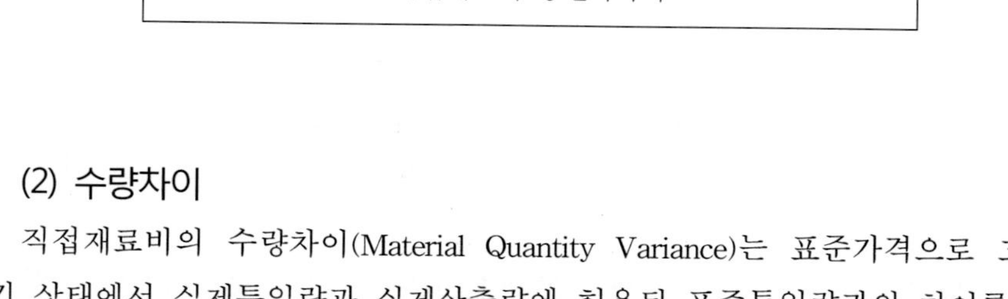

(2) 수량차이

직접재료비의 수량차이(Material Quantity Variance)는 표준가격으로 고정시킨 상태에서 실제투입량과 실제산출량에 허용된 표준투입량과의 차이를 말한다. 즉, 수량차이는 실제소비량에 대한 표준원가와 표준소비량에 대한 표준가격과의 차이이다. 여기서 표준소비량이라 함은 실제 산출량의 생산에 허용된 표준투입량을 의미한다.

수량차이는 능률차이(Efficiency Variance)라고도 한다. 수량차이는 다음 식으로 계산한다.

수량차이(능률차이) = (실제소비량 − 표준소비량) × 표준가격

수량차이는 기업이 통제할 수 있는 내부요인에 의하여 발생하는 것이 일반적이므로 제조부문의 원가관리를 위하여 수량차이는 중요한 역할을 한다.

[예제 2] 다음 자료는 (주)원광실업의 5월 중 제품생산에 관련된 자료이다.

직접재료구입량: 6,000kg　　실제구입단가: @₩15
직접재료소비량: 4,000kg　　표준구입단가: @₩14
제품 1단위 생산을 위한 직접재료의 표준소비량: 6kg
5월 중 제품생산량: 700개

〈물음 1〉 직접재료의 ① 구입시점, ② 소비시점에서 가격차이와 수량차이를 계산하라.

[해　답] ① 구입시점에서의 가격차이

₩15 × 6,000kg	₩14 × 6,000kg	₩14 × 4,000kg	₩14 × 700개 × 6kg
=₩90,000	= 84,000	= ₩56,000	= ₩58,800
가격차이 ₩6,000(U)		수량차이 ₩2,800(F)	

② 소비시점에서 가격차이

₩15 × 4,000kg	₩14 × 4,000kg	₩14 × 700개 × 6kg
= ₩60,000	= 56,000	= ₩58,800
가격차이 ₩4,000(U)	수량차이 ₩2,800(F)	
직접재료비 총차이 ₩1,200(U)		

3. 직접노무비의 차이분석

직접노무비의 차이(KDirect Labor Variance)는 표준원가에 의한 직접노무비(Direct Labor Costs)와 직접노무비의 실제발생액(Actual Labor Costs)과의 차이를 말한다. 이것은 부문별 또는 작업구분별 등으로 임률차이(Laborrate Variance)와 능률차이(Efficiency Variance)로 나누어 계산한다. 직접노무비의 경우 능률차이는 결국 작업시간의 과부족으로 발생하는 차이이므로 작업시간차이가 되고, 임률차이는 노동의 단위가격에 대한 차이이므로 가격차이가 된다. 이 두 차이는 다음의 산식으로 나누어 계산한다.

직접노무비차이 = 실제직접노무비 − 표준직접노무비

임률차이 = (표준임률 − 실제임률) × 실제작업시간

능률차이 = (표준작업시간 − 실제작업시간) × 표준임률

이와 같은 직접노무비의 차이분석과 같이 다시 요약할 수 있다.

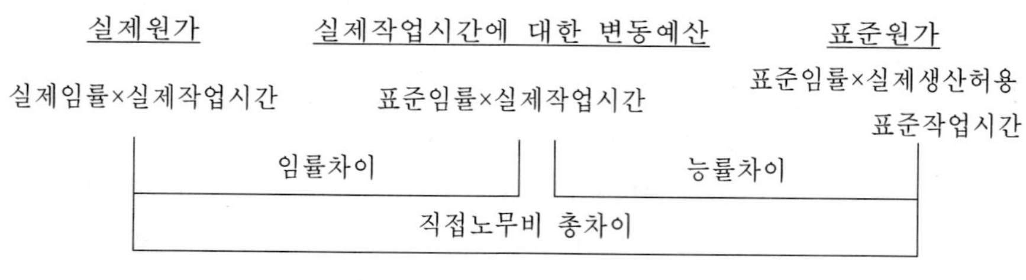

직접노무비의 구성·내용을 보면 임률차이·능률차이 이외에 결합차이가 있다. 그러나 이것 역시 직접재료비의 차이분석에서와 같이 기업내부에서 통제할 수 있는 작업시간의 차이를 명백히 하기 위해서는 임률차이와 능률차이의 복합적 관계에서 나타난 결합차이를 기업의 통제영역 외에 있는 임률차이에 포함시켜 계산하는 것이 보통이다. 위의 산식의 구체적 근거를 도표로 그려보면 다음과 같다.

직접노무비 차이분석

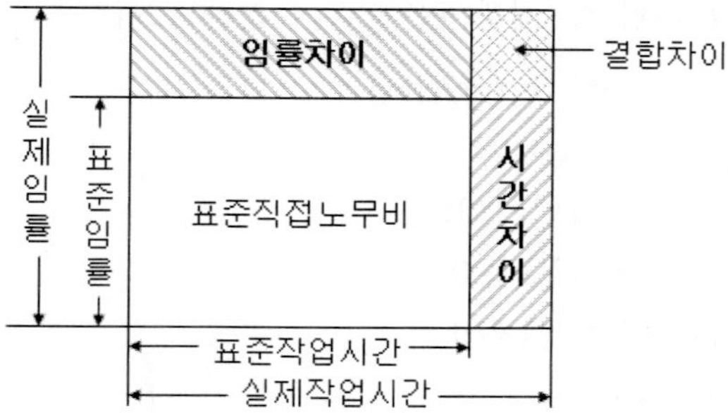

임률차이는 부문별 또는 작업구분에 의한 임금일보 등을 기초자료로 하여 그 원인분석을 한다. 임률차이가 나타나는 원인은 일반적으로 다음과 같은 것이 있다.

① 임률의 변경
② 부적당한 표준임률의 설정
③ 지정 이외의 노동등급의 사용 및 긴급작업을 위한 고임률의 지급, 작업시간의 차이는 부문별·작업별 시간보고서와 공손보고서에 따라 그 발생원인을 분석한다.

그 발생원인으로는 다음과 같은 것이 있다.

① 부적당한 작업시간 표준의 설정
② 노동자의 미숙련, 태만
③ 작업환경의 변경
④ 제품설계의 변경
⑤ 사용하는 기계공구의 변경
⑥ 종업원의 선택·훈련 및 배치의 불량
⑦ 빈번한 노동이동

[예제 3] (주)사천기업은 표준원가계산제도에 의하여 직접노무비를 계산하고 있으며 다음은 6월 중 제품생산과 관련된 자료이다.

- 실제직접노무비액: ₩2,400,000
- 실제작업시간: 1,500시간
- 제품단위당 표준작업시간: 14시간
- 시간당 표준임률: ₩1,700
- 9월 중 제품생산량: 120개

〈물음 1〉 직접노무비의 능률차이와 임률차이는 얼마인가?

[해 답]

실제원가	실제작업시간에 대한 변동예산	표준원가
실제임률×실제작업시간	표준임률×실제작업시간	표준임률×실제생산허용 표준작업시간
	₩1,700×1,500시간	₩1,700×120개×14시간
= ₩2,400,000	= ₩2,550,000	= ₩2,856,000

임률차이 ₩150,000(F)	능률차이 ₩306,000(F)
직접노무비 총차이 ₩456,000(F)	

4. 제조간접비의 차이분석

제조간접비차이는 표준제조간접비와 실제제조간접비의 차이로서 제조간접비차이를 분석하는 데에는 몇 개로 분류하여 이루어진다.

첫째, 제조간접비차이는 변동제조간접비차이와 고정제조간접비차이로 구분된다. 변동제조간접비차이는 조업도의 증감에 따라 비례적으로 증감하는 제조간접비의 차이로서 소비차이(Spending Variance)와 능률차이(Efficiency Variance)로 다시 구분되고, 고정제조간접비차이는 예산차이(Budget Variance)와 조업도차이(Volume Variance)로 세분된다.

둘째, 변동제조간접비차이와 고정제조간접비차이를 구분하지 않고 결합제조간접비차이를 분석하는 것으로서, 예산차이와 능률차이 및 조업도차이의 세 가지로 세분된다.

셋째, 구분법은 위의 3분법을 예산차이와 능률차이를 합하여 관리가능한 관리가능차이(Controllable Variance)와 고정제조간접비에서 조업도의 변동으로 발생하는 관리불능차이(Uncontrollable Variance)의 두 가지로 나누어진다.

이를 표로 나타내 보면, 아래와 같다.

4분법	3분법	2분법
소비차이 예산차이	예산차이	관리가능차이
능률차이	능률차이	
조업도차이	조업도차이	관리불능차이

이를 변동제조간접비차이 · 고정제조간접비차이 및 결합제조간접비차이로 나누어 설명하면 다음과 같다.

(1) 변동제조간접비의 차이분석

변동제조간접비 총차이(Variable Overhead Total Variance)란 실제변동제조간접원가와 표준배부율에 의하여 제품에 배부한 표준변동제조간접원가의 차이를 말하며 이는 변동제조간접비 소비차이와 변동제조간접비 능률차이로 구분한다.

소비차이(Spending Variance)는 변동제조간접비의 실제액과 실제작업시간에 대한 예산액과의 차이이다. 실제작업시간에 대한 예산액은 실제투입량에 근거한 변동예산액을 말한다. 반면에 능률차이(Efficiency Variance)는 변동제조간접비의 실제작업시간에 대한 예산액과 표준작업시간에 대한 예산액 간의 차이를 말한다. 표준작업시간에 대한 예산액은 실제산출량에 근거한 변동예산액을 말하며, 이는 표준배부액이라고 표현하며, 이를 수식과 기본틀로 나타내면 다음과 같다.

변동제조간접비 총차이 = 변동제조간접비의 실제액 − 표준시간에 대한 표준배부액
= 소비차이 + 능률차이

· 소비차이 = 실제원가 − 실제투입량에 근거한 변동예산
= (실제배부율 × 실제시간) − (표준배부율 × 실제시간)
= (실제배부율 − 표준배부율) × 실제시간

· 능률차이 = 실제투입량에 근거한 변동예산 − 변동예산
= (표준배부율 × 실제시간) − (표준배부율 × 실제생산에 허용된 표준시간)
= (실제시간−실제생산에 허용된 표준시간) × 표준배부율

변동제조간접비 실제액	실제시간에 근거한 변동예산	변동제조간접비 표준배부액원가
실제배부율 × 실제시간	표준배부율 × 실제시간	표준배부율 × 실제생산허용표준시간
소비차이		능률차이
변동제조간접비 총차이		

[예제 4] (주)하림의 6월 중 제품 A의 생산과 관련된 자료이다. 이 기업은 제조간접비 표준설정시 변동예산제도를 이용하고 있다.

- 변동제조간접비의 변동예산: ₩28,800
- 제품 A의 단위당 표준투입시간: 3시간
- 6월중 제품 A의 예산생산량: 800개
- 6월중 제품 A의 실제생산량: 500개
- 실제변동제조간접비 발생액: ₩12,320
- 당기 중에 제품제조에 투입된 직접노동시간: 1,100시간
- 변동제조간접비는 표준직접작업시간에 비례하여 배부한다.

〈물음 1〉 변동제조간접비 소비차이와 능률차이를 계산하라.

[해 답] 변동제조간접비차이를 분석하기 위해서는 먼저 변동제조간접비 표준(예정)배부율을 구해야 한다. 변동제조간접비 표준배부율은 변동제조간접비 예산을 표준직접노동시간으로 나누어 구한다. 즉, 변동제조간접비 예산 ₩28,800을 표준직접노동시간 2,400시간(800개 × 3시간)으로 나누면 변동제조간접비 표준배부율은 시간당 ₩12이 된다. 이와 같이 계산된 변동제조간접비

표준배부액을 사용하여 변동제조간접비차이를 분석해 보면 다음과 같다.

실제발생액	표준배부율 × 실제시간	표준배부율 × 실제생산허용표준시간
실제배부율 × 1,100시간	₩12 × 1,100시간	₩12 × 500개 × 3시간
= 12,320	= 13,200	= 18,000

소비차이 ₩880(F)	능률차이 ₩4,800(F)
변동제조간접비 총차이 ₩5,680(F)	

(2) 고정제조간접비의 차이분석

고정제조간접비의 차이(Fixed Overhead Variance)는 실제고정제조간접비와 표준배부율에 의하여 제품에 배부한 표준고정제조간접비와의 차이를 말하며, 이것은 예산차이(소비차이)와 조업도차이로 나뉘어진다.

예산차이(Budget Variance)는 고정제조간접비의 실제발생액과 예산액 간의 차이이다. 조업도차이(Capacity Variance)는 고정제조간접비의 예산액과 표준시간에 대한 표준배부액 간의 차이이다. 조업도차이는 생산수량차이(Production Volume Variance) 또는 유휴설비차이라고도 한다. 표준배부액은 고정제조간접비 표준배부율에 표준시간을 곱하여 계산한다.

이를 수식으로 나타내면 다음과 같다.

고정제조간접비 총차이 = 고정제조간접비의 실제액 − 고정제조간접비의 표준배부액
= 예산차이 + 조업도차이

- 예산차이 = 고정제조간접비의 실제액 − 고정제조간접비의 예산액
  = (실제배부율 × 실제조업도) − (표준배부율 × 기준조업도)
- 조업도차이 = 고정제조간접비의 예산액 − 고정제조간접비의 표준배부액
  = (표준배부율 × 기준조업도) − (표준배부율 × 실제생산에 허용된 표준조업도)
  = (기준조업도−실제생산에 허용된 표준조업도) × 표준배부율

- 고정제조간접비 표준배부율 $= \dfrac{\text{고정제조간접비 예산액}}{\text{기준조업도}}$

- 고정제조간접비 실제배부율 $= \dfrac{\text{고정제조간접비 실제액}}{\text{실제조업도}}$

고정제조간접비 실제액	고정제조간접비 예산액	고정제조간접비 표준배부액
실제배부율 × 실제조업도	표준배부율 × 기준조업도	표준배부율 × 실제생산허용표준조업도
예산차이		조업도차이
고정제조간접비 총차이		

[예제 5] 다음은 (주)하임의 6월 중 제품 A의 생산과 관련된 자료이다. 이 기업은 제조간접비표준 설정시 고정예산제도를 이용하고 있다.

- 고정제조간접비 예산: ₩42,000
- 제품 A의 단위당 표준직접노동시간: 3시간
- 고정제조간접비 실제발생액: ₩37,600
- 기준조업도: 1,500시간
- 6월 중 제품 A의 생산된 제품: 600단위

〈물음 1〉 고정제조간접비 소비차이와 조업도차이를 계산하라.

[해 답]

고정제조간접비차이를 분석하기 위해서는 먼저 고정제조간접비 표준배부율을 구해야 한다. 고정제조간접비 표준배부율은 고정제조간접비 예산을 기준조업도로 나누어서 구한다. 즉, 고정제조간접비 예산 ₩42,000을 기준조업도 1,500시간으로 나누면 고정제조간접비 표준배부율은 시간당 ₩28이 된다. 이와 같이 계산된 변동제조간접비 표준배부율을 사용하여 고정제조간접비차이를 분석해 보면 다음과 같다.

실제발생액	고정제조간접비 예산	고정제조간접비 표준배부액
실제배부율 × 실제조업도	표준배부율 × 기준조업도	표준배부율 × 실제생산허용표준조업도
₩37,600	₩28 × 1,500시간 = ₩42,000	₩28 × (600개 × 3시간)= ₩50,400
소비차이 4,400(F)	조업도차이 8,400(F)	
고정제조간접비 총차이 ₩12,800(F)		

(3) 결합제조간접비의 차이분석

제조간접비를 변동제조간접비와 고정제조간접비로 구분하지 않고 결합된 형식으로 표현할 수 있는 차이분석의 방법을 결합제조간접비 분석(Combine Overhead Analysis)이라 한다.

결합제조간접비 차이분석에는 2분법, 3분법과 4분법이 있다. 3분법은 앞에서 본 바와 같이 예산차이 · 능률차이 · 조업도차이로 구분하는 것을 말하며, 2분법은 관리가능차이와 관리불능차이로 구분하는 것을 말한다. 예산차이와 능률차이는 관리가능차이이며 조업도차이는 관리불능차이이다.

예산차이는 제조간접비의 실제발생액과 실제작업시간에 대한 예산액과의 차이이고, 능률차이는 실제작업시간에 대한 예산과 실제생산량 제조에 허용된 표준작업시간에 대한 예산과의 차이로 이는 예산선상에서 나타난다. 조업도차이는 허용표준시간에 대한 예산과 고정제조간접비의 배부액과의 차이로 이는 예산선과 배부선의 차이로 나타난다. 즉,

예산차이 = 실제발생액 – 실제시간에 대한 예산

능률차이 = 실제시간예산 – 허용표준시간에 대한 예산

조업도차이 = 허용표준시간예산 – 허용표준시간에 대한 배부액

결합제조간접비의 차이분석, 변동제조간접비의 차이분석, 고정제조간접비의 차이분석 간의 관계를 쉽게 이해할 수 있다. 즉, 결합제조간접비의 차이는 변동제조간접비의 예산차이와 고정제조간접비의 예산차이의 합과 같고, 결합제조간접비의 능률차이는 변동제조간접비의 능률차이와 같으며, 결합제조간접비의 조업도차이는 고정제조간접비의 조업도차이와 같다. 이와 같은 결합

제조간접비의 차이분석방법은 변동제조간접비와 고정제조간접비의 차이분석 방법과 근본적으로 다를 것이 없다.

1) 4 분 법

4분법(Four-Way-Analysis)은 앞에서와 같이 고정간접비와 변동간접비의 차이를 별도로 계산하는 방법이며, 간접제조원가의 총차이를 소비차이 · 능률차이 · 예산차이 · 조업도차이로 분리하는 방법이다. 4분법에 의한 차이분석을 위해서는 실제간접원가를 변동간접원가와 고정간접원가로 분리할 수 있어야 한다. 그러나 실제로 전력비나 수선유지비와 같은 준변동원가는 고정원가와 변동원가로 명확히 분류할 수 없다. 따라서 회계장부상에 원가가 형태별로 기장되어 있지 않으면 실제로 4분법을 이용하는 것이 어려워진다.

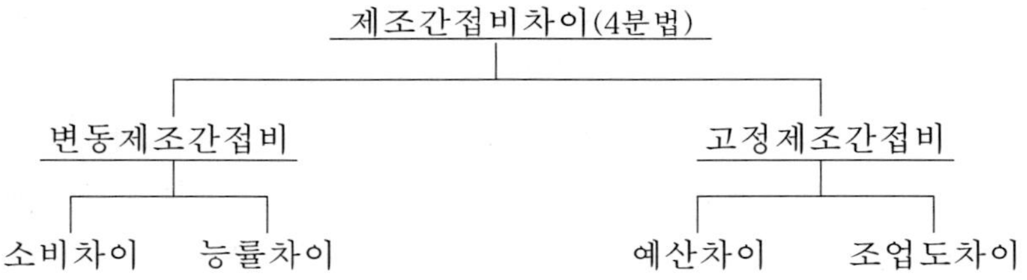

2) 3 분 법

3분법(Three-Way-Analysis)은 간접원가차이를 예산(또는 소비)차이, 능률차이, 생산조업도차이로 분리하는 방법이다. 이 방법은 과거원가의 분석을 통하여 고정간접원가와 변동간접원가를 추정할 수는 있으나 회계장부상에 고정간접원가와 변동간접원가로 분리하여 있지 않은 경우에 이용된다. 이 방법에 의한 제조간접비의 예산차이 · 능률차이 · 조업도차이는 다음과 같이 계산된다.

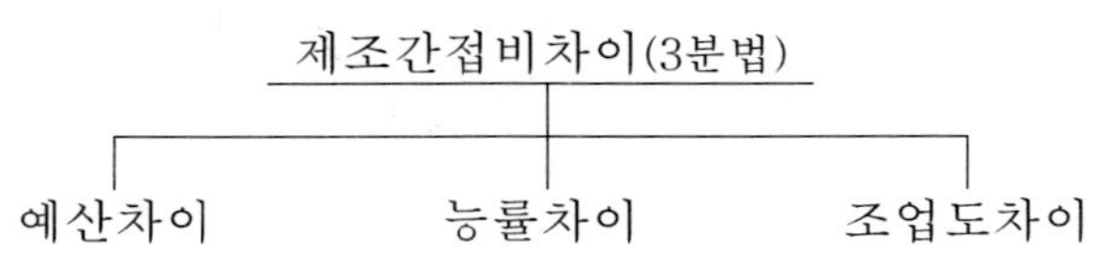

· 예산차이 = 제조간접비 실제액 - {(변동제조간접비 표준배부율 × 실제시간) + 고정제조간접비 예산액}

· 능률차이 = (실제시간 - 실제생산허용표준시간) × 변동제조간접비 표준배부율

· 조업도차이 = (기준조업도 - 실제생산허용표준조업도) × 고정제조간접비 표준배부율

※ 제조간접비 표준배부율 = 변동제조간접비 표준배부율 + 고정제조간접비 표준배부율

3) 2 분 법

이 방법은 간접원가의 총차이를 예산차이(또는 관리가능차이)와 조업도차이(또는 관리불능차이)로 분리하는 방법이다. 2분법(Two-Way-Analysis)도 역시 장부상에 고정간접원가와 변동간접원가로 구분되어 있지 않은 경우를 가정한다. 그러나 이 경우에도 고정간접원가 배부율과 변동간접원가 배부율은 계산될 수 있어야 한다. 2분법이 다른 점은 3분법의 예산(소비)차이와 능률차이를 합쳐서 예산차이로 한 점이다. 2분법에 의한 관리가능차이와 조업도차이는 다음과 같다.

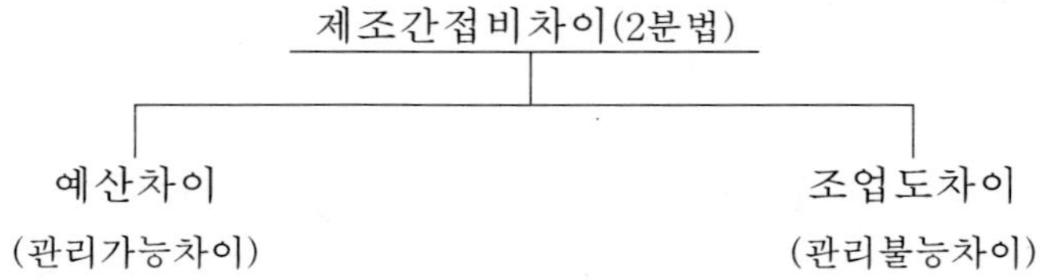

· 관리가능차이 = 제조간접비 실제액 - {(변동제조간접비 표준배부율 × 실제생산허용표준시간) + 고정제조간접비 예산액}

· 조업도차이 = (기준조업도 - 실제생산허용표준조업도) × 고정제조간접비 표준배부율

[예제 6] 다음은 (주)서울기업의 20×1년 중의 자료이다.

· 기준조업도는 1,500작업시간이다. 이때 제품의 생산량은 500개이며, 총제조간접비 예산액은 ₩7,500이다.

· 20×1년 중 종합예산을 편성하면서 제품의 생산량은 450개, 총제조간접비 예산액은 ₩7,050으로 하다.

· 20×1년 중 실제제품생산량은 480개이며, 실제작업시간은 1,700시간이었다.

· 20×1년 중 총제조간접비 실제액은 ₩7,000이었으며 이 중 ₩4,200은 변동제조간접비이었다.

· 변동제조간접비 표준배부율은 직접작업시간당 ₩3이다.

· 고정제조간접비 예산액은 ₩3,000이다.

· 고정제조간접비 표준배부율은 ₩2이다.

〈물음 1〉 제조간접비차이를 4분법, 3분법, 2분법에 의하여 계산하라.

[해 답]

· 4분법 이용의 경우:

우선 표준작업시간을 계산하면 1,440시간(480개 × 3시간)이다.

변동제조간접비 소비차이 = ₩4,200 − (1,700시간 × ₩3) = ₩900(유리)

변동제조간접비 능률차이 = (1,700시간 − 1,440시간) × ₩3 = ₩780(불리)

고정제조간접비 예산차이 = (₩7,000 − ₩4,200) − ₩3,000 = ₩200(유리)

고정제조간접비 조업도차이 = ₩3,000 − (1,440시간 × ₩2) = ₩120(불리)

· 3분법 이용의 경우:

예산차이 = ₩7,000 − ((₩3 × 1,700시간) + ₩3,000) = ₩1,100(유리)

능률차이 = (1,700시간 − 1,440시간) × ₩3 = ₩780(불리)

조업도차이 = ₩3,000 − (1,440시간 × ₩2) = ₩120(불리)

· 2분법 이용의 경우:

관리기능차이 = ₩7,000 − ((₩3 × 1,440시간) + ₩3,000) = ₩320(유리)

조업도차이 = (1,440시간 − 1,500시간) × ₩2 = ₩120(불리)

※ 4분법 · 3분법 · 2분법에 의한 차이분석을 요약하면 다음과 같다.

4분법		3분법		2분법		
변동비 소비차이	900(F)					
고정비 예산차이	200(F)	예산차이	1,100(F)			
변동비 능률차이	780(U)	능률차이	780(U)	관리가능차이	320(F)	총차이
고정비조업도차이	120(U)	조업도차이	120(U)	조업도차이	120(U)	200(F)

(4) 배합차이와 수율차이

여러 종류의 생산요소를 투입하여 한 종류의 제품을 생산하는 경우에는 수량(능률)차이를 배합차이와 수율차이로 세분할 수 있다. 이것을 이해하기 위해서는 먼저 생산요소의 배합과 수율에 대하여 살펴보아야 한다.

생산요소의 배합(mix of production factor)이란 여러 종류의 생산요소를 투입하여 한 종류의 제품을 생산하는 경우, 그 제품의 생산에 투입된 전체 생산요소의 양 가운데 특정 생산요소의 양이 차지하는 상대적인 비율을 말한다.

$$\text{배합비율} = \frac{\text{특정 생산요소의 양}}{\text{전체 생산요소의 양}} \times 100(\%)$$

예를 들어 W공업사는 염료 X 30kg과 염료 Y 70kg을 투입하여 완제품 Z를 생산한다면, 이때 염료 X의 배합비율은 30%가 되고 염료 Y의 배합비율은 70%가 된다.

수율(Yield)이란 생산요소의 투입량과 제품산출량과의 비율을 말한다.

$$\text{수율비율} = \frac{\text{제품산출량}}{\text{생산요소의 투입양}} \times 100(\%)$$

예를 들어, 염료 X 30kg과 염료 Y 70kg을 투입한 결과 80kg의 생과자가 생산된다면 수율은 80%(=80kg/100kg)가 된다.

생산요소에 대해서는 가격차이와 능률차이가 발생하는데, 이 양자 사이에는 서로 상반관계가 존재하게 된다. 예를 들어, 질이 낮은 값싼 원재료를 사용하면 직접재료비 가격차이가 유리하게 나타나지만 그로 인해 직접재료비 수량(능률)차이가 불리하게 나타난다. 그리고 경험이 적은 비숙련공을 고용하면 직접노무비 임률차이가 유리하게 나타나지만 그로 인해 직접노무비 능률차이가 불리하게 나타난다. 이와 마찬가지로 여러 종류의 원재료를 투입하여 한 종류의 제품을 생산하는 경우에 나타나는 상반관계는 배합차이와 수율차이로 설명할 수 있다.

여기서 배합차이(Mix Variance)는 대체투입이 가능한 원재료와 노동력의 표준투입비율이 실제투입비율과 상이함으로써 나타나는 재료비와 노무비의 차이를 말하며, 수율차이(Yield Variance)란 표준수율과 실제수율이 상이함으로써 나타나는 재료비나 노무비의 차이를 말한다. 따라서 원재료나 노동력의 대체투입이 불가능한 경우나 단일 원재료와 단일 노동력의 경우에 배합차이는 영(Zero)이 되며 수율차이는 재료수량차이나 노무비시간차이와 동일하게 된다.

여러 종류의 원재료 중에서 어느 하나의 원재료에 대한 배합차이와 수율차이를 계산하는 식은 다음과 같다.

실제원가	실제투입량의 실제배합예산	실제투입량의 표준배합예산	변동예산
실제가격×실제투입량	표준가격×실제투입량	표준가격×실제총투입량 ×표준배합	표준가격×실제생산에 허용된 표준투입량
실제가격×실제투입량	표준가격×실제총투입량 ×실제배합	표준가격×실제총투입량 ×표준배합	표준가격×실제생산에 허용된 표준총투입량×표준배합

가격차이	배합차이		수율차이
	수량차이		

배합차이와 수율차이의 계산식을 살펴보면 바로 이 두 차이를 합계한 것이 수량차이임을 확인할 수 있다. 즉,

배합차이 + 수율차이 = (표준가격 × 실제투입량) - (표준가격 × 실제생산량에 허용된 표준투입량)
= 수량차이

위의 수식은 다음과 같이 나타낼 수 있다.

배합차이 = 실제배합에 의한 변동예산 - 실제투입량의 표준배합예산
수율차이 = 실제투입량의 표준배합예산 - 표준투입량의 표준배합예산

[사례 1] 다음 자료에 의하여 재료의 가격차이와 수량차이를 계산하고, 다시 배합차이와 수율차이로 구분하여 분석하여 보자.

표준가격 A재료 100kg × ₩10 + B재료 100kg × ₩20 = ₩3,000(합계 200kg) 실제가격 A재료 80kg × ₩10 + B재료 120kg × ₩20 = ₩3,200(합계 200kg)

가격차이 = A(₩10 - ₩10) × 80kg + B(₩20 - ₩20) × 120kg = ₩0

수량차이 = A(100kg - 80kg) × ₩10 + B(100kg - 120kg) × ₩20
= ₩200 - ₩400 = -₩200

배합차이 = A(200 × 0.5kg - 80kg) × ₩10 + B(200 × 0.5kg - 120kg) × ₩20
= -₩200

수율차이 = A(200 × 0.5kg - 100kg) × ₩10 + B(200 × 0.5kg - 100kg) × ₩30
= ₩0

사례에서는 ₩200의 불리한 수량차이가 나왔지만, 실제의 총투입량이 표준투입량과 같으므로, ₩200의 불리한 수량차이는 모두 배합차이에 의해서 발생한 것이다.

[사례 2] 투입량의 변화 사례

표준가격 A재료 100kg × ₩10 + B재료 100kg × ₩20 = ₩3,000(합계 200kg)
실제가격 A재료 120kg × ₩10 + B재료 120kg × ₩20 = ₩3,600(합계 240kg)

가격차이 = A(₩10 − ₩10) × 80kg + B(₩20 − ₩20) × 120kg = ₩0
수량차이 = A(100kg − 120kg) × ₩10 + B(100kg − 120kg) × ₩20
= −₩200 − ₩400 = −₩600
배합차이 = A(240 × 0.5kg − 120kg) × ₩10 + B(240 × 0.5kg − 120kg) × ₩20
= ₩0
수율차이 = A(100kg − 240 × 0.5kg) × ₩10 + B(100kg − 240 × 0.5kg) × ₩20
= −₩600

이 사례에서는 ₩600의 불리한 수량차이가 나왔지만, A재료와 B재료의 배합은 5 : 5로 표준배합율과 실제의 배합률이 같으므로, 배합차이는 발생하지 않지만, 실제의 총투입량이 표준투입량을 40kg 초과하였으므로, ₩600의 불리한 수량차이는 모두 수율의 차이에 의해서 발생한 것이다.

[사례 3] 결합사례

표준가격 A재료 100kg × ₩10 + B재료 100kg × ₩20 = ₩3,000(합계 200kg)
실제가격 A재료 120kg × ₩10 + B재료 180kg × ₩20 = ₩4,800(합계 300kg)

가격차이 = A(₩10 − ₩10) × 80kg + B(₩20 − ₩20) × 120kg = ₩0
수량차이 = A(100kg − 120kg) × ₩10 + B(100kg − 180kg) × ₩20
= −₩200 − ₩1,600 = −₩1,800
배합차이 = A(300 × 0.5kg − 120kg) × ₩10 + B(300 × 0.5kg − 180kg) × ₩20
= ₩300 − ₩600 = −₩300
수율차이 = A(100kg − 300 × 0.5kg) × ₩10 + B(100kg − 300 × 0.5kg) × ₩20
= −₩500 − ₩1,000 = −₩1,500

이 사례에서는 ₩1,800의 불리한 수량차이가 나왔고, 재료의 배합과 수율도 실제원가가 표준원가와 달라졌다. 따라서 불리한 수량차이 ₩1,800은 위의 계산에서 보는 바와 같이 ₩300의 불리한 배합차이와 ₩1,500의 불리한 수율차이로 분리 계산됨을 볼 수 있다.

[예제 7] 다음 자료에 의하여 재료의 수량차이를 계산하고 이를 다시 배합차이와 수율차이로 세분하여 분석하라.

〈자료 1〉

원재료	제품단위당 표준허용수량	kg당 표준가격	실제투입수량	실제가격
갑	3kg	₩15,000	20kg	₩15,500
을	7kg	10,000	40kg	11,000

〈자료 2〉 당월 중의 제품생산량은 7개다.

[해 답]

1) 재료수량차이
   갑: {20kg−(7개 × 3kg)} × ₩15,000 = ₩15,000(유리)
   을: {40kg−(7개 × 7kg)} × ₩10,000 = ₩90,000(유리)
2) 배합차이
   갑: {(20kg − (60kg × 30%)} × ₩15,000 = ₩30,000(불리)
   을: {(40kg − (60kg × 70%)} × ₩10,000 = ₩20,000(유리)
3) 수율차이
   갑: {(60 × 30%) − (7개 × 3kg)} × ₩15,000 = ₩45,000(유리)
   을: {(60 × 70%) − (7개 × 7kg)} × ₩10,000 = ₩70,000(유리)

제 4 절 표준원가회계처리

1. 표준원가회계시스템

표준(Standard), 표준원가(Standard Costs)와 표준원가회계시스템(Standard Cost Accounting System)이라는 용어에는 개념상의 차이가 있다. 표준이란 업적 평가의 기준으로서 특정작업의 능률적 수행 여부를 판단하는 기준을 말한다. 여기에는 수량표준과 가격표준이 있다. 표준원가란 특정제품의 원가요소별로 가격표준과 수량표준으로 설정된다.

표준원가회계시스템이 표준원가를 공식적인 복식부기제도에 도입하여 사용하는 것을 말하며, 표준원가시스템이라고도 불린다. 표준원가시스템하에서는 실제원가와 표준원가를 비교하여 원가차이를 분석하여 그 결과 원가관리의 책임자에게 보고하게 되며, 이 보고서는 원가관리를 위한 유익한 자료가 된다.

표준원가회계는 복식부기기구 내에서 이루어지기도 하지만 또한 통계적으로 단순히 표준·실제의 차이를 분석하는 형식으로 이루어지기도 한다. 그러나 일반적으로 표준원가회계는 복식부기기구와 관련을 맺고서 표준원가의 계산, 실제원가와의 비교, 표준원가차이의 분석 등을 총계정원장에서 실시하는 것이 보통이다.

이와 같은 제도를 표준원가회계시스템이라고 말할 수 있다.

2. 표준원가의 회계처리 방법

표준원가회계(Standard Cost Accounting)는 흔히 복식부기의 기구 안에서 실제원가계산과 결부하여 행하여진다. 그러나 어떤 회사에서는 표준원가를 정규의 복식부기와 결부시키지 않고 실제원가만 기장하고 표준원가회계는 원가관리를 위한 통계적 자료를 얻기 위한 보조적인 계산방법으로 이용하는 경우가 많았다. 그러나 표준원가계산은 복식부기와 관련을 가짐으로써 가장 효율적인 성과를 얻을 수 있으며, 기록계산의 정확성을 기할 수 있고 사무상의 노무비를 절약할 수 있으며, 재무제표의 신뢰성도 향상된다.

실제원가와 표준원가를 정규의 장부조직 안에서 계산할 경우 원가차이를 어느 시점에서 인식하느냐에 따라 단기법과 분기법으로 나누어진다.

(1) 단기법(Single Plan)

기초기장법이라고 하는 것으로 원가요소의 투입시점에서 실제원가와 표준원가를 분리시켜 즉시 원가차이를 인식하는 방법이다.

재공품계정의 차, 대변을 표준원가로 기장한다. 즉 재료비·노무비 등의 원가요소를 재공품계정에 계상할 때에 표준원가로서 기장하고, 동시에 원가차이를 산정기장하는 방법이다. 이와 같은 방법을 단기법이라고 하는 이유는 원가요소의 집합계정인 재공품계정에 실제원가는 기입되지 않고, 표준원가 하나만을 기입하기 때문이다. 따라서 앞의 그림에서 보는 바와 같이 재공품계정 차변은 표준원가로 표시되며, 재료·임금 등 각 비목별 계정의 대변에는 표준원가와 원가차이가 기입된다.

이러한 단기법은 표준원가차이를 신속히 얻어 통제를 위한 정보를 제공할 수 있다는 장점을 가진 반면, 동 차이를 특정한 제품에 배분할 수 없는 단점을 가지고 있다.

단기법계정기입관계도

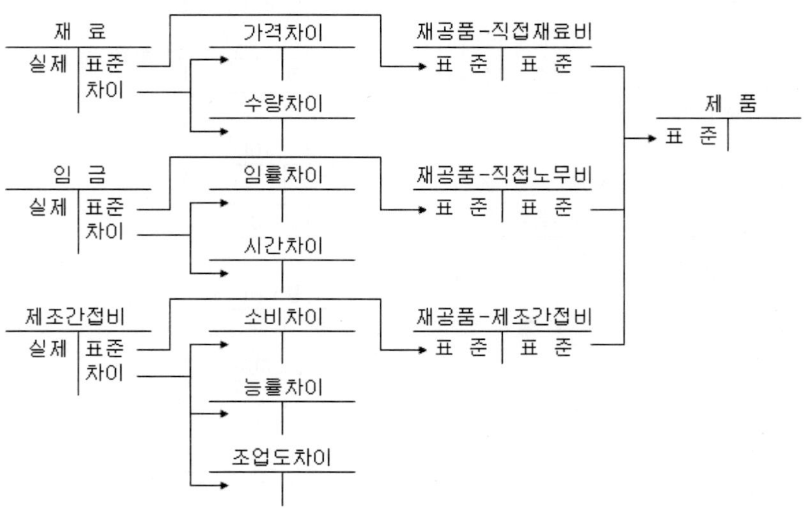

(2) 분기법(Partial Plan)

기말기장법 또는 Basic Plan이라고도 하는 것으로 재공품계정의 차변은 실제원가로 기장하고 재공품계정의 대변은 표준원가로 기장하는 방법이다. 즉 아래 그림에서 보여주는 바와 같이 재공품계정의 차변에는 직접재료비·직접노무비·제조간접비 등의 실제원가가 기입되고, 제품이 완성되어 제품계정에 대체되었을 경우에는 대변에 표준원가로 기입된다.

따라서 재공품계정에 남은 잔액은 재공품인 제품의 가격과 실제원가와 표준원가와의 차이에 기인하는 원가차이로 구성된다.

이러한 차이를 분리시키기 위해서는 추가적인 분석이 필요하다. 분기법의 경우 원가차이는 회계기말까지 나타나지 않으므로 공장에서 낭비나 비능률로 인하여 발생하는 손실을 미연에 방지할 수 없고 차이보고의 시기가 너무 늦어진다는 단점이 있다. 또 총원가차이를 요소별로 분리하기 위해서는 추가적인 분석이 필요하며, 이로 인하여 추가비용이 발생하므로 실무에서 채용되지 않는 것이 보통이다.

분기법계정기입관계도

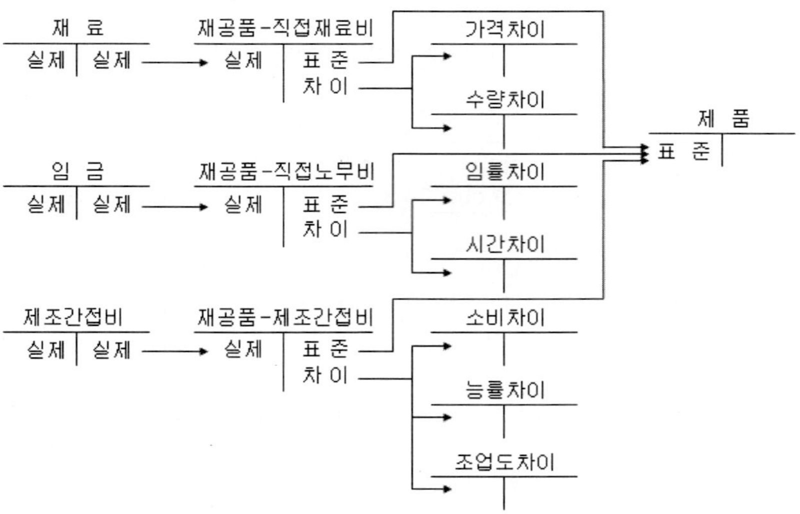

3. 원가차이의 계정기입

(1) 재료비차이의 처리

재료의 구입에서 소비되기까지의 과정에 대한 계정기록을 살펴보면 다음과 같이 ① 재료가격차이를 구입시점에서 인식하는 방법과 ② 소비시점에서 인식하는 두 가지의 방법이 있다.

① 표준재료 ┌ 수량 4,000개
　　　　　　└ 가격 ₩65　　₩260,000

② 표준재료 ┌ 수량 5,000개
　　　　　　└ 가격 ₩62　　₩310,000

③ 사용재료　수량 4,300개

① 재료가격차이를 구입시점에서 인식하는 방법

(1) 구입시

(차) 재료(5,000 × ₩65) 325,000　　(대) 재료구입가격차이(5,000 ×₩ 3)15,000
　　　　　　　　　　　　　　　　　　　　외상매입금(5,000 × ₩62) 310,000

(2) 출고시

(차) 재공품(4,000 × ₩65) 260,000　　(대) 재료(4,300 × ₩65) 279,500
　　재료수량차이(300 × ₩65)19,500

(3) 제품계정에 대체시

(차) 제　품 260,000　　(대) 재 공 품 260,000

재 료	
① 표준가격 × 실제사용수량 325,000 (구입시)	② 표준가격 × 실제사용수량 279,500 (출고시)

재료구입가격차이	
	① 실제구입수량 × (실제가격 -표준가격) 15,000

재 공 품 (차변)	재 공 품 (대변)
② 표준가격 × 표준수량 260,000 (출고시)	

재료구입가격차이 (차변)	재료구입가격차이 (대변)
② 표준가격 × (실제사용수량 -표준수량) 19,500	

만일, 구매활동을 통제하는 것이 가격차이 계산의 주요목적이라면, 가격차이의 분리시점은 빠르면 빠를수록 더 좋다. 그러므로 구입시점에서 분리하는 방법이 가장 효과적이다.

② 재료가격차이를 소비시점에서 인식하는 방법

(1) 구입시

(차) 재료 (5,000 × ₩62)	310,000	(대) 외상매입금	310,000

(2) 출고시에 재료가격차이를 분리한다.

(차) 재공품(4,000 × ₩65)	260,000	(대) 재료가격차이(4,300 × ₩3)	12,900
재료수량차이(300 × ₩65)	19,500	재료(4,300 × ₩62)	266,600

(3) 제품계정에 대체시

(차) 제 품	260,000	(대) 재 공 품	260,000

재 료 (차변)	재 료 (대변)
① 표준가격 × 실제구입수량 310,000 (구입시)	② 표준가격 × 실제사용수량 266,600 (출고시)

재료가격차이 (차변)	재료가격차이 (대변)
	① 실제사용수량 ×(실제가격- 표준가격) 12,900

재 공 품 (차변)	재 공 품 (대변)
② 표준가격 × 표준사용수량 260,000	③ 표준가격 × 표준사용수량 260,000

재료구입가격차이 (차변)	재료구입가격차이 (대변)
② 표준가격 × (실제사용수량 -표준수량) 19,500	

이 방법은 구매활동에 대한 통제목적으로는 적당하지 않으나 실무상의 이점이 있으므로 많이 사용되고 있는 방법이다.

(2) 노무비차이의 처리

직접재료비의 가격차이와 수량차이는 노무비차이와 임률차이 및 능률차이와 각각 같은 성격을 가지며, 그 차이의 계산방법도 직접재료의 경우와 다를 것이 없다. 다만 인간의 노동은 재료와 같이 구입하여 창고에 보관하였다가 필요할 때 사용할 수 있는 것이 아니고, 노동력의 구입 및 소비행위는 동시에 이루어지는 것으로 하여 계정처리하면 된다.

[예제 8] 다음은 직접노무비 차이분석을 위한 자료이다.

〈자 료〉

표준작업시간: 20,000시간
표 준 임 률: 시간당 ₩800
실제작업시간: 20,526시간
실 제 임 률: ₩790

〈물음 1〉 직접노무비 차이를 분석하여라.

〈물음 2〉 직접노무비 차이에 대해 분개하여라.

차이분석

실제임률 × 실제시간	표준임률 × 실제시간	표준임률 × 표준시간
₩790 × 20,526= ₩16,215,540	₩800 × 20,526= ₩16,420,800	₩800 × 20,000 = ₩16,000,000
임률차이 205,260(F)		시간(능률)차이 420,800(U)
직접노무비 총차이 ₩215,540(U)		

기장:

(1) 기본적 분개방법

(차) 재공품(20,000 × ₩800)	16,000,000	(대) 임률차이(20,526 × ₩10)	205,260
시간차이(526 × ₩800)	420,800	임금(20,526 × ₩790)	16,215,540

불리한 차이는 차변, 유리한 차이는 대변에 분개한다. 임률은 실제발생액으로 인식하고, 제품원가는 표준원가로 하려는 것이다.

(2) ⓐ 임금발생시 임률차이를 분리하고, ⓑ 재공품에서 제품으로 넘어갈 때 시간차이를 분리한다.

	차변	금액		대변	금액
ⓐ (차)	재공품	16,420,800	(대)	임률차이(20,526 × ₩10)	205,260
				임금(20,526 × ₩790)	16,215,550
ⓑ (차)	제　　품	16,000,000	(대)	재공품	16,420,800
	시간차이	420,800			

재공품계정이 (실제시간 × 표준임률)로 표시되어 있다. 노무비차이 분리의 시점은 경영자들이 편리할 때에 하면 된다. 그러나 시간차이(능률차이)는 가능하면 제품완성 전에 분리하는 것이 좋다.

[예제 9] 4월 중에 2,000개의 제품이 제조되었다. 직접재료비는 4,400파운드가 사용되었고, 완성제품에 대한 개당 제품허용량은 2파운드이며, 표준가격은 파운드당 ₩500이다. 실제로 6,000파운드를 ₩3,300,000에 구입하였다. 직접 공원의 실제작업시간은 6,500시간이며, 직접노무비 발생액은 모두 ₩4,030,000이다. 완성제품당 표준노무비는 ₩1,800이며 표준허용시간은 제품 1개당 3시간이다.

〈물음 1〉 실제원가계산제도에 의하여 분개하여라.

〈물음 2〉 표준원가계산제도에 의하여 분개하여라.

[해　답]

(1) 실제원가계산제도

	차변	금액		대변	금액
(차)	재　료	3,300,000	(대)	외상매입금	3,300,000
(차)	재공품(4,400 × ₩550)	2,420,000	(대)	재　　료	2,420,000
(차)	재공품(6,600 × ₩6,000)	4,030,000	(대)	임　　금	4,030,000

(2) 표준원가계산제도

	차변	금액		대변	금액
(차)	재　　료	3,300,000	(대)	외상매입금	3,300,000
	재료구입가격차이*	300,000			
(차)	재공품(4,000 × ₩500)	2,000,000	(대)	재　료(4,400 × ₩500)	2,200,000
	재료수량차이(400 × ₩500)	200,000			
(차)	재공품(6,000 × ₩600)	3,600,000	(대)	임　　금	4,030,000
	임률차이(6,500 × ₩20)	130,000			
	시간차이(500 × ₩600)	300,000			

*재료의 구입가격차이를 구입시점에서 분리하는 방법이다.

차이분석

₩620 × 6,500 = ₩4,030,000	₩600 × 6,500= ₩3,900,000	₩600 × 6,000 = ₩3,600,000
임률차이 ₩130,000(U)	시간(능률)차이 ₩300,000(U)	
총차이 ₩ 430,000(U)		

이 방법은 구매활동에 대한 통제목적으로는 적당하지 않으나 실무상의 이점이 있으므로 많이 사용되고 있는 방법이다. 제품원가계산의 방법에는 여러 가지가 있으며, 표준원가계산방법 이외에도 실제원가계산방법, 정상원가계산방법이 있다. 실제원가계산과 정상원가계산방법은 모두 선입선출법·후입선출법 혹은 평균법의 원가흐름에 대한 가정이 사용된다. 또한 위의 세 가지의 원가계산방법은 변동원가계산 및 전부원가계산방법과 결합될 수 있다.

표준원가회계시스템의 구조에 들어가기 전에, 독자는 먼저 원가계산방법의 차이점과 유사점을 이해하지 않으면 안 된다. 〈표 11-1〉에는 여러 가지 원가계산방법에 따른 재고자산의 평가방법을 요약하였다.

〈표 11-1〉 원가계산방법에 따른 재고자산 평가

	직접원가계산	전부원가계산
실제원가계산:		
직접재료비	Aq × Ap	Aq × Ap
직접노무비	Aq × Ap	Aq × Ap
변동간접비	Aq × Ap	Aq × Ap
고정간접비	–	Aq × Ap
정상원가계산:		
직접재료비	Aq × Ap	Aq × Ap
직접노무비	Aq × Ap	Aq × Ap
변동간접비	Aq × Pp	Aq × Pp
고정간접비	–	Aq × Pp
표준원가계산:		
직접재료비	Sq × Sp	Sq × Sp
직접노무비	Sq × Sp	Sq × Sp
변동간접비	Sq × Sp	Sq × Sp
고정간접비	–	Sq × Sp

Aq = 실제수량, 실제시간

Ap = 실제가격, 실제임률, 실제간접비율

Sq = 표준수량, 표준시간

Sp = 표준가격, 표준임률, 표준간접비율

Pp = 예정간접비율

$$\text{예정간접비율(Predetermined Ratio)} = \frac{\text{추정된 총원가}}{\text{추정된 총시간}}$$

개념적으로 보면 예정간접비율은 표준간접비율(Sp)과 비슷하다.

표준원가를 사용하면 재고자산평가의 복잡성을 줄일 수 있다. 표준원가는 조업도나 수량 혹은 투입원가의 단기적 변동에 따라 변하지 않는다. 표준원가계산에 의하면 재고자산의 가액은 제품수량에 단위당 표준원가를 곱한 것과 같으며, FIFO, LIFO 및 평균법과 같은 원가흐름을 가정할 필요가 없다. 이러한 것들은 원가계산의 기장업무를 크게 줄여준다.

(3) 제조간접비차이의 처리

표준원가를 사용하면 실제원가흐름을 추적할 필요가 적어진다. 공정별 종합원가계산에 있어서 부문 간의 대체는 반드시 표준원가로 이루어지며, 개별원가계산에서 제조지시서의 요소별 원가는 표준원가로 개별원가계산표에 기장된다. 보조부문이 제조부문이나 다른 보조부문에 용역을 제공할 때 모든 원가 대체는 표준원가로 이루어진다.

차이분석은 표준원가회계시스템의 한 구성부분이 되며, 실제원가와 완성된 작업의 표준원가와의 차이는 그 부문의 총차이를 표시한다.

[예제 10] 20×1년 1월에 동력부문에 발생된 원가는 ₩50,000이었으며, 동력부문이 타부문들에 제공한 표준동력비는 ₩52,000이었다. 동력부문의 1월의 원가차이는 ₩2,000(유리)이다. 아래 기장은 동력부문의 원가흐름을 'T' 계정에 기장하였다. 동력부문의 총차이를 재료비, 노무비 및 제조간접비 등의 요소로 분해하기 위해서는 추가정보가 필요하다. 예제를 간단하게 하기 위하여 동력부문은 변동간접비와 고정간접비를 분리하는 통제계정을 사용하지 않고, 단일계정을 사용하고 있다고 가정하자.

동력부문비

차변		대변
실제원가	50,000	52,000
차　　이	2,000	

타보조부문비와 제조부문비

차변	대변
52,000	

동력부문차이

차변	대변
	2,000(F)

〈분 개〉

(차)	동 력 부 문 비	50,000	(대)	재 료 미 지 급 임 금 감가상각충당금	50,000
(차)	제 조 부 문 비 타보조부문비	52,000	(대)	동 력 부 문 비	52,000
(차)	동 력 부 문 비	2,000	(대)	재료·수량차이 임 률 차 이 능 률 차 이 기 타 차 이	2,000

표준원가회계시스템의 기장방법에는 여러 가지 있으나 기장방법과는 관계없이 기말에는 다음 목표들이 달성되어야 한다.

① 모든 재고자산은 표준원가로 평가되어야 한다.
② 모든 차이가 계산되어야 한다.

다음은 제조부문이 하나이고, 보조부문이 없는 것을 예로 든 것이다. 모든 차이는 불리한 차이라고 가정하였을 때, 이 시스템의 중요한 특징은 다음과 같다.

① 재료가격차이를 구입시점에서 분리할 경우 재료계정은 실제수량과 표준가격으로 기장된다.

(차)	재 료 재료가격차이	××× ×××	(대)	외 상 매 입 금	×××

② 재고자산계정 간의 모든 대체는 표준원가로 이루어진다. 그러므로 차이들은 표준수량이 파악될 수 있는 기말 이전에는 산정할 수 없기 때문에 재공품으로부터 제품계정에 대체되기 전에는 알 수 없다.

(차) 제 품 ×××　　(대) 재 공 품 ×××

③ 차이계산은 기장에 의하여 행하여지며 완성된 작업의 표준원가는 재공품계정에 기입되고, 차이는 적절한 차이계정에 기입된다. 이와 같이 기장의 분량이 많으면 하나의 분개로 처리할 수도 있으나 직접재료비, 직접노무비, 변동간접비, 고정간접비계정으로 구분하여 분개하는 것이 바람직하다.

(차)	재 공 품	×××	(대)	재 료	×××
	재료수량차이	×××			
(차)	재 공 품	×××	(대)	미 지 급 임 금	×××
	노무비임률차이	×××			
	노무비시간차이	×××			
(차)	재 공 품	×××	(대)	변 동 간 접 비	×××
	변동간접소비차이	×××			
	변동간접능률차이	×××			
(차)	재 공 품	×××	(대)	고 정 간 접 비	×××
	고정간접예산차이	×××			
	조 업 도 차 이	×××			

재료계정의 대변은 실제사용수량×표준가격으로 기장되며, 미지급임금계정의 대변과 변동제조간접비, 고정제조간접비계정의 차변은 실제원가로 기장된다. 표준원가는 그것이 실제원가와 상당히 비슷할 때에만 그대로 재무제표에 사용될 수 있다. 표준설정이 잘못되어 발생한 큰 차이는 재고자산과 매출원가에 재배부되어야 한다. 차이금액이 작으면 매출원가에 가감한다. 만일 표준설정은 잘 되었으나 비정상적 영업활동으로 인하여 큰 차이가 생겼다면, 이것도 역시 매출원가에서 조정한다. 불리한 차이를 매출원가에 조정하는 분개는 다음과 같다.

(차) 매 출 원 가	×××	(대) 재료가격차이	×××
		소 비 차 이	×××
		조 업 도 차 이	×××
		예 산 차 이	×××
		임 률 차 이	×××
		능 률 차 이	×××
		재료수량차이	×××

4. 원가차이의 회계처리

표준원가회계시스템을 적용한다면 표준원가와 실제원가의 차이인 원가차이가 발생한다. 원가차이는 원가요소별로 유리한 차이(Favorable Variance)와 불리한 차이(Unfavorable Variance)로 나누어진다. 원가차이를 회계처리하는 방법에는 다음의 세 가지로 나눌 수 있다.

① 매출원가에 계상하는 방법
② 매출원가와 기말재고자산에 안분하는 방법
③ 영업외손익으로 계상하는 방법

①과 ②의 방법은 원가차이의 원가성을 인정하여 매출원가의 조정을 하는 방법이고, ③의 방법은 원가차이의 원가성을 인정하지 않는 방법이다. 이론적 · 경상적으로 발생하는 원가차이는 원가성을 인정하여 ①이나 ②의 방법으로 매출원가를 가감하여야 할 것이고, 비능률이나 낭비로 발생한 비경상적으로 발생하는 원가차이는 영업외손익으로 처리해야 할 것이다.

다음 자료에 의하여 원가차이의 회계처리하는 절차를 각 방법에 따라 설명해 보자. 내용을 간단히 하기 위하여 분기법으로 처리하였다.

기초제품	₩50,000	매출수량	800개
당기제품완성원가	₩400,000	재고수량	200개
제조원가차이	₩70,000(U)	기말제품	₩90,000

(1) 매출원가에 계상:

(차) 매출원가 70,000 (대) 제조원가차이 70,0000

제 품

차변	금액	대변	금액
전기이월	50,000	매출원가	360,000
재 공 품	400,000	차기이월	90,000
	450,000		450,000

매출원가

차변	금액	대변	금액
제 품	360,000	손 익	430,000
제조원가차이	70,000		
	430,000		430,000

제조원가차이

차변	금액	대변	금액
		매출원가	70,000

손 익

차변	금액	대변	금액
매 출 원 가	430,000		

(2) 매출원가와 기말재고액에 안분

(차) 제 품 70,000 (대) 제조원가차이 70,0000

제 품

차변	금액	대변	금액
전기이월	50,000	매출원가	416,000
재 공 품	400,000	차기이월	104,000
제조원가차이	70,00		
	520,000		520,000

매출원가

차변	금액	대변	금액
제 품	416,000	손 익	416,000

손 익

차변	금액	대변	금액
매출원가	416,000		

(3) 영업외 손익으로 계상

(차) 손 익 70,000 (대) 제조원가차이 70,0000

제 품

차변	금액	대변	금액
전기이월	50,000	매출원가	360,000
재 공 품	400,000	차기이월	90,000
	450,000		450,000

매출원가

차변	금액	대변	금액
제 품	360,000	손 익	360,000

손 익

차변	금액	대변	금액
매 출 원 가	360,000		
제조원가차이	70,000		

위 계정처리에서 보는 바와 같이,

① 매출원가에 계상하는 방법은 원가차이를 매출원가에 직접대체하고,

(차) 매출원가 ××× (대) 제조원가차이 ×××

와 같이 회계처리함으로써, 표준원가에 의한 매출원가 ₩360,000에 제조원가차이 ₩70,000이 가산되어 ₩430,000이 손익계정에 대체되었다.

② 매출원가와 기말재고액에 안분하는 방법은,

(차) 제 품 ××× (대) 제조원가차이 ×××

로 처리함으로써 제조원가차이 ₩70,000은 매출원가에 80%인 ₩56,000이 가산되어 ₩416,000이 되고, 나머지 20%인 ₩14,000은 기말재고액으로 안분되었음을 볼 수 있다.

③ 영업외손익으로 처리하는 방법은,

(차) 손 익 ××× (대) 제조원가차이 ×××

와 같이 처리하여 매출원가와 재고자산은 ₩360,000, ₩90,000으로 각각 표준원가로 계상되며 원가차이 ₩70,000은 손익계정에 원가 외 항목으로 대체된다.

이들에 대한 회계처리 기준은 다음과 같다.

① 재료구입가격차이를 제외한 모든 원가차이는 원칙적으로 매출원가에 계상한다.
② 재료구입가격차이는 출고액과 기말재고액에 계상한다.
③ 부적당한 예정가격으로 인하여 비교적 다액의 원가차이가 발생할 경우에는 매출원가와 기말재고자산에 안분한다.
④ 이상 상태하에서 발생한 원가차이는 비원가항목으로 처리한다.

[연 습 문 제]

1. A Cost Variance is:
   a. the difference between the cost of a product and its selling price.
   b. a measure of risk.
   c. a necessary part of the production process.
   d. the difference between actual performance and a standard performance level.
   e. the difference between actual costs in two successive time periods.

2. A Price Variance is represented by:
   a. (AQ-SQ) b. (AP-SP) c. (AP-SP)AQ
   d. (AQ-SQ)(AP-SP) e. AP(AQ-SQ)

3. A Quantity Variance is represented by:
   a. SQ(AP-SP) b. (SQ)(AQ) c. (AQ-SQ)
   d. (AQ-SQ)(AP-SP) e. SP(AQ-SQ)

4. Which department typically has the primary responsibility for an Unfavorable Materials Usage Variance?
   a. Quality Control b. Purchasing c. Engineering
   d. Production e. Receiving

5. A debit balance in the Labor Efficiency Variance indicates that:
   a. standard hours exceed actual hours.
   b. actual hours exceed standard hours.
   c. standard rate times standard hours exceeds actual rate times actual

hours.

d. actual rate times actual hours exceeds standard rate times standard hours.

e. actual rate exceeds standard rate.

6. The manager generally responsible for the direct material price variance is the:

 a. Sales Manager.

 b. Production Supervisor

 c. Purchasing Manager.

 d. Finance Manager.

 e. Personnel Manager.

7. Which of the following is not an advantage of standard costing?

 a. Standard Costing provides a basis for sensible cost comparisons

 b. Standard Costing enables managers to employ management by exception.

 c. Standard Costing provides a means of performance evaluation.

 d. Standard Costing can be a motivational tool for employees.

 e. Once standards have been set they need not be revised, resulting more efficient accounting department.

8. In the first stage of the production process, 5 pounds of raw material are cooked 4.6 pounds of output is obtained. Each pound of raw material costs $10. The cost standard for raw material per pound of output is:

 a. $ 9.20 b. $10.00 c. $10.87 d. $23.00 e. $13.20

9. Legacy Company has determined that one unit of their product requires $1\frac{1}{2}$ hours of direct labor in the Assembly Department and

one hour in the Finishing Department. Assemblers are paid $8.00 per hour and finishers are paid $9.00 per hour. The Standard Labor Cost of one unit is calculated to be:

a. $12.00 b. $17.00 c. $20.00 d. $21.00 e. $22.50

10. Direct Material purchased and used 30,000 pounds
Actual Cost of Direct Material purchased and used $84,000
Unfavorable Direct Material quantity variance 3,000
Standard Quantity of Direct Material allowed for
May Production 29,000 pounds
The Direct Material Price Variance is calculated to be:
a. $2,800 F. b. $2,800 U. c. $6,000 U.
d. $6,000 F. e. $3,000 F.

11. The Direct Labor Rate Variance is calculated to be:

Actual Direct Labor hours	34,500
Standard Direct Labor hours	35,000
Total Actual Direct Labor Cost	$241,500
Direct Labor Efficiency Variance	$3,200F

a. $17,250 U. b. $20,700 U. c. $21,000 U.
d. $21,000 F. e. $20,700 F.

※ Use the following information in solving multiple choice problems 12 through 15.

Cost standards:

Direct Material	3 pounds at $2.50 per pound	$7.50
Direct Labor	5 hours at $7.50 per hour	$37.50

Actual results:

Units produced	7,800 units	
Direct material purchased	25,000 pounds at $2.60	$65,000

Direct material used	23,100 pounds	
Direct labor	40,100 hours at $7.30	$292,730

12. The Direct Material Quantity Variance is calculated an be:
    a. $750 F. b. $800 F. c. $750 U.
    d. $875 U. e. $780 F.

13. The Direct Material Price Variance is calculated to be:
    a. $2.300 F. b. $2,400 U. c. $2,500 U.
    d. $2,000 F. e. $2,000 U.

14. The Direct Labor Rate Variance is calculated to be:
    a. $8,010 F. b. $8,000 U. c. $7,950 F.
    d. $8,020 F. e. $7,800 F.

15. The Direct Labor Efficiency Variance is calculated to be:
    a. $8,000 F. b. $8,000 U. c. $8,250 U.
    d. $8,250 F. e. $8,030 U.

※ Use the following information in solving multiple choice problems 16 and 17.

I-Wear Optometric determined the following variances had occurred during the month of September.

Direct Labor Rate Variance $6,250 F

Direct Labor Efficiency Variance $5,800 U

The company made 1,600 pairs of eyeglasses during the month using 2,000 direct labor hours. The standard wage rate per hour is $14.50.

16. The actual wages paid during September are calculated to be:
    a. $22,750 b. $23,200 c. $29,000 d. $34,800 e. $35,350

17. The standard wages for September's output are calculated to be:

a. $35,350 b. $34,800 c. $29,000 d. $23,200 e. $22,750

※ Use the following information in solving multiple choice problems 18 through 23.

Flexer Company has set the following standards for the production of one unit of Product. Normal production each month is 500 units.

Direct Material: 8 pounds at $6.50 per pound $52.00

Direct Labor: 4 hours at $7.00 per hour 28.00

During June, actual production amounted to 420 units. All Direct Material was purchased and used this month. Actual costs amounted to :

Direct material: 3,500pounds $21,875

Direct labor: 1,720hours 12,212

18. The Direct Material Price Variance for June production is calculated to be:

a. $1,000 U. b. $840 F. c. $840 U.
d. $875 F. e. $875 U.

19. The Standard Material Quantity allowed for June production is calculated to be:

a. 4,000 pounds b. 3,500 pounds c. 3,360 pounds
d. 500 pounds e. 420 pounds

20. The Direct Material Quantity Variance for June production is calculated to be:

a. $35 U. b. $875 U. c. $910 U. d. $875 F. e. $3,250 F.

21. The Direct Labor Rate Variance for June production is calculated to be:

a. $452 U. b. $172 U. c. $200 U. d. $168 U. e. $280 U.

22. The Direct Labor Efficiency Variance for June production is calculated to be:
a. \$452 U. b. \$172 U c. \$280 U. d. \$284 F. e. \$452 F.

23. Which of the following is the correct journal entry to close the variance accounts to Cost of Goods Sold?

	Account	Debit	Credit
a.	Cost of Goods Sold	487	
	Direct Material Price Variance	875	
	Direct Material Quantity Variance		910
	Direct Labor Rate Variance		172
	Direct Labor Efficiency Variance		280
b.	Direct Material Quantity Variance	910	
	Direct Labor Rate Variance	172	
	Direct Labor Efficiency Variance	280	
	Direct Material Quantity Variance		875
	Cost of Goods Sold		487
c.	Cost of Goods Sold	2,167	
	Direct Material Price Variance		840
	Direct Material Quantity Variance		875
	Direct Labor Rate Variance		168
	Direct Labor Efficiency Variance		284
d.	Direct Material Price Variance	840	
	Direct Material Quantity Variance	875	
	Direct Labor Rate Variance	168	
	Direct Labor Efficiency Variance	284	
	Cost of Goods Sold		2,167
e.	Cost of Goods Sold	487	
	Direct Material Quantity Variance		35
	Direct Labor Efficiency Variance		452

24. A company using a Standard Costing System uses an Actual Quantity of l,100 pounds of material at an actual cost of $1.20 per pound. The Standard Quantity allowed was 1,000 pounds at a standard cost of $1.00 per pound. After the goods are completed and transferred from Work-in-Process Inventory, what is the cost of Direct Material that would appear in Finished Goods Inventory?

a. $1,000 b. $1,100 c. $1,200 d. $1,320 e. $-0-

25. A company using a Standard Costing System uses an Actual Quantity of 520 direct labor hours at an actual cost of $5.90 per hour. The Direct Labor hours quantity allowed was 500 hours at a Standard Cost of $6.00 per hour. What is the cost of Direct Labor that would appear in Work-in-Process Inventory?

a. $3,068 b. $3,120 c. $2,950 d. $3,000 e. $ -0-

1. 다음 자료에 의하여 직접재료비와 직접노무비의 표준원가차이분석을 행하라.

	직접재료비	직접노무비	생산량
표준원가	3kg × @₩4 = $12	2시간 × @₩4 = ₩8	1,000단위
실제원가	2,850kg × @₩4.1 = ₩11,685	2,200시간 × ₩3.8 = ₩8,360	

	가격(임률)차이	수량(시간)차이	총차이
직접재료비	(①)	(②)	(③)
직접노무비	(④)	(⑤)	(⑥)

2. 다음 자료에 의하여 제조간접원가의 표준원가차이분석을 행하라.

	변동제조간접비	고정제조간접비
표준원가	1,125시간 × ₩2,000 = ₩2,250,000	예산액(기준시간) = ₩1,000,000 배부액(허용표준시간) = ₩1,125,000
실제원가	1,000시간 × ₩2,100 = ₩2,100,000	₩1,200,000

	소비(예산)차이	능률(시간)차이	조업도차이	총 차 이
변동제조간접원가	(①)	(②)	------	(③)
고정제조간접원가	(④)	-------	(⑤)	(⑥)
제조간접원가	(⑦)	(⑧)	(⑨)	(⑩)

3. 다음의 A, B 두 가지 제품을 사용하여 [갑] 제품을 제조하는 회사의 표준원가 자료로 직접재료비 배합차이와 수율차이를 계산하라.

> 두 재료의 표준배합은 A재료 120kg + B재료 80kg = 200kg이며,
> 표준원가는 A재료 = ₩100, B재료 = ₩200이다.

1) 가격차이는 없고, A재료의 실제소비량이 80kg, B재료의 실제소비량이 120kg이라면 배합차이와 수율차이는 얼마인가?
2) 가격차이는 없고, A재료의 실제소비량이 150kg, B재료의 실제소비량이 100kg이라면 배합률차이와 수율차이는 얼마인가?
3) 가격차이는 없고, A재료의 실제소비량이 150kg, B재료의 실제소비량이 150kg이라면 배합률차이와 수율차이는 얼마인가?

4. 표준원가 = 50원, 생산량 = 2,000단위, 기초와 기말의 재공품과 제품의 재고액은 없고, 당기매출액은 ₩150,000, 매출원가 이외의 손익항목은 없다.
직접재료표준원가차이 = ₩2,000 F, 직접노무원가 차이 = ₩1,000 U, 제조간접원가 과소배부액 = ₩1,500이라면, 당기순이익은 얼마인가?

5. 기말현재의 원장 각 계정잔액은 매출원가 = ₩70,000, 재공품 = ₩20,000, 제품 = ₩10,000, 당기매출액이 ₩80,000이고, 기초재공품 및 기말제품의 잔액과 기타의 손익사항은 없었다. 표준원가 차이가 2,000원 불리하다면 다음 제시된 경우의 각 란을 계산하라.

	기말제품재고액	매 출 원 가	당기순이익
원가차이를 영업외 손익처리	(①)	(②)	(③)
원가차이를 매출원가 조정법으로 회계처리	(④)	(⑤)	(⑥)
원가차이를 기말제품과 매출원가에 안분	(⑦)	(⑧)	(⑨)

제12장 변동원가계산

제 1 절 전부원가계산과 변동원가계산

전부원가계산과 변동원가계산은 제품원가 구성문제, 즉 고정제조간접비를 제품원가에 포함시킬 것인가 아니면 기간비용으로 처리할 것인가의 문제로서 아래와 같다.

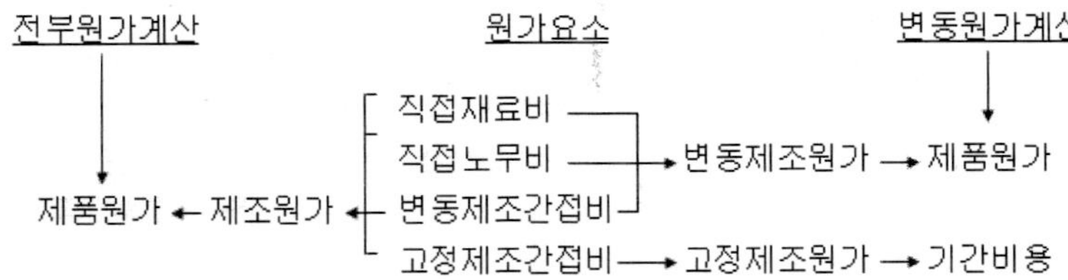

한편, 판매관리비는 근본적으로 제 활동과 무관하므로 항상 기간비용으로 처리하여야 한다. 전부원가계산과 변동원가계산의 개념상 차이는 다음과 같다.

1. 원가회계접근법의 차이

원가회계의 방법과 절차는 기업경영에 있어 원가가 지니는 역할, 즉 제조활동에 소비되었느냐, 판매활동 혹은 일반관리활동에 소비되었느냐에 따라 분류하여 총원가를 집계해 나가는 방법과 절차가 있으며, 또 하나는 원가의 행동유형, 즉 조업도의 변동에 따라 변화하는 원가의 특성에 따라 원가를 분류하고 집계하는 두 가지의 방법과 절차로 크게 나눌 수 있다. 물론 원가계산의 분류는 시기에 따라 사전원가계산과 사후원가계산으로 나누기도 하고, 집계되는 원가의 성격에 따라 예정원가계산과 표준원가계산으로 나눌 수도 있으며, 원가계산의 방법에 따라 개별원가계산, 종합원가계산으로 분류할 수도 있지만, 더 기본적인 문제로 원가요소의 분류 자체를 어떻게 하느냐, 즉 그 역할에 따라서 분류하는 기능적 접근법과, 조업도의 변화에 따라 발생되는 원가의 행동특성에 따라 분류하는 공헌접근법으로 대별된다.

기능적 접근법(Functional Approach)이란 전통적으로 받아들여져 왔던 일반적으로 인정되어지는 회계원칙에 따라 원가를 경영활동에 있어서의 직능, 즉 제조활동에 소비된 원가, 판매활동에 소비된 원가 및 일반관리활동에 소비된 원가로 분류하여, 모든 원가를 제조원가 · 판매원가 · 일반관리원가로 집계하는 방법으로서, 전통적 원가계산(Traditional Costing), 흡수원가계산(Absorption Costing), 전부원가계산(Full Costing)이라 불리기도 한다.

공헌접근법(Contributional Approach)이란 원가를 원가행동유형에 따라 변동비와 고정비로 나누어, 제품의 제조원가는 변동비만으로 산출하고, 고정비는 제조원가에서 제외하여 손익계산시 기간원가로 처리함으로써, 영업이익을 산출하여 경영의사결정에도 이용하는 방법으로 변동원가계산(Variable Costing) 혹은 직접원가계산(Direct Costing)이라고도 한다. 따라서 원가회계에 있어서의 기능적 접근법과 공헌접근법은 전통적 원가계산과 관리적 원가계산, 흡수원가계산과 변동원가계산 혹은 전부원가계산과 변동원가계산이라는 다른 이름으로 설명되기도 한다.

2. 제조원가구성상의 차이

전부원가계산이란 기능적 접근법에 의한 원가계산방법으로서, 원가를 경영직능에 따라 분류하고, 매출원가의 구성은 제조비로 이루어지므로, 기초 및 기말의 재고자산이 없는 경우, 매출원가는 당기 제조비가 되어, 당기 매출액에서 이를 차감하여 매출총이익(Gross Margin)을 산출하고, 여기에서 판매비 및 일반관리비를 차감하여 영업이익을 산출하는 형식으로 손익계산된다.

변동원가계산은 공헌접근법에 의한 원가계산방법으로서, 원가를 변동비와 고정비로 분류하여, 매출원가의 구성은 변동비만으로 이루어지고, 매출액에서 이를 차감하여 공헌이익(Contribution Margin)을 산출하고, 여기에서 고정비를 차감하여 영업이익을 산출하는 형식으로 손익계산된다.

제조비에도 변동비와 고정비가 있으며, 판매관리비에도 변동비와 고정비가 있으므로, 전부원가계산에 의한 제조원가의 구성은 변동제조비와 고정제조비의 합계가 되며, 변동원가계산에 의하면, 제조원가는 변동제조비로 구성하고, 고정제조비는 전부원가계산에 의하면 제조원가에 포함되지만 변동원가계산에서는 제조원가에서 제외된다. 그러므로 이 두 가지의 원가계산방법의 차이는 고정제조비를 제조원가에 포함시키느냐, 제외시키느냐의 문제가 됨을 알 수 있다.

변동원가계산에서 고정제조비를 제조원가에서 제외시켜 기간원가로 처리하는 이유는 관리적 의사결정에 있어서는 변동비가 주로 고려되고, 고정비는 의사결정에 거의 영향을 미치지 않기 때문이다. 그러나 제품가격결정 및 법인세 산출을 위한 제도회계에서는 고정비라 하더라도 제조비는 제조원가에 산입해야 하므로 전부원가계산은 재무회계적 원가계산의 방법이고, 변동원가계산은 관리회계적 원가계산이라 할 수 있다.

3. 기간비용인식시점상의 차이

변동원가계산에서 변동제조원가는 제품제조원가에 포함시켜 그 판매시점에서 비용화하지만 기타의 모든 원가는 기간비용으로 발생시점에서 전액 비용으로 처리한다. 따라서 제조원가라 할지라도 고정제조간접원가는 제품제조원가로 포함하지 않고 기간비용으로 인식하게 되는데, 그 이유는 고정제조원가가 특정제품의 제조에 사용되지 않을 수도 있는 생산시설에 대하여 발생하는 원가일 뿐만 아니라, 특정제품의 제조와는 관계없이 시간의 경과에 의해 발생하는 원가라고 생각하기 때문이다.

변동원가계산과 전부원가계산에서 고정제조간접비를 비용으로 인식하는 시점이 다른 이유는 전부원가계산에서는 장기적인 생산시설의 원가가 재고자산의 단위당 원가에 포함되고, 그 재고자산이 판매될 때 비용화되어야 한다는 사고에 기초하고 있는 반면에, 변동원가계산에서는 장기적인 생산시설의 원가가 시간이 경과함에 따라 비용화되어야 하므로, 재고자산원가에 포함시켜 비용화되는 시점이 이연되어서는 안 된다는 사고에 기초하고 있기 때문이다.

4. 손익계산서 양식의 차이

양 방법에 있어서의 제조원가 및 기간비용 인식상의 기본적 차이에 따라 기간손익을 산출·보고하는 손익계산서 양식이 서로 다르게 나타남을 볼 수 있다.

전부원가계산에 의한 I/S		변동원가계산에 의한 I/S	
Ⅰ) 매출액	×××	Ⅰ) 매출액	×××
Ⅱ) 매출원가	×××	Ⅱ) 변동원가	×××
변동제조원가	×××	변동매출원가	×××
고정제조원가	×××	변동판매비와 일반관리비	×××
Ⅲ) 매출총이익	×××	Ⅲ) 공헌이익	×××
Ⅳ) 기간비용	×××	Ⅳ) 고정원가	×××
변동판매비와 일반관리비	×××	고정제조원가	×××
고정판매비와 일반관리비	×××	고정판매비와 일반관리비	×××
Ⅴ) 영업이익	×××	Ⅴ) 영업이익	×××

[예제 1] 다음 자료에 의하여 전부원가계산과 변동원가계산에 따른 매출원가와 기말재고액을 산출하고, 양 방법에 의한 손익계산서를 작성하라.

제조원가: 변동비 @₩500, 고정비 ₩300,000

판매비와 일반관리비: 변동비 @₩300, 고정비 ₩200,000

생산량: 1,000단위

판매량: 800단위(판매가격 @₩1,500)

전통적 손익계산서(I/S by Full Costing)			
Ⅰ)매출액			1,200,000
Ⅱ)매출원가			640,0000
당기제품제조원가		800,000	
변동비	500,000		
고정비	300,000		
기말제품재고액		160,000	
Ⅲ)매출총이익			560,000
Ⅳ)판매비와 일반관리비			440,000
변동비		240,000	
고정비		200,000	
Ⅴ)영업이익			120,000

공헌손익계산서(I/S by Direct Costing)		
Ⅰ)매출액		1,200,000
Ⅱ)변동매출원가		400,0000
당기제품제조원가	500,000	
기말제품재고액	100,000	
Ⅲ)변동판매비와 일반관리비		240,000
Ⅳ)공헌이익		560,000
Ⅴ)고정비		500,000
제조간접비	300,000	
판매비와일반관리비	200,000	
Ⅵ)영업이익		60,000

제 2 절 변동원가계산의 생성배경과 특징

1. 변동원가계산의 생성배경

변동원가계산이 최초로 논의되기 시작한 것은 1936년에 미국산업사회를 배경으로 하여 출간된 해리스(J. N. Harris)의 논문, "지난달 우리는 얼마나 벌어들였나?"[1)]에서 전통적인 전부원가계산의 모순을 지적하고, 변동원가계산의 사용을 주장한 것부터라고 알려지고 있다.

1940년대까지의 원가회계의 관심사는 정확한 제품의 원가산정에 있었다.

1) J. N. Harris, "What did we earn last month?" NACA, Bulletin(Jan. 1936).

왜냐하면 제품의 판매가격을 결정하거나, 재고자산을 평가하고 매출원가를 계산하기 위해서는 제품제조를 위해서 소비된 원가에 대한 정확한 정보가 필요하였기 때문이다. 따라서 이러한 재고자산의 금액과 매출원가를 정확히 알기 위해서는 제품의 생산에 관련하여 실제로 발생한 모든 원가를 제품원가에 포함시키는 전부원가계산의 방법이 유일한 원가회계의 방법으로 존재하였다.

이러한 전통적인 원가회계의 방법은 외부보고를 위한 재고자산의 가격결정이나, 기간손익의 산정을 위해서는 유용한 수단으로 이용되었지만 기업환경의 변화에 따라 원가회계의 초점은 정확한 원가의 산정보다는 원가를 일정한 수준으로 관리 통제해 나가야 한다는 문제에 직면하게 되었으며, 효율적 기업경영을 위한 관리적 의사결정에 유용한 원가정보를 적시에 적절하게 제공하여, 원가회계가 기업의 이익창출에 기여하는 것이 되어야 한다는 점에서, 원가회계의 목적은 외부보고목적보다는 기업의 내부경영관리를 위한 방향으로 크게 선회함으로써, 합리적 경영의사결정 및 통제를 위한 원가회계의 방법이 자연스럽게 논의되어 전통적인 전부원가계산의 방법보다는 제품의 제조원가는 통제가능한 원가만으로 구성되어야 한다는 의미에서 변동원가계산의 출현을 보게 된 것이다.

변동원가계산은 전통적인 전부원가계산방법의 문제점을 보완하고, 산업환경의 변화에 따른 제반 경영전략을 위하여 보다 유용한 회계정보가 되기 위한 수단으로 출발하여, 표준원가계산과 결합하여 변동예산, 손익분기점분석 및 제품가격결정 등의 다양한 기법을 개발하여 보다 효율적인 원가관리와 경영의사결정을 하는 데 이용되어 왔다. 왜냐하면 전통적인 전부원가계산방법에 의한 원가정보는 손익분기점분석, 이익계획 및 기타 관리회계기법을 위하여 적용하기가 곤란하고, 이와 같은 여러 경영관리기법들을 이용하는 데에는 변동원가계산의 방법이 보다 적합한 것으로 인정되었기 때문이다. 변동원가계산시스템은 모든 원가를 변동원가와 고정원가로 구분하는 데에 바탕을 두고 있는데, 많은 관리회계기법들이 원가를 통제가능한 변동비와 비교적 통제가 불가능하다고 생각되는 고정비로 분류하여, 변동비의 직접적인 통제를 통해서 보다 더 효율적인 경영을 시도하는 것으로 구상되기 때문에, 변동원가계산의 방법이 많은 기업에서 경영관리를 위한 원가계산의 방법으로 이용되기에 이르렀다.

해리스의 변동원가계산모형이 제창되면서 논의되어 온 변동원가계산의 방법이 손익분기점분석, 이익계획 및 기타의 여러 관리회계기법들과 함께 관리통제 및 의사결정목적에 이용되기 시작한 것은 1950년대 이후이다. 변동원가계산의 방법이 관리적 의사결정을 위한 유용성이 인정되면서도 실무계에서 받아들이기가 어려웠던 점은 제도회계, 즉 각국의 일반적으로 인정되어지는 회계기준이 전부원가계산의 방법만을 인정하고, 변동원가계산의 방법을 외부보고용의 회계정보로 인정하지 않았기 때문이었는데, 최근에 이르면서 변동원가계산에 의한 순손익을 전부원가계산에 의한 순손익으로의 조정이 간단히 이루어짐으로써, 이러한 문제는 해결되었다. 오늘날 변동원가계산제도는 외부재무보고를 위한 원가계산방법으로서는 잘 이용되고 있지 않는 형편인데, 그것은 종래의 전통적인 재무제표작성 방식인 전부원가계산이 오랫동안 정보이용자에 대한 보고양식으로 되어 왔고, 세무회계가 이에 근거하고 기타의 대체적인 원가계산방법을 인정하지 않음으로써 관리회계의 재무보고를 위한 방법으로만 이용하는 경우 이중의 수고가 되므로 회피되어지는 것으로 알려지고 있다.

우리나라에 있어서는 아직도 대부분의 기업이 변동원가계산제도를 도입하지 않고 있는 형편인데, 경영합리화를 위한 관리회계를 위해서는 필수적인 것으로서 기업실무에서 시급히 받아들여야 할 제도로, 내부적 회계제도에서 이용되어져야 할 것이며, 외부보고목적을 위해서도 그 제도화가 빨리 이루어져야 할 것이다.

2. 변동원가계산의 의의와 특징

변동원가계산이란 모든 원가요소를 변동비와 고정비로 분류하여 변동제조원가만을 제품의 제조원가에 포함시키고, 제조비에 해당되는 내용이라 할지라도 고정비는 제품의 제조원가에서 제외하여 기간비용으로 처리하는 원가계산방법이다. 따라서 제품제조원가의 구성요소로서는 조업도의 변화에 따라 직접적으로 증감하는 변동제조비만으로 구성되어 있으므로 원가의 관리와 여러 가지 관리회계의 의사결정기법들을 이용하기 편리하게 되어 있다.

원래 원가회계에서 직접원가(Direct Cost)의 개념을 특정제품의 제조를 위해서 소비되어 특정제품별로 그 원가의 확인이 가능한 직접비, 즉 직접재료비·직접노무비 및 직접제조경비의 합계액인 기초원가(혹은 소가라고도 함)를 말하는 것으로서, 제조간접비가 포함된 제조원가와 판매비와 일반관리비가 포함된 총원가와 구별되는 원가개념이므로, 변동제조비로서 제품의 제조원가로 삼는 변동원가계산에 있어서의 원가개념과는 구별되는 개념이다. 원가를 직접비와 간접비로 구분할 때 직접재료비·직접노무비 등의 대부분의 직접비는 변동비에 속하지만 제조간접비에 있어서는 변동제조간접비와 고정제조간접비로 나누어지므로, 변동원가계산에 있어서의 제품제조원가는 직접재료비·직접노무비 및 변동제조간접비로 구성되며, 제조비라 할지라도 고정제조간접비는 제조원가에서 제외하여 기간비용으로 처리된다.

이와 반면에 전부원가계산에서 기간원가로 처리하는 판매비와 일반관리비도 변동비와 고정비로 나누어지므로 변동원가계산에서 변동판매비와 일반관리비를 처리하는 방법은 매출액에서 변동제조원가만으로 구성된 매출원가와 변동판매비와 일반관리비를 차감하여 공헌이익(Contribution Margin)을 계산하게 되는데, 일부의 교과서에서는 매출액에서 변동제조원가로 구성된 매출원가를 차감하여 제조공헌이익(Manufacturing Contribution Margin)을 계산하고, 여기에서 변동판매비와 일반관리비를 차감하여 공헌이익을 계산하는 방식으로 설명되기도 한다. 직접원가계산이라는 용어의 사용에 대하여 혼동의 우려가 있으므로 잘못 붙여진 이름으로 변동원가계산(Variable Costing)으로 사용하여야 한다고 주장되어지기도 하고(Horngren), 경제학의 한계분석시 이용되는 한계원가가 변동원가와 유사한 개념이므로 한계원가계산이라 쓰여지기도 하지만, 전통적으로 변동원가계산이라는 용어가 오랫동안 통용되어 내려온 개념이므로 본서에서도 변동원가계산이라는 용어로 사용하기로 한다.

전통적인 전부원가계산의 개념에 맞추어 변동원가계산의 특징을 몇 가지로 요약하면 다음과 같다.

① 모든 원가를 변동원가와 고정원가로 분리한다.

변동원가계산에서는 모든 원가요소를 변동원가와 고정원가로 분류한다.

기업경영에서 발생되는 원가는 제조활동에서 발생된 원가이든, 판매활동이나 일반관리활동에서 발생된 원가이든 모든 원가요소를 조업도의 변동에 따라 나타나는 원가행태에 따라 변동원가와 고정원가로 분류하여 계산된다. 고정원가라 할지라도 장기적으로는 변동비적 성격을 가지는 준고정비의 성격을 가지는 것이 대부분이며, 또한 대부분의 변동원가도 조업도의 증감에 따라 비례적으로 증감하는 것은 아니고, 영(0)의 조업도에서도 일정수준의 원가가 필수적으로 발생하는 준변동비가 많으므로, 모든 원가를 변동비와 고정비로 분류한다는 것은 대단히 어려운 작업이고, 근본적으로 불가능할지도 모른다.

② 제조활동에서 발생한 변동원가만을 제품에 배부한다.

제조원가의 요소로서는 직접재료비·직접노무비 등의 변동제조비와 변동제조간접비 및 고정제조간접비가 있을 수 있는데, 변동원가계산에서는 변동제조비만을 제품의 제조원가로 배부하고, 제조활동에서 소비된 원가요소라 할지라도 고정제조간접비는 제품원가에서 제외하여 기간비용으로 처리한다. 또한 변동원가라 할지라도 제조활동 이외의 판매 및 일반관리활동에서 발생된 변동원가도 역시 제품제조원가에서 제외한다.

③ 최초의 이익개념으로 공헌이익을 사용한다.

전부원가계산에서는 최초의 이익개념으로 매출액에서 매출원가를 차감한 매출총이익이 최초의 이익개념으로 이용된다. 공헌이익은 매출액에서 변동비를 차감한 이익개념으로서 변동원가계산에서는 매출액에서 변동제조원가와 변동판매비와 일반관리비를 차감함으로써 계산한다. 공헌이익을 제조공헌이익과 공헌이익으로 나누어 표시하는 경우도 있으나 일반적으로는 변동제조원가와 변동판매비와 일반관리비를 차감하여 한 번에 공헌이익을 계산한다.

④ 모든 고정원가는 기간원가로 처리한다.

변동원가계산에서는 제조활동에서 발생된 원가라 할지라도 고정제조간접원가는 기간원가로 처리하여 즉시 비용화한다.

제 3 절 전부원가계산과 변동원가계산의 손익차이와 그 조정

변동원가계산에 의한 손익계산의 결과 발생한 순손익은 전통적인 전부원가계산에 의한 순손익과는 일정한 차이가 발생하기 마련이어서 변동원가계산의 제도적 이용을 위해서는 그 관계를 분명히 하고, 그 차이조정의 문제를 해결하여야 한다. 그 차이의 원인과 몇 가지 유형을 살펴보자.

1. 순손익차이의 원인과 유형

순손익차이의 원인은 고정제조간접비를 제품원가에 포함(전부원가계산)할 것인가, 아니면 기간비용으로 처리(변동원가계산)할 것인가의 문제이다.

전부원가계산은 변동제조간접비와 고정제조간접비 전부를 재고자산원가화하여 제품원가 및 매출원가를 구성하나, 변동원가계산은 변동제조간접비만을 재고자산원가화하여 제품원가 및 매출원가를 구성하고, 고정제조간접비는 제품원가에 배부하지 않고 발생기간의 기간비용으로 처리한다.

전부원가계산과 변동원가계산에 의한 고정제조간접비의 회계처리와 비용화되는 기간 및 비용화되는 금액을 정리하면 아래와 같다.

	회계처리	손익귀속시기	비용화금액
전부원가계산	⇒제품원가⟶	제품판매시⟶	판매된 제품에 포함된 금액
변동원가계산	⇒기간비용⟶	발생즉시⟶	발생액 전액

따라서 양 방법의 순이익의 차이는 손익계산서에서 비용화되는 고정제조간접비의 차이 때문에 발생되는 것이다. 양 계산방법에 따른 주요한 차이점

을 요약하면 다음과 같다.

〈표 12-1〉 전부원가계산과 변동원가계산의 차이 비교

항 목	전부원가계산	변동원가계산
보고목적	외부보고목적	내부보고목적
원가의 분류	기능적 분류 (제조원가 및 판매관리비)	기능적 및 형태별 분류 (변동비 및 고정비)
제품원가	변동 및 고정제조원가	변동제조원가
기간비용	변동 및 고정판매관리비	고정제조간접비와 변동 및 고정판매관리비

2. 양 계산방법의 손익차이

양 계산방법에 따른 영업이익의 차이는 일정기간 중의 제품의 생산량과 판매량에 따라 변화된다.

따라서 양 계산방법의 영업이익이 ① 생산량 = 판매량, ② 생산량 > 판매량, ③ 생산량〈판매량 등의 세 가지 유형의 재고자산의 크기에 따라 순이익은 아래와 같이 다르게 나타난다.

(1) 생산량이 판매량을 초과하는 경우

기초의 재고자산보다 상대적으로 기말의 재고자산이 큼에 따라서 당기의 생산량보다 과소의 판매가 이루어진 경우에는, 전부원가계산에서의 순이익이 변동원가계산에서의 순이익보다 크게 된다. 왜냐하면 전부원가계산에서는 당기 고정제조간접비의 일부를 기말재고에 포함시켜 미래기간으로 이연시키는 반면에, 변동원가계산에서는 당기 고정제조간접비 전액을 기간비용으로 처리하기 때문에, 전부원가계산의 기말재고자산과 순이익은 변동원가계산의 그것보다 크게 계상된다. 생산량이 판매량을 초과하는 경우 고정제조간접비의 비용화되는 금액을 비교하면 다음과 같다.

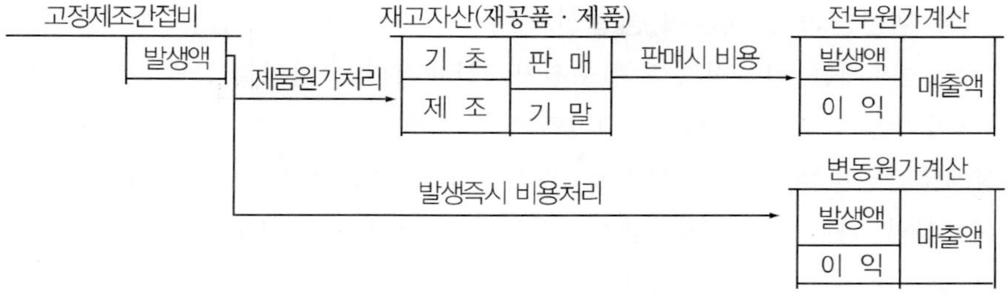

(2) 판매량이 생산량을 초과하는 경우

이 경우에는 기말의 재고자산보다 기초의 재고자산이 더 많게 됨으로써, 재고자산의 일부까지 당기 중에 판매되어 생산량보다 더 많은 판매가 실현되어 전부원가계산에서는 당기의 고정제조간접비에 기초재고자산에 포함된 고정제조간접비의 일부가 당기의 매출원가에 가산됨으로써, 매출원가가 상대적으로 크게 계상되고, 순이익은 그만큼 과소하게 계상된다. 반면에 변동원가계산에서는, 당기에 발생한 고정제조간접비는 전기에 이미 비용으로 처리되어 당기의 매출원가에 포함되지 않으므로 매출원가는 과소하게 계상되고, 순이익은 그만큼 크게 나타난다. 판매량이 생산량을 초과하는 경우 고정제조간접비의 비용화되는 금액을 비교하면 다음과 같다.

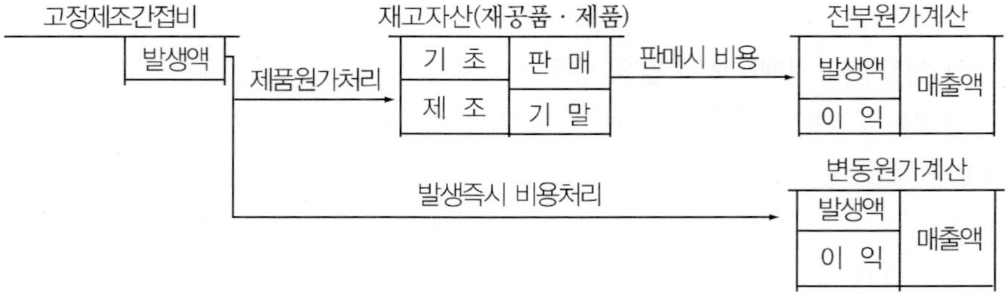

(3) 생산량과 판매량이 동일한 경우

이 경우에는 일반적으로 전부원가계산에서의 순이익과 변동원가계산에서의 순이익은 같게 나타난다. 왜냐하면 변동원가계산시 매출원가에서 제외된 고정제조간접비는 같은 금액으로 기간원가로 가산되기 때문에 매출총이익과 공헌이익의 차이는 있지만 당기순손익에는 차이를 가져오지 않기 때문이다. 다시 말해서, 생산량과 판매량이 동일한 경우는 생산된 제품이 전부판매되었다는 것을 의미하므로 생산량과 판매량은 당연히 일치한다. 생산량과 판매량이 동일한 경우 고정제조간접비의 비용화되는 금액을 비교하면 다음과 같다.

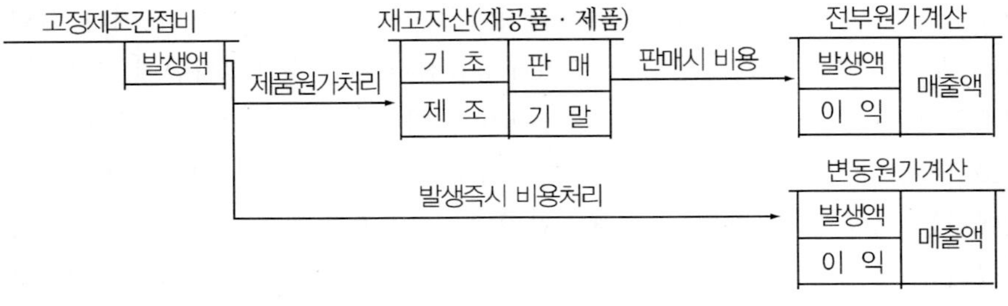

양 방법에 있어서의 순손익의 차이를 구체적으로 전절의 예제를 통해서 살펴보자.

1) 생산량이 판매량보다 많은 경우

전절의 사례는 다음에서 보는 바와 같이 생산량 중에서 일부만 판매되어 200개의 재고액이 남는 경우였다.

제조원가: 변동비 @₩500, 고정비 ₩300,000
판매비와 일반관리비: 변동비 @₩300, 고정비 ₩200,000
생산량: 1,000단위
판매량: 800단위(판매가격 @₩1,500)

전통적 손익계산서(I/S by Absorption Costing)			
Ⅰ)매출액			1,200,000
Ⅱ)매출원가			640,000
당기제품제조원가		800,000	
변동비	500,000		
고정비	300,000		
기말제품재고액		160,000	
Ⅲ)매출총이익			560,000
Ⅳ)판매비와 일반관리비			440,000
변동비		240,000	
고정비		200,000	
Ⅴ)영업이익			120,000

공헌손익계산서(I/S by Direct Costing)		
Ⅰ)매출액		1,200,000
Ⅱ)변동매출원가		400,000
당기제품제조원가	500,000	
기말제품재고액	100,000	
Ⅲ)변동판매비와 일반관리비		240,000
Ⅳ)공헌이익		560,000
Ⅴ)고정비		500,000
제조간접비	300,000	
판매비와일반관리비	200,000	
Ⅵ)영업이익		60,000

위와 같이 판매량이 생산량을 초과한 경우 양 방법에 의한 손익계산서에 타나난 순이익은 전부원가계산에서는 ₩120,000의 영업이익이 발생하였으나, 변동원가계산에서는 ₩60,000의 순손익으로 전부원가계산에 의했을 때보다 ₩60,000이 적게 나타남을 볼 수 있다. 이 순손익차이인 ₩60,000은 결국 전부원가계산에 의한 제품기말재고액 ₩160,000 중에 고정제조간접비 ₩60,000이 포함되어 당기 매출원가에서 제외되었기 때문이다(기말제품재고액 ₩160,000의 구성은 변동제조비 500 × 200 = ₩100,000과 고정제조비 300,000 × 0.2 = ₩60,000으로 되어 있음).

2) 생산량과 판매량이 같은 경우

앞의 예제에서 기말재고액이 없어서 생산된 수량 1,000개가 모두 판매되었다고 한다면 양 방법에 있어서의 손익계산서는 아래에서 보는 바와 같이 순손익의 차이는 나타나지 않고 똑같이 ₩200,000으로 나타남을 볼 수 있다. 왜냐하면 변동원가계산에 있어서 제품의 제조원가에서 제외된 고정제조비 ₩300,000은 기간손익으로 그대로 계상되어지기 때문이다.

전통적 손익계산서(I/S by Full Costing)			
Ⅰ)매출액			1,500,000
Ⅱ)매출원가			800,000
당기제품제조원가		800,000	
변동비	500,000		
고정비	300,000		
기말제품재고액		0	
Ⅲ)매출총이익			700,000
Ⅳ)판매비와 일반관리비			500,000
변동비		300,000	
고정비		200,000	
Ⅴ)영업이익			200,000

공헌손익계산서(I/S by Direct Costing)		
Ⅰ)매출액		1,500,000
Ⅱ)변동매출원가		500,000
당기제품제조원가	500,000	
기말제품재고액	0	
Ⅲ)변동판매비와 일반관리비		300,000
Ⅳ)공헌이익		700,000
Ⅴ)고정비		500,000
제조간접비	300,000	
판매비와일반관리비	200,000	
Ⅵ)영업이익		200,000

3) 판매량이 생산량을 초과하는 경우

1)의 예에서 다음 회계연도에 이르러 원가자료는 현재 회계연도와 같이 나타나고, 생산수량도 전기와 같이 1,000개가 생산되었으나, 판매량은 1,100개가 되어 당기 기말재고량이 100개밖에 되지 않는다면 순손익의 차이는 어떻게 될까?

전통적 손익계산서(I/S by Full Costing)			
Ⅰ)매출액			1,650,000
Ⅱ)매출원가			880,000
당기매출가능원가		960,000	
기초제품	160,000		
변동제조비	500,000		
고정제조비	300,000		
기말제품		80,000	
Ⅲ)매출총이익			770,000
Ⅳ)판매비와 일반관리비			530,000
변동비		330,000	
고정비		200,000	
Ⅴ)영업이익			240,000

공헌손익계산서(I/S by Direct Costing)			
Ⅰ)매출액			1,650,000
Ⅱ)변동매출원가			550,000
당기매출가능원가		500,000	
기초제품	100,000		
제조원가	500,000		
기말제품		500,000	
Ⅲ)변동판매비와 일반관리비			330,000
Ⅳ)공헌이익			770,000
Ⅴ)고정비			500,000
제조비		300,000	
판매비와일반관리비		200,000	
Ⅵ)영업이익			270,000

위 손익계산서에서 보는 바와 같이 양 방법에 있어서의 순손익은 전부

원가계산 ₩240,000, 변동원가계산 ₩270,000으로, 변동원가계산 순손익이 ₩30,000 더 크게 나타남을 볼 수 있다. 결국 이 순이익 차이 ₩30,000은 전부원가계산의 기초제품에 포함된 고정제조비 ₩60,000(기초제품 ₩160,000은 변동제조비 ₩100,000과 고정제조비 ₩60,000으로 구성되어 있다)과 기말제품 속의 고정제조비 ₩30,000(기말제품 ₩80,000은 변동제조비 ₩50,000과 고정제조비 ₩30,000으로 구성되어 있다)과의 차이이다. 다시 말하여, 기초제품 속의 고정제조비 ₩60,000이 전부원가계산에서 매출원가에 가산되고, 기말제품 속의 고정제조비 ₩30,000은 매출원가에서 제외됨으로써, 결국 매출원가는 그만큼 크게 나타나, 순손익은 적게 되는 것이다. 결론적으로 이것을 하나의 표로 정리하여 보면 다음과 같이 나타낼 수 있다.

변동원가계산과 전부원가계산의 순손익의 비교

	변동원가계산	전부원가계산	비 고
생산량=판매량	동 일	동 일	기초재고=기말재고
생산량>판매량	작 다	크 다	기초재고<기말재고
생산량<판매량	크 다	작 다	기초재고>기말재고

3. 순손익차이의 조정

전부원가계산제도에 의하여 산출된 회계보고서는 일반적으로 인정되는 회계원칙에 일치하지만, 변동원가계산제도를 채택하고 있는 경우에는 그렇지 못하기 때문에 외부보고용의 회계보고서를 위해서는 기말에 일반적으로 인정되는 회계원칙에 맞도록 순이익을 조정해야 하는 문제가 생긴다. 그러나 위에서 살펴본 바와 같이 순이익차이의 조정문제는 아주 복잡한 절차가 아니므로 이 문제는 해결되는 것이다. 즉, 생산량이 판매량과 일치하지 않을 때 발생하는 재고자산 내에 포함된 고정제조간접비를 가감하여서 순이익의 조정이 필요하다.

변동원가계산으로 산출된 손익계산서를 일반적으로 인정되어지는 전부원가계산에 의한 손익계산서로 조정하기 위해서 필요한 절차는 변동원가계산하에서 제품의 제조원가에 포함되지 않았던 기초와 기말의 재고자산에 포함된 고정제조간접비를 가감함으로써 이루어지게 되는데, 이것은 다음과 같이 요약된다.

① 기말재고량이 기초재고량보다 많은 경우, 즉 생산량이 판매량보다 많은 경우

변동원가계산순이익 + 재고량의 변화 × 단위당 고정제조간접비
= 전부원가계산 순이익
변동원가계산순이익 + (기말재고 – 기초재고) × 단위당 고정제조간접비
= 전부원가계산 순이익
변동원가계산순이익 + 기말재고자산에 포함된 고정제조간접비 – 기초재고자산에 포함된 고정제조간접비 = 전부원가계산 순이익

② 기말재고량이 기초재고량보다 적은 경우, 즉 판매량이 생산량보다 많은 경우

변동원가계산 순이익 + 재고량의 변화 × 단위당 고정제조간접비
= 전부원가계산 순이익
변동원가계산 순이익 + (기말재고 – 기초재고) × 단위당 고정제조간접비
= 전부원가계산 순이익
변동원가계산 순이익 + 기말재고자산에 포함된 고정제조간접비 – 기초재고자산에 포함된 고정제조간접비 = 전부원가계산 순이익

물론 위의 공식은 기초와 기말에 있어서의 단위당 고정제조간접비가 같은 것을 가정한 것이다. 다시 말하여, 당기의 제조비와 전기의 제조비가 동일하게 발생되었을 경우에 해당한다. 재고자산의 평가방법에 있어서도 선입선출법으로 재고자산을 평가하는 경우에는 손익계산서의 전환이 간단하지만, 후입선출법이나 평균법에 의하여 재고자산을 평가하는 경우에는 양 방법에 있어서의 순이익의 차이가 수 년 간에 걸쳐 이연되는 고정비의 함수가 될 것

이므로 복잡하게 된다. 이를 요약하여 표로 나타내보면 다음과 같다.

순이익의 조정

변동원가계산	전부원가계산
당기순이익 +기말재공품에 포함된 고정제조간접비 -기초재공품에 포함된 고정제조간접비	당기순이익 +기초재공품에 포함된 고정제조간접비 -기말재공품에 포함된 고정제조간접비
전부원가계산에 의한 순이익	변동원가계산에 의한 순이익

[예제 2] 다음은 W회사의 변동원가계산에 의한 손익계산서이다. 전부원가계산에 의한 순이익은 얼마인가? 조정손익계산서를 완성하라.

변동원가 손익계산서

매　　출(800개 × @₩1,300)		₩1,040,000
매출원가(800개 × @₩500)		400,000
기초재고(200개 × @₩500)	₩100,000	
당기제조(1,000개 × @₩500)	500,000	
기말재고(400개 × @₩500)	200,000	
변동판관비(800개 × @₩200)		160,000
공헌이익(800개 × @₩600)		₩480,000
기간비용		400,000
고정제조비	₩300,000	
고정판매비와 일반관리비	100,000	
순 이 익		₩80,000

[해　답]

고정제조비 배부율 = ₩300,000/1,000개 = ₩300/개

조정순이익 = 변동원가계산 순이익 + 기말재고자산에 포함된 고정제조경비(400개 × ₩300)

- 기초재고자산에 포함된 고정제조비(200개 × ₩300)

= ₩80,000 + ₩120,000 - ₩60,000 = ₩140,000

전부원가계산 손익계산서

1) 매 출 액			₩1,040,000
2) 매출원가			640,000
당기매출가능원가		₩960,000	
기초제품	₩160,000		
변동제조비	500,000		
고정제조비	300,000		
기말제품		320,000	
3) 매출총이익			₩400,000
4) 기간비용			260,000
변동판매 및 일반관리비	₩160,000		
고정판매 및 일반관리비	100,000		
5) 영업이익			₩140,000

제 4 절 변동원가계산의 유용성과 그 한계

1. 변동원가계산의 유용성

일반적으로 공헌접근법에 의한 변동원가계산은 전통적인 전부원가계산보다 이익계산의 수립, 가격정책 및 원가관리를 위한 측면의 관리적 의사결정을 위하여 유용한 정보를 제공하는 것으로 알려지고 있다. 따라서 변동원가계산은 내부보고목적을 위한 관리회계에서 전부원가계산보다 그 유용성이 크다고 인정되고 있다. 그 이유는 첫째로 원가를 변동비와 고정비로 분류하고 공헌이익을 산출하는 형식으로 되어 있어 C-V-P분석에 적절한 원가분류법을 취하고 있고, 둘째로 기간이익의 흐름과 일치하는 이익개념(매출액의 증가에 의해서만이 기간이익을 증대)을 가지고 있으며, 셋째로 원가관리상의 혼동하기 쉬운 조업도차이를 발생시키지 않는다는 점 등이다.

변동원가계산의 유용성을 이익계획 · 가격정책 · 원가관리의 세 가지 측면에서 살펴보자.

(1) 이익계획 및 예산편성상의 유용성

변동원가계산에서는 원가를 변동비와 고정비로 분류하고, 매출액에서 변동비만을 차감하여 공헌이익이 산출되어지기 때문에, 이것은 합리적 경영관리를 위한 이익계획 및 예산편성을 하는 데 다음과 같은 중요한 역할을 하게 된다.

이익계획을 수립하기 위해서는 우선 손익분기점(Break-Even Point)을 명백히 하고, 여기에 목표이익을 확보하는 방향으로 이익계획을 수립한다. 전부원가계산에서 공시되는 손익계산서로서는 손익분기점을 산출할 수 없다. 그러나 변동원가계산에 의한 손익계산서에서는 매출액에서 변동비를 차감하여 공헌이익을 계산하고, 공헌이익에서 고정비를 차감하여 순이익이 표시되므로, 직접원가계산에서 제시되는 회계정보에 의하여 다음과 같이 간단히 손익분기점과 이익계획을 수립할 수 있다.

$$\text{손익분기점(수량)} = \frac{\text{고정비}}{\text{가격}-\text{변동비}} = \frac{\text{고정비}}{\text{단위당 공헌이익}}$$

$$\text{손익분기점(금액)} = \frac{\text{고정비}}{1-\frac{\text{변동비}}{\text{매출액}}} = \frac{\text{고정비}}{1-\text{변동비율}} = \frac{\text{고정비}}{\text{공헌이익률}}$$

$$\text{목표이익을 위한 매출량} = \frac{\text{고정비}+\text{목표이익}}{\text{단위당 공헌이익}}$$

$$\text{목표이익을 위한 매출액} = \frac{\text{고정비}+\text{목표이익}}{\text{공헌이익률}}$$

(예) 가격 = ₩500, 변동비 = ₩400, 고정비 = ₩60,000이라면,

$$\text{손익분기점} = \frac{₩60{,}000}{1-\frac{₩400}{₩500}} = \frac{₩60{,}000}{1-0.8} = \frac{₩60{,}000}{0.2}$$

$$= ₩300{,}000 \text{ or } \frac{₩60{,}000}{₩500-₩400} = 600\text{개}$$

목표이익 ₩40,000을 달성 하기 위한 매출량은 $\frac{₩60,000 + ₩40,000}{₩500-₩400}$ = 1,000단위

목표이익 ₩100,000을 달성 하기 위한 매출량은 $\frac{₩60,000 + ₩100,000}{0.2}$ = ₩800,000

(2) 가격정책상의 유용성

장기적 관점에서 보면 기업이 생산한 제품의 원가는 원칙적으로 기업의 모든 원가를 회수하고, 기업의 성장발전에 필요한 목표이익을 획득하는 데 공헌할 수 있는 선에서 결정되어야 한다. 그러나 치열한 경쟁시장에서는 기업의 모든 원가를 회수하지 못하더라도 기업이익에 공헌하는 경우라면 언제든지 새로운 투자가 이루어져야 하며, 가격결정의 측면에서도 이익에 공헌하는 경우라면 모든 원가를 회수하지 못하는 조금 낮은 가격의 수준에서 판매가 이루어져야 하는 경우가 많다.

가격이란 근본적으로 시장에서 수요공급의 원칙에 따라 결정되어지는 것으로, 기업의 가격결정정책은 이와 같은 경쟁가격에 탄력적으로 대응하기 위한 정보를 제공하지 못함으로써 기회이익을 상실하는 경우가 얼마든지 있다. 그러나 변동원가계산에 의한 원가정보는 변동비와 고정비가 구분되어 있기 때문에, 유휴시설이 존재하는 경우에는 단기적으로 변동비를 회수하는 수준에서 탄력적인 가격정책을 가질 수 있다. 유휴시설이 존재하는 경우에는 (+)의 공헌이익이 존재하는 한 기업이익의 증대에 도움이 되기 때문이다.

(3) 원가관리상의 유용성

변동원가계산에 있어서의 원가는 변동비와 고정비로 나누어지기 때문에 특히 현장에서 원가관리를 위한 유용한 정보를 즉시 제공할 수 있다. 일반적으로 고정비는 현장에서는 관리불능비에 속하고, 변동비만을 유일하게 통제할 수 있으므로, 이를 위한 원가정보를 언제든지 제공하는 원가회계시스템은 변동원가회계시스템이다. 고정비는 최고경영층의 전략적인 수단으로 이용되는 것이지 원가의 효율성 확보를 위한 원가관리를 위해서는 제외되는 경우가

대부분이다.

원가관리의 목적을 효율적으로 달성하기 위해서는 변동원가계산이 표준원가계산과 결합하여 표준직접원가계산(Standard Direct Costing)이 이루어지지 않으면 안 된다. 원가관리를 위한 변동예산(Variable Budget)을 편성할 때는 이와 같은 원가표준액에 의한 변동원가와 고정원가를 나누어 예산이 편성되어 통제된다.

2. 변동원가계산의 한계

공헌이익접근법에 의한 변동원가계산은 효율적 경영관리를 위한 유용한 수단으로 이용되기는 하지만, 다음과 같은 한계점을 가지게 된다.

(1) 투입한 전부원가회수상의 한계

기업이익 정책의 궁극적인 목적은 기업활동을 위해서 투입한 전원가를 회수하고, 장기적인 기업의 유지발전을 위한 적정이윤을 획득하는 데 있다. 그러나 변동원가계산에 의한 가격정책은 변동원가와 공헌이익에 치중한 나머지 고정비의 요소를 경시하여, 기업의 유지 자체를 어렵게 만들고, 도산의 위기까지 몰고 가게 되는 사례들이 있다.

(2) 원가분류상의 한계

변동원가계산에서는 기업활동에 투입되는 모든 원가를 변동원가와 고정원가로 분류하는 것을 전제로 하는데, 사실 모든 원가를 고정원가와 변동원가로 엄격하게 분류한다는 것은 매우 어려운 일이며, 불가능한 일일지도 모른다. 대부분의 많은 원가는 변동비적 성격과 고정비적 성격을 함께 가지고 있기 때문이다. 그러므로 원가분류를 위해서는 회계담당자의 주관적인 판단에 따라 그 내용은 크게 달라질 수 있는 것이다. 따라서 변동원가계산에 의한 변동제조원가는 진정한 의미의 변동제조원가의 근사치에 불과하며, 조업도의 범위가 상당히 넓거나, 상당한 기간을 고려할 때 고정원가의 총액이 일정하다는 가정이 성립되지 않게 된다. 왜냐하면 고정비라 할지라도 장기적인 관점에서 보면 변동비에 해당하기 때문이다.

(3) 적정제품믹스 유지상의 한계

변동원가계산에 의한 원가정보에 지나치게 치중하다 보면, 상대적으로 수익성이 낮은 투자안에까지 과다투자하여 적정제품믹스의 유지에 문제를 가져올 수도 있다. 즉, 변동원가계산에 의한 공헌접근법에서는 특정제품의 매출액이 변동원가를 초과하는 한 그 제품을 생산·판매하는 것을 기본으로 하므로, 여러 종류의 제품을 과다하게 생산·판매하는 경우가 발생할 수 있다. 그러나 기업이 생산능력을 모두 사용하게 되면, 정작 수익성이 높은 투자안이 제시되었을 때, 시설규모를 확장하지 않고서는 그 투자안을 받아들일 수 없는 경우가 발생한다. 적정한 제품믹스란 가장 수익성이 높은 제품을 현재의 시설규모로 유지되는 것이므로, 기업은 항상 수익성이 높은 투자안을 위하여 적정의 유휴시설이 필요한 것이다.

[연 습 문 제]

1. An Income Statement format that subtracts Variable Expenses from Sales Revenue to obtain the Contribution Margin is a(n):
   a. controllable format. b. segmented format.
   c. contribution format. d. allocated format. e. absorption format.

2. Fixed Overhead is expensed immediately as it is incurred when using:
   a. Fixed Costing. b. Job Order Costing. c. Variable Costing.
   d. Absorption Costing. e. Just-In-Time Inventory.

3. Which of the following statements is not a characteristic of Absorption Costing Income Statements?
   a. Cost of Goods Sold is determined by multiplying sales in units by Standard Cost which includes predetermined Fixed Overhead Costs.
   b. There is no deduction of Fixed Overhead costs as a lump sum Period Expense.
   c. Variable and Fixed Costs are separated.
   d. The only Period Costs are the Selling and Administrative Expenses.
   e. Product Costs include a Fixed and Variable component.

4. Income reported under Absorption and Variable Costing is:
   a. always the same.
   b. sometimes different.
   c. always higher under Absorption Costing
   d. always higher under Variable Costing.
   e. always the same or higher under Absorption Costing.

5. Consider the following statements.

I – Income reported under Absorption Costing for a year will differ from that reported under Variable Costing if production and sales volume differed.

II – Total income over a ten year period will be approximately equal under Absorption Costing and Variable Costing because production and sales will be approximately the same.

III – Total income over a ten year period will be significantly different under Absorption and Variable Costing

Which of the above statements is (are) true?

a. I is true. b. I and II are true. c. I and III are true.
d. II is true. e. III is true.

6. Assume that the predetermined Fixed Overhead Rate per unit remains the same from 20×1 to 20x2 and Finished Goods Inventory decreases in 20×1.

Which of the following statements is true?

a. The Fixed Overhead expensed in 20×2 under Variable Costing will be greater than that expensed under Absorption Costing.
b. The FixedOverhead expensed in 20×2 under Absorption Costing will be greater than that expensed under Variable Costing.
c. The amount of Fixed Overhead expensed will be the same under both methods.
d. It is impossible to determine what effect the decrease in inventory will have upon net income under Variable Costing.
e. It is impossible to determine what effect the decrease in inventory will have upon net income under Absorption Costing.

7. For external reporting purposes, "Generally Accepted Accounting Principles" require that reported net income be based on:

a. Absorption Costing. b. Variable Costing. c. Direct Costing.
d. Semi-Variable Costing. e. Activity-Based Costing.

8. An increase in Finished Goods Inventory can generally be attributed to:
   a. Production < Sales
   b. Production > Sales.
   c. Production = Sales.
   d. Cost < Production.
   e. Cost > Inventory.

※ Use the following information in solving multiple choice problems 9 and 10.

The Klinger Company incurred the following costs during 200×:

Direct Materials used	$240,000
Direct Labor	120,000
Variable Manufacturing Overhead	160,000
Fixed Manufacturing Overhead	100,000
Variable Selling and Administrative Costs	60,000
Fixed Selling and Administrative Costs	90,000
Planned Pproduction in units	20,000
Actual Production in units	20,000

9. If the company uses Variable Costing, the total inventoriable costs for the year are calculated to be:
   a. $360,000 b. $420,000 c. $520,000
   d. $580,000 e. $620,000

10. The per unit Product Cost under Absorption Costing is calculated to be:

a. $ 9.50 b. $23.00 c. $26.00 d. $31.00 e. $38.50

※ Use the following information in solving multiple choice problems 11 through 14.

The following information relates to the operation of Webster Company for the month of June 200×.

Beginning inventory in units	-0-
Planned production in units	2,500
Actual production in units	2,500
Sales in units	2,000
Sales price per unit	$60
Per unit Direct Material Standard	$14
Per unit Direct Labor Standard	$16
Per unit Variable Overhead Standard	$8
Variable Selling Expenses per unit	$2
Budgeted Fixed Manufacturing Overhead	$25,000
Fixed Selling and Administrative Expenses	$5,000

There were no variances recorded for the month of June.

11. The Standard Product Cost per unit under Absorption Costing is calculated to be:

a. $38.00 b. $40.00 c. $48.00 d. $50.00 e. $50.50

12. The Standard Product Cost per unit under Variable Costing is calculated to be:

a. $38.00 b. $40.00 c. $48.00 d. $50.00 e. $50.50

13. The net income under Absorption Costing is calculated to be:

a. $40,000 b. $20,000 c. $15,000 d. $10,000 e. $9,000

14. The net income under Variable Costing is calculated to be:

a. $40,000 b. $20,000 c. $15,000 d. $10,000 e. $9,000

15. Monex reported $65,000 in net income for the year using absorption costing.
The company had no units in beginning inventory, planned and actual Production was 20,000 units, and sales were 18,000 units during the year.
Standard Variable Manufacturing Costs were $20 per unit and total budgeted Fixed Manufacturing Overhead was $100,000. There were no variances reported during the year. Net income under Variable Costing is calculated to be:

a. $115,000 b. $75,000 c. $65,000 d. $55,000 e. $15,000

16. Classix Products reported $28,000 in net income for the year using Variable Costing. The company had no units in beginning inventory, planned and actual production was 30,000 units, and sales were 25,000 units during the year. Standard Variable Manufacturing Costs were $15 per unit and total budgeted Fixed Manufacturing Overhead was $150,000. There were no variances reported during the year. Net income under Absorption Costing is calculated to be:

a. $3,000 b. $28,000 c. $30,000 d. $53,000 e. $58,000

17. Callison Company's income under Absorption Costing was $15,000 higher than under Variable Costing. During the year, the company produced 20,000 units for total Variable Production Costs of $80,000. If fixed Manufacturing Overhead was $40,000, how many units were sold?

a. 20,000 units b. 12,500 units c. 10,000 units

d. 7,500 units e. 5,000 units

18. Ribco reported the following results during 20×2:

Ribco Company

Income Statement

For the Year Ended December 31, 20×2

Sales (22,500)		$450,000
Cost of Goods Ssold:		
Finished Goods Inventory – January 1, 200×	$28,000	
Cost of Goods Manufactured	294,000	
Goods available for sate	$322,000	
Finished Goods Inventory – December	(7,000)	
Cost of Goods Sold		(315,000)
Gross Margin		$135,000
Operating Expenses :		
Sales Commissions	$45,000	
Fixed Administrative Expenses	75,000	
Total Operating Expenses		(120,000)
Net Income		$15,000

Additional information: Fixed Manufacturing Overhead during 20×1 and 20X2 was $2.00 per unit manufactured. Variable Manufacturing Costs were $12 per unit during 20×1 and 20×2.

Net income during 20×2 under Variable Costing is calculated to be:

a. $12,000 b. $12,480 c. $15,000 d. $17,520 e. $18,000

19. Galeria's income under Variable Costing was $20,000 greater than the income reported under Absorption Costing. Variable production costs were $6 per unit and Fixed Production Costs were $4 per unit. If fixed production costs per unit have remained constant for the past two years, by how many units did inventory increase or decrease during the year?

a. increased 5.000 units

b. increased 2,000 units

c. decreased 2,000 units

d. decreased 5,000 units

e. decreased 3,333 units

20. Informatic's income during 20×1 under Absorption Costing was $100.000. Variable Manufacturing Costs per unit were $5 and Fixed Manufacturing Costs per unit were $2. Sales exceeded production by 4,000 units during the year. If Fixed Manufacturing Costs per unit have remained constant for the past two years. What was informations income under Variable Costing?

a. $92,000 b. $72,000 c. $108,000 d. $128,000 e. $100,000

※ Use the following information in solving multiple choice problems 21 through 23.

The following information relates to the operation of Turbex Company for the year 20×1 :

Beginning Inventory in units	-0-
Planned Production in units	10,000
Actual Production in units	9,000
Sales in units	7,500
Sales Price per unit	$30
Standard Variable Manufacturing Costs per unit	$10
Variable Selling Expenses per unit	$2
Budgeted Fixed Manufacturing Overhead	$90,000
Fixed Selling and Administrative Expenses	$20,000

Standard Fixed Manufacturing Cost is based on planned production. There were no variances during the year, except for the Fixed Overhead Volume Variance.

21. The Standard Cost per unit under Absorption Costing is calculated to be:

a. $10.00 b. $19.00 c. $20.00 d. $22.00 e. $21.00

22. The net income for the year under Absorption Costing is calculated to be:

a. $25,000 b. $30,000 c. $38,500 d. $20,500 e. $50,000

23. The Fixed Overhead Volume Variance is calculated to be:

a. $9,000 unfavorable. b. $10,000 favorable. c. $12,000 favorable.
d. $12,000 unfavorable. e. $9,000 favorable.

24. Compute & Fill in the Blanks by the Following Data

Beginning units = -0-, Production = 2,500 units Sales = $120,000(2,000 units × $60) Manufacturing Cost(Variable = @$38, Fixed = $25,000) Selling & Administrative Expenses(Variable = @$2, Fixed = $5,000)

	Absorption costing	Variable costing
Total Manufacturing Costs	(①)	(ⓐ)
Ending Inventory Costs	(②)	(ⓑ)
Costs of Goods Sold	(③)	(ⓒ)
Net income	(④)	(ⓓ)

25. Net income by Absorption Costing = $65,000,
Beginning inventory = None, Production = 20,000 units,
Sales = 18,000 units
Standard Variable Manufacturing Costs = $20 per unit
Total budgeted Fixed Manufacturing Overhead = $100,000.
Variances = none

Net income under Variable Costing = ?

26. Income by Absorption Costing = $15,000,
    Income by Variable Costing = $10,000
    Fixed Manufacturing Overhead = $40,000,
    Production Units = 20,000 units
    Units in Ending Inventory = (   )
    Selling Units = (   )

27. Complete the following Income Statement by Absorption & Variable Costing.

> Production in units = 2,500
> Sales in units = 2,000, Sales price per unit = $50
> Direct material Costs = $10, Direct labor Costs = $15,
> Variable Costs: Overhead = $8,00, Selling & Administrative = $2
> Fixed Costs: Manufacturing = $25,000,
> Selling & Administrative = $5,000

Income Statement by A/C		Income Statement by V/C	
Sales	(①)	Sales	(ⓐ)
Cost of Goods Sold	(②)	Variable Costs	(ⓑ)
Gross Margin	(③)	Contribution Margin	(ⓒ)
S & A Costs	(④)	Fixed Costs	(ⓓ)
Net Income	(⑤)	Net Income	(ⓔ)

28. Net Income by A/C = $120,000, Net Income by V/C = $100,000
    Production Costs per unit : Variable = $6, Fixed = $4
    How many units did inventory increase or decrease?
    (   ) (   )

29. Net income under Absorption Costing = \$100.000.
    Manufacturing Costs per unit: Variable = \$5, Fixed = \$2.
    Production = 10,000 units, Sales = 14,000 units.
    Net income under Variable Ccosting = ?

※ 다음 자료에 의하여 물음에 답하라(1-6).

1) 당기판매단위 = 3,000단위, 가격 = @₩10, 매출액 = ₩30,000
2) 당기제품제조원가 = ₩21,000(변동비 = ₩15,000, 고정비 = ₩6,000)
3) 완성제품의 수량 = 3,000단위
4) 판매비와 일반관리비 = ₩1,800(변동비 = ₩800, 고정비 = ₩1,000)
5) 기초 및 기말의 재공품 및 제품은 없다.

1. 전부원가계산에 의한 매출원가는 얼마인가?
   ① ₩3,000 ② ₩6,000 ③ ₩15,000 ④ ₩18,000 ⑤ ₩21,000

2. 변동원가계산에 의한 매출원가는 얼마인가?
   ① ₩3,000 ② ₩6,000 ③ ₩15,000 ④ ₩18,000 ⑤ ₩21,000

3. 전부원가계산에 의한 매출총이익은 얼마인가?
   ① ₩7,200 ② ₩9,000 ③ ₩14,200 ④ ₩15,000 ⑤ ₩18,000

4. 변동원가계산에 의한 공헌이익은 얼마인가?
   ① ₩7,200 ② ₩9,000 ③ ₩14,200 ④ ₩15,000 ⑤ ₩18,000

5. 전부원가계산에 의한 순이익은 얼마인가?
   ① ₩7,200 ② ₩9,000 ③ ₩14,200 ④ ₩15,000 ⑤ ₩18,000

6. 변동원가계산에 의한 순이익은 얼마인가?

① ₩7,200 ② ₩9,000 ③ ₩14,200 ④ ₩15,000 ⑤ ₩18,000

7. 다음 자료에 의하여 전부원가계산과 변동원가계산에 있어서의 각 금액을 계산하라.

> 단위당 판매가격 = ₩15
> 원가자료: 변동비 단위당 ₩10(제조원가 = ₩8, 판매관리비 = ₩2)
> 고정비 40,000(제조간접비 = ₩25,000, 판매관리비 = ₩15,000)
> 생산량 = 10,000단위, 판매량 = 10,000단위
> ※ 기초 및 기말재공품은 없고, 기초의 제품도 없고, 기타의 비용, 수익은 없다.

	전부원가계산	변동원가계산
매 출 액	(①)	(ⓐ)
매출원가	(②)	(ⓑ)
기간비용	(③)	(ⓒ)
순 이 익	(④)	(ⓓ)

8. 다음 자료에 의하여 전부원가계산과 변동원가계산에 있어서의 각 금액을 계산하라.

> 단위당 판매가격 = ₩15
> 원가자료: 변동비 단위당 ₩10(제조원가 = ₩8, 판매관리비 = ₩2)
> 고정비 40,000(제조간접비 = ₩25,000, 판매관리비 = ₩15,000)
> 생산량 = 10,000단위, 판매량 = 8,000단위
> ※ 기초 및 기말재공품은 없고, 기초의 제품도 없고, 기타의 비용, 수익은 없다.

	전부원가계산	변동원가계산
매 출 액	(①)	(ⓐ)
매출원가	(②)	(ⓑ)
기간비용	(③)	(ⓒ)
순 이 익	(④)	(ⓓ)

9. 다음 자료에 의하여 변동원가계산과 전부원가계산에 의한 손익계산서를 완성하라.

> 단위당 판매가격: 10원
> 단위당 변동제조원가: 5원, 고정제조원가: ₩8,000
> 단위당 변동판매관리비: 2원, 고정판매관리비: ₩4,000
> 생산량: 10,000단위, 판매량: 8,000단위

손익계산서(전부원가계산)

순매출액		(③)
매출원가		(④)
기초제품	- 0 -	
제조원가	(①)	
기말제품	(②)	
(⑤)		(⑥)
판매관리비		(⑦)
영업이익		(⑧)

손익계산서(변동원가계산)

순매출액		(ⓒ)
변동매출원가		(ⓓ)
기초제품	- 0 -	
제조원가	(ⓐ)	
기말제품	(ⓑ)	
변동판매관리비		(ⓔ)
(ⓕ)		(ⓖ)
고정비		(ⓗ)
영업이익		(ⓘ)

제13장 활동기준원가계산

제 1 절 활동기준원가회계의 도입배경

새로운 경영환경하에서 ABC에 대한 도입은 전통적 원가계산시스템의 제조간접비가 조업도에 의해서가 아니라 제품의 다양성과 복잡성에 따라 발생한다는 인식으로 거래에 따른 업무량을 기준으로 계산한 제품원가와 기존시스템의 조업도기준에 의하여 계산한 것과 비교하여 기존시스템의 원가왜곡을 지적하였다. 따라서 전통적인 원가회계가 생산량과 관련된 배부기준을 사용하여 간접원가를 배부하기 때문에 발생하는 제품원가의 왜곡현상을 제거할 수 있는 것이다. 오늘날 활동기준원가회계를 도입하는 배경도 다음과 같다.

첫째, 제품가격의 결정, 자본투자의 결정, 예산의 결정과 관련하여 잘못된 의사결정의 결과로 초래되는 손실이 점점 더 커지고 있다.

둘째, 보고되는 제품원가의 정확도가 감소하고 있다. 우선 생산공정의 개선과 자동화 등의 영향으로 기업의 원가구조가 변화하고 있다. 특히 간접원가가 제품원가에서 차지하는 비중이 급격히 증가하고 있다. 따라서 직접노동시간이나 직접재료원가에 기초하여 간접원가를 배부하는 전통적인 원가시스템은 제품원가를 왜곡하고 있다.

셋째, 측정비용이 감소하고 있다. 정보와 통신기술의 발달로 정보가 전자화되어 다양한 정보를 정확, 신속하고도 저렴하게 확보할 수 있게 되었다. 또한 정보처리시설의 발달로 계산비용이 지속적으로 하락하고 있다. 이에 따라 재무보고목적의 회계시스템과는 별도로 정확한 원가정보와 전략적 적합성을 갖춘 정보를 제공할 수 있는 시스템을 도입하고 유지하는 것이 가능해졌다.

넷째, 기존의 원가회계시스템은 원가를 절감하고자 하는 노력에 영향을 미치지 못하였다. 활동기준원가회계는 간접원가를 발생시키는 개인의 행동에 영향을 미치기 때문에 활동기준원가회계를 통해 개인의 행동을 관리함으로써 간접원가를 관리할 수 있다.

제 2 절 활동기준원가회계의 개념

1. 활동기준원가회계의 의의

공장자동화를 비롯한 새로운 생산방식의 출현으로 제조직접비에 비해 제조간접비의 비중이 커짐에 따라 제조간접비의 정확한 배부가 원가계산의 중심이 되었다. 이에 따라 종래 사용되어 오던 전통적인 제조간접비의 배부기준에 대해 비판적인 시각이 대두됨에 따라, 활동을 기준으로 보다 정확한 제조간접비의 배부를 위해 제시된 것이 활동기준원가계산이다.

ABC(Activity-Based-Costing)에 대한 정의는 사람마다 다소 달리 내리고 있지만 본질적인 핵심은 거의 같으므로, 그 중 대표적으로 소개하면 다음과 같다.

Horngren(1991)은 "ABC란 활동을 원가대상의 중심으로 삼아 활동의 원가를 계산하고 이를 토대로 다른 원가대상의 원가를 계산하는 것을 중점적으로 다루는 원가계산시스템이다"고 하였다.

Johnson(1988)은 "ABC란 자원을 소비하고 고객에게 가치를 제공하는 활동에 대한 파악을 토대로 제품에 원가를 부과하는 것이다"고 하였다.

상기의 의의를 살펴보면 ABC는 다양한 측면을 갖는 것을 알 수 있다. 즉, ABC는 단순히 새로운 방식의 제품원가계산만을 지칭하는 것이 아니라 원가관리를 포함한 경영전반에 걸친 전략적 수행에 필요한 정보제공시스템이라고 할 수 있으므로, 이를 요약하면 ABC를 다음과 같이 정의할 수 있을 것이다.

"새로운 제조기술의 도입과 더불어 점차 증가하는 제조간접비를 제품에 정확히 배부하고 효과적으로 관리하기 위해 종전의 단순한 수량중심의 배부기준(직접노동시간 등) 대신 제조간접비의 발생원인이라고 할 수 있는 활동을 기준으로 제조간접비를 배부하는 새로운 원가계산시스템"이다. 즉, ABC에서는 활동이 원가계산의 중심이 되어 제조간접비 부문에 집계하는 대신 활동별로 파악하고, 제품의 제조과정에서 요구되는 활동의 횟수 또는 크기에 따라 제품에 배부하게 된다.

2. 전통적 원가계산제도와 활동기준원가계산제도의 비교

제조간접비도 원가의 흐름에 따라 제품에 배부된다. 즉, 제조간접비는 생산량을 반영하는 배부기준과 관련하여 배부율을 산정하고 일괄적으로 제품에 배부된다. 그 결과 전통적 원가계산모델에서의 제품원가는 직접비와 제조간접비 배부액의 합계 형태로 집계된다. 이러한 전통적 원가시스템의 단점으로는 직접노무비, 기계작업시간, 매출액 등 조업도 관련 배부기준을 이용하여 조직비용을 개개의 제품과 고객에 할당한다. 그러나 제품과 고객이 요구하는 대부분의 자원은 생산, 판매비에 비례하지 않는다. 그 결과 전통적 시스템은 제품을 설계, 제조하고 또한 그것을 고객에게 판매하는 데 이용되는 자원의 원가를 정확히 추정하고 있지 않다는 것이다.

그러나 ABC모델은 단일 흐름을 기초로 구축되지 않았다. 즉, 전통적 원가계산 모델처럼 제조직접비와 제조간접비 배부액과의 합이라는 형태로 원가가 집계된 것은 아니다. ABC는 제조부문에서 발생하는 원가가 아니라 보조부문비를 직접 대상으로 하기 때문이다.

다시 말해서, 전통적 원가회계는 각 제품이 기업의 자원을 소비함에 따라 제품의 생산량에 비례해서 제조간접비가 발생한다고 가정하고 제조간접비는 제품의 생산량과 비례하는 배분기준인 직접노동시간, 기계시간, 재료비 등의 기준을 이용하여 각 제품에 배분한다. 이에 반하여, ABC는 활동이 기업의 자원을 소비한다고 가정하기 때문에 각 활동별로 원가를 집계하고, 각 활동의 원가는 원가대상이 사용하는 활동의 빈도나 정도, 즉 활동동인을 이용하여 각 원가대상에 배분한다.

양 회계시스템의 차이는 ① 기본가정상의 차이, ② 제조간접비의 배부기준상의 차이, ③ 기타의 차이로 구분 설명한다.

(1) 기본가정의 차이

전통적인 원가계산방식에서는 각 제품이 기업의 자원을 소비한다고 가정한다. 이에 따라 제품의 생산량에 비례하여 제조간접비가 발생한다고 본다. 제조간접비는 제품의 생산량과 관련된 배부기준인 직접노동시간, 기계시간이나 재료비 등을 기준으로 배분된다.

하지만 ABC에서는 활동이 기업의 자원을 소비한다고 가정한다. 이에 따라 각 활동의 유발요인을 파악하여 이를 기준으로 각 활동의 비용을 제품에 배분한다. 또한 ABC에서는 기업의 활동수준을 세 가지로 구분하고 각 활동의 수준에 따라 상이한 활동유발요인을 사용하여 제조간접비를 배분한다.

따라서 활동기준원가계산제도는 전통적 원가계산제도와 비교하여 근본적으로 기본가정을 달리하고 있으며, 이들 원가계산제도의 기본적인 차이점은 아래의 〈표 13-1〉에 요약하며 다음과 같다.

〈표 13-1〉 전통적 원가계산과 활동기준원가계산의 비교

내 용	전통적 원가계산제도	활동기준원가계산제도
기본가정	제품이 자원소비	제품생산활동이 자원소비
원가대상	제품에 초점	활동에 초점
원가추적	제품에 추적	활동원가를 제품에 추적
원가배부기준	조업도관련 배부기준 주로 재무적 측정치 사용	수행된 활동측정치 주로 비재무적 측정치 사용
원가동인	간접제조원가배부기준이 될 수 있다.	전반적인 간접제조원가배부기준으로 사용된다.
간접제조원가	조업도의 변동과 관련된 간접제조원가에 초점	조업도의 변동과 무관한 간접제조원가에 초점
원가풀	소수사용	다수사용
기본사고	단기적·부분적 사고	장기적·전체적 사고

(2) 제조간접비 배부기준의 차이

ABC에서는 각 활동별로 원가를 집계하고 그 활동에 맞는, 즉 집계된 제조간접비의 발생과 비례하는 활동유발요인을 사용하여 제조간접비를 배분함으로써 비교적 정확한 원가의 각 제품에 배분된다. 하지만 전통적 원가계산에서는 생산량과 비례하지 않는 활동에서 발생한 원가도 생산량에 비례하는 단위기준 활동유발요인을 이용하여 배분하므로 원가가 왜곡된다.

따라서 ABC에 대한 개념을 더욱 정확히 이해하기 위해 제조간접비 배분을 중심으로 살피고자 한다.

1) 전통적 원가계산제도

전통적 원가계산제도에서 2단계 원가배분과정을 다음 〈그림 13-1〉과 같이 생각할 수 있다.

〈그림 13-1〉 전통적 원가계산제도의 2단계 원가배분과정

1단계에서는 간접제조원가를 원가중심점에 배부한다. 이 단계에서는 간접제조원가를 원가중심점에 배분하기 위하여, 배분기준으로 재무적 기준과 비재무적 기준을 사용하기 때문에 어느 정도 원가배분의 정확성을 유지할 수 있다.

2단계에서는 원가중심점의 원가를 제품에 배부한다. 이 단계에서는 산출량에 비례하는 측정치를 배부기준으로 사용하기 때문에 각 제품에 대한 간접제조원가의 배부는 조업도에 비례하는 것으로 가정한다. 이에 따라 전통적 원가계산에서 사용되지 않았던 작업준비시간, 부품의 수 등 다양한 배분기준이 사용되어 많은 수의 원가중심점과 원가유발요인을 이용함으로써 각 제품

별로 보다 정확한 원가계산이 가능해졌다.

2) 활동기준원가계산제도

활동기준원가계산제도에서 2단계 원가배분과정을 〈그림 13-2〉와 같이 생각할 수 있다.

〈그림 13-2〉 활동원가계산제도의 2단계 원가배분과정

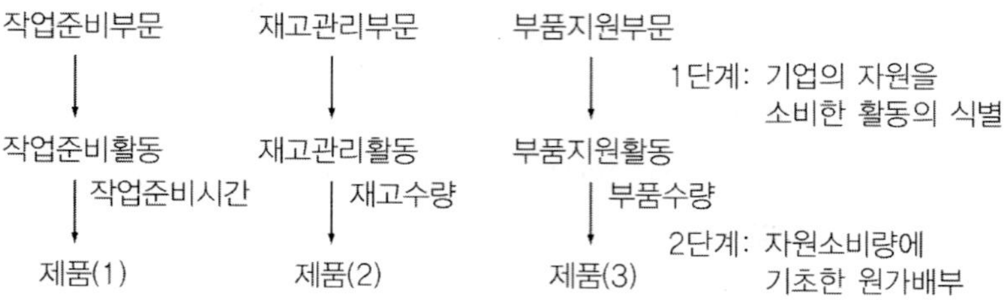

위 그림과 같이 1단계에서는 기업의 자원을 소비한 활동을 식별하고 활동별로 자원소비원가를 배분한다. 그리고 2단계에서는 개별제품의 자원소비 또는 각 활동의 수요에 기초하여 활동원가를 제품에 배부한다. 이 단계에서는 배부기준으로서 조업도와 무관한 비재무적 측정치를 주로 사용한다.

두 가지를 비교해 보면 전통적 원가계산제도와 활동기준원가제도는 공통적으로 2단계 원가배분절차를 수행한다. 그러나 각 단계별로 원가의 배부기준은 서로 상이하며 전통적 원가계산제도의 원가중심점과 활동기준원가계산제도의 활동중심점은 성격이 서로 다르다. 따라서 제품원가는 서로 상이한 결과를 나타낸다.

활동기준원가계산제도는 제품의 배부 수에 의하여 유도된 활동과 다양한 제품라인의 지원에 필요한 활동을 기초로 하여 자원의 소비량을 제품에 귀속시키며, 일단 자원소비의 원인이 되는 원가동인이 식별되면, 개별제품에 더 많은 자원소비원가를 직접적으로 배부할 수 있다.

(3) 기타의 차이점

ABC와 전통적인 원가계산의 차이점은 지금까지 살펴본 제조간접비 배분기준 외에도 원가의 분류방식이 다르다. 즉, 전통적인 원가계산에서는 원가를 요소별로 분류하여 재료비, 노무비, 제조경비 등으로 구분한다. 그러나 ABC에서는 원가를 개별적인 활동원가로 구분한다. 즉, 전통적인 원가계산에서의 제조간접비가 ABC에서는 활동에 따라 독립적인 원가로 구분된다.

또한 전통적인 원가계산에서는 원가를 제품에의 추적가능성 여부에 따라 직접비와 간접비로 구분하였지만, ABC 개념하에서는 이 원가분류가 무의미해진다. 활동에 따라 원가를 세분하기 때문이다. 즉, 원가동인의 변동에 따라 활동원가가 변화하는가에 따라 활동원가는 고정비와 변동비로 구분된다. 고정비는 활동원가의 변화에도 불구하고 변화하지 않는 원가이며 변동비는 활동원가의 변화에 따라 비례적으로 변화하는 원가이다.

전통적인 원가계산에서는 변동비와 고정비의 구분을 단기간의 생산량의 변화를 기준으로 하기 때문에 많은 원가가 고정비로 분류된다. 그러나 ABC에서는 활동의 속성을 활동원가로 파악함에 따라 대부분의 원가는 변동비로 분류된다. 즉, 원칙적으로 모든 원가는 직접원가가 된다는 것이다.

마지막으로 ABC에서는 장기적인 관점을 취한다. 즉, 전통적인 원가계산에서는 단기의 조업도 변화와 원가수준과의 관계에서 변동비와 고정비로 분류하고 있으나 ABC에서는 조업도의 변동이 아니라 활동의 관점에서 원가를 파악하므로 모든 원가는 원칙적으로 활동수준에 의하여 변화하는 변동비이다.

이와 같은 전통적 원가계산회계와 활동기준원가계산회계와의 차이점을 요약하면 〈표 13-2〉와 같다.

〈표 13-2〉 전통적 원가계산과 ABC와의 차이

분 류	전통적 원가계산	활동기준원가계산
제조간접비 pool수	각 부서별 또는 공장전체로서의 제조간접비 풀(pool)은 하나 혹은 소수에 불과	여러 활동영역을 감안, 원가집합은 다수임
제조간접비 배부기준	원가동인일 가능성은 매우 낮음 주로 재무적 성격을 띰 (예: 직접노무비, 직접재료비)	원가동인일 가능성이 매우 높음 주로 비재무적 성격을 띰 (예: 작업준비수, 부품수, 검사수)
원가계산	대략적임 (평균치 활용)	보다 정확성을 갖게 됨 (인과관계 반영)

3. 활동기준원가계산의 구성요소

(1) 원가대상

원가대상(Cost Object)은 기업에서 원가를 산정하고자 하는 측정대상을 말한다. 보편적으로 원가대상은 제품이나 서비스 및 고객을 지칭하지만, 기업에서 측정하고자 하는 모든 분야가 대상이 될 수도 있다. 예를 들어, 각 사업부문, 시장, 유통경로, 설계프로젝트 등에 대한 원가정보가 필요할 경우 이에 맞게 원가시스템을 설계하여 정보를 산출할 수 있다.

(2) 활 동

활동(Activity)은 활동기준원가계산에서 원가를 발생시키는 기본적인 분석단위이며, 어떤 기능의 목적을 수행하기 위하여 필요로 하는 행위이며, 이는 기능(Function)을 보다 세분화한 것이다. 다시 말하면, 활동이란 자원을 소비하여 가치를 창출하는 작업으로 제품이나 서비스의 생산을 위해 자원을 소비하여 원가를 발생시키는 원인요소이다. 여기서 말하는 자원(Resource)은 활동을 수행하기 위해 사용되거나 소비되는 원가로 총계정원장상의 원가나 비용항목인 재료비, 노무비, 감가상각비 등을 말한다. 활동단위(Activity Unit)의 일반적인 예로는 재료주문, 재료처리, 생산주문, 설계, 작업준비, 설비재조정, 기계가동, 판촉활동, 품질검사, 선적, 고객관리 등을 들 수 있다.

(3) 자원동인

자원동인(Resource Driver)이란 활동에 의하여 사용되거나 소비되는 자원의 양(Quantity)을 측정하기 위한 기준으로 이는 자원과 활동 간의 논리적 인과관계에 기초하여야 하며, 계속적으로 수집이 가능한 계량적 형태의 것이어야 한다. 전형적인 자원동인의 사례를 들면 다음과 같다.

자 원	자 원 동 인
급여, 수당 및 복리비	활동별 소비시간, 인원수, 활동별 기여도(%)
건물 임차료, 보험료 및 감가상각비	면적(㎡, ft^2)
전력비	전력 소비량(kWh)
전산유지비	단말기 보유 대수
여비교통비	직접귀속

여기서 여비교통비의 경우 자원동인을 직접 귀속시키고 있는데, 이것은 여비교통비의 발생 특성상 특정 목적의 활동을 수행하기 위한 것이 일반적인 행태이므로 활동별로 할당하기 위한 자원동인의 설정이 필요하지 않다. 따라서 모든 비용항목에 대하여 자원동인이 필요한 것은 아니고, 활동별로 직접 귀속이 가능한 경우도 있다.

(4) 원가동인

원가동인(Cost Driver)은 원가를 발생시키거나 또는 발생 정도에 영향을 미치는 요소이며, 활동의 측정치(Measure of Activity)이다.

활동과 원가동인이 자세히 구분될수록 정확한 원가계산이 가능하다. 원가동인의 수는 원가시스템의 정확성과 제품의 다양성에 의하여 결정이 되는

데, 이 원가동인을 선택할 때에 활동별 원가와 상관이 있는 비재무적인 변수로 거래기준 원가동인이 많이 이용된다. 거래기준 원가동인의 예로는 발주횟수, 선적횟수, 주문처리횟수, 생산준비횟수, 작업지시서수, 검사횟수, 운전거리, 재고이동, 기계사용기간 등이 있다.

(5) 활동원가

활동에 따른 자원의 소비를 활동원가(Activity Cost)라고 한다. 따라서 활동원가의 구분은 활동의 구분을 의미한다. 활동원가는 단위관련활동, 뱃치관련활동, 제품유지활동, 설비유지활동의 네 가지 수준(level) 또는 계층으로 분류할 수 있는데, 이에 대해서는 다음 절에서 살펴보기로 한다.

제 3 절 활동기준원가회계의 활동구조

1. 활동기준원가계산의 계층적 모형

Cooper(1990)는 활동기준원가계산의 활동을 설비유지활동, 제품유지활동, 배치관련 활동, 그리고 단위수준활동 등 네 가지 유형으로 세분하였는데, 각 활동들이 가지는 특성에 대해 살펴보면 다음과 같다.

(1) 단위관련 활동(Unit Related Activity)

대부분의 단위관련 원가는 직접노무비, 재료비, 에너지비, 기계사용비 등과 같이 일반적으로 단기 변동비로 불리던 원가를 지칭한다. 그러나 이들 원가 속에는 기계가동시간에 비례하여 소비되는 자원비용이 포함된다. 기계시간을 원가동인으로 삼아 직접부과될 수 있는 비용으로는 시설원가, 기계수선 유지비 등을 들 수 있다. 이들 비용이 단위기준원가로 불리는 이유는 만약 회사가 생산량을 10% 늘릴 경우 생산량의 증가와 비례하는 10%의 노동시간 및 기계시간 그리고 에너지가 추가로 필요하게 되기 때문이다. 결국 단위기준 원가는 생산수량에 정비례적으로 이루어지는 자원소비원가를 의미하는 것으로 일명 수량기준원가로 불릴 수 있다.

(2) 배치관련 활동(Batch Related Activity)

일부 자원은 생산수량과는 상관없이 정량묶음식 생산에 필요한 활동수행시 소비된다. 이들 활동은 주로 set-up시간이나 횟수 등과 관련 맺는다. 이를테면 1,000개를 주문하는 경우든 10개를 주문하는 경우든 동일한 노력이 소요되는 구매주문서 작성이 이에 속한다. 이처럼 일괄생산기준원가는 곧 일정한 투입물이 배치관련 활동 수에 따라 소비되는 것으로 간주될 수 있는 원가를 지칭한다.

(3) 제품유지활동(Product Sustaining Activity)

세 번째 유형의 지원활동은 기술변동 통보와 공정설계, 공정 엔지니어링, 제품개선 등과 같은 특정 제품을 제품라인에 추가하거나 아니면 특정 제품이 계속 생산될 수 있게 하기 위한 활동을 의미한다. 개별제품 생산에 있어서는 자재청구, 순서일정표 작성, 특별검사방식의 개발, 공정기술변경 통지를 행하는 것 등이 필연적이며 이들 활동들은 특정제품들과 쉽사리 대응될 수 있다. 이들 제품지원 비용들은 제품라인에 제품이 추가될수록 더 늘어나게 되는 반면 제품생산량이나 batch수에 상관없이 일정하다는 점에서 앞서 설명한 두 유형의 원가와는 성격이 다르다.

(4) 설비유지활동(Facility Sustaining Activity)

설비의 일반적인 기능을 계속 발휘하도록 하기 위한 활동과 관련된 설비수준원가는 다양한 제품에 공통적으로 관련 맺는 것이 일반적이다. 이들 비용은 대개는 기간비용으로 간주되거나 다소 주관적인 방법에 의해서 제품에 배분된다. 설비유지 활동의 예로는 공장관리비, 건물과 토지의 유지비, 광열공급비 등이 있다. 일반적으로 이러한 명확한 구분에 의한 완전한 활동기준원가회계를 기업에서 활동하기는 다소 어려울 것으로 보인다.

Cooper(1990)는 일괄생산기준이나 제품기준이 동시에 활용되지 못하는 이유로 다음과 같은 몇 가지를 들고 있다.

첫째, 원가시스템의 설계자가 3종류의 배부기준을 이해하지 못하고 있기 때문이다.

둘째, 제조공정에 따라서는 활동범주 중 어느 것에 속하는지 분류가 불가능한 것이 있다.

셋째, 특정 활동을 별개의 범주로 구분하여 보고함에 따른 효익은 그에 따른 비용에 비해 크지 않은 것으로 받아들여질 수 있다.

넷째, 원가시스템 설계자는 모든 유형의 기준을 알고 있지만 원가시스템을 보다 이해하기 쉽고 간단하게 하기 위하여 그들 중 2개(단위기준과 일괄생산기준, 또는 단위기준과 제품기준)만을 선택하게 된다.

그러나 2가지 형태의 기준만을 사용하는 원가시스템은 결코 완전한 활동기준원가회계에 의한 원가정보와 통제기능을 기대할 수 없으므로 비록 처음에는 부분적인 범위에 국한하여 기준을 설정하더라도 점차적인 원가시스템의 개선으로 각 활동수준에 적합한 기준을 적용할 수 있어야 한다.

ABC의 활동구조를 요약하면 〈그림 13-3〉과 같다.

〈그림 13-3〉 ABC의 활동구조

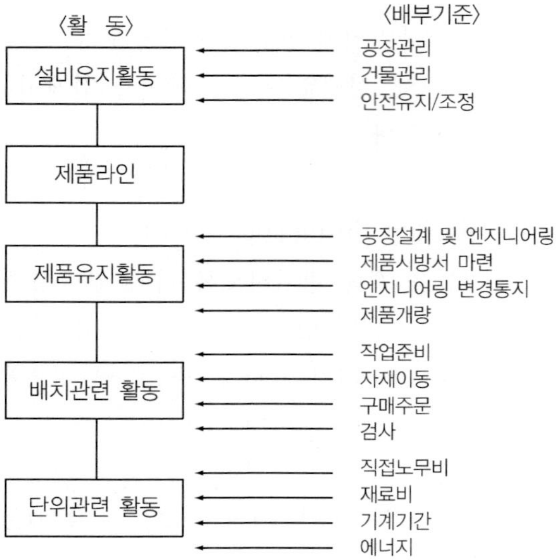

[예제 1] 보배(주)는 두 가지 제품에 대하여 다음의 자료를 수집하였다.

	A제품	B제품
생산량	600개	200개
기계준비시간	25시간	25시간
단위당 직접노동시간	3시간	3시간
기계준비활동관련 제조간접비	₩6,000,000	

(1) 당사의 전통적 제조간접비 배부시스템이 직접노동시간을 기준으로 배부될 경우 각 제품에 배부되는 기계준비활동관련 제조간접비 배부액은 얼마인가?

(2) 당사의 제조간접비 배부시스템이 ABC시스템에 의하여 운영될 경우 각 제품에 배부되는 기계준비활동관련 제조간접비 배부액은 얼마인가?

[해답 1] A제품 ₩6,000,000 × 1,800/2,400* = ₩4,500,000
B제품 ₩6,000,000 × 600/2,400 = ₩1,500,000
* 600개 × 3시간 + 200개 × 3시간 = 2,400시간

[해답 2] A제품 ₩6,000,000 × 25/50 = ₩3,000,000
B제품 ₩6,000,000 × 25/50 = ₩3,000,000

[예제 2] 지구(주)는 여러 종류의 의자를 제조하고 있다. 회사의 작업활동과 관련된 자료는 다음과 같다.

작업활동	제조간접비 예산	배부기준	배 부 율
재료취합	₩3,000,000	부품의 수	3.00
절　　삭	34,000,000	부품의 수	24.00
조　　립	45,000,000	직접작업시간	220.00
도　　색	20,000,000	도색된 제품수	250.00

A형 의자와 도색작업이 필요 없는 B형 의자의 두 가지 제품이 8월 중에 생산되었다. 그와 관련된 자료가 다음과 같다.

제　　품	생산수량	직접재료비	직접노무비	부품의 수	조립시 직접작업시간
A형 의자	6,000개	₩5,000,000	₩3,000,000	110,000개	8,000시간
B형 의자	2,000	6,000,000	₩4,000,000	20,000개	2,200시간

A형 의자와 B형 의자의 총제조원가를 계산하라.

[해　답]

	A형 의자		B형 의자	
직접재료비		₩5,000,000		₩6,000,000
직접노무비		3,000,000		4,000,000
제조간접비				
재료취합	110,000 × 3 = 330,000		20,000 × 3 = 60,000	
절　　삭	110,000 × 24 = 2,640,000		20,000 × 24 = 480,000	
조　　립	8,000 × 220 = 1,760,000		2,200 × 220 = 484,000	
도　　색	6,000 × 250 = 1,500,000			
		6,230,000		1,024,000
총제조원가		₩14,230,000		₩11,024,000

2. 활동기준원가계산의 절차

활동기준원가계산을 실행함에 있어서 그 절차를 보면 활동분석, 활동별 원가집계, 원가동인 결정, 원가동인 단위당 원가산출, 제품별 원가계산의 순서로 이루어진다.

(1) 활동분석

활동분석은 경영활동을 기술하고 그 활동에 대한 원가와 성과를 비교할 수 있는 판단기준을 확립하기 위하여 기업의 주요 활동을 규명하는 것이다. 이 활동분석을 통해서 기업에서는 이익, 품질 그리고 적시성 등과 같은 성과를 개선시키기 위해 어떻게 해야 하는지를 파악할 수 있게 한다.

활동분석의 목적은 조직 내에서 이루어지는 활동들을 규명하고 그들을 체계적으로 분석하여 불필요한 활동을 제거하기 위한 행동을 취하도록 하기 위한 것이다. 이는 곧 필요한 활동을 강화하고, 효율적인 방법으로 수행하게 하여 기업의 성과를 증진시키고 경쟁력을 향상시키기 위한 것이다.

(2) 활동별 원가집계

이 단계에서는 앞서 실시한 활동분석 자료를 이용하여 각 활동별로 원가를 집계(Cost Pool)하는 과정이다. 즉, 활동분석에서 규명된 각 활동들이 어느 정도 자원을 소비하였는지 각 활동 등 총원가를 계산하는 것이다. 이때 어느 정도 정확한 원가를 계산해 내기를 원하느냐에 따라, 그리고 비용-효익 분석에 입각하여 유사한 활동들은 통합하여 사용할 수 있다. 예를 들어, 아주 정확한 원가정보가 필요하고, 또 비용-효익분석을 통하여 유리하게 나타날 경우에는 모든 분석된 활동에 대하여 원가를 추적하여 그에 대한 원가동인을 구할 수 있을 것이다. 하지만 비교적 그리 정확한 원가정보가 필요하지 않고, 또 비용이 효익보다 더 크게 나타난다면 비슷한 활동들을 통합하여 원가동인을 구할 수도 있다.

(3) 원가동인 결정

원가동인(Cost Driver)이란 활동을 유발시키는 요인으로 이는 생산과정에서 특정 자원을 소비한 제품에 대하여 생산활동원가를 추적하는 데 사용된다. 하지만 기업에서 이루어지고 있는 모든 활동에 대해서 각각의 원가동인을 사용한다는 것은 경제적이지 못하다. 따라서 실무에서는 몇 가지의 활동들을 통합하여 하나의 원가동인으로 활동원가를 추적한다.

적절한 원가동인을 선택하기 위해서는 다음의 세 가지를 고려하여야 한다.

첫째, 측정비용이다. 활동기준원가계산을 운영할 때 쉽게 자료를 획득할 수 있는 원가동인을 사용하여야 한다. 만약 쉽게 자료를 얻을 수 없는 원가동인이 있다면 이는 바로 측정비용을 증가시키는 요인이 된다.

둘째, 실제 활동소비와의 상관관계이다. 원가동인에 의해서 측정된 활동소비와 실제 활동소비와의 관계가 높아야 한다. 예를 들어, 제품의 불량검사를 함에 있어서, 그 제품에 따라 검사하는 시간이 다르다고 할 때, 원가동인으로 검사횟수를 사용한다면 실제 소비시간과의 상관관계가 낮아지고, 이는 결국 왜곡된 정보를 제공하게 되는 것이다.

셋째, 종업원들에게 미치는 영향이다. 예를 들어, 원가동인의 단위당 원가를 종업원들의 성과로 측정하는 기업에서의 제품설계자는 낮은 원가의 제품을 설계할 수 있는 능력으로 성과보상을 받게 될 것이다. 따라서 그들은 동일한 부품으로 여러 제품에서 사용할 수 있도록 하는 등의 방법으로 제품을 설계하여 원가를 낮추려고 할 것이다.

(4) 원가동인 단위당 원가산출

이 단계에서는 앞의 2단계에서 활동별로 원가를 집계(Cost Pool)한 총원가를 3단계에서 결정된 원가동인으로 나누어 한 단위활동당 원가를 산출한다. 다시 말하면, 각 활동의 대용치로 사용하고 있는 원가동인 단위당 원가를 산출하는 것이다. 이를 식으로 나타내면 아래와 같다.

$$\text{원가동인 단위당 원가} = \frac{\text{활동별 원가 pool}}{\text{원가동인의 수}}$$

(5) 제품별 원가계산

4단계에서 산출된 원가동인 단위당 원가는 각 활동을 사용한 수, 즉 제품별로 파악된 원가동인의 수만큼 곱하여 그 제품에 할당함으로써 원가계산이 완료된다.

$$\text{제품별 배부액} = \frac{\text{원가동인 단위당 평가}}{\text{제품별 원가동인 수}}$$

그리고 전통적인 방법에서 직접원가로 인식되었던 원가는 전통적인 방법 그대로 각 제품에 직접 할당하여 제품원가를 계산한다.

이상의 과정을 예를 들어 살펴보자

우리주식회사에서는 A제품과 B제품을 생산한다. 각 제품에 대한 원가는 아래와 같다.

원가항목	A제품	B제품	계
생 산 량	20,000단위	20,000단위	40,000단위
직접재료비	₩900,000	₩900,000	₩1,800,000
직접노무비	200,000	100,000	300,000
제조간접비			3,450,000
계			₩5,550,000

제조간접비의 내용으로는 간접노무비 ₩2,400,000, 건물임차료 ₩500,000, 동력비 ₩550,000이다.

먼저, 이 회사에서는 활동을 분석한 결과 자재조달, 자재검사, 자재저장 등의 세 가지 활동이 파악되었으며, 이들에 대해서 자원동인을 조사한 결과 다음과 같이 수집되었다.

활 동	자원동인		
	인 원 수	면적(m²)	사용전력량
자재조달활동	4	30	30
자재검사활동	20	60	50
자재저장활동	6	110	20
계	30	200	100

다음으로, 활동별로 원가를 집계하는데, 이상의 자료를 토대로 활동별 원가를 산정하면 다음과 같은 결과를 얻을 수 있다.

활 동	자원동인			활동 pool 원가
	간접노무비	건물임차료	동 력 비	
자재조달활동	₩320,000 *	₩75,000	₩165,000	₩560,000
자재검사활동	1,600,000	150,000	275,000	2,025,000
자재저장활동	480,000	275,000	110,000	865,000
계	₩2,400,000	₩500,000	₩550,000	₩3,450,000

* ₩2,400,000 × 4/30 = ₩320,000

이제 활동별로 원가가 집계되었으므로 제품별 원가를 계산할 수 있는 토대가 마련되었다. 활동기준원가계산에서는 제품별 원가를 계산하기 위해 활동별 집계된 원가를 제품별로 할당하는 기준인 원가동인의 설정과 원가동인 수량의 실적자료가 필요하다. 이에 따라 우리주식회사의 간접활동과 제품간의 인과관계를 근거로 원가동인을 조사한 결과는 다음과 같다.

활 동	원가동인	원가동인 실적		
		A제품	B제품	계
자재조달활동	부품수량(단위)	3,000	1,000	4,000
자재검사활동	검사시간(Hr)	200	700	900
자재저장활동	저장면적(㎡)	4,325	4,325	8,650

이제 원가동인 단위당 원가를 산출해 보자. 앞에서 언급하였듯이 원가동인 단위당 원가는 활동별로 집계한 원가 pool을 원가동인의 수로 나누어 계산한다. 이를 계산하면 다음과 같다.

활 동	활동원가 pool	원가동인 수	원가동인 단위당 원가
자재조달활동	₩560,000	4,000	₩140
자재검사활동	2,025,000	900	2,250
자재저장활동	865,000	8,650	100

마지막으로 제품별 원가를 계산해 보자.

	A제품		B제품	
직접재료비		₩900,000		₩900,000
직접노무비		200,000		100,000
제조간접비				
자재조달활동*	₩420,000		₩140,000	
자재검사활동**	450,000		1,575,000	
자재저장활동***	432,500	1,302,500	432,500	2,147,500
제품별 원가		₩2,402,500		₩3,147,500
생 산 량		20,000개		20,000개
단위당 원가****		₩120		₩157

* ₩140 × 3,000 = ₩420,000　　　** ₩2,250 × 200 = ₩450,000
*** ₩100 × 4,325 = ₩432,500　　**** 소수점 이하 절사

만약 우리주식회사에서 제조간접비 발생액에 대해 직접노무비를 기준으로 하여 전통적인 원가계산을 한다고 가정한다면 제품원가는 다음과 같이 산정될 것이다.

	A제품	B제품
직접재료비	₩900,000	₩900,000
직접노무비	200,000	100,000
제조간접비*	2,300,000	1,150,000
제품별 원가	₩3,400,000	₩2,150,000
생 산 량	20,000개	20,000개
단위당 원가**	₩170	₩107

$$* \ ₩3{,}450{,}000 \times \frac{₩200{,}000}{₩300{,}000} = ₩2{,}300{,}000$$

** 소수점 이하 절사

각 계산방법에 의한 제품별 단가를 비교하면 다음과 같다.

	전통적 원가계산	활동기준원가계산	증(감)률
A제품 단위당 원가	170	120	(29.4)
B제품 단위당 원가	107	157	46.7

[예제 3] 다음의 제조간접비를 활동별로 배부할 때, 다음에서 적당한 자원동인을 선택하여 활동원가 pool을 계산하라.

활　　동	인원수	면적	기계시간	검사횟수	부품무게
작업준비활동	10명	7㎡	10시간	13회	3kg
기계관련활동	5	8	20	19	8
품질검사활동	15	10	30	18	4
계	30명	25㎡	60시간	50회	15kg

활 동	간접노무비	건물보험료	부품운반비	활동원가 pool
작업준비활동				
기계관련 활동				
품질검사활동				
계	₩330,000	₩150,000	₩60,000	₩540,000

[해 답]

활 동	간접노무비 (인원수)	건물보험료 (면적)	부품운반비 (부품무게)	활동원가 pool
작업준비활동	₩110,000 *	₩42,000 **	₩12,000 ***	₩164,000
기계관련활동	55,000	48,000	32,000	135,000
품질검사활동	165,000	60,000	16,000	241,000
계	₩330,000	₩150,000	₩60,000	₩540,000

* ₩330,000 × 10/30 = ₩110,000

** ₩150,000 × 7/25 = ₩42,000

*** ₩60,000 × 3/15 = ₩12,000

[예제 4] (주)자유에서는 활동기준원가계산을 사용하여 제품의 원가계산을 하려고 한다. A, B, C제품을 각각 100, 250, 200개 생산했을 때의 원가 자료가 아래와 같을 때, 물음에 답하라.

활 동	원가 pool	원가동인	A제품 원가동인수	B제품 원가동인수	C제품 원가동인수
작업준비관련 활동	₩7,200	작업준비횟수	4회	3회	2회
취급관련 활동	₩5,600	취급횟수	30회	10회	30회
부품수관련 활동	₩2,400	부품수	6개	4개	2개

	A제품	B제품	C제품
단위당 직접재료비	₩60	₩50	₩20
단위당 직접노무비	₩30	₩40	₩80

〈물음 1〉 각각의 활동별 단위당 원가동인은 얼마인가?

〈물음 2〉 각각의 제품별 단위당 제조간접비 배부액은 얼마인가?

〈물음 3〉 각각의 제품별 단위당 제품원가는 얼마인가?

[해 답]

1.

활 동	원가동인	원가 pool	총원가 동인수	단위당 원가동인
작업준비관련 활동	작업준비횟수	₩7,200	9회	₩800
취급관련 활동	취급횟수	5,600	70회	80
부품수관련 활동	부품수	2,400	12개	200

2.

활 동	A제품	B제품	C제품	합 계
작업준비관련 활동	₩3,200 *	₩2,400	₩1,600	₩7,200
취급관련 활동	2,400	800 **	2,400	5,600
부품수관련 활동	1,200	800	400 ***	2,400
계	₩6,800	₩4,000	₩4,400	₩15,200
생 산 량	100개	250개	200개	
단위당 제조간접비 배부액	₩68	₩16	₩22	

* ₩800 × 4회 = ₩3,200 ** ₩80 × 10회 = ₩800 *** ₩200 × 2개 = ₩400

3.

	A제품	B제품	C제품
직접재료비	₩60	₩50	₩20
직접노무비	30	40	80
제조간접비	68	16	22
단위당 제품원가	₩158	₩106	₩122

3. 활동기준관리로의 확대

활동기준관리(Activity Based Management: ABM)란 기업 내에서 수행되고 있는 활동(Activity)을 관리함으로써 고객가치를 높이고 증대된 고객가치를 토대로 기업의 이익을 제고하고자 하는 경영관리기법이다.

활동기준관리는 활동기준원가계산시스템(ABC System)으로부터 생성되는 활동관련 정보를 토대로 하여 원가동인관리, 성과측정관리, 활동분석 등을 시행함으로써 조직의 효과성과 효율성을 제고하는 데 그 목적이 있다. 다시 말하면, 경영관리를 위하여 활동기준원가계산시스템에 존재하고 있는 정보를 이용하여 원가절감기회파악, 품질개선, 낭비요인의 파악 및 제거, 이익극대화를 위한 최적자원계획 등을 수행하는 것이 활동기준관리(ABM)의 주요 목적이라고 할 수 있다.

ABC는 투입자원의 원가를 자원동인에 의하여 활동별로 원가를 집계하고 원가동인을 적용하여 원가대상별 원가를 측정하는 방법인 데 비하여, ABM은 활동분석을 통하여 파악된 정보를 토대로 활동과 프로세스의 효율성과 효과성을 개선하는 원가관리기법이다. 즉, ABC와 ABM의 공통적으로 공유하는 정보는 활동이다. ABC와 ABM의 차이점과 공통점을 요약하면 아래의 표와 같다.

〈표 13-3〉 ABC와 ABM 비교

구 분	ABC	ABM
주요목적	원가대상별 진정한 원가측정	활동과 프로세스 개선을 통한 고객가치 증대와 초과이익 창출
산출정보	전략적 관점의 원가정보 · 수익성 분석 · 가격결정 지원 원가정보 · 투자타당성 분석을 위한 원가정보 · 목표원가	운영적 관점의 원가정보 · 프로세스 원가 · 비부가가치 활동원가 · 원가동인 · 성과측정치 정보
공통점	· 활동을 중심으로 한 원가관리기법 · 상호보완적 기법 · 다른 경영관리기법 지원	

Campi(1992)는 활동기준원가계산시스템은 정확한 원가계산을 하기 위해서 만들어진 새로운 회계시스템으로만 보아 왔다는 점을 비판하면서 각각 단편적으로 사용되고 있던 경영시스템, 즉 ABC, JIT, TQM 등과 같은 방법들이 ABM으로 통합되어야 한다고 주장하였다. 따라서 ABM을 통하여 기업전략을 지원할 수 있도록 재무적 성과측정치뿐만 아니라 비재무적인 측정치에 대한 정의를 명확하게 하고, 이를 보상시스템과 연결시킴으로써 지속적인 기업활동의 개선을 꾀하도록 하여야 한다.

제 4 절 활동기준원가계산의 유용성과 한계

1. 활동기준원가계산의 유용성

(1) 원가관리(Cost Management)

제품원가의 계산에서 필요한 활동과 원가를 상세히 분석하면 간접부문원가의 내용이 하나하나 구체적으로 밝혀지게 된다. 아울러 간접부문의 원가에 대한 투명도가 높아질 뿐 아니라 이들에 대해 새로운 인식과 관점을 가질 수 있다. 책임자는 전술한 바와 같은 분석을 통해 투입한 생산자원이 어떻게 이용되고 있는가에 관한 정보를 얻을 수 있다. 이 정보는 조직내부에서 행해지는 여러 가지 활동의 가치를 평가하고 탐색할 때 매우 유용하다.

(2) 스탭의 행동과 업무활동에 대한 영향력 증대

ABC에서 이용하는 원가동인과 원가동인별 배부율에 관한 새로운 정보중에는 스탭의 행동에 큰 영향을 미치는 것도 있다. 특히 이들 정보를 업적평가 기준으로 이용할 경우 이 영향은 더욱 더 커진다. 원가동인별 부담률은 활동의 효율성을 반영하는 현업부문의 업무활동을 계량적으로 측정하는 척도이며 업적평가 기준이기도 하다. 따라서 원가동인과 원가를 결부시켜 배부율을 계산하면 현재 실시하고 있는 활동의 효율성을 평가할 때에 매우 유용하다.

(3) 효율적 예산관리

ABC는 간접부문의 예산편성과 그 실행에 알맞은 정보도 제공한다. 우선 제일 중요한 것으로 원가동인의 양적 이용가능성은 각 활동의 부문에 대한 척도가 될 뿐 아니라 장래 필요로 하는 생산자원을 평가하는 기초가 된다. 미리 다량의 원가동인을 필요로 하는 것을 알고 있는 부문 또는 부서는 거기에 알맞은 생산자원을 투입할 수 있다. 또한 ABC는 원가차이 분석에 대한 상세한 틀을 제공한다.

각 원가차이는 각각의 활동별로 구해진다. 아울러 허용기대 최대의 원가동인수, 예산원가동인수, 실제원가동인수 및 기대원가동인수를 비교함으로써 간접부문에 있어 능력의 이용 상황에 관한 새로운 분석이 가능하게 된다.

(4) 비제조업에 대한 영향

대부분은 주로 제조업의 문제에 초점을 맞추고 있어 서비스업의 문제에 대해서는 다소 경시하는 경향이 있었다. 그러나 미국과 영국 등 선진국가들에 있어서 서비스업은 결코 제조업에 뒤지지 않을 정도로 그 나라 경제의 주요한 부분을 차지하고 있다.

서비스업의 주요한 특징 중 하나는 직접재료비, 직접노무비, 직접제조경비 및 간접비 등을 분석할 때 제조업에서 사용하고 있는 원가계산방법을 그대로 이용할 수 없다는 것이다. 예를 들면, 은행, 보험회사, 임대업 및 호텔, 체인 등과 같은 서비스업에 있어서는 직접재료비가 없다고는 말할 수 없지만 미미한 편이다. 반면 서비스업에 있어서는 간접비에 해당하는 원가가 매우 높은 것이 보통이다. 따라서 지금까지 제조업에서 이용하고 있는 원가계산시스템을 그대로 이용하는 것이 아니라 이를 적절히 변경 또는 수정하여야 한다. 최근에는 경쟁이 격화되고 있는 금융기업과 그 외의 서비스업을 중심으로 ABC가 연구되고 있고 그 중 일부 회사에서는 이제 서비스 원가계산에 ABC를 도입하고 있다.

이와 같이 ABC는 제품뿐만 아니라 서비스에도 적용가능한 원가계산시스템이다. 관리회계 담당자는 지금까지 오랫동안 서비스업에 있어서의 관리회계의 문제에 대해서 그다지 관심을 갖지 않았다.

서비스업에 있어서 간접비가 총원가에서 차지하는 비율은 점차 높아지고 있다. ABC는 이와 같은 간접비와 여러 서비스를 유기적으로 관련시키는 유효한 수단을 제공한다.

최근 금융계의 경쟁이 격화됨에 따라 대부분의 금융기관은 자신들이 제공하고 있는 서비스의 원가를 보다 정확히 계산하고 파악하려고 노력하고 있다. 그리고 이 정보를 경쟁상대의 행동에 대해서 어떻게 대응해야 하는가를 결정할 때 유용한 정보로 이용하려고 하고 있다. 지금까지의 경험에 의하면 ABC는 금융기관에 있어서 원가계산에서 중요한 역할을 했다고 확신할 수 있다.

그리고 금융기관뿐만 아니라 총원가에서 차지하는 간접비의 비율이 큰 서비스업에 있어서도 ABC가 기존의 원가계산시스템을 보다 정교하게 할 수 있다는 것은 충분히 고려할 가치가 있다.

(5) 리엔지니어링의 기초

ABC는 부가가치활동과 비부가가치활동을 구분하여 각각 어느 정도 경영자원을 투입하고 있는가를 밝힘으로써 비부가가치활동의 관리에 도움을 줄 수 있다. 그러나 어떻게 비부가가치활동 여부를 판단할 것인가 하는 문제가 있다. 책임자가 어떻게 어떤 활동을 비부가가치활동이라고 판단해도 현장에서 일하는 실제 담당자들은 부가가치활동이라고 생각할 수 있다. 따라서 현장의 사람들을 포함한 전원에게 활동을 처음부터 다시 생각하게 하여 조직재개편 또는 리엔지니어링을 행하도록 하는 것이다. ABC정보에 기초한 분석을 하게 되면 납기, 품질, 원가 등의 개선이나 향상을 위해 작업이나 업무활동을 근본적으로 수정하여 철저한 조직 내지 업무개혁을 실시할 수 있다. 이런 의미에서 ABC정보는 리엔지니어링에 있어서 필수적인 정보이다.

(6) 고객수익성 분석효과

전통적 원가시스템에서의 수익성 분석은 매출수량, 매출액과 같은 단일 조업도, 단일원가기준에 의하여 수익과 원가를 인식하지만, 활동기준원가에서는 복수의 원가동인을 인식하므로 기존의 원가시스템에서 고정비로 간주되던 작업준비비, 검사비 등이 ABC하에서는 각각의 원가동인과 관련하여 변동비처럼 고려되므로 원가변화에 따른 수익성의 관계를 더욱 잘 설명해 준다.

한편 활동기준원가계산에서는 고객도 원가계산 대상이 된다. 따라서 고객별 원가계산이 가능하고, 개별 고객의 수익성을 정확하게 파악할 수 있으므로 주력고객의 판별과 고객서비스 가격을 적정하게 결정하여 경쟁력을 강화할 수 있다.

[예제 5] 다음은 인터넷 서점 (주)OK의 고객별 매출에 대한 자료이다. 다음의 자료를 참고하여 물음에 답하라.

	갑고객	을고객	병고객
매 출 액	₩40,000	₩36,000	₩32,000
매출원가	30,000	27,000	24,000
보유책 주문횟수	2회	10회	2회
미보유책 주문횟수	10회	2회	2회
총주문횟수	12회	12회	4회

〈물음 1〉 매출액의 20%를 판매에 관련된 비용으로 인식한다고 할 때, 전통적인 방법에 따른 영업이익을 계산하라.

〈물음 2〉 판매관련 원가의 원가동인은 주문횟수와 주문품목의 재고 보유 여부이고, 고객이 1회 주문시 이를 처리하기 위해서는 ₩420이 소요되며, 만약 보유하고 있지 않은 책을 주문했을 경우에는 1회당 ₩300의 추가비용이 발생한다. 활동기준원가계산에 따른 영업이익을 계산하라.

[해 답]

1.

	갑고객	을고객	병고객
매 출 액	₩40,000	₩36,000	₩32,000
매출원가	30,000	27,000	24,000
판매관련원가	8,000	7,200	6,400
영업이익	₩2,000	₩1,800	₩1,600

2.

	갑고객	을고객	병고객
매 출 액	₩40,000	₩36,000	₩32,000
매출원가	30,000	27,000	24,000
판매관련원가			
보유책 처리원가*	840	4,200	840
미보유책 처리원가**	7,200	1,440	1,440
영업이익	₩1,960	₩3,360	₩5,720

* 2회 × ₩420 = ₩840 　　 ** 10회 × ₩720 = ₩7,200

(7) 업적평가기준의 통합

ABC에 기초한 원가관리시스템은 운영적 영역과 전략적 영역 양자에 대해 유용한 활동기준의 업적평가 기준을 제공할 수 있다. 모든 업적평가 기준에 관하여 공통적으로 언급되는 것이지만, 이러한 업적평가 기준을 적용할 때에는 인간의 행동에 끼치는 영향에 대해 충분히 고려하고 신중하게 적용하지 않으면 안 된다. 이 점을 유의하여 업적평가 기준을 사려 깊게 이용하면 각 종업원은 기업목표달성을 위해 적절한 행동을 취하게 된다.

ABC에 기초한 업적평가 기준의 대부분은 비재무적인 성격을 띤다. 그러나 이들 비재무적 업적평가 기준은 업적평가 기준을 달성하거나 혹은 개선할 경우 재무적 업적 또한 저절로 달성되거나 개선될 수 있게 하는 업적평가 기준이 아니면 안 된다. ABC에 기초한 운영적 업적평가 기준을 이용함으로써 얻는 기본적 이점 중의 하나는 다음과 같다. 즉, 기본적이라는 ABC접근방식에 의하면 업적평가 기준은 기존의 여러 부문을 관련지을 뿐 아니라 부문대신 각 활동, 작업 및 업무활동 등에 초점을 맞추고 있다. 더욱이 활동에 대한 자원의 투입과 이들 활동으로부터의 산출물인 서비스보다도 자원의 투입을 측정하는 것이 일반적으로 훨씬 용이하다.

운영적 업적평가 기준과 전략적 업적평가 기준을 따로 기술하고 있는 경우가 많지만 이와 같이 업적평가 기준은 수미일관된 것으로 통합시키는 것이 중요하다.

ABC에 기초한 업적평가 기준을 이용함으로써 이와 같은 통합을 용이하게 할 수 있다.

2. 활동기준원가계산의 한계

활동기준원가계산이 완벽한 원가계산 방법은 아니다. 활동기준원가계산의 원가관리 및 효과측면에서의 한계점은 다음과 같다.

① 활동분석에 따른 원가가 많이 소요된다. 전통적인 원가계산에 비해 활동기준원가계산은 더욱 복잡하고 정교한 시스템이다. 따라서 원가계산의 기본이 되는 활동을 분석하고 이를 운영하는 데 많은 비용이 들게 된다. 오늘날에 있어서 정보기술이 발전함에 따라 원가를 계산하는 비용이 감소하는 추세이기는 하지만 경영자는 활동기준원가계산을 도입하기에 앞서서 활동기준원가계산의 운영에 따른 효익과 비용을 먼저 따져볼 필요가 있다.

② 활동을 구분하는 명확한 기준이 없다. 활동기준원가계산이 전통적 원가계산에 비해 비교적 명확하고 정확하지만 절대적인 것은 아니다. 또한 전통적 원가계산에서의 간접부문과 활동기준 원가계산에서의 활동은 항상 일치하는 것은 아니므로 이러한 문제를 어떻게 처리할 것인가 하는 경영상의 어려움이 있다.

③ 자의적 선택의 원가동인이 존재한다. 즉, 활동기준원가계산에서도 여전히 간접부문의 일부는 원가동인으로 설명할 수 없는 작업이 있어 원가동인의 선택이 자의적이며, 본질적으로 원가동인을 발견할 수 없다. 이는 역시 인

위적인 방법을 통해서 원가를 배부할 수밖에 없는 것이다.

④ 공통된 원가동인이 존재할 수 있다. 간접원가를 개별제품에 배부하기 위해서 원가동인을 선정하는 데 선택된 원가동인이 공통간접원가의 원가행태를 대표하지 못할 수도 있다는 것이다. 즉, 여러 개의 간접원가를 묶은 공통간접원가 중에는 원가동인이 한 개 이상일 수도 있기 때문에 단일 원가동인을 적용하는 것은 원가배부를 왜곡시킬 수도 있다.

⑤ 다품종소량생산과 제조간접비 비중이 높은 기업에 더욱 적합하다. 활동기준원가계산은 제조간접비 부분에서 전통적 원가계산보다 정확한 정보를 제공하기 때문에 제조간접비, 특히 고정제조간접비 비중이 높은 제품들을 다양하게 생산하는 환경이어야 한다. 즉, 제품에 따라 다양한 방식으로 생산을 하고 시장 및 고객 세분화에 따라 다품종의 제품을 생산하는 기업에 있어서 더욱 적합한 방법이다.

⑥ 보충적인 원가정보로 이용된다. 활동기준원가계산을 도입한 공장이나 기업에서 이를 이용하여 얻게 된 정보를 재무회계시스템과 연계하여 통합하지 않고, 특별한 경우에 한해서 수행되는 독립적이고 보충적인 원가정보를 얻기 위한 제도로 인식하고 있다.

[연 습 문 제]

1. Which of the following is not a broad category of cost classification useful in Activity Based Costing?
   a. the Unit Level Category
   b. the Natch Level Category
   c. the Product Sustaining Category
   d. the Facility Category
   e. the differential category

2. Consider the following statements regarding Product Sustaining Activities.
   I – They must be done for each batch of product that is made.
   II – They must be done for each unit of product that is made.
   III – They are needed to support an entire product line.
   Which of the above statements is (are) true?
   a. Ⅰ only. b. Ⅱ only. c. Ⅲ only.
   d. Ⅰ and Ⅱ only. e. Ⅱ and Ⅲ only.

3. Which of the following are examples of Batch Level Activities?
   a. machine setup b. materials handling
   c. equipment insurance d. equipment depreciation
   e. plant maintenance

4. Activity-Nased Costing Systems:
   a. use a single, Volume-Based Cost Driver.
   b. assign overhead to produce on the basis of their relative usage of

direct tabor.

c. use a one-stage cost assignment approach.

d. use a two-stage cost assignment approach.

e. have a tendency to distort product costs.

5. Which of the following is not a common characteristic of traditional product costing systems?

a. calculate the cost of each product as the sum of Direct Material, Direct Labor, and Overhead

b. apply overhead using a predetermined rate based on Direct Labor

c. are said to be Volume-Based

d. compute only the Direct Cost of each product

e. assume that labor hours are closely related to the volume of activity in the factory

6. Consider the following statements regarding Traditional Costing Systems.

I - Overhead costs are applied to products on the basis of volume-relate measures.

II - All product costs are Direct Costs.

III - Traditional Costing Systems tend to distort product costs when numerous products are made that vary in their production requirements.

Which of the above statements is (are) true?

a. Ⅰ only. b. Ⅱ and Ⅲ only.

c. Ⅰ and Ⅲ only. d. Ⅲ only.

e. Ⅱ only.

7. Consider the following statements.

I - Product diversity creates problems in Product Costing because divers Products tend to utilize productive activities in very different ways.

II – Overhead Costs that are not incurred at the unit level create Product Costing problems because they do not vary with measures such as direct labor hours or machine hours.

III – Product diversity exists when a single product such as pens are made in different colors.

Which of the above is (are) true?

a. I is true.
b. II is true.
c. I and II are true.
d. I and III are true.
e. II and III are true.

8. Which of the Items is not the basis of assignment of costs in Traditional Volume-Based Product Costing Systems?
   a. Direct Labor Costs
   b. Machinery Hours
   c. Sales Profit
   d. Management Activity
   e. Products Volume

9. Which of the statements is not the component of Activity Based Costing System?
   a. Cost Objectives
   b. Activity
   c. Resource Driver
   d. Activity Cost pool
   e. Management Functions

10. Which of the followings about Activity-Based Costing (ABC) procedure is not true?
   a. analyze the Activity
   b. accumulate the Activity Costs

c. determine the Activity Cost Driver

d. calculate the unit costs of Activity Cost Driver

e. select the volume basis

11. Which of the following statements about comparison of ABC & ABM is not true?

a. Basic objective is the measurement of true cost in ABC

b. Information provided is the strategic cost information in ABC

c. Informations provided by ABM are the operational cost information.

d. ABC is drivened Activity as cost management tools, but ABM is not

e. Basic objective of ABM is in the creation of customer value

12. Which of the following cannot signal the need for a new Product Costing System?

a. Line managers do not believe reported product costs.

b. Complex products have high reported profitability while more basic high-volume products show small margins or even losses.

c. Overhead rates are high and increasing over time.

d. Product lines are very diverse.

e. Product line profit margins are easy to explain.

13. Which of the following is not an objective of Cost Management Systems?

a. to measure the cost of resources used in performing significant activities

b. to identify Non-Value-Added Costs

c. to identify Cost Drivers

d. to determine the efficiency and effectiveness of activities

e. to identify new activities that can improve the future performance of the organization

14. Which of the following is not a Non-Value-Added Activity?
  a. storage time b. waiting time
  c. inspection time d. production time
  e. moving time

15. Which of the following is not a stage in a product's life cycle?
  a. product planning b. preliminary design
  c. product pricing d. distribution and customer service
  e. production

16. Product life cycle costing is:
  a. the accumulation of costs for activities over the life of the product.
  b. the process of production of a finished product.
  c. a process of product design and logistics.
  d. the accumulation of production costs.
  e. the accumulation of design and production costs.

17. The cost per unit for setup for one run of 10,000 units, if setup labor is $20 per hour and 10 hours are required to setup, is calculated to be:
  a. $0.04 per unit b. $0.06 per unit c. $2.00 per unit
  d. $0.02 per unit d. $20.00 per unit

※ Use the following information to solve multiple choice problems 18 through 27.

HiTech Products manufactures three types of CD players: Cheap, Econo, and Deluxe.

HiTech uses an Activity-Based Product Costing System. The company has identified five activities and the related Cost Drivers for each activity. Each activity and its budgeted cost and related Cost Driver is identified below:

Activity	Budgeted Costs	Cost Driver
Material handling	$225,000	Number of parts
Material insertion	2,475,000	Number of parts
Automated machinery	840,000	Machine hours
Finishing	170,000	Direct labor hours
Packaging	170,000	Orders shipped
Total indirect manufacturing cost	$3,880,000	

The following information pertains to each product line of CD players for next year.

	Cheap	Econo	Deluxe
Units to be produced	10,000	5,000	2,000
Orders to be shipped	1,000	500	200
Number of parts per unit	10	15	25
Machine hours per unit	1	3	5
Labor hours per unit	2	2	2

18. What is HiTech's cost application rate for the material handling activity for next year?
    a. $2.25 per part
    b. $1.00 per part
    c. $6.62 per labor hour
    d. $13.23 per part
    e. $13.23 per unit

19. What is HiTech's cost application rate for the automated machinery activity for next year?
    a. $24.00 per machine hour
    b. $49.42 per unit
    c. $84.00 per machine hour
    d. $24.50 per labor hour
    e. $50.00 per machine hour

20. What is HiTech's cost application rate for the finishing activity for next year?

a. \$10.00 per labor hour
b. \$5.00 per machine hour
c. \$5.00 per unit
d. \$5.00 per labor hour
e. \$7.50 per unit

21. What is HiTech's cost application rate for packaging activity for next year?
a. \$100.00 per labor hour
b. \$50.00 per machine hour
c. \$50.00 per unit
d. \$50.00 per labor hour
e. \$100.00 per order shipped

22. Under an Activity-Based Product Costing System, what is the per unit cost of Cheap?
a. \$225 b. \$272 c. \$164 d. \$228 e. \$141

23. Under an Activity-Based Product Costing System, what is the per unit cost of Econo?
a. \$272 b. \$282 c. \$164 d. \$228 e. \$320

24. Under an Activity-Based Product Costing System, what is the per unit cost of Deluxe?
a. \$282 b. \$272 c. \$320 d. \$395 e. \$440

25. Assume HiTech is using a Volume-Based Product Costing System and Indirect Manufacturing Costs are applied to all products based on direct labor hours.
What is the total Indirect Manufacturing Cost assigned to Deluxe?
a. \$961,176 b. \$456,471 c. \$2,282,353
d. \$1,141,176 e. \$646,471

26. Assume HiTech is using a Volume-Based Product Costing System

and Indirect Manufacturing Costs are applied to all products based on direct labor hours.

What is the total Indirect Manufacturing Cost assigned to Econo?

a. \$961,176 b. \$456,471 c. \$2,282,353

d. \$1,141,176 e. \$646,471

27. Assume HiTech is using a Volume-Based Product Costing System and Indirect Manufacturing Costs are applied to all products based on direct labor hours.

What is the totalIndirect Manufacturing Cost assigned to Cheap?

a. \$961,176 b. \$456,471 c. \$2,282,353

d. \$1,141,176 e. \$646,471

※ 다음 자료에 의하여 물음에 답하시오(1-6).

A, B 두 가지 제품을 제조하는 XYZ제조사에서 원가계산기간 중의 기계준비활동관련 원가 발생액은 ₩5,000,000이었다. A, B제품의 생산관련 자료는 다음과 같다.

생 산 량 : A제품 = 300단위, B제품 = 200단위
단위당 직접노동시간: A제품 = 2시간, B제품 = 2시간
기계준비시간 : A제품 = 50시간, B제품 = 50시간

1. 전통적 원가계산시스템에 의하여 제조간접원가를 배부한다면, A, B제품에 배부할 기계준비활동원가 배부율은?

① ₩5,000 ② ₩50,000 ③ ₩2,000,000

④ ₩2,500,000 ⑤ ₩3,000,000

2. 전통적 원가계산시스템에 의한 A제품에 배부할 기계준비활동원가는 얼마인가?

① ₩5,000 ② ₩50,000 ③ ₩2,000,000

④ ₩2,500,000　　⑤ ₩3,000,000

3. 전통적 원가계산시스템에 의한 B제품에 배부할 기계준비활동원가는 얼마인가?

① ₩5,000　　② ₩50,000　　③ ₩2,000,000

④ ₩2,500,000　　⑤ ₩3,000,000

4. ABC시스템에 의하여 제조간접원가를 배부한다면 A제품과 B제품에 배부할 기계준비활동원가의 배부율은 얼마인가?

① ₩5,000　　② ₩50,000　　③ ₩2,000,000

④ ₩2,500,000　　⑤ ₩3,000,000

5. ABC시스템에 의한 A제품에 배부할 기계준비활동원가는 얼마인가?

① ₩5,000　　② ₩50,000　　③ ₩2,000,000

④ ₩2,500,000　　⑤ ₩3,000,000

6. ABC시스템에 의한 B제품에 배부할 기계준비활동원가는 얼마인가?

① ₩5,000　　② ₩50,000　　③ ₩2,000,000

④ ₩2,500,000　　⑤ ₩3,000,000

※ XYZ회사에서는 A형 의자와, B형 의자의 두 가지 제품을 제조하고 있다. 제품의 종류별 원가 및 제조간접원가는 다음과 같다(7-13).

생 산 량 : A형 = 6,000단위, B형 = 2,000단위
직접재료비 : A형 = ₩5,000,000, B형 = ₩6,000,000
직접노무비 : A형 = ₩3,000,000, B형 = ₩4,000,000
제조간접원가 : ₩100,000,000
부분품의 수 : A형 = 20,000단위, B형 = 30,000단위
조립직접작업시간: A형 = 8,000시간, B형 = 2,000시간

7. 전통적 원가계산시스템에 의한 공장전체배부율에 따라 제조간접원가를 배부한다면, A, B형 제품에 배부할 제조간접원가 배부율은(배부기준 = 직접작업시간)?
① ₩60/시간 ② ₩500/시간 ③ ₩6,400/시간
④ ₩4,500/시간 ⑤ ₩10,000/시간

8. 전통적 원가계산시스템에 의한 A형 제품과 B형 제품에 배부할 제조간접원가는?
① ₩20,000,000 - ₩80,000,000 ② ₩50,000,000 - ₩80,000,000
③ ₩80,000,000 - ₩20,000,000 ④ ₩25,000,000 - ₩20,000,000
⑤ ₩50,000,000 - ₩50,000,000

9. 전통적 원가계산시스템에 의한 A형 제품과 B형 제품의 제조원가는 얼마인가?
① ₩30,000,000 - ₩80,000,000 ② ₩50,000,000 - ₩80,000,000
③ ₩80,000,000 - ₩160,000,000 ④ ₩88,000,000 - ₩30,000,000
⑤ ₩30,000,000 - ₩100,000,000

※ XYZ회사에서 제조간접원가배분을 ABC로 하기 위한 활동분석의 결과는 다음과 같다.

	제조간접활동원가	배부기준
재료취합활동:	₩ 3,000,000	부품의 수
절삭활동 :	₩32,000,000	부품의 수
조립활동 :	₩45,000,000	직접작업시간
도색활동 :	₩20,000,000	도색된 제품 수

(단, A형에 비하여 B형은 도색작업이 필요 없는 제품이다.)

10. ABC시스템에 의하여 제조간접원가를 배부한다면 A형 제품과 B형 제품에 배부할 재료취합 활동, 조립활동원가 및 절삭활동원가의 배부율은 각각 얼마인가?
① ₩60 - ₩6,400 - ₩10,000 ② ₩60 - ₩6,400 - ₩4,500
③ ₩6,400 - ₩4,500 - ₩10,000 ④ ₩4,500 - ₩6,400 - ₩10,000
⑤ ₩4,500 - ₩6,400 - ₩8,000

11. ABC시스템에 의한 A형 제품에 배부할 제조간접원가 총배부액은 얼마인가?

① ₩80,000,000 ② ₩100,000,000 ③ ₩162,000,000
④ ₩165,200,000 ⑤ ₩185,000,000

12. ABC시스템에 의한 B형 제품에 배부할 제조간접원가 총배부액은 얼마인가?

① ₩165,000,000 ② ₩165,200,000 ③ ₩185,000,000
④ ₩200,500,000 ⑤ ₩202,800,000

13. ABC시스템에 의한 A형 제품과 B형 제품의 제조원가는 얼마인가?

① ₩173,200,000 - ₩202,8000,000 ② ₩173,200,000 - ₩214,800,000
③ ₩214,800,000 - ₩185,200,000 ④ ₩185,200,000 - ₩202,800,000
⑤ ₩202,800,000 - ₩214,800,000

제14장 서비스 원가계산

이전 장까지는 제조기업의 원가계산에 대하여 살펴보았다. 그러나 현실은 2차 산업인 제조산업은 쇠퇴하고 있으며, 3차 산업인 서비스산업은 성장의 단계에 있다. 특히 우리나라의 경우는 IMF를 거치면서 수익성 제고를 위하여 공장은 자동화되어 가고 있으며, 산업적 기반이 제조업에서 서비스 산업으로 급속하게 변화하고 있으며, 현재 국민총생산에서 서비스가 차지하는 비중이 40%에 이르고 있다. 따라서 기존의 제조업 중심 원가계산의 한계를 느끼고 있으며, 변화에 적용할 수 있는 원가계산이 필요하게 되었다. 이것이 바로 서비스 원가계산이다. 따라서 이 장에서는 서비스 원가계산에 대하여 서비스원가의 개념적 틀을 중심으로 살펴본다.

제 1 절 서비스의 개념과 원가구조

1. 서비스의 개념

서비스(Service)란 판매를 위하여 제공되는 또는 상품의 판매와의 관계에서 준비되는 제활동, 편익, 만족(미국경영협회)이라고도 하며, 소비자나 업무상의 이용자에게 판매될 경우에 욕망에 대한 만족을 가져오는 무형의 활동이며, 유형재나 타 서비스의 판매와는 결부하지 않고 독립적으로 인식되어지는 것(W. J. Stanton)이라고 정의한다. 이와 같이 서비스란 유형의 재화에 따르는 부차적인 활동이라고도 할 수 있으며, 어떤 경우에는 별도의 용역제공을 위한 서비스 활동을 지니는 무형성을 지니고 있다고 할 수 있다. 그러나 서비스의 공통적인 특징을 살펴보면 다음과 같다.

1. 서비스는 무형이다.
2. 생산과 소비가 동시적이다.
3. 노동집약적인 것이 많다.
4. 공급과 재고조절이 곤란하다.
5. 서비스의 수급에는 시간적·공간적 조절이 중요한 요소가 된다.
6. 서비스의 공급에는 소비자와의 관계가 있다.
7. 서비스 가격은 만족과 효용에 영향이 크다.
8. 효용은 수요자의 주관에 따르며, 서비스의 품질은 제공 후에야 판단이 되며, 품질이 일정하지 않다.

이와 같은 특징을 가지고 있는 서비스는 여러 가지로 구분할 수 있으나, 어떤 것이 서비스인지를 파악하는 것 자체가 복잡하다. 예를 들면, 같은 소프트웨어라도 제공방법에 따라 제품 혹은 서비스로 구분되어야 한다. 우리가 통상적으로 사용하고 있는 MS-Windows나 MS-Office 패키지(Word, Excel, Power Point, Access 등)는 연구개발에 의하여 제품을 먼저 구성하고, 시장에 출시하여 판매하는 상품의 성격을 가진다. 그러나 Visual-Studio(컴퓨터 언어) 패키지를 이용하여 특정 기업이나 조직에 적합한 프로그램을 개발하여 제공한다면 이는 프로그램 개발 서비스 용역이 될 것이다. 이와 같이 상황에 따라 적용하여 판단하기 어려운 서비스를 구분하기 위하여, 먼저 우리나라에서의 서비스 분류를 살펴보면 다음과 같다.

〈표 14-1〉 서비스산업의 분류(한국표준산업분류)

대 분 류	중 분 류
G. 도소매 및 소비재용품 수리업	50. 자동차판매, 수리 및 차량연료 판매업 51. 도매 및 상품 중개업 52. 소매 및 소비용품 수선업(자동차 제외)
H. 숙박 및 음식점업	55. 숙박 및 음식점업
I. 운수, 창고 및 통신업	60. 육상운송 및 파이프라인 운송업 61. 수상운송업 62. 항공운송업 63. 여행알선 및 운수관련 서비스업 64. 통신업
J. 금융 및 보험업	65. 금융업 66. 보험 및 연금업 67. 금융 및 보험관련 서비스업
K. 부동산, 임대 및 사업 서비스업	70. 부동산업 71. 기계장비 및 소비용품 서비스업 72. 정보처리 및 기타 컴퓨터운용 관리업 73. 기타 사업관련 서비스업
L. 공공행정, 국방 및 사회보장행정	75. 공공행정, 국방 및 사회보장행정
M. 교육서비스업	80. 교육서비스업
N. 보건 및 사회복지사업	85. 보건 및 사회복지사업
O. 기타 공공, 사회 및 개인서비스업	90. 위생 및 유사서비스업 91. 회원단체 92. 오락, 문화 및 운동관련 산업 93. 기타 서비스업
P. 가사 서비스업	95. 가사 서비스업

2. 서비스 원가구조

앞에서 살펴본 바와 같이 서비스는 다양하게 구분될 수 있다. 또한 이에 따라 서비스의 원가구조도 여러 가지로 구분할 수 있다.

한국표준산업분류의 서비스의 분류를 살펴보면 서비스는 전문서비스,

점포서비스, 대량서비스의 3가지 유형으로 구분할 수 있으며, 이에 따른 원가계산시스템도 다양하게 구분할 수 있다.

먼저 서비스를 나누어 보면, 전문서비스(Professional Services)는 서비스의 제공이 주로 사람의 역할을 통해 이루어지는 것으로서 회계법인, 컨설팅사, 광고사, 여행사에서 행하는 서비스를 들 수 있다. 점포서비스(Service Shops)는 전문서비스와 대량서비스를 모두 내포한 중간형 서비스로 신용금고, 은행, 보험회사, 증권회사 등의 금융업과 백화점의 유통업, 호텔의 숙박업 등에서 행하는 서비스를 들 수 있다. 대량서비스(Mass Service)는 서비스의 제공이 주로 설비의 기능에 의해 이루어지는 것으로서 운송업과 정보서비스업에서 서비스를 말한다.

이러한 서비스의 형태에 따라 원가추적가능성(Cost Traceability)이 다르게 나타나는데, 전문서비스에서는 높고, 중간서비스에서는 중간이며, 대량서비스에서는 낮게 나타난다(Brignall 등, 1991). 이것은 대량서비스로 이동함에 따라 서비스에 대한 추적원가는 증가하고 원가추정의 어려움이 증가함을 의미하며, 전문서비스는 전부원가계산, 점포서비스와 대량서비스는 변동원가계산 혹은 초변동원가계산을 사용하고 있음을 알 수 있다.

대량서비스는 점포서비스, 전문서비스에 비해 상대적으로 고정간접원가 비율이 높다(Brignall, 1997). 전문서비스의 원가구조를 보면, 노무비가 큰 비중을 차지하고, 대량서비스는 시설과 설비에 대한 원가가 크다. 따라서 대량서비스, 점포서비스, 전문서비스 순으로 고정원가의 비중이 크다고 할 수 있다. 간접원가배분의 증감은 서비스 유형에 따라 다르게 나타나는데, 전문서비스에서 낮고, 점포서비스는 중간이며, 대량서비스에서 높게 나타나고 있다. 이것은 대량서비스는 설비중심이고 전문서비스는 사람중심이기 때문에 대량서비스에서 간접원가배분이 증가하는 것을 의미한다. 또한 서비스기업에서 원가추적가능성이 어려우면 간접원가배분이 증가함을 알 수 있다.

이상에서 살펴본 바와 같이 서비스의 원가구조는 서비스의 유형에 따라 원가회계시스템이 다양하고, 고정원가의 비중, 원가추적가능성 및 간접원가배분이 다르게 나타나고 있음을 알 수 있다.

제 2 절 제조기업과 서비스기업에서의 원가회계시스템의 차이점

기업은 일반적으로 인정된 회계원칙(GAAP)에 따라 외부에 재무보고를 하기 위하여 간접원가를 배분하여야 한다. 이는 원가회계시스템의 회계정보 역할이 외부보고의 목적에 기반을 두고 있기 때문이다. 이러한 재무회계중심 사고방식이 정보의 왜곡을 초래한다. 그럼에도 불구하고 현재의 원가회계기술은 여전히 실무에서 사용되고 있다.

현재의 원가회계시스템은 제조기업의 재고자산을 평가하는 데 좋은 정보를 줄 수는 있지만, 서비스기업에게 유용한 정보를 제공하지는 못하고 있다. 서비스기업의 제품은 유형의 재고가 아니기 때문에 제품원가를 재고자산에 배분하는 원가회계의 주된 이익이 서비스 환경에서는 상실된다. 그럼에도 불구하고 서비스기업은 전통적 원가회계시스템을 활용하고 있다. 그러나 서비스기업에서 필요한 원가회계시스템의 정보요구는 ① 공정통제정보, ② 제품원가정보, ③ 가격정보, ④ 제품 수익성분석일 것이다.

제조기업과 서비스기업 사이에 많은 차이가 존재하고 있기 때문에 현재의 원가회계이론을 그대로 서비스기업에 적용하는 것은 어렵다. 현재의 원가회계이론에 의하면 원가회계시스템의 설계와 기술은 양 산업에서 거의 똑같다. 그러나 정보요구와 원가대상은 양 산업에서 다를 수가 있다. 제조기업의 원가회계시스템에 대한 정보요구는 ① 재고자산을 평가하여 재무제표와 세무보고용 자료를 제공하기 위한 재무 및 세무 정보, ② 수익성분석 정보, ③ 운영통제정보, ④ 전략적 의사결정정보, ⑤ 성과평가정보 등이다. 양 산업에서 정보요구의 항목에는 별 차이가 없다. 다만, 서비스기업의 특징은 고객이 종종 서비스 전달과정에 참가한다는 점이다. 그러므로 고객은 어떤 의미에서 과정에 대한 투입인 동시에 과정으로부터의 산출이라고 볼 수 있다. 이러한 점이 서비스기업과 제조기업을 구분케 해 주며, 서비스업종의 경영자에게 기회를 제공하는 동시에 위협적인 요인이 된다. 따라서 양 산업에서 고객 차이로 정보요구의 내용에는 차이가 있다고 할 수 있다. 또한 원가회계시스템에 투입되는 원가자료의 유형과 형태도 양 산업에서 다르다. 정보의 투입요소 측면에서 보면 제조기업은 서비스기업에 비하여 직접변동원가가 원가회계시스템에 많이 투입된다. 서비스기업의 원가요소를 보면 고정원가 비중이 높은 간접원가가 대부분을 차지하고 있다. 서비스기업의 원가는 대부분 제품원가가 아니라 기간원가이기 때문에 이를 서비스에 공정하게 배분하는 것이 어렵다.

원가회계시스템에 투입되는 원가요소가 제조업과 서비스업 사이에 차이가 있다고 하더라도, 환경변화로 인하여 서비스기업의 원가회계시스템에서 나오는 정보 산출물의 요구조건이 변경되어 왔다. 규제가 완화될수록 경쟁은 증가한다. 이로 인하여 서비스기업은 수익성을 유지하기 위하여 개별서비스와 서비스 라인간의 정확한 원가내역을 요구하게 된다. 즉, 서비스기업의 정보요구는 제조업과 차이가 있다는 것이다.

서비스는 제품과 달리 보관이 어려우며 고객과의 접점에서 생산되는 즉시 소비되는 등 독특한 특징을 갖는다. 따라서 제조기업과는 다른 형태로 원가회계정보가 창출되고 활용할 필요가 있다. 또한 의사결정의 시간 범위도 제조업과 서비스업에 차이가 있다. 원가회계시스템은 장기의사결정에 유용한 원가정보를 제공하는 데 비해, 단기의사결정을 계속하는 서비스기업은 원가회계시스템의 도움을 거의 받을 수 없다.

이상에서 살펴본 제조원가계산과 서비스원가계산의 차이를 바탕으로 서비스 조직의 원가구조를 투입자본 대 노무비, 간접원가, 조업도, 재고자산별로 구분하고, 사례를 들어 원가구조 설정을 살펴본다.

1. 투입자본 대 노무비

제조업에서 최근의 추세는 증가된 기계화와 자동화이다. 투입자원과 총원가요소는 노동력의 중요성을 감소시켜 왔다. 그러나 서비스 조직에서의 노무비는 다양성에서 주요한 자원이고 원가이다. 예를 들면, 점포서비스인 호텔과 식당은 매우 노동집약적이다. 또한 전문서비스인 컨설팅 기업도 노동집약적이다. 이런 두 종류의 서비스에 대해서 노동력은 커다란 원가의 단일 형태이다. 병원과 교육에서도 노무비의 비율은 전체 원가의 높은 비율을 대표하는 관련원가로 중요한 투입을 형성한다.

이것이 의미하는 것은 노무시간을 기록하고, 노무원가를 결정하고, 임금총액을 처리하기 위해서 제조업보다 서비스업에서 노동력이 더 중요하게 되는 것이다. 일부 소규모 컨설팅과 같은 서비스업에서 노무비는 조직의 더 가치 있는 자산, 특히 회계에서 보이지 않는 무형자산으로 큰 비중을 차지할 수 있다.

2. 간접원가

서비스 원가계산에서는 노무비뿐만 아니라 간접원가 집계에도 큰 영향을 미칠 수 있다. 즉, 서비스 조직에서는 비용이 원가단위와 관련하여 직접적인지 간접적인지를 정확하게 결정하는 것이 어렵다는 것이다.

서비스 조직의 원가단위 직접·간접을 전문서비스 컨설팅 기업인 전북경영상담(주)의 원가요약자료를 가지고 확인해 보자.

〈전문서비스 기업인 전북경영상담(주)의 원가요약 자료〉

다음 연도의 전북경영상담(주)의 예산원가와 기타 자료의 요약은 다음과 같다.

컨설턴트 급여	₩176,400	통신료	₩10,000
여비교통비	₩20,000	사무용품비	₩8,000
일반관리비	₩111,000	기타비용	₩40,000

기업의 5명의 컨설턴트 각자는 주당 35시간을 일하고, 연간 36주를 일한다.

전북경영상담(주)와 같은 많은 기업에 있어서 가장 단순한 접근법은 간접원가가 되는 모든 기타원가를 포함하여 단 하나의 직접비로서 노무비(여기서 컨설턴트 급여)를 처리하는 것이다. 컨설턴트 급여가 직접적으로 처리된 원가로 처리된다고 가정하여 시간당 간접원가를 계산하면 다음과 같이 계산된다.

연간 총예상 근무시간:

5명 컨설턴트 × 35시간 × 36주 = 6,300시간

총예상 간접비:

통신비	₩10,000
여비교통비	20,000
사무용품비	8,000
일반관리비	111,000
기타비용	40,000
	₩189,000

그러면, 시간당 간접원가는 다음과 같이 계산된다.

$$\frac{\text{총예상 간접비}}{\text{총예상 시간}} = \frac{₩189,000}{6,300\text{시간}} = ₩30$$

그리고 시간당 직접원가와 시간당 총원가를 결정하기 위해서 위의 원가요약 자료를 다시 사용하면, 직접비는 컨설턴트 급여이므로, 시간당 직접원가는 다음과 같은 금액으로 결정된다.

$$\frac{\text{예상한 컨설턴트 급여}}{\text{예상 시간}} = \frac{₩176,400}{6,300\text{시간}} = ₩28$$

그러므로 시간당 총원가

직접원가	₩28
간접원가	30
	₩58

결국, 시간당 간접비는 제조경비의 간접비 배부에서의 일괄(또는 공장전

체) 배부율이다. 이와 같은 방법은 간단하다는 장점을 가지기는 하지만, 원가단위와 원가를 산출하는 데 필요한 자원 간에서 차이를 포함함으로써 원가단위를 왜곡시킬 수도 있다. 이러한 문제는 서비스조직에서도 동일하게 존재한다.

전북경영상담(주)의 간접원가와 직접원가의 처리를 재정의하기 위해 앞에서의 사례, 원가자료를 다시 살펴보자. 간접원가는 앞의 제조간접비 배부에서 다룬 것과 같이 부문과 얻어진 부문배부율에 따라서 분석될 수 있었다. 또한 다른 방법으로 활동기준원가계산을 생각할 수 있다. 기업원가구조의 엄격한 세부분석은 일관된 접근하에서 간접원가로 처리된 원가 일부분을 직접원가로 처리하는 것이 더 적절할 수도 있다. 예를 들면, 서비스 원가계산에서의 여비교통비는 고객을 대신하여 일하는 것과 직접적으로 관련이 있을 수도 있으므로 직접원가이다. 그러나 추가적 재정의는 재무적 항목과 원가계산시스템의 복잡성과 관련하여 원가로 보고, 이 원가는 시스템으로부터 파생된 이익을 초과하지 말아야 한다. 서비스조직에서의 이러한 원가/효익 부과는 원가/효익 산출 성격에 의해서 복잡해질 수 있다.

이러한 관점에서, 전북경영상담(주)는 원가에 귀속할 수 있는 단순원가단위로 쉽게 전환가능한 산출을 한다. 그러나 이런 원가가 '컨설턴트 시간'보다는 차라리 '고객/시간' 또는 '부담할 수 있는 고객시간'과 같은 것이 될 거라는 것에 주목하라. 이런 경우를 승객운송업과 비교하면 승객운송업에서는 승객/킬로미터라는 원가구성을 확실하게 나타낼 수 있을 것이다. 이와 같이 직접·간접원가의 구분은 서비스의 성격에 따라 주관적으로 달라질 수 있다.

이러한 원가의 주관적 직·간접비 구분의 해결방법은 원가단위와 관련하여 직접원가로서 확실하고 쉽게 분류할 수 있는 원가를 단순직접비로서 처리하는 것이다. 그리고 기타 원가를 간접원가로 간주하는 것이다. 이것은 앞에서 전북경영상담(주)의 자료로 다룬 접근법이다. 비록 그것이 매우 일시적이라도 원가/효익에 근거한 방법과 목적을 정당화할 수 있다. 원칙적으로 승객운송업이 컨설팅업과 왜 똑같을 수 없는지에 대한 이유는 없다. 그러나 일련의 배부를 이용함으로써, 결과적으로 생기는 단위원가는 관리계획, 통제 그리고 의사결정의 목적에 대해서 의심스러운 가치가 될 수도 있다. 따라서 제조간접비 배부에서 살펴보았듯이 배부과정은 언제나 어떤 주관적 요소를 포함한다는 것을 알 수 있다.

그리고 배부과정에서 하나의 원가단위 이상을 채택할 수 있다. 예를 들어, 승객운송업은 첫 번째 배부에서 여행 또는 노선에 대한 원가를 추정할 수 있고, 그 다음에는 각 노선에 많은 승객/킬로미터 이상의 원가를 평균한다. 비록 '노선'이 승객운송을 제공하는 마지막 배부로부터 제거된 단계라고 할지라도 그것은 '승객/킬로미터'로 된 경우보다 배부되는 전체 원가의 더 높은 비율을 주는 장점을 가진다. 이 방법으로 주관성을 줄임으로써, 좀더 일치된 원가단위가 관리에 더 많이 사용될 수 있고, 비록 승객/킬로미터당 원가가 외부적 보고목적의 계산에 사용될 수 있는 근거이다.

컨설팅업과 승객운송업에서 살펴본 바와 같이 서비스 원가계산에서의 간접비 배부는 다음의 세 가지 경우에 따라 달라질 수 있는 것이다.

· 제공된 서비스의 성격
· 내부와 외부 정보 필요
· 원가/효익 기준

3. 서비스 조업도

앞에서 서비스는 무형성과 동시성의 특징을 가지고 있다고 하였다. 그러므로 조업도가 수요를 초과할 때 재고를 산출할 수 없고, 따라서 조업도 수준을 계획하는 것은 분명히 서비스 공급자들에게 있어서 매우 중요한 것이다. 그러나 이것은 단지 계획하는 문제가 아니고, 다음과 같은 원가함축이 있기 때문이다.

〈전북경영상담(주): 원가요약과 조업도 자료〉

내년의 기업 예상원가와 기타자료의 요약은 다음과 같다.

컨설턴트 급여	₩176,400	통신료	₩10,000
여비교통비	₩20,000	사무용품비	₩8,000
일반관리비	₩111,000	기타비용	₩40,000

기업의 5명 컨설턴트 각자는 1년에 주당 35시간 씩 36주 일을 한다. 관리자는 4,000 부담가능한 고객시간이 내년에 작업될 것이라고 예상한다. 또한 모든 부담가능한 고객시간에 대하여, 추가 0.2시간은 비생산적 활동(예를 들면, 고객의 구내를 이리저리 움직이는 것)으로 고객과 관련이 없는 컨설팅에 의해서 소모될 것이다. 추가적으로, 수요의 기대수준이 주어진다면, 관리는 최대한 컨설턴트 시간의 20%가 일반관리업무이므로 합산한다.

위의 자료에 따라 컨설턴트 시간에 전북경영상담(주)의 여유 조업도를 산출하면 다음과 같다.

당해연도 이용가능한 컨설턴트 총시간		
5명의 컨설턴트 × 35시간 × 36주		₩6,300
(-) 부담가능한 고객의 시간	₩4,000	
비생산적 고객-관련 활동(20% × 4,000)	800	
일반관리 의무(20% × 6,300)	1,260	6,060
여유 조업도		₩240

최대 컨설팅 시간 4% 이하에서, 관리는 여유 조업도가 내년에는 문제가 되지 않고, 따라서 행동도 필요치 않을 것이다. 그러나 비생산적인 여유시간의 존재는 앞에서 계산하였던 시간당 ₩58의 원가 이상의 문제를 초래한다. 따라서 앞의 시간당 총원가 ₩58이 부담가능한 고객/시간당 원가로서 사용되어야 하는 문제이다.

이에 대한 해결은 시간당 총원가 ₩58은 최대한 이용가능한 시간에 기초하고 있으므로 사용할 필요가 없을 것이다. 그러나 부담가능한 고객/시간당 원가로서 시간당 총원가 ₩58을 사용한다면, 최대한 이용가능하고 부담가능한 고객시간이 같다고 추정할 것이다. 그러나 이것은 비생산적인 고객 관련과에서 총원가의 의사결정에 대한 기 관리시간에 대해 인정하지 않는다는 것이다. 다시 말해서, ₩58의 원가에 도달하기 위해 사용한 6,300시간은 시간당 원가에서 낮게 계산된 결과를 가지는 초과상태이다. ₩58을 가지고 할 수 있는 것은 4,000 부담가능한 고객시간에서 총원가의 의사결정에 대한 기초로써 시간당 총원가를 사용하는 것이다.

부담가능한 고객시간(4,000 × 58)	₩232,000
비생산적인 고객관련 시간(800 × 58)	46,400
일반관리시간(1,260 × 58)	73,080
	₩351,480

그러면 부담가능한 고객시간당 원가는

$$\frac{₩351,480}{4,000\text{시간}} = ₩87.87$$

관리는 부담가능한 고객시간당 원가 내에서 여유 조업도의 원가를 포함할 것인지 말 것인지를 이 시점에서 결정하여야 한다. 이러한 결정은 포함할 수 있는 고객시간당 원가를 바꾼다.

포함할 수 있는 고객/원가의 총원가	₩351,480
여유시간의 추가원가(240×58)	13,920
	₩365,400

그러면 부담가능한 고객시간당 원가는

$$\frac{₩365,400}{4,000\text{시간}} = ₩91.35$$

또한 단위원가 계산에서 부담가능한 고객시간을 사용함으로써 동일한 결과를 얻을 수 있다. 시간당 직접원가는

$$\frac{\text{컨설턴트 급여}}{\text{부담가능한 고객시간}} = \frac{₩176,400}{4,000\text{시간}} = ₩44.10$$

그리고 시간당 간접비는 아래와 같이 된다.

$$\frac{\text{총 간접비}}{\text{부담 가능한 시간}} = \frac{₩189,000}{4,000\text{시간}} = ₩47.25$$

그러므로 부담가능한 고객시간당 원가는

직접원가	₩44.10
간접원가	47.25
	₩91.35

이상에서 살펴본 내용에 의하면 비생산적 시간에 대한 조정, 일반관리 부담에 소요된 시간, 그리고 여유 조업도에 대한 가능성이 단위원가에 매우 큰 영향을 준다는 것을 알 수 있다.

비생산적인 시간이 허용하지 않는 경우	₩58.00
비생산적이고 관리적 시간이 허용된 경우	₩87.87
비생산적・관리적인 시간과 여유 조업도가 허용된 경우	₩91.35

이런 상황에서 관리는 최소한 일반관리 부담에 소요된 시간과 함께 비생산적 고객관련 시간을 허락한다. 이것에 대한 정당성은 이들 시간이 경영의 정상적 과정에서는 잃게 되고 정상영업상태에서 기대될 수 있을 것이다. 그러므로 그들 원가는 생산적 시간으로 가질 수 있다. 이는 종합원가계산의 배

경에서 서술된 정상손실에 대한 유기체로서 그들을 살펴볼 수 있다. 여유조업도에 대한 본 사례는 조업도를 분명하게 구분지을 수는 없었다. 한편, 기대하였던 시간을 초과한 잃어버린 시간과 정상영업하에서 수용할 수 있는 것으로서 원가를 비정상적인 손실로서 살펴볼 수 있다. 또한 여유조업도 원가를 부담가능한 고객시간당 원가의 부문으로서 포함되지 않을 것이다. 그리고 서비스 설정의 성질이 주어진다면 그것이 수요에 명확하게 조업도를 맞추기에는 실행가능하지 않고, 여유조업도의 어떤 양이 정상상태하에서 기대될 수 있을 것이라고 할 수 있다.

앞에서 논의한 수요 고려에 대한 일종의 조업도는 서비스 공급자의 넓은 범위에서 적용될 수 있다. 예를 들면, 호텔과 병원은 각각 방과 침대 점유비율을 고려할 필요가 있고, 학교는 학생 : 교사 비율의 계산을 택할 수 있고, 운송조직은 승객활용 비율을 살펴볼 수 있다. 결국 여유조업도가 서비스 단위원가 내에서 포함되든지 안 되든지 원가구성 범위는 원가요소에 달려 있다.

이상에서 서비스 원가계산의 원가구성은 서비스 단위원가의 중요성, 상업적 실무, 단위원가의 이용, 원가-효익 기준에 따라 설정되어야 함을 알 수 있었다. 이를 정리하면 다음과 같다.

(1) 중 요 성

중요한 과대 조업도가 존재하는 곳에서의 단위원가 포함은 무엇이 제공되고 있는가 하는 것의 과대평가이고, 대표가 되지 않는 단위원가의 결과일 것이다. 중요한 최대 조업도 이하는 이 면에서 문제를 줄일 수도 있다.

(2) 상업적 실무

어떤 서비스부문에서(예를 들어, 운송) 대손은 부문 내에서 상업적 실무 문제로서 여유조업도의 기대된 수준을 위해서 만들어질 수 있다. 그러므로 이 처리는 '정상'으로서 단위원가의 부문으로서 포함되는 일부 여유 조업도를 처리할 것이다. 이 기대수준 이상의 여유조업도는 '비정상'으로서 처리되고 분리하여 다루어질 것이다.

(3) 단위원가의 이용

단위원가가 계획, 통제 그리고 의사결정을 위해서 사용되는 것이라면 여유조업도 원가의 중요한 요소를 포함함으로써 잠재적 왜곡의 원인이 되지 않을 수 있다. 특별히 단위원가가 비경제적이고 비경쟁적인 판매가격에서 결정되는 단위원가를 위한 부자연스런 왜곡으로 판매가격을 위한 기초로서 사용되어 오고 있는 것이 사실이다. 유사하게, 관리가 단위원가 내에서 '숨겨진' 원가를 가지는 것보다 차라리 여유조업도의 범위와 원가 둘 다에 열려 있어야 한다는 것은 중요한 것이 될 수도 있다.

(4) 원가 – 효익 기준

여유조업도의 원가를 인식하는 데 있어서 관리를 위해서 언제나 이익이 있을 것 같지만, 그것은 항상 그런 원가를 결정하기 위한 원가-효익이 아닐 수도 있다. 전북경영상담(주)의 예에서 여유조업도와 비생산적 고객관련 시간/일반관리 시간 사이에서 분리하는 부문을 정확하게 나타내는 것은 매우 어려울 것이다. 여기에서는 요구된 시간과 노력은 아마도 어떤 결과 이익에 대해 불균형을 이루게 될 것이다.

4. 재고자산

서비스는 축적될 수 없기 때문에, 서비스 재고와 기말평가가 제조조직보다 서비스 조직에서는 중요하지 않을 것이다. 그러나 재고자산이 서비스 조직에서 존재하지 않는다는 것은 아니다. 여기에서는 서비스 조직에서 어떠한 재고자산이 존재하는지를 살펴본다.

서비스기업의 재고는 기업영업의 주요 요소가 아니라 할지라도 존재할 것이다. 컴퓨터 디스크와 같은 소모품 또는 사무용품류의 재고를 볼 수 있다. 기업의 작업과정상에 재고를 가지는 것도 또한 가능하다. 만일 서비스기업이 기말에 끝나지 않은 고객의 작업을 위해서 일하고 있다면 기업의 연차회계보고의 목적으로 계산될 필요가 있는 재고자산이 있을 것이다.

이의 사례를 전북경영상담(주)의 사례를 들어 살펴보면 다음과 같다.

〈전북경영상담(주): 기말 작업 중인 재고자산〉

당기 말에 당 기업은 두 프로젝트를 작업하고 있고, 이것은 당기 말에 완성되지 않을 것이다. 명세는 다음과 같다.

① 고객 XY Ltd: 총 250시간이 필요하며, 프로젝트는 기말에 40% 완성된 것으로 평가되었다.
② 고객 AB Ltd: 이 프로젝트는 총 400시간의 시간이 필요하며, 기말에 80% 완성된 것으로 평가되었다.
③ 전북경영상담(주)가 부담 가능한 고객 시간당 원가는 ₩87.87이다.

서비스 조직에서의 재고자산을 재무제표에 반영하기 위해서는 종합원가계산에서와 같이 프로젝트의 완성도를 반영하기 위해 재고자산 단위를 조정하는 것이 필요하다. 즉, 이것은 완성 등가액에 대해 부문적으로 완성된 산출의 전환을 의미한다. 이것을 하기 위해 필요시간에 부분적인 완성도를 곱한다. 이 경우에는 '시간'이 관련된 단위이다.

고객 XY Ltd: (250시간×40%) × 시간당 ₩87.87 =	₩8,787.00
고객 AB Ltd: (400시간×80%) × 시간당 ₩87.87 =	28,118.40
연말 재고자산	₩36,905.40

이러한 재고자산에 추가하여, 기업의 재무상태표는 사무용품과 컴퓨터 소모품과 같은 사용되지 않은 재료의 원가를 보여줄 것이다. 전북경영상담(주)에 있어서 재고의 재료범위는 특별히 커다란 금액이 되지 않을 것이다. 그러나 다른 서비스 조직에서 '재료' 재고는 매우 중요할 수도 있다. 예를 들면, 약의 많은 재고와 다른 의료공급품은 병원에서 존재할 것이다. 호텔은 음식과 음료의 재고를 다루는 것이 필요할 것이다. 이와 같이 서비스 조직에서는 재료와 재공품상의 재고는 다양한 형태로 존재할 수 있다.

제 3 절 서비스 원가계산에서의 원가요소

앞에서 살펴본 바와 같이 서비스 조직은 투입자본 대 노무비, 간접원가, 서비스조업도, 재고자산에 따라 다양한 원가구조를 가지고 있다. 따라서 일률적으로 원가계산방법을 결정하는 것은 제조원가계산에서와 마찬가지로 어려우나, 병원 및 대학교육서비스의 원가요소를 살펴봄으로써 서비스 원가계산의 기본 틀을 탐색하기로 한다.

1. 병원서비스에서의 원가요소

병원에서의 서비스 원가는 환자에게 의료를 제공하기 위해서 소비된 경제적 가치이며 이 경제적 가치는 화폐가치로서 표시될 수 있는 것이다. 여기에는 직접 의료에 사용된 가치뿐만 아니라 의료를 행하는 데 필요한 보조업무나 병원전체의 운영에 필요한 관리적 비용도 포함된다. 따라서 병원서비스 원가란 진료, 교육, 연구에 소비된 재화와 용역의 가치를 화폐액으로 표시한 것으로서 정상적이고 경상적인 것을 의미한다.

병원의 원가구조는 제조업과는 다르게 다음과 같은 구조로 이루어져 있다.

<table>
<tr><td>인 건 비</td><td rowspan="4">의료원가</td><td rowspan="5">경상원가</td><td rowspan="6">의료사업
수 익</td></tr>
<tr><td>재 료 비</td></tr>
<tr><td>관 리 비</td></tr>
<tr><td>기타비용</td></tr>
<tr><td colspan="2">의료 외 비용</td></tr>
<tr><td colspan="3">적정이윤</td></tr>
</table>

그리고 병원원가계산의 일반적 목적은 환자의 진료를 위하여 소비된 원가를 정확하게 집계하여 환자당 또는 행위별 단위당 원가를 산출해 내는 것으로, 이를 세분하면 ① 경영관리를 위한 정보의 제공, ② 의료수가 결정자료의 제공, ③ 의사결정을 위한 수단으로의 활용을 들 수 있다. 또한 병원원가계산의 유형으로는 ① 부문별 원가계산, ② 진료과별 원가계산, ③ 진료행위별 원가계산을 들 수 있으며, 간략히 살펴보면 다음과 같다.

(1) 부문별 원가계산

부문별 원가계산은 경영관리를 위한 정보의 제공 목적으로 원가를 발생장소에 따른 원가부문별로 집계하는 과정을 말하며, 책임회계단위를 부문으로 설정하였을 경우에 행하는 원가계산이다. 이때 부문은 진료과의 상위개념이며, 부문의 분류방법은 여러 가지가 있을 수 있으나, 직접진료부문, 간접진료부문, 보조부문으로 나눌 수 있다. 직접진료부문이란 환자를 직접 치료하는 1차적 부문의 과가 포함되어 있으며, 입원부문과 외래부문 등으로 구분한다. 간접진료부문은 방사선부문, 검사실부문, 수술부문 등 직접진료부문의 처방에 의해 환자의 진단, 치료, 검사, 수술, 투약 등을 수행하는 2차적 부문을 말한다. 보조부문은 의무기록실, 사회사업과, 관리행정부서 등이 포함된다.

부문별 원가계산에서의 절차는 원가부문별로 파악이 가능한 원가(부문개별비)는 해당 부문에 직접 계상하여 집계하고, 여러 부문과 연결되어 있어서 어느 한 부문에 직접 계상하기 어려운 원가(부문공통비)는 적절하고 합리적인 배부기준이 마련되어 부문별로 배부하는 과정을 거쳐야 한다. 그러나 이러한 과정을 거쳐 집계된 원가는 수익이 발생하지 않는 부문(행정부문)에도 집계되어 있으므로 이들 비수익부문의 원가(보조부문비)를 수익을 발생시키는 부문에 다시 재배부하게 된다. 이처럼 각 계정에 실현된 원가를 최종적으로 원가부문별로 집계할 수 있도록 체계화하여 배부하는 과정을 거친다.

(2) 진료과별 원가계산

진료과별 원가계산은 의사결정을 위한 활용을 목적으로 하는 원가계산으로, 원가계산의 대상이 여러 진료과가 통합된 부문 대신에 진료과로 세분화된 경우의 원가계산이다. 여기에서는 부문 내의 진료과별로 원가를 파악한다. 즉, 각 진료과별로 원가계산을 실시하여 어느 과가 의료이익을 발생시키고 있으며, 어느 과가 손실을 끼치고 있는지를 계산하는 데 의의가 있다.

진료과별 원가계산의 절차는 기본적으로 부문별 원가계산을 기초로 이루어진다. 이는 진료과별로 직접 추적할 수 있는 비용은 진료과별로 개별 원가를 집계하고, 부문별로는 직접비이나 부문 내의 여러 진료과에 공통으로 발행하는 진료과별 공통비는 적절히 배부하여 원가계산을 수행하는 과정을 거친다.

(3) 진료행위별 원가계산

진료행위별 원가계산이란 각 부문별로 발생된 원가를 각 부문에 속하는 진료행위별로 직접 파악하거나 집계하는 것을 의미한다. 진료행위의 단위별로 원가를 산출하는 것은 진료행위별 수가결정(우리나라의 경우 건강보험료에 해당됨)의 기본적인 자료가 되고 수가의 적정성 판단의 기본적인 자료가 될 수 있다. 의료기관의 경우 간호, 처방, 검사 등은 최종단계의 제품이 아니라 중간제품의 성격을 갖는 것으로 환자에게 제공되는 진료서비스가 제조업의 최종 제품인 것이다. 따라서 의료기관의 진료행위별 원가계산은 최종 결과의 필수적인 원가정보이다. 이러한 진료행위별 원가계산은 부문별 원가계산을 전제로 가능하다. 즉, 병원의 복잡한 진료행위별 원가계산을 위해서는 부문별 원가계산에 의하여 집계된 금액을 가지고 다시 진료행위별로 배부하는 절차를 거쳐야 한다.

진료행위별 원가계산 절차를 구체적으로 살펴보면, 첫째, 진료행위의 구분을 먼저 하여야 하는데, 이는 보편적으로 각 병원에서 구분하고 있는 행위별 수가를 기준으로 하여 구분한다. 둘째, 재료비를 진료에 직접 소비되는 진료행위별 직접재료비와 간접적으로 소비되는 간접재료비로 분류하여 계산한다. 셋째, 인건비를 직접인건비(직접 진료에 종사하는 직접인력에 대한 인건비를 말하며, 의사, 약사, 간호사, 의료기사 등의 인건비가 해당됨)와 간접인건비(진료에 직접 참여하지 않는 행정관리직, 의무기록사 등의 인건비가 해당됨)로 분류하여 계산한다. 넷째, 관리비 중 주요항목은 복리후생비, 감가상각비, 연료비, 전력료,

수선유지비, 소모품비 등으로서 이들 비용을 진료행위별로 배분한다. 다섯째, 의학교육연구비를 단위당 원가 또는 적절한 기준을 설정하여 진료행위별로 배부한다. 여섯째, 보조부문에서 배부되어 넘어 온 간접비가 부문직접비에 비해 비중이 적을 때는 진료행위별 단위당 원가(재료비 + 인건비 + 관리비 + 의학교육연구비)를 기준으로 일괄 배부하나, 비중이 클 경우에는 보조부문비별로 적절한 배부기준을 설정하여 진료행위별로 배부한다.

위와 같이 처리하는 병원의 원가 분류체계는 일반적으로 다음과 같다.

<table>
<tr><th>구분</th><th colspan="2">내 용</th></tr>
<tr><td rowspan="3">의료원가</td><td>인건비</td><td>교직원급여, 퇴직급여, 의료・연금・법정부담금</td></tr>
<tr><td>재료비</td><td>약품비, 진료재료비, 급식재료비, 매입에누리 및 할인</td></tr>
<tr><td>관리운영비</td><td>복리후생비, 여비교통비, 통신비, 전기수도료, 세금과공과, 보험료, 환경관리비, 지급임차료, 지급수수료, 수선비, 차량유지비, 교육훈련비, 도서・인쇄비, 업무추진비, 행사비, 연료비, 자선진료비, 소모품비, 재활교육비, 연구비, 재운용리스료, 감가상각비, 무형자산상각비, 임차자산개량상각비, 광고선전비, 대손상각비, 세탁비, 외주용역비, 외주검사비, 잡비</td></tr>
<tr><td>의료외원가</td><td colspan="2">의료부대재료비, 이자비용, 기타의 대손상각비, 유가증권처분손실, 유가증권평가손실, 재고자산평가손실, 외환차손, 기부금, 지분법평가손실, 투자자산처분손실, 고유목적사업준비금전입액, 고유목적사업비, 잡손실</td></tr>
</table>

2. 대학교육서비스에서의 원가요소

대학은 교육, 연구, 사회봉사 활동을 전개하면서 원가를 소비한다. 이러한 서비스 활동에는 자원의 소비가 따른다. 서비스에 투입되는 자원을 모두 화폐가치로 측정할 수 있는 것은 아니다. 따라서 교육서비스 활동에 사용되는 경제적 자원 중에서 화폐가치로 측정할 수 있는 것만을 교육원가의 산정에 이용할 수밖에 없는 것이다.

대학교육원가의 주요 원가항목은 교육서비스 활동에서 나타나는 인건비와 간접적으로 그 활동에 투입되는 기자재 등의 시설비 등이다. 이러한 원가항목들을 교육과 연구활동의 중심인 각 학부(과) 및 각 단과대학에 정확히 배분하는 것은 매우 어려운 일이다. 또한 기업의 원가계산 개념을 대학에 적용하는 것도 적절하지 않다. 또한 대학교육원가의 적용은 각 학교마다 조금씩 차이가 있다. 따라서 본서에서는 대학의 원가요소를 교육과학기술부에서 제시하는 국립·사립대학별 원가분류체계만을 살펴보기로 한다.

(1) 대학의 교육원가 구성

대학의 원가는 본원적 원가와 지원원가로 구분할 수 있다. 본원적 원가는 원재료 등의 물류를 투입하여 재화와 용역을 생산·판매·인도하는 물리적 원가로 구성되며, 지원원가는 본원적 원가를 지원하는 원가로서 투입물의 구매, 기술개발, 인적자원관리와 하부구조로 구성되어 있다. 하부구조는 일반관리, 기획, 재무관리, 회계, 법령관리, 품질관리 등의 활동으로서 다른 지원원가가 본원적 원가를 지원하는 기업운영의 기초적 토대가 되는 성격을 가진 지원원가를 의미한다. 이러한 본원적 원가와 지원원가가 모두 효과적으로 이행되어야만 대학의 목적인 교육·연구·사회봉사 등 공익가치의 창출에 기여할 수 있을 것이다. 대학의 교육원가 구성을 표로 나타내면 〈표 14-2〉와 같다.

〈표 14-2〉 대학의 교육원가 구성

<table>
<tr><td rowspan="6">지원원가</td><td colspan="4">하부구조(일반관리, 재무·회계, 법령, 홍보, 기획…)</td><td rowspan="6">공익가치창출
(교육목표
달성)</td></tr>
<tr><td colspan="4">내부관리 회계</td></tr>
<tr><td colspan="4">인적자원관리(교부)</td></tr>
<tr><td colspan="4">학사업무관리(수업, 학적, 입학)</td></tr>
<tr><td colspan="4">학생복지, 장학관리(후생, 기숙사, 연수)</td></tr>
<tr><td>학생모집</td><td>강의·교육</td><td>취업·지도</td><td>재교육·A/S</td></tr>
<tr><td></td><td colspan="4">본원적 원가</td><td></td></tr>
</table>

(2) 대학의 교육원가 분류

대학의 교육원가는 여러 가지 관점에서 분류할 수 있다. 재원별로는 국고와 기성회계로, 투입목적에 따라서는 인건비·관리운영비·학생경비·기타경비를 포함하는 운영비와 자본적 지출에 해당하는 시설비로, 대학교육의 산출 형태별로는 강의·연구·사회봉사 및 학생지도라는 구체적 산출물별로 직접원가와 간접원가를 파악할 수 있다. 교육과학기술부의 대학회계기준에서는 인건비, 물건비, 자본적 지출 등으로 세분하고 있으며, 다음 〈표 14-3〉과 같다.

〈표 14-3〉 교육과학기술부 교육원가 분류

항 목		내 용
국립대학	인 건 비	급여, 상여금, 수당, 정액수당, 일용잡급, 피복비, 급량비
	물 건 비	여비, 수용비·수수료, 복리후생비, 재료비, 판공비, 공공요금 및 제세, 이용료, 장비 및 시설유지비, 이자, 기타 물건비, 기금사업비
	경상이전비	보상금, 민간에 대한 경상보조, 연금지급
	자본적 지출	자산취득비, 시설비, 시설부대비, 대수선비, 토지매입비, 무형고정자산
	기 타	예비비
사립대학	인 건 비	봉급, 정액수당, 상여수당, 정근수당, 기타 수당, 강사료, 지정인건비
	관리운영비	여비, 수용비, 피복급량비, 제세공과, 판공비, 시설유지비, 교육훈련비, 행사비
	학생 경비	실험실습비, 학생복지비
	입시관리비	입시수당, 입시경비
	연 구 비	연구비, 연구관리비
	자본적 경비	유동자산 지출, 투자자산 지출, 유형고정자산 매입매출, 무형고정자산 지출, 유동부채 상환, 재적립금 예금지출
	기 타	기타 경비, 전출금, 예비비

이상에서 제시한 서비스 원가는 산업에서 차지하는 비중이 크지만 아직은 체계가 잡혀 있지 않다. 여기에서 다룬 내용을 바탕으로 서비스 업종별 특성을 살려 원가계산에 적용한다면 아직은 무리가 없을 것이며, 합리적인 원가계산을 행할 수 있을 것이다.

제15장 기타의 원가계산

제1절 JIT(Just-In-Time)

1. JIT(Just-In-Time)의 개념

기업 간의 경쟁이 치열해지는 경영환경에서 때로는 제품원가가 상승하고, 이익이 감소하기도 한다. 이러한 경영상의 문제를 해결하기 위하여 경영자들은 기존의 제조공정을 좀더 유연하게 만들 수 있는 방법을 찾고, 더 나은 의사결정을 위한 더 정확한 정보들을 수집하려고 하였다. 이에 대한 결과로 JIT와 같은 새로운 관리기법들이 개발되었는바, 이에 대하여 살펴본다.

제조기업에서의 재고는 원재료・재공품・완제품 등 세 가지 종류가 있다. 이러한 재고들은 주로 제조공정이 유연하게 진행될 수 있도록 하는 안전재고로서의 역할을 한다. 그러나 이들 재고를 유지・보관하는 데는 많은 비용이 소요되며, 많은 재고를 보유하게 되면 또한 조직의 효율성이 떨어지게 된다. 이러한 재고를 감소시키거나 제거하기 위한 노력의 결과로 JIT(Just-In-Time) 재고관리기법이 등장하게 되었다.

이상적인 JIT가 실시되는 기업에서는 당일 필요한 원재료를 당일에 구입하고, 재공품재고는 가지고 있지 않으며, 당일 완성된 모든 제품은 창고에 입고되지 않고 즉각적으로 출하된다. 즉, JIT는 필요한 물품을, 필요한 양만큼, 필요한 때에 조달・조립・예산하기 위하여 설계된 시스템이다. 즉, 판매되는 시점에 완제품을, 완제품이 조립되는 시점에 반제품을, 반제품을 생산하는 시점에 원재료를 조달하고자 하는 것이다.

JIT에서 원재료, 부품 등은 풀(Pull)시스템으로 통제된다. 이는 다음과 같이 설명될 수 있다. 최종 조립단계에서 앞으로 몇 시간 동안 제품조립에 필요한 부품의 정확한 양을 앞의 공정에 시그널(Signal)을 보내게 되고, 이에 따라 그 양만큼 공급이 된다. 마찬가지로 전공정은 그 전공정에 동일한 시그널을 보내게 된다. 이렇게 함으로써 공정 중에 부품의 재고를 줄일 수 있으며, 부품의 유연한 흐름을 향상시킬 수 있다. 따라서 모든 공정은 전공정의 부품을 끌어오며, 최종 조립공정이 생산을 주도함을 알 수 있다. 이는 결국 고객의 주문에 부응하는 것으로 연결될 수 있을 것이다. 이를 그림으로 나타내면 〈그림 15-1〉과 같다.

〈그림 15-1〉

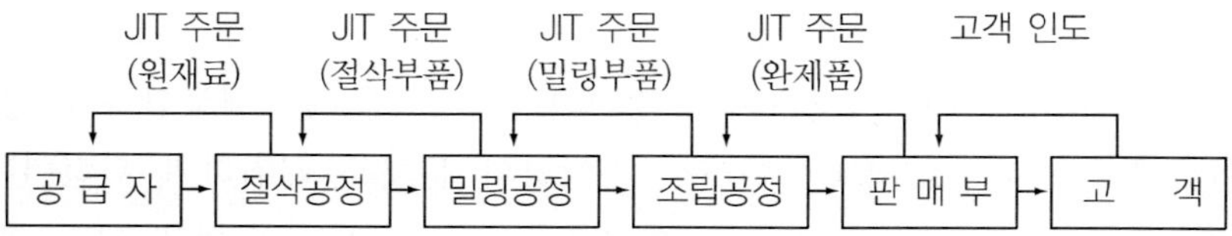

전통적인 제조방식은 푸시(Push)시스템이었다. 푸시시스템하에서는 부품을 배치(Batch)로 가공・생산하기 때문에 다음 공정에서 그 부품을 받을 준비가 되지 않았다 하더라도 그대로 '푸시'하게 된다. 결과적으로 그 부품은 때로 몇 일 혹은 몇 주간 완성되지 않은 부품재고로 쌓이게 된다. 이는 그 부품에 투하된 자금을 고정화시키는 것이고, 또한 비효율성을 낳는 결과를 초래한다.

2. JIT(Just-In-Time)의 주요 요소

JIT(Just-In-Time)를 성공적으로 실행하기 위해서는 다음과 같은 다섯 가지의 주요 요소들이 뒷받침되어야 한다. 이러한 요소에는 소수의 공급자, 공장배치(Plant Layout)의 개선, 작업준비시간의 감소, TQC 달성, 작업인력의 유연성 등이 포함된다. 이하에서 좀더 자세히 살펴보면 다음과 같다.

(1) 소수의 공급자

JIT를 성공적으로 실행하기 위해서는 소수의 공급자들이 소량의 롯트(Lot)로 빈번하게 납품할 수 있어야 한다. 공급자들은 과거처럼 주별·월별로 원재료 혹은 부품을 납품하기보다는 일별 혹은 시간대별로 공급할 수 있어야 한다.

JIT의 실행은 공급자와 모기업에게 모두 이익이 된다. 모기업에서는 필요한 시기에 원재료를 받기 때문에 거대한 재고창고가 불필요하고, 재고의 보관비용, 이자비용 등을 절감시킬 수 있다. 공급자는 모기업에서 요구하는 거래조건이 일치하는 한 장기적인 계약관계를 보장받을 수 있다.

JIT를 적용하는 어떤 기업에서는 공급자의 수를 종전의 약 10% 수준까지 감축시켰다고 한다. 이에 따라 공급자는 모기업의 거래조건에 일치하기 위하여 노력할 수 있고, 과거보다 규모의 경제를 실현할 수 있게 된다.

(2) 공장배치의 개선

JIT를 적절히 수행하기 위해서는 제조공정의 흐름을 개선시켜야 한다. 이는 원재료의 입고에서부터 완제품의 출고에 이르기까지 각종 재공품과 반제품이 제조공정에서 유연하게 흐를 수 있도록 하는 것이다.

전통적으로 기업은 유사한 기능의 기계를 동일한 장소에 모아두는 기능별 레이아웃으로 공장을 설계하였다. 즉, 절삭기계·밀링기계를 기계별로 각각 다른 장소에 모아 두고, 다른 공정에 어느 정도의 재고가 있는지 혹은 어느 정도 필요로 하는지에 관계없이 자기공정의 생산에만 관심을 두었다. 따라서 절삭작업이 끝난 반제품이 일정량 이상 모이면 밀링공정으로 옮겨지고, 때로는 재고창고에 입고되기도 하였다. 이러한 작업장들은 각각 다른 건물에 위치해 있기도 하였다. 이때 재고처리비용, 작업장 간의 이동비용 등 불필요한 비용과 활동들이 발생하게 되어 생산의 효율성을 저해시키게 되었다.

JIT하에서는 특정제품을 생산하기 위해 필요한 기계들을 한 곳으로 모아둔다. 따라서 부품이 한 곳에 집합되어 있는 기계를 따라 움직이게 되므로 절삭·밀링·조립 등의 모든 작업은 연속적으로 이루어진다. 이렇게 되면 제품의 종류에 따라 생산공정이 형성되는 것으로서, 이러한 공장배치에서는 각각의 생산라인이 하나의 작은 공장으로 인식된다.

(3) 작업준비시간 감소

전통적으로 제품생산의 배치(Batch)가 크면 클수록 경제적이라고 보았다. 그 이유 가운데 하나는 하나의 배치생산이 끝난 후 다음 배치생산을 하기 위해서는 기계 및 모형교체, 원재료이동 등의 작업준비시간이 오래 걸렸기 때문이다. 따라서 한 번 기계와 모형을 교체하였다면 더 오랜 시간 동안 더 많은 제품을 만들어 내는 것이 효율적이라는 것이다. 그러나 이때 과잉생산된 제품은 결국 재고로 남게 되고, 이에 대한 유지비용이 발생한다.

이를 해결할 수 있는 한 가지 방법은 오랜 시간이 소요되었던 작업준비시간을 단축하는 것이다. 만약 5시간이 소요되었던 작업준비시간을 30분 이내로 줄인다면 그 만큼 소량의 배치생산이 가능하게 되었다는 것을 의미한다. 또한 이는 각종 비용의 절감뿐만 아니라 급속하고 다양하게 변화하는 고객의 욕구에 대응할 수 있는 능력을 향상시키는 것이기도 하다.

그러면 어떻게 작업준비시간을 줄일 것인가? 첫 번째 방법은 한 생산라인에서 한 가지 제품만을 생산하도록 라인을 설계하는 것이다. 두 번째 방법은 작업자들을 교육시켜 빠른 작업준비가 필요하다는 것을 인식하도록 하는 방법이 있을 수 있다. 그러나 궁극적으로 생산라인의 자동화를 통하여 달성할 수 있을 것이다.

(4) TQC 달성

JIT를 성공적으로 달성하기 위해서는 원재료와 부품에 대하여 TQC(Total Quality Control, 종합적 품질경영)를 적용하는 것이다. 즉, 공급자로부터 납품받는 모든 원재료와 부품뿐만 아니라 재공품·완성품에서도 불량이 없어야 한다는 것이다. 왜 JIT를 실행하는 데 TQC가 필수적인가? 그 해답은 명확하다. 한 작업공정은 다음 공정에서 요구하는 만큼의 부품만을 보내주므로 조금의 불량품이라도 있게 되면 전체 조립라인의 가동이 중단될 수 있기 때문이다.

따라서 TQC는 공급자와 함께 시작하여야 한다. 앞서 언급한 바와 같이 소수의 공급자를 선정할 때 공급자인증프로그램(Supplier Certification Program)을 통해 적시납기뿐만 아니라 품질문제도 중요한 핵심요소로 고려하여야 한다. 기업 내부에서도 현장작업자들은 그들이 생산한 부품 혹은 제품에 대해 직접적인 책임을 가지게 된다. 과거와 같이 검사자(Inspector)가 생산라인을 따라 검사하는 것이 아니라 모든 검사는 작업자 자신들에 의해서 이루어진다. 만약 공정 간의 원재료 혹은 부품 가운데 불량이 발견되었다면 조기경보 시스템이 작동하게 된다. 만약 그 불량정도가 치명적인 것이라면 붉은 등이 켜지고, 전 생산라인은 그 불량이 처리될 때까지 가동을 중단하게 된다. 이러한 과정은 반드시 다음 공정으로 양질의 가공품을 보내도록 작업자들에게 책임을 부여하는 것이다.

(5) 다기능공화

JIT환경하에서는 공장배치가 전통적인 공장과 다르기 때문에 작업자들의 다기능공화가 이루어져야 한다. JIT공장배치하에서 각 작업자는 한 기계만을 작동하는 것이 아니라 여러 대의 기계를 작동하여야 한다. 또한 작업자들은 다음 공정에서 요구하는만큼의 수량만을 생산하기 때문에 간단한 기계고장은 수리할 수 있어야 하고, 기계설비의 상태유지에도 노력을 기울여야 한다. 이는 한 작업자는 하나의 작업만을 수행하고, 기계설비의 유지보수는 다른 부서에서 전담하던 과거와는 다른 것이다.

또한 작업자들은 그들이 생산한 제품을 검사해야 하는 책임이 주어져 있기 때문에 이러한 작업자의 다기능공화가 필요하다. 이는 과거와 같이 단조로운 하나의 작업의 반복에서 탈피하여 작업에 흥미를 유발시키는 데도 일조를 한다고 볼 수 있겠다.

3. JIT가 원가계산에 미친 영향

JIT가 원가계산에 미친 영향은 크게 두 가지 측면에서 살펴볼 수 있다. 그 내용을 살펴보면 다음과 같다.

첫째, 재고자산평가시 평가방법의 차이에 따른(예를 들면, 선입선출법과 가중평균법) 단위당 원가의 차이를 크게 감소시켰다. 이상적인 JIT가 실현될 경우 단위원가의 차이는 완전히 사라지게 된다. JIT개념하에서 원자재는 생산에 투입되는 적시에 공급받게 되고, 제품이 조립되는 적시에 반제품 혹은 부품이 제공되기 때문이다.

둘째, 공장배치가 개선된 JIT환경하에서는 원가계산방법이 개별원가계산에서 공정별 원가계산으로 변화되는 경우가 많이 있다. 작업준비시간이 상당히 줄어들었다면 마치 연속적인 공정흐름의 제조라인에서 생산활동을 하는 것과 거의 동일한 속도로 생산이 이루어진다. 따라서 이러한 기업은 과거의 개별원가계산에서 공정별 원가계산으로 변화하는 경향이 있다.

4. JIT의 효익

JIT의 적용으로 나타나는 효익은 다음과 같다.

첫째, 폐기물의 감소와 품질향상을 가져 올 수 있다. JIT방법을 적용하면 전단계에서 생산된 부품 중 불량이 있는 경우에는 바로 다음 단계에서 발견된다. 즉, 불량품이 신속하게 발견될 수 있으므로 불량률을 줄이고 품질향상을 가져올 수 있게 된다.

둘째, 작업자들에게 동기부여효과를 가져오게 한다. 자신의 작업결과를 곧바로 알 수 있게 되는 작업자들은 자연히 작업을 개선시키려는 동기부여를 받게 된다. 썰물이 되면 위험한 암초가 드러나는 것과 마찬가지로 롯사이즈(Lot Size)를 줄이면 실패의 원인이 쉽게 노출된다.

셋째, 작업자의 책임의식을 제고시킬 수 있다. 오류를 방지할 필요성을 많이 느끼게 되면 자연히 책임의식을 제고시킬 수 있다. JIT방식하에서 한 작업자가 불량품을 내면 다음 공정의 작업이 중단되므로 책임감이 진작된다.

넷째, 소집단의 개선활동에 도움이 될 수 있다. 품질관리분임조(Quality Circle)와 같은 소집단 개선활동을 통해서 종업원의 참여의식을 높여서 제조활동에 진념하게 한다.

다섯째, 완충재고(Buffer Inventory)의 감소가 가능하다. 일본에서 JIT방식은 희소자원(창고 등도 포함)이 많은 상황에서 이들을 절약하기 위해서 고안되었다. 불확실하고 요인이 많으면 많을수록 완충재고는 더 많이 가져야 한다. JIT에서는 비정상적인 요인제거에 노력을 기울임으로써 완충재고를 줄일 수 있다.

여섯째, 간접노동력의 감소를 가져온다. 재고를 줄이면 자연히 재고를 기록·운반·관리하는 데 필요한 인력이 감소된다.

일곱째, 생산성을 향상시킬 수 있다. 예컨대 재고감축, 폐기물감소, 재작업인력감소, 유휴재고감소, 이자비용감소, 재고처리에 필요한 장비절감, 재고자산 회계의 간소화, 물리적 재고통제의 감소 등은 모두 생산성향상과 직결되는 문제들이다.

마지막으로 기업이 신속하게 외부시장변화에 반응할 수 있도록 해 준다.

결국 JIT는 공장이 방해받지 않고 지속적으로 가동되록 하는 데 있으며, 생산완성 소요시간(Throughput Time)을 단축시키고, 재고보유비를 절감시키며, 생산성과 품질을 향상시키는 데 있다. 생산완성 소요시간은 가공시간·검사시간·운반시간·대기시간으로 구성되는데, 가공시간을 제외한 나머지는 부가가치를 제공하지 못한다. 따라서 JIT란 어떻게 하면 비부가가치시간을 제거시켜 생산완성 소요시간 = 가공시간의 등식을 성립시키느냐에 있다.

5. JIT 경영철학으로의 확대

그러나 위에서 논의한 바와 같은 이상적인 JIT시스템을 실행하고 있는 기업은 거의 없다. 따라서 무재고 자체가 목적이 아니라 그에 좀더 접근하려는 끊임없는 노력을 통하여 무재고를 추구하는 지침이 된다는 데 그 중요성이 있다고 하겠다. 그러나 JIT를 단순히 하나의 재고관리시스템으로 보아서는 안 된다. JIT에는 재고감축뿐만 아니라 종업원들의 참여, 지속적인 개선, 전사적 품질관리 등의 개념이 구체화되고 있기 때문에 기업의 생산 및 유통활동에서 모든 구조적인 낭비와 비능률을 배제하여 가는 하나의 새로운 기업경영철학으로 인식되고 있다. 따라서 현재는 JIT 재고관리, JIT 구매관리, JIT 판매관리라는 기능적 기법의 개념을 벗어나 JIT 경영철학으로까지 확대되어 이해되고 있다.

제 2 절 품질원가

1. 품질원가의 본질

(1) 품질원가의 의의

품질원가(Cost of Quality or Quality Cost)란 제품이나 서비스의 품질에 관련해서 발생되는 원가로서, 이미 발생되었거나 발생된 급부에 대한 개념이다. 즉, 제품의 세부사항을 지키지 않는 부적합 원가라고 할 수 있다. 따라서 제품 그 자체의 제조원가인 재료비·노무비·제조경비 등은 이에 포함되지 않고 다만 불량품의 생산, 예방, 검사, 수리 등과 관련된 원가만을 포함한다. 그런데 이러한 품질원가의 자료는 지금까지 생산자에 의해서 사용되어 왔으며 그들은 공장 중심의 품질과 관련한 제조경비의 측정에 관심을 가져왔다. 그러나 사실 품질원가는 마케팅-설계-제조-출하의 과정에서만 발생하는 것이 아니라 제품의 전체 수명주기에 걸쳐 발생한다.

따라서 품질원가의 발생은 생산자뿐만 아니라 소비자와 관련되어 있다. 즉, 전체 생산과정은 물론 소비과정의 모든 활동과 관련해서 원가가 발생하는 것이다. 그러므로 앞으로의 품질원가이론은 사용자 품질원가를 포함하여 제품수명주기 중심의 원가 측정으로 발전될 것으로 예상된다.

품질원가의 기본적 개념은 제품을 처음부터 올바르게 제조하였을 경우 추가원가가 발생하지 않는다는 것이다. 예를 들면, 제조공정에서의 불량품은 재작업 또는 재검사가 요구되고, 검사에서 불량품이 발견되었을 경우에는 원재료의 재구입 또는 대체나 활동이 추가적으로 실시되어야 하며, 불량품을 판매하였을 경우에는 고객으로부터 클레임을 받게 된다. 아울러 불량이 발생한 것을 방지하기 위해서 품질계획을 수립하거나 회의, 교육 등이 지속적으로 전개되고 있으며, 원자재, 재료, 부품 등 생산시스템에의 투입요소가 요구되는 조건을 만족시키고 있는가와 생산된 제품의 적합성 여부를 판단하기 위해서는 각종의 검사나 시험이 실시되어야 한다. 이러한 모든 경우에는 추가적 원가가 발생되는바 이것이 곧 품질원가이다.

(2) 품질원가의 분류체계

품질원가는 학자에 따라 여러 가지 유형으로 분류되지만 최근에 관리회계분야에서는 실패원가를 내적 실패원가와 외적 실패원가로 세분화하여 4가지로 분류체계를 소개하고 있다. 품질원가의 개념에 의거한 품질원가의 분류체계는 〈표 15-1〉과 같다.[1)]

---

1) H. L. Gilmor, "Consumer Product Quality Cost Revisited," *Quality Progress*, 1983, p. 33.

〈표 15-1〉

- 품질원가
  - 생산자품질원가
    - 예방원가
    - 평가원가
    - 내적 실패원가
    - 외적 실패원가
  - 소비자품질원가
    - 소비자부담 품질원가
    - 소비자불만 품질원가
    - 평판상실비용
  - 사회적 품질원가

1) 생산자품질원가

생산자품질원가는 생산흐름으로부터 불량을 제거하기 위한 활동에 관련된 생산자의 관리·통제가 가능한 원가로 예방원가, 평가원가, 실패원가로 세분된다. 이는 처음부터 올바르게 생산되지 못하였거나 또는 그 가능성이 있을 때 생산자가 부담하여야 할 원가를 의미하는 것이다. 올바르지 못한 적합품질의 가능성에 의해 예방원가와 평가원가로 분류하고 올바르지 못한 적합품질이 존재함에 의해 내부 실패원가와 외부 실패원가로 나누어진다. 생산자품질원가의 범주는 다음과 같다.

㈎ 예방원가(Prevention Costs): 불량품의 생산을 예방하기 위해 지출되는 원가로서 재무적인 관점에서 보면 비용이라기보다는 기계, 기술, 교육에 대한 투자로 볼 수 있다. 이러한 예방원가는 대부분이 고정비이고 장래의 비용발생을 회피하기 위한 투자이므로 계량화가 어려워 보통 무시하는 경향이 있다.

㈏ 평가원가(Appraisal Costs): 제품이 고객에게 인도되기 전에 품질수준이 규격에 적합한지를 측정, 평가, 검사하는 활동에 소요되는 원가를 말한

다. 따라서 평가원가는 제품의 상태를 결정하고 또는 제품이 시방서를 지키고 있는지를 결정하는 데에 발생한다.

㈐ 내부 실패원가(Internal Failure Costs): 제품, 부분품, 재료 등이 품질요구조건을 충족시키지 못하고 공장 내부에서 손실을 유발시키기 때문에 발생하는 원가이다. 즉, 이것은 제품 및 용역 등이 외부 고객에게 발생되기 전에 발견됨으로써 발생하는 원가이다. 이것은 평가활동에 의하여 발견되는 실패원가를 의미한다. 이러한 실패원가는 불량품이 존재하지 않으면 사라진다.

㈑ 외부 실패원가(External Failure Costs): 제품 및 용역이 고객에게 인도된 이후에 품질요구조건을 충족시키지 못했을 때 발생하는 원가이다. 모든 원가 중에서 이 범주에 속하는 것이 가장 낭비적이다. 이러한 원가는 내부실패원가와 같이 불량품이 존재하지 않으면 사라진다.

2) 소비자품질원가

소비자품질원가는 제품의 사용과 관련하여 소비자 입장에서 본 소비자품질원가이다. 생산자품질원가에서와 마찬가지로 소비자품질원가도 품질수준과 관련하여 전체 품질원가에 영향을 미친다. 소비자품질원가에 관한 최초의 논의는 미군의 구입병기에 대한 라이프 사이클 원가로 1950년 경부터 시작되어 1966년에 제도화된 것이다. 그러나 소비자품질원가에 대한 본격적인 논의는 J. M. Juran이 '소비자의 소비원가'[2]라는 용어를 사용하면서 시작되었다. 이러한 소비자품질원가는 ① 소비자부담 품질원가, ② 소비자불만 품질원가, ③ 평판상실원가로 분류할 수 있다.

㈎ 소비자부담 품질원가: 제품의 사용과 관련해서 발생하는 품질원가 중 소비자가 부담하는 원가로 고장으로 인한 잔업원가, 불량제품을 설비로 사용하기 때문에 나타나는 추가비용 및 생산성저하 손실, 유휴설비로 인한 인건비, 보증기간 중의 수선비용, 교통비 등이 포함된다.

2) J. M. Juran, "Quality Control Handbook," 3rd edition, Section 4, *Quality and Income*, Mc-Graw-Hill Book Co., 1979, p. 4.

㈏ 소비자불만 품질원가: 제품의 품질문제로 발생되는 소비자의 불만과 관련된 품질원가로서 품질에 대한 소비자의 불만정도를 원가의 속성으로 나타낸 질적 품질원가이다. 이는 품질향상에 따라 감소하는데, 일정수준에 도달할 때까지는 급격한 원가의 감소를 나타내지만 그 이후에는 감소율이 급격히 둔화된다.

㈐ 평판상실원가: 이 원가는 일종의 기회원가이며 측정하기가 매우 어렵다. 이는 개별제품에 관한 것이라기보다는 기업에 대한 소비자가 태도를 반영한다는 점에서 소비자불만 품질원가와 다르다. 평판상실원가는 그 회사에서 생산되는 모든 제품에 확산되기 때문에 개개의 제품별로 파악하기는 어렵지만 그 기업에서 생산되는 모든 제품을 대상으로 기업 전체적인 영향을 측정하는 것이다.

3) 사회적 품질원가

품질원가는 생산자품질원가에서 사용자품질원가로 발전되었으며, 그 범위가 더욱 확대되어 생산자와 사용자 이외의 제3자를 고려한 품질원가인 사회적 품질원가가 전개되었다.

사회적 품질은 특정산출물의 사용자 이외의 제3자, 즉 불특정 다수에게 미치는 불편함의 정도 및 자연파괴의 정도이다. 다만, 특정제품의 이용에 불가결한 부속물인 산업폐기물, 진동, 악취, 공해, 환경오염 및 자연훼손 등 제품 그 자체와 동일하게 취급한다.

사회적 품질원가는 대부분 일본을 중심으로 전개되었고, 일본에서 전개된 사회적 품질원가는 자동차 배기가스와 가전제품의 스크랩 처리가 사회문제로 등장되면서부터 시작되었고, 그 이후에는 제품이 일반대중과 환경에 미치는 영향에 대한 관심이 고조되고 아울러 제품책임의 추구가 활발히 진행됨에 따라 본격화되었다.

이러한 사회적 환경하에서 이루고 있는 제품책임대체원가는 기업의 품질원가를 구성하는 중요한 하나의 사회적 품질원가로 분류하여 포함되어야 한다.

사회적 품질원가를 연구한 L. A. Seder는 사회적 품질원가의 구성내용으로서 ① 법정재판을 위한 원가와 보험료, ② 결점제품 회수원가, ③ 회수 및 재판 등에 따른 기업의 나쁜 평판을 회복하는 데 필요한 원가, ④ 수리나 서비스 등 사용자 불만을 해소하기 위한 원가, ⑤ 정부의 규제에 적합하다는 것을 증명하기 위한 시험원가 등으로 규정되었다.

2. 품질원가의 분석

품질원가보고서에 의한 품질원가정보를 바탕으로 원가관리활동, 품질관리활동 등에 필요한 정보를 산출하여 품질과 관련된 제 의사결정에 도움을 주는 과정이다. 품질원가의 분석은 크게 분석기준대비 품질원가 비율분석, 품질원가의 구성요소 간의 상호관계분석이 있다.

(1) 비율분석

품질경영의 성과측정을 다룬 J. D. Breeze의 연구에 의하면 예방 및 평가원가의 증가가 실패원가의 감소를 가져오는가에 대한 실증연구를 통해 품질개선 프로그램은 품질원가의 감소와 생산성 향상을 가져온다는 것을 보여주고, 품질원가의 절감을 위한 방법으로 예방원가와 실패원가의 상호관계를 고려한 적정비율의 탐색을 주장하였다. 또한 Cawsey의 연구는 무결함제품의 생산 쪽으로 접근할수록 예방원가의 비중은 증가하고 실패원가의 비율은 줄어든다는 것을 제시하였다.

그리고 품질원가의 구성비율의 변화를 시간의 흐름에 따라서 표시한 추세분석은 과거의 품질원가와 현재의 품질원가를 비교하기 위한 가장 단순한 방법으로 품질개선 프로그램의 계획 및 평가와 관련한 의사결정목적에 용이하기 위해서는 적어도 1년간 품질원가 자료가 축적되어 있어야 의미 있는 이용이 가능하다. 품질원가의 추세분석과 관련하여, 품질원가를 조직구성원이 쉽게 알아볼 수 있도록 도식화하는 방법을 고려해야 한다.

도식화는 크게 막대그래프, 꺾은선 그래프, 도형도표의 형태로 구분할 수 있다.

도형도표는 단일기간의 품질원가의 상대적 구성비를 보여주는 장점이 있지만, 단기간으로 확대시킬 경우 품질원가의 주요 추세변화를 설명해 주지 못하는 단점이 있다. 이에 반해, 막대 및 꺾은선 그래프는 품질원가의 추세를 보여준다는 데서 그 장점이 있지만 이들 그래프는 각 부문의 상대적 기여도 및 품질불량의 원인을 밝혀주지 못하므로 상대적으로 조직구성원의 품질관련 투입 및 참여를 촉진시키기 어렵다는 한계를 지닌다.

(2) 상호관계분석

상호관계분석은 생산자품질원가인 실패원가와 예방 및 평가원가 간의 상호관계를 규명하는 것이다.

품질원가 상호관계에 관한 연구는 비율분석연구에 비해 많지 않은 편이다. 상호관계에 대한 연구는 회귀분석을 이용하여 예방 및 평가원가의 증가가 실패원가를 어느 정도 감소시키는지에 관심을 둔 Krishnamoorthi의 연구, 그리고 대부분의 일본기업이 품질원가시스템을 채택하지 않고 있음에 착안하여 구미의 품질원가시스템이 생산자 품질위주로 되어 있다는 사실을 강조하고 예방원가를 다음과 같이 세분화할 것을 주장한 Masao의 연구가 이에 해당한다.

- 예방원인
  - 무형예방원인
    - 즉시효과 무형예방원가
    - 지연효과 무형예방원가
  - 유형예방원가
    - 직접유형예방원가
    - 간접유형예방원가

(3) 보조분석수단

품질원가를 분석함에 있어 단순히 품질원가의 비율분석과 상호관계분석으로 품질활동의 능률이나 효율을 분석하는 데는 부족하다. 품질원가는 다음과 같은 관점에서도 분석되는 것이 필요하다.

1) **생산성**(Productivity Measurement)

최소의 품질원가로 최대의 품질활동을 수행하려는 노력을 분석하는 지표로서 투입원가에 대한 품질활동의 크기로 측정된다. 예를 들면, 재료를 검수함에 있어 얼마의 검수원가가 투입되었는지를 분석하는 것 등이다.

2) **유효성**(Effectiveness Measurement)

투입원가를 이미 발생된 것으로 보고 품질실패로 인한 손실과 투입된 품질원가로 수행된 품질활동의 상대적 질의 문제를 분석하는 것이다. 예를 들면, 재료검수원가와 관련된 경우 검수활동이 유효하였다면, 검수된 재료로 인한 생산차질은 별로 발생하지 않아야 한다는 것 등이다.

3) **적시성**(Timeliness Measurement)

재료구입에 따른 품질활동이 적시에 이루어지지 않은 경우에 생산 리드타임은 상당히 지연될 수 있으며 결과적으로 상당한 판매기회의 상실을 가져올 수 있기 때문이다. 따라서 구입재료의 검수와 보관 등 재료처리의 적시성은 매우 중요한 품질활동의 분석지표가 된다.

3. 품질원가의 유용성과 한계

(1) 품질원가의 유용성

품질원가를 분석, 보고하는 이유는 품질원가가 원가관리활동 및 업적평가의 자료로 이용되기 때문이다. 품질원가이론을 바탕으로 하여 품질원가의 분석이 이루어지고 정규적인 품질원가보고서가 경영관리에 이용된다면 다음과 같은 유용성을 기대할 수 있다. 또한 현재 품질원가시스템을 운영하고 있거나 계획하고 있는 대다수의 기업이 생산품질원가만을 대상으로 하고 있기 때문에 품질원가정보의 유용성과 후술하게 될 한계 역시 생산자품질원가정보를 위주로 전개한다.

일반적으로 품질원가정보의 유용성은 다음과 같이 요약된다.

① 품질의 재무적 결과에 대해 인식하기 위하여 부문별·제품별로 의미 있는 정보를 추가시킨다.

품질의 재무적 결과에 대한 인식은 경영자와 종업원에게 품질향상에 대한 동기를 부여한다.

특히 손익계산서에 품질원가정보는 품질의 재무적 결과에 중요성을 지적하는 매우 효과적인 방법이다.

② 경영자가 품질원가문제의 상대적 중요를 평가함에 유용하며, 무엇을 먼저 개선해야 하는가에 대한 지침을 제공한다.

이러한 목적을 달성하기 위한 품질원가정보는 부문별 및 제조별 누적된 품질원가가 적정하며 상세한 품질원가 데이터베이스가 필수적으로 요구된다.

③ 최고경영자에게 분배된 자료보다 화폐단위로 측정된 자료가 더 의미 있는 자료가 된다.

비적정배분이란 이론적으로 적정배분이 존재한다는 것을 의미하고 있으며, 총품질원가를 감소시킴으로써 이러한 이론적 적정배분으로 이동할 수 있음을 암시하고 있다.

④ 품질원가 예산편성에 기여한다. 예산편성과정은 과거의 품질원가 정보가 특별히 가치를 지닐 수 있는 주요한 자본적 지출로 인식된다. 품질원가의 분류는 경영자가 모든 관련된 원가를 고려하고 각 원가가 예상 지출에 어떤 영향을 미치게 되는가에 대한 확인을 위한 점검에 기여하게 된다.

이와 같이 품질목표달성에 대한 기업의 성공여부를 평가함에 도움을 준다. 또한 외부자를 위한 것이 아니라 내부 관리자들의 이용을 목적으로 하는 것이며, 특히 품질관리활동에 따른 원가동인에 대한 정보를 제공한다.

⑤ 수립된 품질활동계획이 원활히 이루어지도록 통제역할을 한다.

⑥ 현장의 관리자로 하여금 야심적인 목표를 설정하도록 동기부여하고 아울러 목표를 달성하도록 도울 수 있게 한다.

(2) 품질원가의 한계

품질원가는 상기의 제반 유용성과 함께 몇 가지 한계를 지니고 있다. 이 한계 중에 일부는 품질원가 정보에 기인된 것이고, 일부는 다른 회계적 정보가 지닌 한계와 관련된 것이다. 이를 요약하면 다음과 같다.

① 품질원가에는 기회원가가 고려되어 있지 않다. 이는 생산자품질원가 위주로 한계점을 고려하는 것이기 때문이며, 소비자품질원가와 사회적 품질원가에 대한 합리적인 측정모델이 개발된다면 해결될 수 있는 한계이다.

② 품질원가 이외의 원가를 고려하지 않는다는 점이다. 이는

이익 = 수익 - 비용
　　= 수익 - 품질원가 - 그 이외의 원가

라는 등식을 출발점으로 얻어진 것으로 품질원가를 단지 이익을 크게 하기 위한 각종 수단의 선택문제 해결법으로 산정할 경우에 한계는 옳다.

③ 품질원가측정 및 보고 그 자체가 품질문제를 해결해 주는 것은 아니다. 즉, 품질문제를 해결하기 위해서는 별도의 품질관리활동이 필요하며 품질원가의 측정과 보고는 품질의 현상을 파악하기 위한 하나의 수단에 불과한 것이다. 품질원가분석은 단지 더 나은 품질과 생산성을 용이하게 하는 하나의 도구이다.

④ 품질원가보고서는 특정한 활동을 직접적으로 제시해 주지 못하며, 기업 구성원의 품질향상과 품질원가절감의 활동을 선택하는 의사결정에 도움을 주는 하나의 수단이다.

일반적으로 품질원가보고서는 높은 품질원가를 지니고 있거나 품질원가의 잘못된 배분이 발생된 제품이나 조직을 식별하는 데 도움을 주는 반면, 품질향상에 이용될 수 있는 특정한 접근방법을 제시해 주지는 못한다.

⑤ 품질원가정보는 경영자로 하여금 단기적 품질원가의 절감이라는 잘못된 목표를 삼음으로써 품질의 왜곡을 가져올 수도 있다.

⑥ 노력과 성과가 동일 기간 내에 대응되기 어렵다. 품질원가의 효과는 일정한 시차를 두고 나타나는 것이 일반적임에도 단기적인 노력과 성과의 대응을 통해 품질관리활동을 평가함으로써 왜곡된 활동을 초래할 수 있다.

⑦ 최소품질원가는 반드시 최대이익과 최소제조원가를 보장하지 않으며, 품질원가정보가 기업의 품질관리활동의 전부를 평가하지 못하는 경우가 많다.

⑧ 기타 원가측정상의 문제들이 나타날 수 있다. 중요한 품질원가가 누락되거나 부적합한 품질원가가 포함될 수도 있고, 측정에 있어 주관적이거나 측정오류를 포함할 수도 있다. 이러한 기록되지 않는 품질원가를 여러 가지 방법을 이용해 측정하려고 하지만 현실적인 한계가 있다.

이상에서 제시한 품질원가이론의 올바른 이해를 기반으로 품질원가시스템이 각 기업들에 적합하게 수정 실시된다는 현재의 품질관리활동이 한 차원 높아질 수 있으며 생산성향상으로 기업의 목표달성과 함께 국제경쟁력 강화에 일익을 도모하게 될 것이다.

제 3 절 제품수명주기원가계산

1. 제품수명주기원가계산의 개념

전통적인 제품원가계산제도는 단지 생산단계에 초점을 맞추고 있기 때문에 제품을 생산하기 이전 단계에서 발생한 원가나 제품이 생산된 이후에 발생된 원가는 모두 기간비용으로 처리된다. 이렇게 발생한 기간비용은 각 제품과 연계되지 못하며 이로 인해 원가기획 및 원가관리에 충분한 정보를 제공하지 못하고 있다.

한편, 일반적으로 제품의 수명주기는 어떤 제품의 연구개발에서 폐기

처분에 이르기까지의 과정을 의미하고 이들의 전체원가를 측정하고 분석하는 기법을 제품수명주기원가계산이라고 정의한다. 이 원가계산방법은 특히 수명주기가 짧은 고기술 제품을 생산하는 기업에 있어서 더욱 적합하며, 대표적인 산업으로는 컴퓨터, 전자, 자동차 산업을 들 수 있다.

일반적으로 제품수명의 구분을 도입기, 성장기, 성숙기, 쇠퇴기로 하는데, 첨단제품은 보통 성숙기와 쇠퇴기가 도입기와 성장기에 비해 매우 짧다. 따라서 기업은 각 제품의 수명주기를 고려하여 이익의 최적화 방안을 모색하여야 한다.

〈그림 15-2〉 제품수명주기원가계산의 관심영역

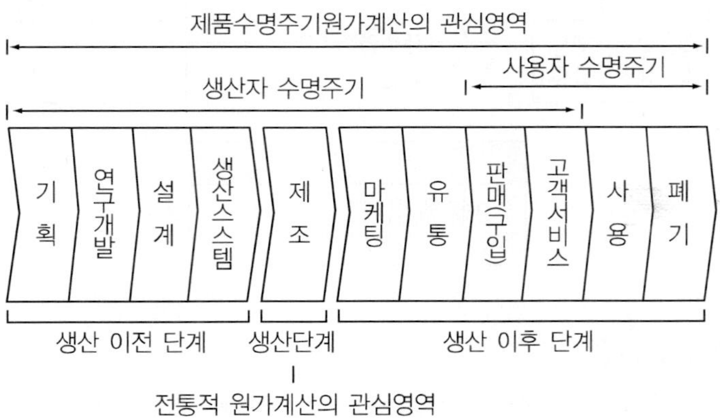

최근에 제조업에 있어서 고객의 욕구에 맞는 제품을 위한 조사 및 연구개발비, 첨단기술 제품의 판매 이후의 보수 및 유지관리비, 폐기원가는 증가하는 반면, 공장자동화 등으로 인해 제조단계의 원가가 감소하게 되어 제품수명 전과정에서의 수명주기관리가 필요하게 되었다.

제품수명주기원가계산(Product Life Cycle Costing)에 포함되는 항목으로는 크게 세 가지로 분류할 수 있는데, 초기자본 투자액으로 연구개발원가, 설계원가, 제조원가 등이 있고, 운영 및 보수비용으로는 재료비, 노무비, 제조간접비, 소모품비, 수리비 등이 포함되고, 처분원가로는 철거 및 처분비 등이 있다.

2. 제품수명주기관리

제품수명주기는 제품수명주기의 여러 단계에서 경영과 판매방법에 관련이 있는데, 여기에서는 마케팅, 생산자 및 소비자 그리고 사회적 관점에서 제품수명관리를 살펴보기로 한다.[3)]

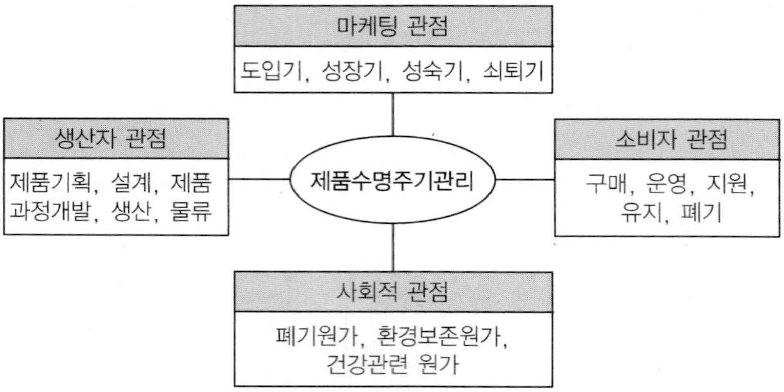

(1) 마케팅 관점

마케팅분야에서는 모든 제품들이 생물체와 같이 새로이 만들어지고 성장 및 성숙단계를 걸쳐 마지막에는 사라지게 되는 제품수명주기에 관한 이론이 오래 전부터 활용되어져 왔다. 기본적으로 마케팅에서의 제품수명주기는 제품의 판매수익곡선에 초점을 두고 있기 때문에 매출액을 예측하고 마케팅 전략을 계획하는 데 활용되어 왔다.

일반적인 제품수명주기는 도입, 성장, 성숙, 쇠퇴기의 과정을 거치게 된다. 도입기(Start-Up)에서는 매출액이 매우 적다. 하지만 시장조사, 제품개발 등으로 인해 비용은 많이 발생하게 된다. 성장기(Growth)에서는 제품개량에 관련된 원가와 판매촉진비용이 증가하고 또한 매출도 증가한다. 이

3) Susman, G., "Product Life Cycle Management," *Journal of Cost Management* (Summer 1989), pp. 8-22.

단계에서 이익이 증가하나 재투자로 인해 매우 낮은 현금유입이 있거나 순현금유출이 계속된다. 성숙기(Maturity)에서는 이익이 장기적으로 증가하여 초과현금흐름이 실현된다. 이 단계에서 과거자료를 토대로 미래 원가를 예측하는 것이 가능하다. 쇠퇴기(Harvest)에서는 새로운 투자가 요구되지 않고, 인건비가 감소하기 때문에 비용이 감소하나 점차 매출이 감소하여 이익도 감소추세를 보인다.

〈그림 15-3〉 제품수명주기곡선

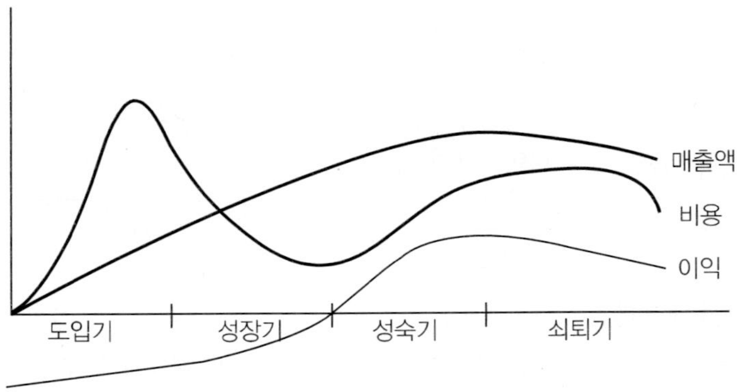

(2) 사용자 관점

사용자 관점에서의 제품수명주기원가계산은 특정제조의 취득 및 수명주기 전체 동안의 보유원가를 합친 비용을 고려하는 조달과정으로 정의된다. 예를 들어, 자동차를 살 경우 일반적으로 구입시 가격을 고려하여 구매하지만 이와 더불어 자동차의 예상수명 및 수선유지비, 중고판매가 등 자동차의 수명기간 동안의 모든 요소를 고려하게 된다.

이처럼 사용자 입장에서 고려해야 할 원가는 제품의 취득원가와 사용원가이다. 이 두 원가의 관계는 서로 상충관계에 있어서, 즉 취득원가가 싸지만 보수, 수선, 처분 등에 드는 비용이 비싼 제품과 취득원가가 비싸지만 그 후에 드는 비용이 싼 제품의 구매에 관한 의사결정을 해야 한다.

제품수명주기원가계산의 원가요소는 초기투자액, 운영·보수비용, 처분원가 세 그룹의 상충관계에 의해 결정된다.

〈그림 15-4〉는 사용자 관점의 제품선택시 상충관계를 나타내는 것으로 (a)는 사용자가 내구재의 구매의사결정시 고려할 것으로 여기는 것들을 요약・제시한 것이고 (b)는 제품의 대안간의 상충관계를 나타낸다. 즉, 초기투자액을 늘려 원가가 상승하게 되나, 운영・보수비용과 처분원가가 감소하게 되어 결과적으로 원가가 적게 발생하게 된다는 것이다.

〈그림 15-4〉 소비자 관점에서 본 제품수명주기의 상충관계

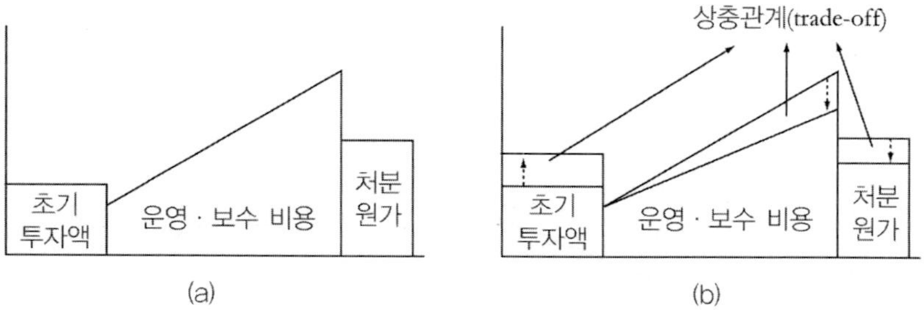

(3) 생산자 관점

생산자 관점에서 제품수명주기원가를 고려할 때, 매출증가에 더 적극적인 전략을 펼치게 된다면 가격을 낮추어야 할 것이고, 결국 생산자는 생산하는 데 비용이 적게 발생하는 제품을 생산하게 될 것이다. 이때 사용자 입장에서 구매원가는 낮아지게 되나, 그 제품은 내구성이나 신뢰성의 저하로 사용자의 사용원가는 증가한다. 반대로 내구성이나 신뢰성이 뛰어난 제품을 설계하면 사용자 비용은 적게 들지만, 그 반면 생산자 비용은 증가한다. 결국 생산자도 사용자와 마찬가지로 미래의 사용원가가 증가하더라도 생산원가를 줄일 것인가, 아니면 미래의 사용원가를 줄이기 위해 현재의 생산원가를 증가시킬 것인가에 대한 의사결정을 해야 한다.

생산자 입장에서도 사용자 입장과 마찬가지로 초기투자액, 운영・보수비용, 처분원가 세 그룹의 원가요소가 상충되는데, 처분원가가 일정하다고 가정하면 초기투자액과 운영・보수비용 간의 상충관계가 남게 된다.

〈그림 15-5〉를 보면, 운영・보수비용곡선은 제품의 신뢰성 및 내구성에 대해 우하향곡선으로, 초기투자액곡선은 제품의 신뢰성 및 내구성에 대

해 우상향곡선으로 나타난다. 이 두 곡선이 만나는 점이 전체 수명주기원가가 최소가 되는 점이며 경제적으로 최적의 신뢰성 및 내구성을 결정하는 점이 된다.

〈그림 15-5〉 제품수명주기원가곡선

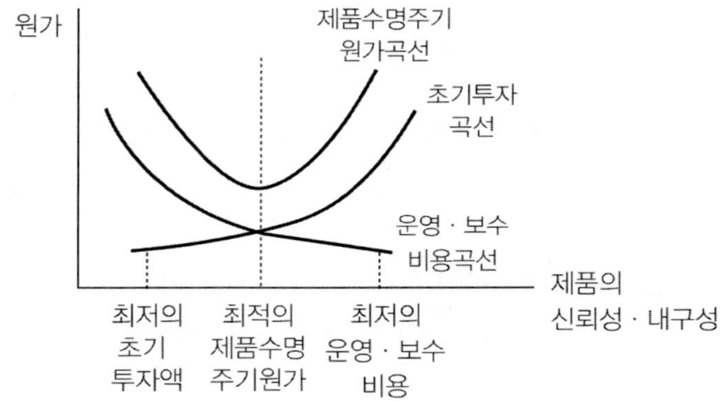

(4) 사회적 관점

사회적 관점에서의 제품수명주기원가는 제품을 생산함에 따라서 발생되는 공해 등의 피해를 줄이기 위한 원가, 그리고 제품의 폐기와 관련해서 발생하는 폐기원가 등을 제품수명주기원가에 포함하는 관점이다. 예를 들면, 제품오염으로 인한 건강관련 원가 등이 있다. 미래에 효과적인 제품수명주기원가관리를 위해서는 이러한 사회적 관점이 반드시 고려되어야 한다.

3. 제품수명주기원가정보의 활용

(1) 제품수명주기 예산편성 및 가격결정

제품수명주기 예산편성(Product Life Cycle Budgeting)은 제품의 기획, 연

구개발에서부터 고객에게 서비스를 제공하는 단계까지, 그 제품에 대해 수익과 원가를 추정하는 것을 말한다. 제품수명주기예산은 경영자에게 제조단계에서 발생하는 원가가 아니라 제조이전단계에서부터 제조이후단계까지 모든 단계에서 발생하는 원가보다 많은 수익을 얻을 수 있도록 가격을 설정하는 데 중요한 정보를 제공한다.

제품수명주기원가는 〈그림 15-6〉에서 보는 바와 같이 하나의 제품을 생산하기 위해서는 시간의 흐름에 따라 크게 제품기획, 예비설계, 상세설계, 제조, 그리고 물류 및 지원단계로 나누어 볼 수 있다. 그림에서 확정원가(Committed Cost)란 제품의 원가를 결정하는 데 기여하는 크기를 말하며, 이에 반하여 실제발생원가는 제품원가로 인식할 수 있는 비용이 실제로 발생된 것을 말한다.

중요한 점은 제조단계 이전까지의 실제발생원가는 단지 10%에 불과한 반면, 제품수명주기 동안 발생하는 총원가의 95%가 제조 이전의 단계에서 이미 확정됨을 알 수 있다.

〈그림 15-6〉 제품수명주기원가

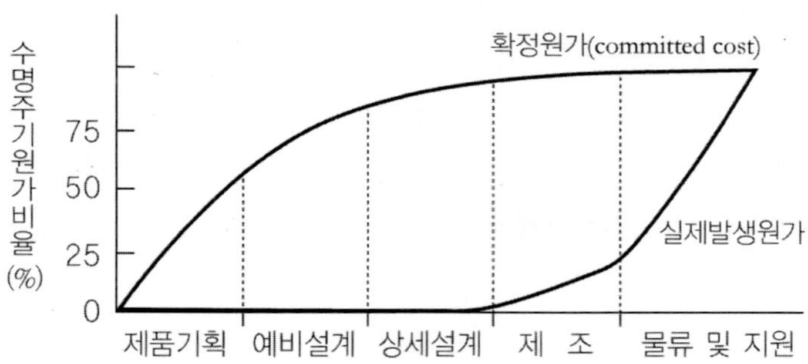

(2) 신제품도입에 관한 의사결정

제품수명주기원가계산은 신제품의 도입 여부에 관한 의사결정에 중요한 정보를 제공해 준다. 즉, 신제품의 도입을 정당화하기 위해서는 전술한 바와 같이 해당 제품의 수명주기 동안에 발생하는 모든 원가를 회수할 만큼의 충분한 수익을 창출해야만 한다. 특히 컴퓨터, 전자제품 등과 같은 제품을 생산하는 기업에서는 제품의 수명주기가 짧아 가격정책이나 생산방법 등을 조정할 만큼 시간이 충분하지 않다. 따라서 이러한 제품을 생산하는 기업에서는 제품이 확정되기 전에 제품수명주기원가의 회수 여부를 확인하여야 한다.

(3) 제품수명주기보고서

제품수명주기보고서(Product Life Cycle Report)는 개별제품별로 다년간에 걸치는 제품수명주기단계별로 실현되는 수익 및 발생된 비용을 요약한 보고서를 정기적으로 작성하여 보고하는 문서로, 이를 이용하여 경영자는 신제품개발전략의 성과를 일목요연하게 파악할 수 있을 뿐만 아니라 적절한 시정조치를 강구할 수 있다. Horngren과 Foster(1997)는 제품수명주기보고서의 효익을 다음의 세 가지로 요약하였다.

첫째, 각 제품과 관련된 모든 원가가 종전보다 훨씬 명확해진다. 제조원가는 일반적으로 회계시스템에서 명확하게 나타나지만, 제조이전단계나 제조이후단계와 관련된 원가들은 종종 명확하지 않다.

둘째, 각 제품별로 총발생원가 중 수명주기 초기단계에서 좌우되는 비율을 계산함으로써 제품별로 상이할 수 있는 초기개발 및 수익예측의 중요성을 파악할 수 있다. 즉, 초기단계에서 결정되는 비율이 높으면 높을수록 초기개발이 더욱 중요하다.

셋째, 원가요소 상호 간의 관계를 강조하기 때문에 이들 간의 상호관계가 명확해진다. 예를 들면, 연구개발비와 제품설계비를 크게 삭감하는 기업들은 나중에 고객서비스원가가 크게 증가하는 것을 경험하게 된다. 이러한 분석경험이 축적될 경우 설계단계에서의 원가영향 정도(Cost Impact)를 비교적 정확히 계량화할 수 있다.

국문색인

영문색인

[저자약력]

김 명 희
경영학박사
원광대학교 명예교수

[저 서]
원가정보의 이해와 이용
경영관리를 위한 회계정보의 이해
경제적 의사결정

이 강 래
경영학박사
원광대학교 교수

[저 서]
전략적 원가관리
원가기획의 이론과 실천
원가실현

김 준 호
경영학박사
서남대학교 교수

[저 서]
회계원리
경영관리를 위한 회계정보의 이해

원가회계

2011년 8월 20일 초판인쇄
2011년 8월 30일 초판발행

공저자 김명희 · 이강래 · 김준호
발행인 안 종 만
발행처 (주) 박영사
서울특별시 종로구 평동 13-31번지
전화 (733)6771 FAX (736)4818
등록 1959. 3. 11. 제300-1959-1호(倫)

www.pakyoungsa.co.kr e-mail: pys@pakyoungsa.co.kr

정 가 30,000원 ISBN 978-89-6454-178-4